U0936982

珍藏本·增订本

纪念版

汉译世界学术名著丛书

政治过程

政治利益与公共舆论

〔美〕D. B. 杜鲁门 著

陈尧 译

David Bicknell Truman

THE GOVERNMENTAL PROCESS

Political Interests and Public Opinion

根据 Alfred A. Knopf 出版社 1962 年版译出

汉译世界学术名著丛书
（120 年纪念版·珍藏本）
增订本出版说明

2017 年 10 月，为纪念商务印书馆创立 120 周年，本馆推出“汉译世界学术名著丛书”（120 年纪念版·珍藏本），计七百种。近五六年来，仰赖学界同人倾力支持，订正旧译，增补新译，拓展新著，积累日多。为满足读者需要，本馆在七百种的基础上，继续推出“汉译世界学术名著丛书”（120 年纪念版·珍藏本·增订本）三百种。至此，“汉译世界学术名著丛书”累计出版已达千种。

今后，本馆将继续推进丛书的翻译出版工作，在积累单本名著的基础上陆续分辑刊行，汇印出版。为促进中外文明互鉴、推动我国学术发展，使“汉译世界学术名著丛书”这项对我国学术文化有基本建设意义的重大工程发挥更大作用，诚望海内外学术界、翻译界继续给予支持，帮助我们把这套丛书出得更好。

商务印书馆编辑部

2024 年 2 月

汉译世界学术名著丛书
（120年纪念版·珍藏本）
出版说明

2017年2月11日，商务印书馆迎来120岁的生日。120年前，商务印书馆前贤怀揣文化救国的理想，抱持“昌明教育，开启民智”的使命，立足本土，放眼寰宇，以出版为津梁，沟通中西，为中国、为世界提供最富智慧的思想文化成果。无论世事白云苍狗，潮流左右激荡，甚至战火硝烟弥漫，始终践行学术报国之志，无改初心。

逐译世界各国学术名著，即其一端。早在20世纪初年便出版《原富》《天演论》等影响至今的代表性著作，1950年代后更致力于外国哲学和社会科学经典的译介，及至1980年代，辑为“汉译世界学术名著丛书”，汇涓为流，蔚为大观。丛书自1981年开始出版，历时三十余年，迄今已推出七百种，是我国现代出版史上规模最大、最为重要的学术翻译工程。

丛书所选之书，立场观点不囿于一派，学科领域不限于一门，皆为文明开启以来，各时代、各国家、各民族的思想与文化精粹，代表着人类已经到达过的精神境界。丛书系统译介世界学术经典，引领时代思想，为本土原创学术的发展提供丰富的文化滋养，为推动中国现代学术和现代化进程做出了突出的贡献。

为纪念商务印书馆成立120周年，我们整体推出“汉译世界学术名著丛书”120年纪念版的珍藏本，寄望既利于文化积累，又便于研读查考，同时向长期支持丛书出版的译者、编者和读者致以敬意。

两甲子后的今天，商务印书馆又站在了一个新的历史时间节点上。我们不仅要铭记先辈的身影和足迹，更须让我们的步伐充满新的时代精神。这是商务人代代相传的事业，更是与国家和民族的命运始终紧密相连的事业。我们责无旁贷，必须做好我们这代人的传承与创造，让我们的努力和成果不仅凝聚成民族文化的记忆，还能成为后来人可以接续的事业。唯此，才能不负前贤，无愧来者。

商务印书馆编辑部

2017年10月

目　　录

第二部分　集团组织和领导问题

第三部分　集团影响政治的策略

第四部分　结论

前　　言

在美国政治中，相当大的权力是由那些通常被称为“压力集 vii
团”（pressure groups）的组织行使。实际上，大多数人或模糊或敏锐地认识到，这些集团是政治过程中极为重要的因素。对于各个政府机构而言，此类集团所支配的权力无孔不入，而且这些组织的活动还以各种方式得到体制化政府的帮助、认同和限制。对于“压力集团”——或者说，我更愿意称之为“利益集团”（interest groups）——一般扮演什么样的政治角色，我们尚未形成普遍的看法，部分原因在于集团与政府之间关系复杂且令人捉摸不透。在大多数关于美国政府和政治的书中，对“利益集团”的阐释与19世纪末之前出版的政治著作中对政党的描述如出一辙，而对非政党性集团的研究往往相对松散，缺乏系统性。总体上，对利益集团的认识还停留在解剖学的表象上，而没有将其充分理解为“生理学”。

我们不乏揭露丑闻的报道，这些报道旨在揭露利益集团的“游说活动”和“特殊利益”等所谓的罪恶活动，唤醒可能无知的民众。这样的报道仍存在，未来也一定不会马上消失。它们本身起着某种政治作用，这种作用可能会一直持续。

本书更为重要的目的是对特定利益集团进行学术研究，在过去
三十年，已经有相当数量的著作涉及这一主题。这些研究详尽分析 viii

了与特定公共政策的制定和执行有关的技术，同时研究了利益集团与包括立法机关在内的特定政府机构之间的关系。很少有研究对某些有组织的利益集团内部普遍存在的关系进行调查。有关政府事务的许多其他分析也涉及利益集团的活动。

针对非政党性集团进行的分析，无论是新闻报道还是学术研究，都有一个共同的局限，即它们没有对利益集团在政治过程中的作用——或者基于此——形成一致的概念。如果不从其他角度看待这两类分析，也不对它们的政治价值或知识价值进行探究，这种共同的局限就不能被发现。然而，没有一个关于利益集团的政治角色、功能及其权力运作的有效认识，我们就无法充分理解政治过程的本质。对非政党性集团的浅显的描述或仅描述其趣闻，不足以揭示整个政治过程。如果忽视一些细微的东西，将无法解决这一难题。

不能完全从民主政治的动力的角度来解释非政党性集团有许多复杂原因。其中之一可能与 19 世纪的遗产，主要源自英国的政治遗产有关，在政治研究与经济研究领域都存在这个问题。简单地讲，这两个领域的经典理论或隐或明地从孤立的个体出发。不管是假设中的“经济人”还是“政治人”，他们均以理性作出选择，并以个人利益最大化为原则。但是，按照这样的方式，没有人能够决定性地影响政府政策或市场价格的普遍结果；只有个体行为的“集合”才能起到决定性作用。经济学家和政治学家逐渐认识到这些行为的偏离，但是长期以来，这些行为仅被视为反常的行为，而不是作为解释所观察到的事实的重要理论证据。与这些理论相关的价值带有浓厚的感情色彩，因此，修正这些理论的过程就变成一个漫长而痛苦的过程。然而近年来，在经济学和政治学领域对集体行为的经典阐释进行重构已较为普遍，尽管在政治学领域进展得相当缓慢。

关于利益集团的角色在政治过程中缺乏系统的概念的第二个 ix
原因更为直接，从某种意义上讲也更为具体。通常，基于概念的形成规律，可以预料到在一个普遍的理论解释出现之前，必须积累大量有针对性的和专题性的个案材料。在大多数社会科学领域，这是一般性概念形成的路径，无论专业化的研究是否置于一个成熟的理论框架和假说之中。

关于政治利益集团的数据积累，虽然很少是完备的，却也走过了漫长的一段路。在过去三十多年中，许多政治学家的分析工作、一些有眼力的评论家的真知灼见，以及一群有识之士的热情，使我们已经掌握了一些资料，可以尝试对政治过程中集团的角色进行分析。在我看来，充分利用既有的资料，并在进一步调查研究的建设性意见的基础上进行评价和总结，以对集团政治作出一种解释，是本书的任务所在。

此项工作必须建立在许多学者的研究基础上。尽管我引用了许多人的著述，难以一一列举，但我在本书脚注中对他们表达了谢忱。在这些著述中，阿瑟·F. 本特利（Arthur F. Bentley）的《政府过程》（*The Process of Government*）特别值得一提。该书初版于 1908 年，是迄今为止对这一主题系统化研究的唯一著作。正如该书书名表明的，本特利“尝试创造一种方法”，它对于我的思考是一个主要的参考。事实上，我的研究计划就来自讲授该著作过程中获得的启发。

本书的出发点是：政治利益集团是一种特殊的结合体，但并不是独一无二的。从基本特征来看，这些集团的起源、结构和运作，与一些非政治性的社会交往模式类似。同时，政治利益集团同正式的政府机构的联系，又衍生出其更为特殊的性质。本书的第一部分（第一至四章）主要涉及两点内容：在一个复杂社会的运作中，利益集团与其他类似组织发挥的作用；在政府治理活动中，利益集团所处的境况。

在第一部分，我主要借助了社会心理学和应用社会人类学的研
x 究成果和理论模式。这其中的许多内容经过了充分证实，可以肯定的是，政治科学家在完全信任的情况下对其加以运用。不过，其他一些研究结论，如仅建立在小规模的、面对面集团（face-to-face groups）基础上的观察结论，在运用到讨论范围更大的集团时就必须小心谨慎。即使是作为假设和推论，对于范围有限的利益集团的观察结果，要是用来阐明更为广泛的社会互动模式，就只能浅尝辄止，并且必定带有某种程度上的推测性色彩。本书所作的这种尝试早在格雷厄姆·沃拉斯（Graham Wallas）那里就已经以另一种方式提出了，他忠告说："我们务必尽可能揭示有关人类本性的显著的事实，并使之运用到政治上的推理中。"[①]

本书第二部分（第五至七章）的内容源自这一观点：在政府过程中，利益集团的角色离开它们内部的动因是无法得到充分理解的。正式结构和内部政治是利益集团活动相互依赖的两个方面。这一部分还特别关注了领导问题和领导技巧，它们源于利益集团的凝聚

---

① Graham Wallas: *Human Nature in Politics* (3d edition, New York: Alfred A. Knopf, Inc., 1921), p.140.

力与其成员相互冲突的态度及从属关系间的关联。集团成员多重身份的含义，是本书的一个核心问题，也将得到详细的引介和讨论。

本书篇幅最大的部分即第三部分（第八至十五章），主要分析利益集团在政治舞台上的策略。第八章首先讨论的是利益集团运用公共舆论与宣传技巧的特点。从某种意义上讲，本书关注的都是公共舆论的现象，但这一章更明确聚焦于分析公共舆论的本质以及利益集团在宣传活动中涉及的问题。第九至十五章分析了利益集团在不同政府分支机构中的活动，这些章节依次集中探讨政党、选举、立法部门、行政部门以及司法部门，之所以采用这种组织材料的方法，主要是基于人们熟悉的分类，从而使研究更为便捷。在这些章节中，如何分析材料取决于集团与政府官员之间可观察到的关系模式，无论这种关系指向政府的不同部门之间还是其内部。法定结构的形式当然不可被忽视，但也不应模糊地对待政治过程中的动态模式。政治学的研究对象是政治活动中参与者的行为，不管他们的活 xi
动是否符合法律文本的规定，权力和影响的方式是否能从宪法和法令的条文中充分体现出来。从利益集团运作的背景来看，许多政府程序的功能和政府结构中不同部门的活动均体现了新的意义。

第四部分只有一章（第十六章），这一章又回到本书一开始提出的问题：我们如何解释一个被形形色色的利益集团所包围的、持续运行且被广泛接受的政府？在何种情况下人们将警觉地但又恰如其分地看待利益集团的成长及其活动？本章乃至全书所体现的价值将尽可能地被明确阐述。简要地讲，这些价值一是体现了对代议制民主的基本特征的偏爱，二是相信和平变革的益处。其他的一些非根本性的个人偏好也可能影响了我对描述性材料的选择，尽管我

所使用的例证大部分都能从相关文献中找到。然而，既然我无意对任何集团或某些集团作出评判，那么我的关于政治过程的基本主张不会取决于读者是否接受我对特定组织的分析。

我将竭尽所能地综合归纳这一领域的研究材料，对我本人而言也颇有回报。这部分是因为这些努力提供了一个契机，它使我们认识到在该领域知识的不完备，并力图消除知识不足所带来的困扰。在这一研究中，充分的、有价值的材料屈指可数，但必须知难而上。正因如此，本书呈现的文字和理论分析的不少内容，都只是从相关领域的材料中得到的一些假设，甚至只是一些猜想，因而它们无法被当作证实了的最终结论。在这些未得到充分研究的领域，最引人关注的问题包括：利益集团归属关系冲突的产生及其确切影响；大众传媒的长期政治效应；涉及公职提名及相关选任方面的非正式过程；立法机关及其他公共机构的集团活动或机构活动；广泛产生的各种利益的精确范围和动力，这些广泛的利益具有潜在的可组织性，但目前只是部分地由有组织的利益集团代表。最后，即使是在那些叙述性材料或富有启发的理论模式已经看似相当充分的领域，进一步的系统化研究仍很有必要，可能的话，应该进行量化研究。
xii 如果本书通过抛砖引玉，能够说服一些勤奋的研究者致力于研究这类问题，那么本书的目的就达到了。

在本书的写作过程中，许多人提供了建议、批评和帮助，本人受益匪浅，谨向他们表达深深的谢意。必须声明，他们对本研究存在的缺陷无须承担任何责任。耶鲁大学的 V. O. 基（V. O. Key, Jr.）教授读了本书的初稿，提出了大量的睿识和批评性见解，感激之情溢于言表。我在威廉姆斯学院的同事詹姆斯 · M. 伯恩斯（James M.

Burns）教授，阅读和评析了整部著作，他的盛情使我得以与他分享无尽的时间和友谊。密歇根大学的西奥多·纽科姆（Theodore M. Newcomb）教授阅读了本书初稿的前几章，他的建议帮助我避免了许多错误，他的慷慨鼓励更为珍贵。同样，哥伦比亚大学的康拉德·阿伦斯伯格（Conrad M. Arensberg）教授也阅读了本书的前几章，他在社会关系领域的开创性工作成为本书所使用的许多概念的来源。芝加哥大学的C. 赫尔曼·普里切特（C. Herman Pritchett）教授对本书关于司法过程的研究给予了充分关注。我特别感谢威廉姆斯学院的院长和董事会为本研究提供的资助。艾特尔·里士满（Ethel Richmond）女士和威廉姆斯学院图书馆的其他工作人员为我的研究提供了巧妙且慷慨的帮助。我的妻子参与了本书每一阶段的写作工作，承担了许多艰苦的资料收集工作，并打印了手稿。我的儿子也以他的方式为本书作出了贡献，他表现出的自制超出了他的年龄。谨以本书献给他和他的母亲，这既是一种感激，也是一种爱的纪念。

D. B. 杜鲁门

马萨诸塞州，威廉斯敦

第一部分

政治过程中的集团

第一章　所谓派别的危害

在美国，联邦、州、地方立法机关的大多数立法会议记录中，充 3
斥着各种各样组织化集团的阴谋动机和不良行为。媒体也连篇累牍地报道一项立法议案如何由商业集团、学校教师、农民协会、消费者组织、工会或其他公民集团提出。立法机关被漫画家描绘成受到那些凶神恶煞的、抽着雪茄的胖子们控制的机构，这些胖子们身上印着“特殊利益”的标识，而身材弱小的、被称为“平头百姓”(John Q. Public)的人被挤到一边，既愤怒又无奈，既可怜又沮丧。立法机关的一位成员站在议会的大厅或在新闻发布会上义愤填膺地宣称，议案在“利益集团”的强制下，或是在一群整天泡在政府里、肆无忌惮的、强力劝说的“说客”的迫使下得以通过。一个调查委员会痛斥某集团的活动是具有欺骗性的、不道德的，破坏了国家宪法的基本程序和理念。一位行政首长指责“议会说客”或“压力集团”成为阻碍或削弱“符合公共利益”的立法的专门组织机构。

长期以来，不时地会有富有良知而又敏锐的记者收集和报道一系列这类事件，以出色的“扒粪”方式揭露这些破坏性“利益集团”背后的阴谋。幸运的话，这些报道可能会成为畅销作品。或者，将

这些事件改编一下就可能成为一本通俗小说的主题。[①]

只要这些事件被报道得富有趣味，并给人以揭示政府内幕的印象，那么即使对于一个并不关心日常政治生活的、漫不经心的学者
4 而言，也会变得耳熟能详。这类学者如同其他更为老练的同行一样，总是或多或少地把这些事件视为理所当然，可能是因为这些事件恰好证实了他们的这一想法：人尽皆知，政治是一桩肮脏的交易。然而同时，他们可能会将政治生活中有组织的集团活动当成违背政治过程之正当和规范的活动，就像他们同时代人的道德堕落已经不足以阻止建国之父们所创立的伟大传统遭到破坏那样。[②]这些事件可能就是当代的病态。

压力集团与建国之父

不管如何称呼压力集团，在美国这已经不是新的名词。[③]关于集团利益论述的较早文献之一是《联邦党人文集》(*The Federalist*)一书的第十篇，詹姆斯·麦迪逊(James Madison)经典性地描述了不同集团对政府的影响以及这些集团产生的原因。他认为，这种联

---

① 早些年的和有些古怪的事例，参见 Winston Churchill: *Coniston* (1906) and *Mr. Crewe's Career* (1908)。

② 人们熟知的关于这一立场的事例可见 Robert Luce: *Legislative Assemblies* (Boston: Houghton Mifflin Company, 1924), p.385，该书引用了一位纽约法官的观点，认为为游说活动订立的合同不应由法院执行："它违反了我们政府的政策和精神，议员和行政官员应以公正和公益为目的来为人们办事。"(Rose and Hawley v. Truax, 21 Barb.361,1855.)卢斯指出，这一观点并不局限于纽约法院。

③ 古代历史学家和政治哲学家有关利益集团角色的评论，见 Robert M. MacIver: "Interests," *Encyclopaedia of the Social Sciences*。

合体的优点是作为一种“打破和遏制宗派暴力”的工具。记住，这些集团无疑成了像谢斯叛乱（Shays’s Rebellion）中的债务人或无财产者所构成的人群的一部分。但是，他使用更广泛的术语把宗派界定为“一群公民，不论是全体公民中的多数还是少数，团结在一起，被某种共同情感或利益驱使……”他对这些集团的来源和特征的差异做了详尽的论述，引证如下：

> 形成宗派的潜在原因……植根于人性。依据公民社会的不同情形引发的不同程度的行为，我们可到处发现这些原因。那些热心于有关宗教和政府的不同意见以及其他许多思想和实践上的见解的人，那些依附于各种野心勃勃、争权夺利的领袖或依附于因财产而使人心动的人，相继把人们划分为各种党 5
> 派，煽动他们彼此仇恨，使他们更有意于触怒和压迫对方，而无意为了公共之善进行合作……但是，造成宗派的最普遍且持久的原因是财产分配的差异和不平等。有产者和无产者在社会上总会形成不同的利益集团。债权人和债务人也有同样的区别。土地占有者集团、制造业集团、商人集团、金融业集团和许多较小的集团，在文明国家里必然会形成，从而使他们被划分为不同的阶级，受到不同情感和观念的支配。管理这些各种各样、互不相容的利益集团，以及必要的和日常的政府活动中的党派精神和宗派，是现代立法的主要任务。

值得一提的是，这些分析不只是由一位经院哲学家或宣传人士所作出的精妙概括，它还代表了麦迪逊作为弗吉尼亚州议会议员和

联邦国会议员多年来对当代政治的认识的精华。因为当时还没有形成政党，所以麦迪逊交替使用“党派”（party）和“宗派”（faction），并把这些集团的斗争视为政治过程的本质。我们不必完全赞同他所描述的政治过程，但当时的政治过程与我们时代的有着巨大的相似性。

《联邦党人文集》中描述的内容是对美国历史上压力集团活动最富有洞见和最重要的描述之一。这本书中记述的州在通过法案的过程中使用的手段也许会遭到当代议会说客的妒忌。很容易忽略的事实是，“除非联邦党人在政治操作中十分明智，就像他们在理论上那样有道理，否则他们的观点不会被广泛接受”。[①]

6 到目前为止，我们还没有对利益集团进行定义，因而可以说，所引用的例子也没有与充斥现代政治集团内部的腐败和自私相联系。这些特点不是集团政治的突出特征，但是，在早期的集团活动中这种情形不难被发现。早在 1720 年，商业利益集团就通过外部操纵使得新泽西州议会几乎被成功地控制。[②]第一届联邦议会详明地记录了为州债务提供资金的问题，揭示了利益集团使用某基金支持法案的通过。来自宾夕法尼亚的参议员威廉·麦克莱（William Maclay）是一个冷酷的党棍，而不是一个客观的观察者，他在 1790 年 3 月 9 日的日记中写道：

① Samuel E. Morrison and Henry S. Commager: *The Growth of the American Republic* (New York: Oxford University Press, 1930), p.163.另见 Charles A. Beard: *An Economic Interpretation of the Constitution of the United States* (New York: The Macmillan Company, 1913), chaps.6, 8 and 9。

② 引自Luce: *Legislative Assemblies*, p.367。

> 今天早上在参议院的大厅里，巴特勒说他听到有人讲，那人将给瓦宁（特拉华州）1000几尼，用于支持他的选举，但是我加上一句话，“我怀疑他是否这样去做”。但只要得到那笔钱的十分之一，我也会去干。我不知道那些钱是否真正产生了作用，但可以肯定的是，所有其他的方法和想到的手段都会被加以利用。政府官员、牧师、市民、辛辛那提人，以及所有其他受财政部影响的人……①

虽然相对中立一些，但杰斐逊也是一个党棍。1793年2月，他在和华盛顿总统的一次讨论后写下了如下一段话：

> 我使他相信南方人中间存在巨大的不满这一事实，南方人看到他们的意见和利益在许多场合因东部各州的原因而受到损害，他们相信这是由国会中一群受到财政部指挥的腐败的投票人导致的，如果这些国会议员没有不同于或与选民的公共利益相反的特殊利益，而是以高尚和公正的精神投票，那么在所有重大问题上法律就不会是现在的样子。②

正如一位细心研究美国立法机关的学者指出的那样：“没有人 7
能够读懂州债务问题和首都选址问题上捏造出来的故事，立法机关的操纵者在许多令人怀疑的活动中的所作所为远远超过了我们的

① Luce: *Legislative Assemblies*, p.409.

② Ibid., p.410.

先辈。”[①]

在杰克逊政府的鼎盛时期，托克维尔这位目光最为敏锐的外国学者研究了美国的制度，指出这个民族最显著的一个特征就是热衷于通过有组织的社团推动一系列令人困惑的事情，其中包括那些使用政治手段推进的事情。他指出：“在这个世界上没有一个国家能够像美国那样成功地运用社团的原则来达到如此多样的目的。”[②]托克维尔所描述的集团组织的运作过程几乎与政府的正式制度同样发挥作用，给人留下了深刻印象。在谈到集团的代表与立法机关的成员之间的相似性时，他认为：“的确，他们（这些组织的代表）像其他人一样，没有权力立法，但他们有权利攻击正在实施的法律，有权批评正在起草、即将被制定的法律。”[③]

直到杰克逊政府时期，现代政党才具备了其今天的形式，因此，托克维尔没有明确区分政党与其他形式的政治利益集团。然而，在对“政治联合体”（political associations）的讨论中，他却详细地描述了1831年10月在费城召开的反关税会议的过程，从会议的形式上，我们可以看到类似于今天美国某个城市议会进行集团讨论的情形：

> 会上的辩论是公开的，并且从一开始就具有立法的性质；会上讨论了国会的职权范围、自由贸易的理论和税则。第十

① Luce: *Legislative Assemblies*, p.367.

② Alexis de Tocqueville: *Democracy in America*（ed. by Phillips Bradley, New York: Alfred A. Knopf, Inc., 1945）, Vol. Ⅰ, p.191. 也可见 Vol. Ⅱ, p.106 及全书多处。

③ Ibid., Vol. Ⅰ, p.193.

天，大会在草拟了一封致美国人民的信后闭幕。这封信上写道：(1)国会无权制定关税税则，现行税则是违法的；(2)禁止不利于任何国家的自由贸易，尤其是不利于美国人民的。[①]

还有大量的证据可以证明美国集团政治的漫长历史。在杰克 8
逊政府时期，支持或反对合众国银行规章的有组织的压力集团，内战前围绕彭德尔顿"财产宫殿"侵吞问题的争论，19世纪后半期联邦和州的立法机关进行的关于铁路的讨论和其他利益集团运作，同一时期如美国农业保护者协会(Grange)的政治活动……无不表明组织化的政治利益集团活动是美国政治生活的一部分。[②] 不管这种情况算不算正常，都不是政治生活中的新事物。

国外的政治集团

组织化的集团的政治活动，在美国并不是一种特有的现象。正如赫林所观察的："在政府权力产生之前，小集团总是为他们的特

① Alexis de Tocqueville: *Democracy in America*, Vol. I, p.194.

② 如见 E. Pendleton Herring: *Group Representation Before Congress* (Baltimore: The Johns Hopkins Press, 1929), pp.30–39; A. M. Schlesinger, Jr.: *The Age of Jackson* (Boston: Little, Brown & Company, 1945), *passim*; G. G. Van Deusen: *Thurlow Weed: Wizard of the Lobby* (Boston: Little, Brown & Company, 1947), chap.14; P. S. Reinsch: *American Legislatures and Legislative Methods* (New York: The Century Company, 1907), chap.8; Robert Luce: *Legislative Assemblies*, chaps.17–19。特别有趣的例子是对集团的社会背景和对1776—1860年宾夕法尼亚州情况的仔细分析，可见 Louis Hartz: *Economic Policy and Democratic Thought: Pennsylvania, 1776–1860* (Cambridge, Mass.: Harvard University Press, 1948)。

殊利益而努力。”[①] 例如，我们以英国政府为例，可以发现那里的集团活动像在美国一样多，尽管因制度环境的变化会产生一些重大的差异。

在英国，如在美国那样，有组织的政治集团广泛覆盖了社会生活的各个方面。[②] 工业组织和贸易组织数以百计，农业及其相关组织约有 20—30 个，社会福利组织“有无数个，尽管它们没有很好
9 地被组织起来联合行动”，数百个职业组织在政治活动中发挥着重要作用，纳税人由协会来代表，与美国纳税人的情况相似，“执着的”行人们和机动车主也被组织起来，商会组织的成员更是达到了数百万人。

以此为前提，这些集团在政党政治的竞选活动中扮演了公开积极的角色。事实上，在许多情况下，有些集团发挥的作用比国内任何其他集团更积极。工会组织尤为明显，但也不限于此。英国农民协会（The National Farmers' Union）也没有假装在各派之间显得不偏不倚，它不仅签名支持保守派候选人，还给予资金支持。英国纳税人联盟和有产者协会（The National Union of Ratepayers' and Property Owners' Associations）是保守党的附属集团。为了确保在议会中有足够的代表，全国教师协会（The National Union of Teachers）愿意给每一位下院议员以资金支持。

这些活动的一个预期结果就是获得政党的支持，就像在美国一样。詹宁斯报道了 1935 年大选后英国农民协会提出的一系列要求，

---

① Herring: *Group Representation Before Congress*, p.241.

② 这部分内容基于 W. Ivor Jennings: *Parliament* (Cambridge: Cambridge University Press, 1939), chaps.2 and 7。

美国人对此并不陌生。在大选后，农民协会给予了获胜的保守党人一贯的支持，农民协会向首相提交了大量有关农业政策的建议。一个委员会此后不久接见了农民协会的主席——这位保守党议员还拜访了农业部长。农民协会对他们活动的结果仍明显表示不满，要求各个县的分支协会建立“积极的议会委员会”，在地方进行“深入宣传，以使议会中支持农业的议员们充分了解工业发展产生的问题”。[①]

由于在议会活动中不允许讨论私人的法案，且政府完全控制了财政事务，因此，大多数集团将目光集中到了部长们身上。詹宁斯提到了一些涉及财政政策的活动：“当双方进行交易时，财政大臣就成为领导人物。唐宁街 11 号内进行着政治分赃，那些想参与的人不得不经常往这里跑，以此证明他们具备这样的资格。”[②] 由于制度背景的差异，这一过程在细节上不同于美国国会的活动，但在机
构的实践层面，毫无疑问是相似的。 10

虽然大多数立法议案来自行政部门，但议案的“灵感”却来自各种组织化的利益集团。利益集团在批评和修改法律草案中发挥了更加公开的作用。从实用的角度考虑，政府往往努力使其支持的法案获得通过，但在一个基本上依赖自由选举的制度中，内阁不可避免地要让任何清楚表达出来的公共舆论背后的支持者感到满意。较为隐蔽的反对方式会导致失败，因此，任何一个集团都试图唤起公共舆论的支持。

① W. Ivor Jennings: *Parliament*, p.214.

② Ibid., p.189.

美国宪法和英国宪制性规定可以运用的政治活动方式是不一样的，但在两国的政治过程中，利益集团都是一个基本因素。还可以列举出许多例子进一步证明，利益集团并不是美国特有的。有人也许会提到法国的商人组织、工人组织和农民组织，更不要说天主教会，它在第二次世界大战前后的政府活动中扮演了重要角色。① 也有人会仔细描述瑞典利益集团的发展。在那里，利益集团不仅是政治利益表达的工具，在很大程度上还是国家的执行机构。在任何一个宪法允许自由结社的国家，我们都可见利益集团的活动。②

存在的问题

从上述的简单讨论中可以看出，政治利益集团在政治舞台上既不是转瞬即逝的新来者，也不是国际社会中某个国家特有的现象。
11 这种组织的持久存在和广泛分布表明，我们正应对着社会的一个独特之处。利益集团受到日益普遍的及专门的关注，这表明，在我们复杂的、相互依赖的当代社会，利益集团比在相对简单、发育程度不高、制度安排尚处于草创阶段的社会中更加重要。

---

① 关于第三共和国中这种集团的角色，见 David Thomson: *Democracy in France: The Third Republic* (London: Oxford University Press, 1946), pp.39–74, 及书中多处。

② J. A. Corry: *Elements of Democratic Government* (New York: Oxford University Press, 1947), chap.8; Gunnar Heckscher: "Group Organization in Sweden," *Public Opinion Quarterly*, Vol.3, no.4 (Winter, 1939), pp.130–135; 关于 1930 年代德国、意大利、日本、法国以及美国制造业协会的数据，参见 Robert A. Brady: *Business as a System of Power* (New York: Columbia University Press, 1943), chaps.1–6, 尽管该书提出的观点存有争议。

许多人非常愿意认可利益集团概念的准确性，但他们不无忧虑。他们十分关心他们所目睹的这些组织的活动将产生什么影响。例如，他们注意到，一些农业集团劝说政府花费大量资金以维持食品的价格，使“剩余的”农产品倾销到市场中，城市居民正不得不减少他们的食物支出，以维持家庭开支。他们发现，许多劳工组织阻止更加低廉的房屋方案列入建筑法规，尽管新住房的成本超出了许多家庭能够承受的范围。房地产商组织和承包商协会完全有能力阻止政府建造取代贫民窟的廉价住房。退伍老兵组织可以按他们的意愿确保和维护他们退休金的提高。教会显然可以有效阻止联邦政府资助公立学校，除非这种资助同样给予与公立学校竞争的其他学校。美国政府宣布，只有通过更多地购买商品和服务才可维系与欧洲政府的关系，但船业主协会和海员工会可以敦促政府通过一项法令，使其依照马歇尔计划要求欧洲国家所购买的大量物品必须通过美国船只运输。其他如工业和同业协会也能阻止修改限制从海外进口货物的关税税率和海关规章。

在所有这些情况下，任何一个正直的公民都可以看到，不同的集团互相竞争以期从政府活动中得到好处，或者可以看到他们之间互相合作，谋求共同利益。看到“蜂拥而至”的议会说客对国会议员和政府官员“施加压力”，看到某个集团通过散发大量的信笺和电报从华盛顿得到他想要得到的东西。人们开始怀疑这种政府机构能否生存下去，能否有效地承担它在世界上的责任，能否迎接残
忍的独裁政府提出的挑战。人们想知道政府如何有效解决这些外 12
在的挑战。撇开那些无聊的商业广告，人们对言论自由、选举自由、代议制政府及其价值予以高度评价，而对于置这些价值于危险境地的

实际活动和特权则感到恐惧和痛恨。

对政治集团的那些耸人听闻的活动表现出正义的愤慨是很正常、很自然的反应，但这种反应往往是宣泄性的，而非建设性的。仅有愤怒是远远不够的，我们所寻求的是纠正、保护或控制，这些是加强所谓的民主内涵的实践，也是削弱或消除那些威胁民主制度的做法。非理性的愤怒对于实现这一目标无益，这很大程度上是因为，这种愤怒很可能基于一个对混杂着神话与虚构及事实的政府过程编造的图景。除非我们能够把握政治的概念，以充分理解政治集团在政治活动中的运作过程，否则就无法消除民主过程中的“弊端”。我们需要研究集团政治活动的正常方式是什么，才能预判它的结果并为它的弊端“开出药方”。在充满信心地描述集团活动带来的影响之前，我们需要重新审视美国代议制政府的运作过程。就像我们要保护一座农庄免受雷电袭击之前首先要知道电的知识一样，除非我们首先充分理解政治过程中集团的角色，否则无法保护政府免受集团组织活动的影响。

有效研究政治集团概念的第一步，必须首先远离规范的政府和政治研究。我们将研究一般的社会集团的动力机制，而不管它们是否与政治有关。“集团”这一术语意味着什么？集团的社会功能是什么？集团与个人行为的关系是什么？集团是如何形成的？如果我们感兴趣的政治集团与其他社会集团没有重大差异，那么如何将它们区别开来？我们所观察的那些政治集团的起源和功能有何不同？

接下来，我们将考察美国的政治集团与政府之间关系的某些普遍特点。政治过程中的集团角色所面临的困难是什么？在美国政府活动中日益增强的复杂性与利益集团数量增加之间有没有关联？为什么某些特殊类型的政治集团数量越来越多，且在政治活动 13
中越来越积极？以及在何种情况下，有组织的集团会卷入政府的运作？

在对集团和政府的一般性讨论中，我们将指出，集团与政治过程关系的特点部分是由集团内部结构以及集团内部政治行为决定的。由此，我们将仔细研究集团组织的变化、影响集团整合的因素，以及集团领导活动的性质和技巧。这一部分我们将关注两个主要问题：这些因素如何影响集团与政府之间的关系？这些因素如果存在，是怎样制约集团政治活动的？

在此基础上，我们可以对政治利益集团在政治过程中的作用形成一个有意义的概念。我们首先来研究集团的宣传活动以及它们与公共舆论之间的关系。接着将分析利益集团与政党之间的关系、在多个层面上利益集团与联邦体系中正式制度之间的关系。在立法机关、行政机关和司法机关的常规划分下，研究后一个问题是很方便的，但我们的重点将集中在这些机构之间或它们内部可被观察到的操作活动，以免陷入学究式的形式主义陷阱。在本书的这一部分我们主要关注的是：在政治过程的不同阶段，决定利益集团权力发挥作用的因素是什么？在何种程度和何种情形下，政府的活动是集团活动的产物？美国政治制度的特征如何使集团利益最大化，这些特征如何将利益集团的活动限制在可容忍的范围之内？

关于政治过程的概念相当宽泛，足以解释政治集团的发展及其功能，对于评价所谓的宗派闹剧也是很重要的。本书旨在对此进行基本分析。

第二章　集团与社会

14 人是一种社会动物。在亚里士多德这一句话中，隐含着这样一层含义：除极少数外，人与人是联合在一起的。约翰·杜威（John Dewey）写道："无须解释人的联合行动，事实总是如此。"[①] 这种联合体包括了各种组织，即以特定持久的方式和程序产生的有规则的集合体中的某种关系。但这一经典命题中的另一层含义，即人必须在社会中生活以表明他们具有某些不同于动物的能力和技艺，这一点可能接近亚里士多德的观点。这些人类的技能不仅包括被认为是构建文明的奇迹般的技能和创造发明，还包括不那么耀眼但更为重要的、最初的知识积累和语言的发展。

我们不必仅以亚里士多德所坚信的城邦生活的优点来支持"人本质上是社会动物"这一观点。鲁滨逊·克鲁索假设了人是离群索居的动物，这一说法在心理学上并不充分，在经济学上也过时了。关于儿童因偶然原因而被动物抚养的记述说明，在和人类断绝了所有联系之后，那些儿童的语言发展已经成为不可能，即使以后回到人群之中，其语言的发展也是极其缓慢的——

---

① John Dewey: *The Public and Its Problems* (New York: Henry Holt & Company, Inc., 1927), p.151.

这一说法至少存在一定的可信度。在幼年时期被隔离生活的儿童同样说明了这一点。语言，作为人类基本的和重要的社会特征 15 之一，在特定条件下不能获得充分发展，说明学习能力事实上明显受到了阻碍或已退化。[①] 人只有在同他人的交往中才具备人的特性。

更为明显的相互依存关系也要求人们生活在社会中——纯粹是因为体力上依赖其他人。家庭是最原始的社会单位，是一个人与其他人共同生活在一起的场所，在长期孤立无助的环境中，家庭扮演了部分保护后代和培育后代的角色。此外，随着劳动分工和专业化，建立在不同年龄和不同性别基础上的简单家庭单位出现了，这使得对复杂技能的要求和大规模的生产活动成为可能，人们互相赖以生存也成为可能。一位现代的城市居民，只要经历过牛奶供应中断、公共交通阻塞或者停电，就无须向他说明什么是专业化分工。

正如上文所说，在这一章，我们不打算把注意力集中于“政治”行为，我们将分析在一般社会过程中各种各样的集团以及它们的作用。必须指出的是，集团并不因为它们被贴上了“政治”的标签而在本质上发生变化。它们基本体现了和其他一直存在的社会模式一样的规律。接下来，我们将讨论“集团”和“利益集团”的含义，并将重点分析重要的集团类型之一——协会——的特征。

---

① 参见 Arnold Gesell: *Wolf Child and Human Child* (New York: Harper and Brothers, 1939) and Kingsley Davis: “Extreme Social Isolation of a Child,” *American Journal of Sociology*, Vol.45, no.4 (January, 1940), pp.554–565。

集团的归属关系和个人行为

在所有不同程度的复杂社会中，个人很少受到社会整体的影响，更多的是受到社会的不同组织部分或集团的影响。这首先是因为，即使在最简单的社会里，一个人实际上也不可能在组成社会的所有集团中发挥作用，即使他在某一项技术或几项技术上具有高超的技能水平，也只能参加与其技能相关的、有限的几个集团。在地方性集团发挥重要作用的社会中，一个人永远不可能“属于”几
16 个集团，也几乎不会“属于”一个以上的集团。其次，个人在社会中的地位——用专业的话讲，即“身份”[①]——限制了社会作为整体对他的影响。他也许不会参加限制异性或特定年龄者加入的集团。通常情况下，他只能属于某一“扩展的”大家庭、某一教会、某一经济组织，或者在特定层次上的某个政治组织，如国家等。终其一生，他都不可能属于一个以上的阶级或等级集团。

就集团的行为范围和类型而言，不同集团之间又是不一样的，即使在最简单的社会中也存在一定程度上的区别，个人的行为和态度根据他们所处集团的不同，存在着很大的差异。用杜威的话讲：“具体行为的重要生成条件既是社会的又是有机的：就个人行为中表现出来的**不同的**需要、目的和运作的方法而言，社会因素更为重要。”[②] 由于不同集团之间不时地发生冲突，理论家们试图用“本能”

---

① Ralph Linton: *The Cultural Background of Personality* (New York: Appleton-Century-Crofts, Inc.,1945), pp.75–82.

② John Dewey: *The Public and Its Problems*, p.103.

来解释集团和冲突。例如，莫斯卡就断言，“人有群居的本能和与他群发生冲突的本能”，这不仅解释社会之间的冲突，也解释了“所有社会分化和再分化的形成……以及源于特定社会和场合的道德冲突和时而发生的物质冲突的原因”。[①] 这种类似于古希腊罗马戏剧中用舞台机关将演员送至舞台上以推动剧情发展的方式是不必要的，就像 17 世纪的契约论者使用类似的方法来解释政府和社会的起源那样，这一分析暗含了世俗的个人优先于社会的假设。换句话讲，隐含地假定个人首先在一定程度上是独立存在的，后来才形成社会或集团，这无法得到证明。

麦迪逊认为，集团“内在于人的本性”，这种说法更为简单和真 17
实，他所指的是，这种倾向是不同集团中各自的经历“播种下”的。当集团的活动变得十分积极，不管是否与其他集团发生冲突，这些发展状况可以用麦迪逊的“公民社会的不同情形”来解释。[②] 稍有不同的表述是，用杜威的话说，“被我们视为卓越的‘个体’的人，受其与其他人的交往而改变和约束；他的行为及其结果，以及他所经历的，甚至不能从他孤立的个体角度解释”。[③]

近年来，社会心理学家和文化人类学家在解释集团对我们个人行为的方式和范围的影响时作出了不少努力。[④] 其中，幼年时期

① 引自Gaetano Mosca: *The Ruling Class*, 译自Hannah D. Kahn: *The Ruling Class*, 意大利文版，Arthur Livingston, ed., 1939, p.163, Courtesy of McGraw-Hill Book Company, Inc。

② *The Federalist*, No.10.

③ Dewey: *The Public and Its Problems*, p.188.

④ 可能最细致的这类调查是由沃纳进行的 the “Yankee City” 的调查。参见 W. Lloyd Warner and Paul S. Lunt: *The Social Life of a Modern Community* (New Haven, Conn.: Yale University Press, 1941)，特别见 chap.2; *The Status System of a Modern Community* (New Haven, Conn,: Yale University Press, 1942), *passim*。

（婴儿和童年时期）所受到的家庭、邻里、学校、朋友圈子等初级集团的影响，对塑造个性和使个体适应环境最为重要。在成长过程中，儿童从面对面集团，尤其是那些包括了成年人的集团中受到影响，通过这些接触提供的机会，儿童学会了在这个世界上界定自我。他开始学习如何去做些什么、如何去避免做些什么，知道如果要被集团接受和认可并成为其中一员，他要用什么样的术语使人们理解各种目标和行为。这些术语在不同的集团大为不同，这取决于它们的客观环境。这些集团几乎毫无计划地选择儿童熟悉的文化，并决定应赋予他们的价值。“通过语言和举手投足来了解他人的态度和他们对所处环境的界定，几乎和语言本身的习得一样是逐渐发生的……”[①] 年轻人的期望和价值，甚至他的技能，将因他早期的
18 集团生活经历而不同。如果他早年生活在中西部一个远离城镇的家庭农场，生活在一个大家庭里，日常生活的娱乐需求局限在听收音机和读《圣经》，那么其经历肯定不同于由于社会“环境”的改变而随父母从一个国家搬到另一个国家的同龄人的经历，后者有着无数的娱乐方式，并接受昂贵的私立学校的教育。两个人的经历又不同于生活在洁净的南方某个城市郊区的佃农，或者不同于生活在某个大城市的、一个完全由新移民组成的封闭社区中的年轻人。上述提到的任何一种环境中发展经历完全一致的两个人是不存在的，他们所形成的特质、期望和价值观念与他们早期生活的集

---

① William I. Thomas: *Primitive Behavior: An Introduction to the Social Sciences* (New York: McGraw-Hill Book Company, Inc., 1937), p.36.

团有重要关系。[①]

心理学家区分了集团对集团成员的个性施加影响的不同机制，[②] 此处无须详述。一般而言，从儿童时期开始，个人总是试图使自己被社会环境中的某个集团或多个集团接受，一旦他发觉自己身处这些集团中，或者当他长大时希望成为某个集团的成员，他实际上就会或多或少无意识地发现，他必须展示出属于该集团的行为特征，确定他的归属，否则便置身于该集团之外。如果文化作为一个整体的价值要求高度的合作行为，就像西南地区的印第安人祖尼部落那样，或者文化要求个人变得富有攻击性，像普杰特海湾（Puget Sound）地区的瓦克特人（Kwakiutl）或现代美国人那样，那么这种同化过程必然会发生。[③] 在任何文化背景下，大多数人将因为不能被他所在的集团或他希望加入的集团接受而感到痛苦不堪。服从是被接受的代价。[④]

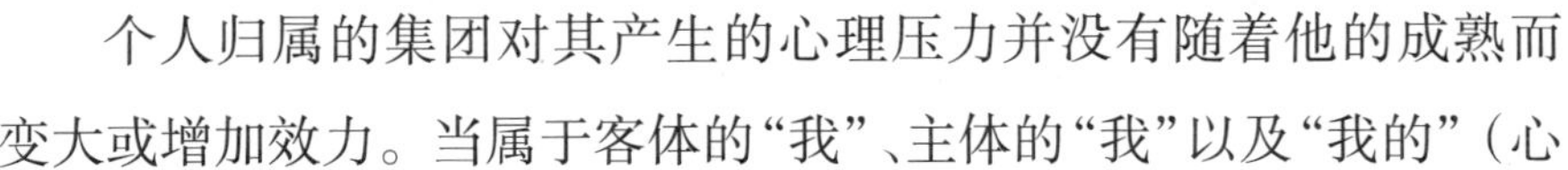

个人归属的集团对其产生的心理压力并没有随着他的成熟而变大或增加效力。当属于客体的“我”、主体的“我”以及“我的”（心

① 参见 Muzafer Sherif and Hadley Cantril: *The Psychology of Ego-Involvements* (New York: John Wiley & Sons, Inc., 1947), *passim*; Hadley Cantril: *The Psychology of Social Movements* (New York: John Wiley & Sons, Inc., 1941), chap. I。

② Gardner Murphy, Lois B. Murphy, and Theodore M. Newcomb: *Experimental Social Psychology* (New York: Harper and Brothers, 1937), chap.4; Theodore M. Newcomb: *Social Psychology* (New York: The Dryden Press, 1950), chap.8,14–17. 参阅 Max L. Hutt and Daniel R. Miller: “Social Values and Personality Development,” *Journal of Social Issues*, Vol.5, no.4 (Fall, 1949), pp.2–43。

③ 参见 Ruth Benedict: *Patterns of Culture* (Boston: Houghton Mifflin Company, 1934), chaps.4 and 6。

④ Sherif and Cantril: *Psychology of Ego-Involvements*, pp.5–6.

理学家称之为“自我”）态度形成，尽管这些态度并不是不变的，个人会更加强烈地感受到被“所属”集团接受的需要，并会尽量避免被排斥。这样，“在一个好朋友集团中，朋友的观点对我们很重要，我们会坚持表现出我们理解了某个笑话，假装领会了某个微妙对话的内涵，不管实际上我们是否真正理解了”。[①]

这些集团的经历，尤其是发生在相关的不熟悉环境中的经历，或是直接地，或是通过来自孤立的个人经历的态度和行为，给个人提供了总体上的看法，或者说看待和评价事物的参照系。谢里夫通过一系列实验来证明这些影响。他运用了自主运动现象——一种科学家很早以前就发现了的现象，即一束单一的、稳定的光点在漆黑、安静的空间看似在无规律地运动。其原因可能是因为在没有可感知的外部参照系的情况下，确定的光点显得在运动。从社会心理学的角度看，这种环境不是结构性的。当一个人处于这种实验环境下，被要求回答光移动了多远距离，他就会在心中设立一个参照点和标准，以作出他的判断。这一标准在一系列实验中建立起来。当一个集团身处同样的实验中时，每个人被要求回答他们的判断，他们就不会讲出许多不同的判断，而是有一个集团的判断标准。这一标准在后来集团成员单独进行实验时同样得到遵循。在集团实验之前就进行了实验的个人所
20 形成的标准会倾向于向集团标准靠拢。[②] 这些实验表明，在一个非结

① Muzafer Sherif and S. Stansfeld Sargent: “Ego-Involvement and the Mass Media,” *Journal of Social Issues*, Vol.3, no.3 (Summer, 1947), pp.10–11.

② Muzafer Sherif: *The Psychology of Social Norms* (New York: Harper and Brothers, 1936). 另见他的论文 “An Experimental Approach to the Study of Attitudes,” *Sociometry*, Vol. I (1937), pp.90–98; 这篇文章精简了 Theodore M. Newcomb and Eugene L. Hartley: *Readings in Social Psychology* (New York: Henry Holt & Company, Inc., 1947), pp.77–90 的内容。

构化的环境下，集团成员之间的互动将产生一个集团的参照标准，环境是根据参照系而被体验到的。同样的心理作用规律也发生在其他社会标准的形成过程中，通常集团将影响和控制其成员的行为。

纽科姆在一所设备齐全的大学社区中进行的态度变化研究也值得注意。[1]研究对象是一所小型学院。尽管大多数学生来自对公共问题持“保守”立场的家庭，学院学生对公共问题的主导观点却是“自由”的。在对所有学生进行为期四年的研究后发现，学生的态度在大学四年中发生了巨大变化，变得更少有保守倾向，至少在毕业后的两年内仍保持着这种态度。社区规范的影响在那些具有领导个性的学生身上表现得更加明显：“在进入大学的几个星期里，他们就‘捕捉到’了大学里的主导性价值，为了寻求领导地位和威望，很快就适应了这些价值标准。”[2]非保守的态度主要在那些“既有能力又渴望和其他同学达成真挚关系的学生中形成”。[3]这就是“归属”的代价。那些依旧保持着非典型的“保守”态度的学生可能没有强烈的归属感，不知道社区中存在的“自由”参照系，或者更加认同和依赖其他集团，如家庭。

还有其他许多集团影响个人的例子。比较著名的是霍桑在西部电气公司进行的研究。从事三个相关类别工作的电工、焊接工和检验员 14 人，根据集团的总产出获得报酬。这一做法旨在使生产最大化，但失败了。生产力并不是渴望获得尽可能多的报酬的结 21

① Theodore M. Newcomb: *Personality and Social Change* (New York: The Dryden Press, 1943). 另见其所著的 *Social Psychology*, chap.6。

② Newcomb: *Personality and Social Change*, p.149.

③ Ibid., pp.148–149.

果，而是建立在集团设立的规范的基础之上，并由此构成公平的日工作量。观察者发现了其他四个规范，称之为“基本情感”，包括：(1)个人不应该工作太多，否则他将变成“速度机器”(将导致单项工作效率的降低)；(2)他也不应该工作太少，否则将成为“骗子”；(3)在和监工的谈话中，反映其他工人情况的人是一个“告密者”；(4)检验员在工作时不应该管得太多。这一研究的重要之处在于它的结论：“为了被集团接受，个人就必须按照这些社会标准行动。”①

看起来，集团经历和个人的集团归属是主要的，尽管不是唯一了解、解释社会和对社会作出回应的途径和方式。它们的意义在于在集团成员中产生了一种行为和态度的一致性，如果个人想要被集团完全接受，他就必须服从这种一致性。个人形成这种一致性或适应的过程基本就是社会化的过程。而且，这些一致性在某种意义上涉及并调节着一个人之于他不从属的集团的态度、工作习惯、政治态度和政治行为。②研究政治过程，这是我们特别关注的一个重要方面。在后面的章节中，诸如产联、全国制造商协会、美国农业局联合会等压力集团，也反映出成员们在态度和行为上的一致性。这些模式已经或者将很快变成社会科学家的重要研究数据。辨认和解释这些一致性，如原因、相互联系、相对实力，是理解社会最有

① F. J. Roethlisberger: *Management and Morale* (Cambridge, Mass.:Harvard University Press, 1941), pp.22–23. 关于这一实验的其他讨论，可见 F. J. Roethlisberger and William J. Dickson: *Management and the Worker* (Cambridge, Mass.: Harvard University Press, 1939), Part Ⅳ; Elton Mayo: *The Social Problems of an Industrial Civilization* (Boston: Harvard Graduate School of Business Administration,1945), *passim*。

② Sherif and Cantril: *Psychology of Ego-Involvements*, pp.10–11.

效的方法，不管是研究原始社会还是复杂社会，或者研究社会的一部分，如政治机构。

当然，不能因为两个人属于同一集团，或有许多相同的集团成 22
员身份，就认为他们在所有问题上具有相同的态度或作出同样的行为。然而，他们将在特定的问题上行动一致，这种一致性的程度基本属于可测变量。这些变量在政治利益集团中的作用并不否认集团归属对个人行为的重要影响这一命题，因为这一命题本身就是集团的重要部分。首先，这一命题确认，没有两个人在生物机能和资质上是一样的，尽管他们可能经历同样的身体和心理发展过程，但不可避免地产生行为上的差异。其次，即使两个成年人在某一时期归属同一集团，但从出生以后，他们的集团经历很少是同样的。他们的行为和态度并不是他们当前集团归属的产物，而是某种程度上包括了他们一生所经历的生命过程的结果。从某种意义上讲，儿童倒像是成年人的父亲。尽管如此，在集团内部也可以观察到不同程度的行为一致性。社会科学家的任务就是去发现这种一致性，找到一致性出现的范围、一致性的程度以及寻找一致性发生的前提条件。

政治行为领域的一个例子可以清楚地说明这一点。1940 年，保罗·拉扎斯菲尔德和他的同事对俄亥俄州艾利县选民的投票偏好进行研究时发现，在特定的社会群体中，其成员对两个政党的总统候选人的选择存在高度一致性。[①] 天主教徒比新教徒更倾向于投

① P. F. Lazarsfeld, B. Berelson, and H. Gaudet: *The People's Choice: How the Voter Makes Up His Mind in a Presidential Campaign* (2nd edition, New York: Columbia University Press,1948).

票给民主党人。生活在城市中的人倾向于投票给民主党人，而生活在农村的人偏好共和党人。具有较高社会经济地位的人倾向于共和党候选人，地位较低者倾向于民主党候选人。这里的“倾向”一词并不是说所有在同一群体中的人都有着一样的偏好，仅仅表明在该群体中大多数人采取同样的立场。社会群体中的这些共同特征没有必然地“导致”投票者具有相同的政治偏好。其他集团（这个词更恰当地指明了这些集团）在这方面对其成员的影响更加明显。
23 在小家庭里很少有意见分歧，四分之三的投票者遵循家庭传统的对政党的偏好。友谊型群体在达成一致性方面具有很大的影响，如正式组织——工会——那样。关系更为密切的集团可能会代替教会、地位群体和居住群体而强化集团成员的一致性趋向，尽管相关证据还不是十分清楚。总的说来，这些发现通过 1944 年对全国范围内选举的研究以及 1948 年对纽约州艾尔米拉地区的研究得到证实。[①] 两项研究都证明了集团归属在协调态度和行为方面的重要性。

集团的概念

如果集团成员的行为产生的一致性结果对于理解人类行为包括政治行为具有关键意义，那么仔细研究一下“集团”这一概念，考察它包含什么、在什么时候使用，是有必要的。过多的先入之见

① Sheldon J. Korchin:Psychological Variables in the Behavior of Voters (unpublished Ph.D. dissertation, Harvard University,1946); Helen Dinerman:“1948 Votes in the Making,”*Public Opinion Quarterly*, Vol.12, no.4 (Winter, 1948–1949), pp.585–598.

对理解概念毫无益处。“历尽沧桑的老人会随意对待周围的事物，其生活就变得枯燥无味了。”[1] 然而，进行一些区分还是有用的。

我们发现“集团”一词有两种广泛的含义。在很多专业文献中，两种含义均被用来指某些具有共同特征的个体集合。在这一含义上，集团指同一年龄的人群、具有相同收入或社会地位的人群、生活在特定地区的人群，如西方人。可以根据不同的标准将人群分为无数的类别——农民、酗酒者、保险员、金发美女、文盲、母亲、精神病患者等。尽管这一含义上的集团有其特定功能，但它遗漏了一个很重要的方面。人们会想到，强调集团作为社会的一个基本单位，在于它具有由其成员共同构成的行为一致性。这种一致性并不直接取决于上文提及的这些相似性，而在于人们互相之间的关系。
产生类似态度和行为的家庭集团的意义不在于成员在外在方面的 24
相似或相近，而在于互相之间的独特关系。这些互动或关系，由于具有特定的性质和频率，使得家庭集团具有塑造性和引导性。这就是集团，正是在这个意义上，“集团”一词被使用。

当然，这种概念认为，集团存在之前，最小频次的交往是必要的。如果一个车手在公路上向一个农民问路，他们发生交往，但他们之间即使在最广泛的意义上也不能说构成了一个集团。然而，该车手可能属于某汽车俱乐部，他和其他成员经常相互求助道路信息，这一群人就可以被认为是一个集团。类似地，在第一层含义上，集团是具有共同特征的人群集合，如果他们基于共同特征进行一定

① Arthur F. Bentley: *The Process of Government* (Chicago: University of Chicago Press, 1908), p.199.

频次的交往，那么就可以称之为真正意义上的集团。如果一群母亲想讨论如何培养孩子的问题，那么不管是通过俱乐部活动，还是通过订阅一份“母亲杂志”，她们便形成了一个集团，尽管这两种形式在交往的结构和频次上不同。如果一群美女因为她们是美女而发生互动，酗酒者因为好酒而聚在一起，六旬老人因其六十岁的年龄而交往，那么他们就构成了集团。也就是说，在重复的条件下，这些人的行为与深褐色头发的白人女子、反酗酒者以及年轻人的行为不同。实际上，“集团”术语的两种含义之所以如此接近是因为存在一种可预见的经验基础，具有某种具体共同属性的人——邻里、血亲、同业者——会有一定的互动频率。然而，在这里重要的是彼此的交往，而不是具有共同的特征。[1]

这些集团，或者说交往模式，在特定社会中随着时间流逝发生变化，而在不同的社会中差异更大。发生变化的原因还没有被完全揭示，对简单文化的比较研究较少，而对于复杂文化的比较研究则几乎是空白。最令人满意的假设是，交往的相对复杂性依赖于日常
25 生活的多样性。反过来，日常生活的多样性反衬出社会适应环境的技术进步，以及与技术进步相关的专业化程度和劳动分工的发展。[2]

---

① George A.Lundberg: *Foundations of Sociology* (New York: The Macmillan Company, 1939), pp.340–341, 360–361. 从同样的总体观点出发提出的其他定义，见 Sherif and Cantril: *Psychology of Ego-Involvements*, p.280; William F. Ogburn and Meyer F.Nimkoff: *Sociology* (Boston: Houghton Mifflin Company, 1946), p.250。参阅 Amos H.Hawley: *Human Ecology: A Theory of Community Structure* (New York: The Ronald Press, 1950), chap.12。

② Eliot D. Chapple and Carlton S.Coon: *Principles of Anthropology* (New York: Henry Holt & Company, Inc., 1942), pp.443–462; Sherif and Cantril: *Psychology of Ego-Involvements*, p.47.

在简单社会，所有的活动，如经济活动、宗教活动、政治活动，均发生在家庭内部，劳动分工是初步的，技术很简单，交往方式也很少且形式单一。因改变环境的技术进步而产生人类日常活动的变化，交往模式也越来越复杂。

劳动分工的变化在建造房屋活动中最为明显。因纽特人的圆顶雪屋一般是由单个家庭建造的，男人在妻儿的帮助下将雪屋建造起来。劳动的分工很少，参与者之间的交往——指挥与服从的方式——也十分简单。对于长期稳定从事种植业的人，如北非的里菲人，他们精致且稳固的住所是由一个分工相对复杂的工作小组建造的，他们使用的建造技术和技能比较先进，每个人承担不同的工作：

> 在里菲人中间，一些人搬石头，一些人把石头修整成型，然后堆砌成墙，另一些人搅拌泥浆涂墙。当墙被竖立起来时，两个男人爬上去安放梁柱和椽子。同时，其他一些人在河边砍树、削树皮和捆树。现在，大多数人都爬到屋顶上，开始钉椽子，等形成框架后就可以涂泥浆了。[①]

从适度复杂的劳动分工到建造一幢普通美国人的住房，人们迈
出了相当大的一步。从材料的收集、准备和运输，选址过程中所涉 26
及的复杂之事，到房屋建造起来所需要的专业分工，这一过程包含了许多繁复的交往模式。

---

① Chapple and Coon: *Principles of Anthropology*, p.105.

人类文化中集团生活的复杂性和变化显然是在其参与者的日常活动中形成的，同时也反映了文化因适应环境而在技术上发生的变化。然而，这些技术并不局限于那些提供食物、衣服和住所等直接的使用目的。文字的发明和其在人群中的传播至少具有同样重要的意义。类似地，祭司或巫师统一解决出生、疾病、死亡、洪涝灾害、干旱、地震、暴风雨以及日食和月食带来的危机和问题，这比将这些问题交由不同的专业人士分别处理的集团模式简单得多。牧师、接替他工作的人以及专业人士的活动组成了充分适应环境的技法，就像农民、织工和泥水匠的技法一样。祭司和科学家的技能属于不同集团模式的一部分，也是他们态度和行为规范的一部分。①

制度化集团的均衡

在任何社会，某一类型的集团模式包括“相对的稳定性、一致性、形式化以及普遍性”等特征。这些特征通常被“制度”一词所涵盖。② 但这个词缺乏精确的含义，不能使人满怀信心地区别某一集团是制度化的，而另一个集团不是。③ 然而，有许多集团的类型存在，如法庭、立法机关、行政机关，以及其他的政治机构、家庭、教会、制造商协会、交通系统、有组织的市场等。所有这些集团，都是相当组织化（形式化）的，同一类型的机构显示出相同的模式

① Chapple and Coon: *Principles of Anthropology*, p.459.

② Lundberg: *Foundations of Sociology*, p.375.

③ 一个更简洁但略有不同的用法见Chapple and Coon: *Principles of Anthropology*, p.287。这一用法适用于此处被称为“制度化集团”的情况。

(一致性),这些模式反映一个特定社会如美国社会的特征(普遍性),尽管这些特征不一定是该社会独有的。

制度化集团具有特定的行为模式，这些行为模式本身确保了集 27
团成员相互交往的均衡。[1] 例如，在一个典型的美国家庭中，人们会不假思索地认为男性家长总是在家庭中作出决定，如购买什么牌子的汽车轮胎、是否买个新洗衣机、花多少钱用于全家度假等。在这些行动中，他被期望起带头作用，而其他家庭成员也将接受他的决定。母亲会比父亲做出更多影响孩子的决定，在诸如家装、新车的颜色、家庭宴会邀请哪些客人等问题上，丈夫甚至遵从妻子。这些例子和其他一些交往模式构成了制度化集团的均衡，或使之处于一种均衡状态。同样情况也适用于任何政治、经济或宗教方面的制度化集团，尽管可能更为复杂。

如果一个制度化集团或机构要生存下去，这样一种均衡就必须得以维持。换言之，如果交往模式不会发生急剧改变，或特定集团不会像一个家庭分裂那样遭到破坏，比如像丈夫和妻子离婚，这种均衡就必须通过标准化的方式实现。如果均衡由于集团外部的事件而遭到破坏，但当外部干扰终止时，均衡又得以恢复，这就是这类均衡集团的特征。维持或恢复到均衡状态就意味着制度的稳定性。均衡和均衡稳定性的存在可以通过观察交往模式的持续性来测定。尽管目前只对一些简单的集团和稍复杂的集团进行了观察，

① 下文主要基于 Chapple and Coon: *Principles of Anthropology* 一书。部分学者使用“整合”(integration)一词来表达 Chapple and Coon 提出的“均衡”(equilibrium)的意思，尽管后一个词更具有方法论上的意义。见 Ralph Linton: *The Study of Man* (New York: D. Appleton-Century Company, Inc., 1936), chap.20。

但这还远远不够，这个领域仍是可以探讨的。不过，一个被充分证明了的基本观点就可以表明这些假设具有很高的价值。①

28 尽管制度化的集团具有稳定性的特点，也就是说，在受到集团外部的干扰之后，集团成员的交往倾向于恢复均衡，但不是所有的集团在遭到干扰之后都会恢复均衡。如果外部干扰巨大且急剧或持续时间很长，一种不同的交往模式就会建立而取代前一种模式。为了产生一种替代模式，需要何种程度的干扰以及这种干扰持续多长时间，是需要仔细观察的，这些观察的准确性或近似性依观察的对象而定。

我们可以对一个丧失了亲人的家庭进行观察。由于家庭成员不再与逝者进行交往，家庭的交往模式与以前有了很大差异。一种新的稳定模式的建立部分取决于逝者在前一种均衡中的角色。如果是父母之一或者唯一的孩子去世，建立新的模式将十分困难，因为父母或唯一的孩子与家庭中活着的成员构成了家庭关系中十分重要的一部分。如果是八个或十个孩子中的一个去世，其影响就要小些，因为家庭交往模式中的主要部分不会依赖于某一个孩子。

如果家庭成员中某一位的离开不是永久而是暂时的，就会产生很不同的结果。如果家中的父亲不得不暂时离开家庭，或者为了谋生他比以往更少留在家中，家庭的均衡就被打破了。交往的模式和

---

① 参见 E. D. Chapple and C. Arensberg: "Measuring Human Relations," *Genetic Psychology Monographs*, Vol.32 (August, 1940), pp.3–147; Chapple and Coon: *Principles of Anthropology*, and *passim*; Warner and Lunt: *The Social Life of a Modern Community and The Status System of a Modern Community*; William F. Whyte: *Street Corner Society* (Chicago: University of Chicago Press, 1943); William F. Whyte (ed.): *Industry and Society* (New York: McGraw-Hill Book Company, Inc., 1946)。

频次将发生变化。当父亲远行回家，或像过去一样有时间待在家中，前一种均衡很可能又恢复了。[①]

在严格限定的政治生活中，也存在明显的既定的交往模式受到干扰的类似例子。在一个高度组织化的政治“机器”中，“老板”的 29
去世或突然辞职，对该集团来说是一个重大干扰。紧随其后的是一场或多或少会持续很长时间的、有抱负的继任者之间的斗争。除非在前“老板”的某个亲信领导下建立一种新的稳定模式，否则该集团将分裂成相互竞争的派别。同样，以一个主要承担定价功能的商业协会为例，政府调查发现，该协会的定价方法违法，除非采取某些办法使其有可能恢复均衡，否则政府采取的行动会导致该集团解体。这些方法包括：第一，该集团可以劝说政府撤销干扰性决策；第二，提出新的承担定价功能的方法；第三，该集团发展出完全不同的新功能。第一种方法可以恢复原来的均衡，而第二、第三种方法则可形成新的交往模式。

在谈到“模式”“均衡”等时，必须注意的重要一点是，这些术语并不是指一个神秘的实体，如“集团精神”——痛苦、变化和死亡。集团是“真实”意义上的存在。可以观察到该组织的交往行为，上述术语可以方便地描述集团的交往活动；但同时也在描述个人活动。任何其他的推论都是明显的谬误，混淆了“个人”与“社会”之间的区别。当人们按照一定的模式进行活动以及与他人交往时，用一些集体性的词汇如集团、机构、国家、立法机关、政党、公司、工会、

① 对“稳定均衡”（stable equilibrium）概念的谨慎的批评，及大量相互依赖因素的功能变化（这些因素的影响是渐增的）的讨论，见 Gunnar Myrdal: *An American Dilemma* (New York: Harper and Brothers, 1944), pp.1065–1070。

家庭等进行描述和研究是合理的。类似地，研究某些特定的个人，如心理学家或临床心理学家，也是合理的。但这是针对同一事物的两种不同方法，而不是针对不同事物。人存在于社会，社会由人的交往构成。

因此，当一个人谈到在一个制度化模式中发生的干扰时，他同样谈到了对构成该模式的个人的干扰。正如前文提到过的，制度化集团的特征之一是持久性。持久性可以被认为是一种习惯，由许多个人特定的习惯性活动组成。当模式被打破时，集团参与者的习惯会不同程度地受到干扰，这种感觉可能令人总不愉快，还可能极为痛苦。人们可以研究受到影响的个人或交往模式变化的结果，或者
30 对两者一起进行研究，但“集团内部环境的均衡（有机组织）、个人与他人关系的均衡，以及集团的均衡是相似的和相关的现象”。[①]

当集团的均衡（以及个体参与者的均衡）遭到严重干扰时，就会产生不同的行为。如果受到的干扰不是非常严重，集团的领导者就会努力恢复原有的均衡。我们将在后文更详细地看到，这种努力可能需要立即诉诸政府。如果干扰十分严重且具有破坏性，则可能发生其他行为。这些行为根据不同的目的可以分成不同的类型。就目前而言，根据对现存或潜在集团的作用，可以分出三种广泛的行为类型：[②]第一种，参与者个人独立从事各种不合宜的、越轨的或

① Chapple and Coon: *Principles of Anthropology*, p.47. 这一部分总体可另见 Lundberg: *Foundations of Sociology*, chaps.1 and 5, esp.pp.163–173。

② 关于这些问题的有建设性的讨论，可见 John Arsenian: A Study of Reactions to Socio-Economic Frustration (unpublished Ph.D. dissertation, Harvard University, 1945)。

补偿性的替代活动：抱怨、传播谣言、幻想、酗酒、吸毒、攻击无辜者，等等。这样，在一种广泛的制度均衡遭到革命性破坏的情况下，存在着一种持续的现象——社会中一大部分人将整日无所事事、打架斗殴或从事其他漫无目的的活动。这时，革命领导者的任务就是通过提供一种新的“建设性”的交往模式以取代遭到破坏的交往模式来限制上述行为。[1] 类似地，工厂管理者与工人之间的关系（交往）因为管理者的原因而突然发生了变化，首先造成的结果是传言、调
查和找出替罪羊。[2] 那些在成年人与未成年人之间极其游移的青少 31
年，必然会不断地打破均衡，整日沉溺于白日梦和幻想。这些替代性的活动也许没有什么危害，但也可能带来可怕的后果，这要视情况而定。

第二种，受到干扰的个人可能为了恢复个人的均衡增加其在其他集团中的活动。家庭中的失衡可能通过工作集团（待在办公室的时间增加）或娱乐集团中的交往活动的增加而得到补偿（出席保龄球协会、妇女俱乐部等的频次增加）。

第三种，因严重失衡而产生的行为可能使旨在恢复均衡的新集团得以形成。就目前而言，这种行为是三种行为中最重要的，尤其是在如果有相当多的个人受到影响的情况下，因为这些新集团可能会使用政治手段来实现其目标。它们可能变成政治集团，尽管不一

① 参见 Harold D. Lasswell: “The Strategy of Revolutionary and War Propaganda,” in *Public Opinion and World Politics* (ed. by Quincy Wright, Chicago: University of Chicago Press, 1933), p.202; Sherif and Cantril: *Psychology of Ego-Involvements*, pp.283–284。

② Gordon W. Allport: “The Psychology of Participation,” *Psychological Review*, Vol.53, no.3 (May, 1945), p.122.

定必然如此。在家庭中不能建立稳定关系的青少年会加入同年龄的、正式或非正式的俱乐部或帮伙。当青少年因为一些特殊问题，如出生于美国移民的后代、年轻人无法在一个经济集团中建立稳定和满意的关系而难以适应社会时，这种行为发生的可能性更大。[①]当经济萧条或经济危机爆发而使得家庭、工作集团中出现严重失衡时，新的集团就会形成，或者旧的集团不断发展壮大。整个美国历史上，农民运动在经济危机时期，如 1870 年代和 1920 年代早期，得以发展并达到顶峰。

当 1942 年居住在西海岸的日裔美国人和日本侨民被无情地从居住地赶出而迁往新居留地时，原有均衡遭到极大破坏。在著名的对亚利桑那州珀斯顿的居留营进行的研究中，莱顿发现了大量例子："尽管新的或旧的社会模式确实存在，但更为明显的是，这些模式缺少连续性，**以及缺少人类关系的习俗模式**。在一个新的环境
32 中，人们相互是陌生的，**不知道期盼什么**。"[②]这种不均衡不仅存在于家庭、工作集团和邻里集团，还存在于更包容的组织，如民族国家。也就是说，不同地区的美国人的态度和行为，尤其西部美国人，与日裔美国人已和平相处，形成了一种新的交往模式。突如其来的变化与大多数受害者所期望的严重冲突。[③]这种失衡不是暂时的，也不是细微的，而是持久且无所不包的："自来到珀斯顿后，大部分

① Whyte: *Street Corner Society*; Sherif and Cantril: *Psychology of Ego-Involvements*, chaps.9 and 10; F. M. Thrasher: *The Gang* (Chicago:University of Chicago Press, 1927); H. W. Zorbaugh: *The Gold Coast and the Slum* (Chicago: University of Chicago Press, 1929).

② Alexander H. Leighton: *The Governing of Men* (Princeton, N. J.: Princeton University Press, 1945), p.140.

③ Ibid., pp.143ff.

时间就是和来到这里后认识的人一起生活，每个人和每个家庭都在努力适应一个缺少秩序且不稳定的社会，几乎没人对与其共事或交往的人有信心。”[①] 从这一环境中产生了一系列新集团，一些是自发的，也有一些是在集团的管理者引导下形成的。在自发形成的集团中有一些是执行打击告发者的团伙。[②]

在简单社会和复杂社会中都可以找到为了补救制度化集团的均衡遭到破坏而产生新集团的事例。1920 年代，一批美国政府官员和代表团到达新几内亚的帕普地区，他们试图改变当地人的行为方式，尤其想改变他们的宗教习俗仪式。这种对既有交往模式的干扰引发了席卷整个新几内亚的宗教运动。[③]

当一个人将社会看作由许多集团组合而成时，他将面对的是根据不同标准划分的大量集团。不同特征的活动似乎在一个集团内发生，而这些活动使该集团区别于其他集团。前文的例子已经证明了这一点。可以发现，虽然所有集团都具有同样的基本过程，
但在具体活动中，个人之间的交往互不相同，如在正式程度上。为 33
了探寻集团的意义和理解集团的性质，社会研究者，特别是社会学家，基于不同标准，对集团进行区分。这些努力根据他们研究的目的、手段和研究者的洞察力而产生不同结果。除了前文分析过的按照“制度”进行分类，各种次一级的分类——对家庭、经济集团、政治集团和宗教集团进行分类——还可以按照明显的功能差异进行。在群体、公众、集会、组织、乌合之众、初级集团、次级集团、内部

① Alexander H. Leighton: *The Governing of Men*, p.158.

② Ibid., pp.149–150, chaps.7–9 and 18.

③ Chapple and Coon: *Principles of Anthropology*, pp.401–402.

集团、外部集团和其他群体之间，根据多少有些不同的基础进行区分。[①]

利益集团

在前文的研究中，许多已确定的名词是有用的，但有一个名词在前几章中未被界定，这就是“利益集团”（interest group）。这一名词还需要详细讨论，因为它是本节关注的核心。就像许多与政治过程相关的术语一样，“利益集团”一词在如此自由的争论中获得了某些情感内涵，这可能使它在用于分析时，定义变得模棱两可。政治的、党派的，甚至“政治”一词本身也具有了利益、既得利益、特殊利益和利益集团的含义，不适当、自私的隐含义几乎否认了它们具有的中性的、需要认真讨论的切实的必要。

这里的“利益集团”是指，在一种或几种共同态度的基础上，为了建立、维护或提升具有共同态度的行为方式的集团。前文已经指出，集团内部的交往引发特定的、共同的、可以被称为规范或共同态度的反应。这些反应为集团成员提供了解释和评价事件与行为的参照系。从这个角度讲，所有集团都是利益集团，因为它们是有共同态度的集团。但是，在某些集团内部，除了参照系以外的另一种共同反应出现了。这些反应是对在特定情况下需
34 要什么，以及对于社会中其他集团提出的要求和权利而形成的共

① 例如，参见 Lundberg: *Foundations of Sociology*, chap.5; Ogburn and Nimkoff: *Sociology*, chap.9 and *passim*。

同态度。这里的“利益集团”的概念指具有以上两种态度的那些集团。

此外，共同态度又构成了利益。但共同态度和利益存在区别，利益是指“共同态度所导向的目标”。[①] 这种区别也许很容易被混淆。例如，当提到石油利益时，人们很可能就被引导着从自然环境的其他事物中特别注意某一特定要素，即原油及其副产品。这一特定要素如果离开人的活动就没有任何社会意义。在人们对石油进行加工的生产性行为之前不会对石油产生某种态度。[②] 由于加工的结果，人们对石油利用形成了种种态度，如不应该浪费石油、石油应该在市场上销售、应该由许多小企业或小集团生产石油、石油应该由某个国际组织控制，等等。其中的一些态度由利益集团代表，这些态度表示的行为或是被鼓励，或是被压制，又或是被改变。离开了态度、利益和行为，石油生产过程中的物质特征对社会研究者而言毫无意义。

对于政治分析，利益集团的这一定义具有许多明显的优点。首先，它可以区分现有的利益集团，也可以识别潜在的利益集团，即它可以识别一种利益在某一时刻是否属于某个组织化集团的特征。尽管社会中找不到没有自己利益的集团，但可能会在某个时候，集团内部个人之间的交往不是建立在利益基础上。不利用现代技术评估态度和观点，确实有点冒险，某种利益而不是集团所表现出来

---

① Robert M. MacIver: “Interests,” *Encyclopaedia of the Social Sciences*. 参阅 Avery Leiserson: *Administrative Regulation:A Study in Representation of Interests* (Chicago: University of Chicago Press, 1942), pp.1–10。

② 参见 Bentley: *The Process of Government*, pp.193–194。

的公开行为可能会错误地归属于个人。[①] 在对社会的科学研究中，
35 试图处理非直接观察到的数据只可能受挫和失败。即使是科学立场最坚定的捍卫者也不得不承认，尽管现实活动是社会科学研究的基本数据来源，但如果要理解正在发生变化的社会形势，即将发生的活动也应被视为活动的某个阶段，换言之，属于潜在的活动，或“活动倾向”。[②] 这些倾向被认为是人们广泛接受的社会心理学所定义的态度的核心特征。戈登·W. 奥尔波特（Gordon W. Allport）在研究了一系列定义后，提出了他的概念：“态度是一种精神或神经上的**准备状态**，通过经验而形成，并对个人之于目标和情势的反应施加一种指令性影响或推动力。”[③] 在交往中没有表达出来但普遍的态度的基础上，可以讨论潜在利益集团的概念。

其次，利益集团的这一概念使人们注意到伦德伯格提出的“整体交往的程度”（degree of integrative interaction）。[④] 交往的频次部分决定了特定集团在个人行为中的重要性，这一点将在后文中进一步详述。此外，交往频次对于一个集团在提出自己相对于其他集团的主张方面产生的效果将是非常重要的。[⑤] 这一概念具有明显的优势，几乎没什么缺陷，且提高了社会学使用的“初级集团”和“次级集团”概念的地位。在大众传播媒介发展之前，在还没有广泛运用这些技术的社会里，可以确定的事实是，集团行为的一致性主要依

---

① Bentley: *The Process of Government*, p.213.

② Bentley: *The Process of Government*, p.184ff.

③ Gordon W. Allport: “Attitudes,” 见 Carl Murchison (ed.): *A Handbook of Social Psychology* (Worcester, Mass.: Clark University Press, 1935), chap.17。

④ Lundberg: *Foundations of Sociology*, p.310.

⑤ 见本书第六、七章。

靠人们在身体方面的接触。小范围、面对面的频繁接触可以解释一
些初级集团如家庭、邻里等的影响。当家庭所承担的社会功能逐渐 36
减小时，一些次级集团如工会，交往的频次已经等于或超出了某些特定的初级集团。大众传播方式的发展推动了这种转变，个人之间不再完全依靠面对面的接触进行交往。

在这方面，请注意詹姆斯·麦迪逊在试图限制“宗派的闹剧”（利益集团）时，对扩大“联盟的规模”以使这些利益集团的“联合行动”遇到“更大的障碍”表明了看法。[①] 这种对人们分散居住的信心，建立在一周内可以走 300 英里路的时期。当然，这不能说初级集团就不再可能实现整合。最近的一项研究表明，1944—1945 年，在抵抗德国军队时美军形成的屡败屡战的精神，主要归因于一些初级集团如战斗小组的团结和组织整合。[②] 集团主要是从面对面集团内部促进的交往活动中获得它的影响力。当然，通过次级集团的交往方式也可以获得高度的整合。

再次，利益集团的概念使我们能够评价正式组织的作用。集团或利益的存在均不是依赖于正式组织的存在，尽管正式组织很重要，尤其是在政治生活中。组织仅表明交往的某一阶段或交往的程度。[③] 一个是具有高度组织化的利益集团，而另一个是非组织化的

---

① *The Federalist*, No.10; 相似的观点，另见 No.51。

② Edward A. Shils and Morris Janowitz: “Cohesion and Disintegration in the Wehrmacht in World War Ⅱ,” *Public Opinion Quarterly*, Vol.12, no.2 (Summer, 1948), pp.280–315.

③ 对类似组织现象有影响力的概述，见 John M. Gaus: “A Theory of Organization in Public Administration,” John M. Gaus, Leonard D.White, and Marshall E. Dimock: *The Frontiers of Public Administration* (Chicago: University of Chicago Press, 1936), pp.66–91。

利益集团或潜在的利益集团。不管其所涉及的利益是为顾客提供保护，还是赋予深色头发的白人女子更多的权利，或是严格保障公民权的实施，这一事实在任何特定时候均有重要意义。然而，这并不意味着较弱小的集团或利益的影响始终较弱。一些事件可能轻易地促使个人之间的交往频次提高，从而形成正式组织或重要的利
37 益集团，影响也随之扩大。在频次迅速增加的交往活动中所提出的观点，通常就是记者们谈到的“被唤醒的公共舆论”。

最后，这一概念的使用也可对本书主要关切的利益集团的政治活动予以适当的判断。尽管这些利益集团的典型特征就是提出各自的要求，这些要求也许可以通过各种技术和社会中的任何一种制度得以保证和实现，而不仅仅通过政府实现。在一个靠近某乡村农场的村子里，一个利益集团试图移走遮阴的树木，他们通过劝说一个男爵家族去购买树木，且为移动树木出钱来达到目标。一个对在年轻一代中保持特定的道德观念感兴趣的集团，为了看到他们所希望的行为，劝说动画的制作者同意在放映之前接受审查。[①] 一个集团是采取这些方式还是试图通过政府机构来行动（成为政治利益集团），根据具体情况而定。政府可能在其涉及的领域享有主要或全部责任，就像战时进行稀缺资源的分配那样。或者说，在政治方式和其他运作方式之间进行选择是一个技术问题。可能通过政府来实现禁酒的目的比通过说服人们作出保证更为容易且有效。利益集团通过其他机构还是使用政治方式来运作，其过程基本上是一样的。

① Ruth A. Inglis: *Freedom of the Movies* (Chicago: University of Chicago Press, 1947), chaps.3–5.

总之，利益集团是在社会中提出特定要求且具有共同态度的集团。当它向任何一个政府机构提出自己的要求时，它就变成了政治利益集团。在这种意义上使用的这些术语将应用于全书。为了方便起见，后文在讨论政府中利益集团的活动时往往将修饰语“政治”一词去掉。在这种情况下，读者一般会很清楚地知道我们是否在讨论政治利益集团，或是在讨论不是通过政府机构来提出要求的其他集团。

社会中的任何集团都可能作为利益集团发挥作用，也可能作为政治利益集团起作用，即它们通过政府机构来提出自己的要求。寻求一种特别税则的经济集团，如公司，就是作为一个政治利益集团在活动。同业协会、工会、集邮学会、世界政府、政党、职业组织以及 38
其他组织，能够通过政府机构来实现自己全部或部分目标。即使是一个家庭，它的威望或财产甚至接近于皇室，也可能提出这种要求。依据利益集团通过这些渠道提出要求的常规方法和成功与否区分和定位利益集团是有效的。即使是漫不经心的观察者也会注意到，集邮集团会通过说服邮政局长对贴有新发行的邮票的信件进行特别处理，同业协会说服立法机关保护自己以反对竞争者。这些集团显然属于不同的分类，但他们的活动均表现出利益集团的基本特征。

从这些术语来看，利益集团从根本上说是“自私的”？首先，这种判断对于科学地理解政府和社会的运作是没有价值的。简要地讲，利益集团概念仅代表了冲突利益的存在，可能但并不必然地涉及另一集团或其他集团。[①]这种判断往往是公民在日常生活中作出

① 例如，关于显而易见的利益偏好，见 Kenneth G.Crawford: *The Pressure Boys: The Inside Story of Lobbying in America* (New York: Julius Messner, Inc., 1939)。

的，但并不属于对社会过程进行系统分析的一部分。其次，从任何立场来看，许多政治利益集团都是高度利他的。人们只要想想利益集团坚持不懈地捍卫美国宪法、努力改进境遇不利者的状况、推动科技进步带来的益处就可以明白。这些评价可能只是特定集团根据观察者自己的态度提出的，但正如前文讲到的，这些评价无助于理解以集团为组成部分的社会体系。

“压力集团”的概念是否适合于这一研究？这一术语，可能还包括其他术语，在政治学研究中被滥用了。这一概念带有浓厚的感情色彩，包含了自私的、不负责任的、持续的特权要求。任何集团都认为自己是无私的、利他的，也都严肃地拒绝被贴上这一标签。这表明，压力集团这一概念除了暗示对集团具有价值判断以外，并无多大价值。然而，一些作者很积极地声称这一概念是中立的，并
39 以其作为“政治利益集团”的同义词。[①]这一做法有相当不利之处。许多读者可能不会接受这样的观点，如“压力集团的目标有好有坏，压力集团可能会尊崇最崇高的道德目的，也可能会热衷于本阶级最狭隘的利益”。[②]如果“压力”具有的不只是比喻的含义，那么它还可以表明利益集团实现其目标的一个方法或一类方法。[③]即使这一方法可以被准确地描述，但除非所有的政治利益集团都使用这一方法，否则“压力集团”概念只是反映了集团活动的某一阶段，无法令

① 例如，参见 V. O. Key, Jr.: *Politics, Parties, and Pressure Groups* (2nd edition, New York: Thomas Y. Crowell Company, 1947)。然而，基使用这些术语的范围更窄，限于“影响公共政策的私人联合会”，p.15。这一术语的类似用法可见 Ogburn and Nimkoff: *Sociology*, p.287。

② Key: *Politics, Parties, and Pressure Groups*, pp.16–17.

③ Robert M. MacIver: “Pressures, Social,”*Encyclopaedia of the Social Sciences*.

人满意地作为“利益集团”或“政治利益集团”概念的同义词。[①] 鉴于压力集团的概念不能满足特定条件的要求，为了在更接近中性的意义上使用利益集团这一术语，本书将避免使用压力集团的表述。

作为利益集团的协会

我们已经看到，任何一个集团均可以发挥利益集团的功能。有这样一类集团，基本上一直以利益集团的角色出现，在我们生活中具有重要意义，特别值得关注。这类集团就是“协会”（association）。我们从专业的角度使用这一人们熟知的概念。这样做的原因在于，我们正在使用一个近年来相当重要的研究术语来衡量人际关
系，而这一概念恰好可以界定一种具有独特的起源和功能的集团 40
类型。[②]

协会是一种从所谓“相关关系”（tangent relations）中产生的集团。[③] 在任何可估计其复杂性的社会中，我们可以发现许多制度化的集团以及一些界限明确的分支集团。我们也可以发现这样的情况，即一些人不只参加一个集团或分支集团。由于一个人同时参加了多个集团，所以这些集团或分支集团发生关联。举个简单的例

① 玛丽·E. 狄龙（Mary E. Dillon）指出，宣传方法——作为压力集团的突出特点——使压力集团并不等同于政治利益集团。“Pressure Groups,” *American Political Science Review*, Vol.36, no.3 (June, 1942), pp.471–481. “压力”一词的特定意义体现在集团施于其成员的影响上，而不在于对集团外部人员的影响。

② 参见 Chapple and Coon: *Principles of Anthropology*, chap.7, 这一部分内容改编自该章。

③ Ibid., pp.337ff.

子，家庭和学校因为孩子在这两者之间活动而互相关联。福特汽车公司汽车组装部的工人与车身冲压部的工人因总经理对两个部门的领导而互相关联。通用汽车公司与国际收割机公司通过美洲汽车工人协会的官员们对两个公司工会的领导而互相关联。这种集团之间的关联不仅通过个人作用而存在，也通过第三个集团使相关集团受到相同影响或通过某种共同方式产生影响。

当两个或更多的相关集团内部出现干扰时，受到影响的个人有可能通过与集团内部具有某些“共性”的其他人的交往来进行调整。由于孩子在学校的不良表现而受到干扰的家庭，母亲们会通过拜访（或接触）老师或校长来讨论这个问题。这种交往就是相关关系。类似的相关关系可以在福特公司各部的工人在生产线“提高速度”的情形中看到，也可以在美国汽车工人协会领导人极端要求下的通用汽车公司和国际收割机公司的行政人员身上看到。

当许多人建立了同一种相关关系并在此基础上进行定期交往时，协会就出现了。协会是一种持续交往的模式，在两个或两个以上的制度化集团或次级集团的人们之间发挥“桥梁”作用。使用“相关”一词是恰当的，因为它揭示了一系列关系，这些关系在某种程度上处于制度化集团核心功能的边缘地位。从以上提到的家庭-学校的相关关系中可以看到，一些母亲与教师定期进行交往，于是
41 协会诞生了。这就是许多常见的美国协会中的一种，即家长-教师协会（Parent-Teachers Association, P. T. A.）。家长-教师协会起源于在两个或两个以上的制度化集团中的个人均衡所受到的干扰。母亲们和教师们可以松散地、不定期地进行接触，而没有一个集团形式。但是，在某一时候，由于交往的突然增加，或因为许多孩子被

大学拒绝接受（如果这所学校是高中），或是孩子们的不轨行为、校园事故等诸如此类的事情急剧增加而形成了危机，原本松散的关系受到干扰，于是人们感到“必须做一些事情”。如果这一“事情”是指建立教师与母亲之间经常性的交往集团，那么协会也就由此形成了。

上述例子表明，协会的作用在于稳定处于相关集团中个人之间的关系。这种稳定性消除了干扰，并创造出集团的习惯性行为，个人就通过这些行为而关联起来。家长-教师协会的形成可能会限制孩子们的行为，如学习时开着收音机、在球场上浪费时间，或者玩危险的游戏。工会的成立可能同样会扰乱管理者们的习惯性行为，使他们无法随心所欲地支付工资和采取相应行为。协会的活动可能会包括罗伯特在《议事规则》（*Rules of Order*）一书中提到的正式规章、官员和会议，或者依赖于特定的非正式的方式——这些方式在制度受到事件干扰时能够促进协会的参与者恢复平衡。如果协会持续下去，即它能够满足参与者个人因相关关系而产生的需要，那么制度化集团内部类似的干扰也就能够通过协会得以调整。

我们的社会中存在着成千上万个在起源和功能上类似于家长-教师协会的例子。也有一些例外的情况，仅在这里略为提及，许多其他事例将会在后面两章中讨论。工会在工人中间形成相关关系
是由工人和资方（或雇主协会）的合同关系产生的。当工人与资方 42
习惯性交往的性质和频次都受到干扰，工人们可能会提高他们相关交往的频次。交往频次的提高可能导致工会的形成，其功能就是作为稳定工人之间关系的“补救机制”，以及通过工会的组织制度在资方与工人之间维持秩序。它是同一工厂的不同部门或不同工厂

之间的“桥梁”。类似地，在商界商人们因消费者或市镇政府而互相关联。当这些关系受到干扰，如在“照顾当地企业”口号影响下，或是对营业性财产的税收急剧提高时，商人协会、商会或贸易协会便产生了。这一协会是商业机构之间稳定关系的桥梁，或可协调它们与消费者或政府之间的关系。特定产业的商人们因消费者（或市场）、政府、工会或自己的专长而发生相关关系。在这些领域中的习惯性交往受到干扰后就可能形成贸易协会或雇主协会。同样，大学生因校方的行政人员而发生相关关系。1830 年代，由于校方反对在课程中引入“现代”通俗文学和通俗教材，原来的相关关系受到干扰。部分出于这一原因，学生联合会，即大学生联谊会，作为文学性社团建立了起来。这些组织仍然是一种稳定学生和校方关系的方法，尽管方法有些不同。其他的联谊会、职业协会、政党、慈善组织以及大量其他集团都属于这种类型。

在所有社会中，协会都会将重要的制度化集团成员之间的交往联系起来，并将这种关系稳定下来。[①] 同时，协会也具有我们前文讨论过的态度形成、行为影响等集团功能。

凭借其功能，协会既可能成为利益集团，也可能作为政治利益
43 集团。政治角色构成了我们当前研究的重要内容。在为制度化集团成员提供调整手段的过程中，协会可能会向不属于政府机构的集团提出要求，如工会对资方那样。它们同样可能会对政府或通过

① Chapple and Coon: *Principles of Anthropology*, pp.424–425 and 426–429, 另见 Eliot D. Chapple: The Theory of Associations as Applied to Primitive and Civilized Communities with Special Emphasis Upon the Functional Approach (unpublished Ph.D. dissertation, Harvard University, 1933)。

政府提出要求。这一倾向是很普遍的，以至于学者们很喜欢把政治利益集团限定为符合协会标准的集团。[①] 尽管人们熟知的大量政治利益集团都属于这一类型，但这一做法并不恰当，其理由在前文业已指明，它忽略了其他与政府机构的关系具有相同性质的集团。新泽西州的标准石油公司不是一个协会。然而，它是作为一个重要的政治利益集团在运作。此外，该公司的官员可以通过协会，如全国制造商协会，发挥作用，后者也是政治利益集团。在一个社会中，任何集团总可以在此时或彼时作为一个政治利益集团来运作。协会——围绕相关关系形成的一个集团——的重要政治意义不仅在于它们通过政府机构进行活动的强烈倾向，还在于它们的稳定功能，与其他因素相比它们能调动的更多资源，以及它们在社会中的大量存在。这些我们将在接下来的两章作进一步的充分考察。

结　　论

从本章一般性的论述中我们可以发现，任何社会都是由集团构成，人们在其中进行习惯性的交往。任何社会，即使其成员只使用最简单、最原始的方法，也是由大量不同类别的集团交叉构成的。通过这些形式，社会成员得以体验社会，研究者也正是从这个角度观察、理解社会。这些具有不同程度的完整性和确定性的集团归属，形成和引导参与者的态度和行为。一个特定集团如何完全地、最终地控制成员的态度和行为，可以通过观察习惯性交往模式的持

① 参见 Key: *Politics, Parties, and Pressure Groups*。

续程度获得。集团内部交往的频次和持续性将决定该集团的力量。
44 分工细致的集团产生于社会的特定技术。其中一些集团，尤其是本章重点分析的协会，从制度化集团遇到的变革和干扰中产生。我们生活的复杂社会是一种交往的习惯模式不断变化和受到干扰的社会，社会受到干扰后试图恢复原先的均衡，如果受到的干扰集中且持久，就会出现新的集团，其特定的功能是促进新均衡的建立，对个人的习惯性交往行为进行新的调节。

第三章　集团与政府：引论

如同其他的社会机构一样，政府从现存的人与人之间的关系——它们的特征、复杂性以及它们受到的干扰——中产生。尽管不能断言这种观察得到了历史的证实，但它获得了大量具有同等价值的不同证据的支持。关于原初社会的许多记述谈到了分殊化的机构，包括家庭集团在特定地区的出现，它们承担了类似于现代政府的功能。这些机构的出现是人们之间的一种新的互动结果，或是人们以前熟悉但松散的关系的联结和持久性增加的结果。这种事例包括为了战争而建立的集团，不管是出于防卫、掠夺还是征服的目的。然而，战争绝不是这些机构产生的唯一来源，类似的政府机构的产生也是因为新的搜寻技术或新的财富来源的出现而导致人们的关系需要调整。[①] 这些材料表明，即使是在形成初期，政府的目的也是要在具有不同目的的集团之间建立和维持一种秩序。在这种情况下，一个特定政府的“形式”和“手段”取决于这些集团的性质和政府建立的宗旨。 45

对近年美国政府活动的变化的观察结果支持了这一观点，后文 46

① 参见 Chapple and Coon: *Principles of Anthropology*, chap.14; and Thomas: *Primitive Behavior*, chap.14。

将对此展开分析。在第一章中已经阐明，集团属于美国政治的一个“部分”，它们构成了政治生活的一个方面。此外，它们与宪法建立的立法机关、行政首长、行政机关甚至法院的日常活动有着紧密关联，以至于要是否认这种关系属于社会关系的一个部分，就不可能对这些宪法中的集团进行充分描述。除非否认人们之间习惯性交往中形成的特定概念与集团的概念是同义语，否认政府是由这些习惯性交往模式构成，否则承认集团在政治过程中具有关键性意义是不可避免的。

值得注意的是，这种认可是如此罕见。许多人熟悉“说客”和“压力集团”，但将其视作文明社会中的“伤寒病菌”。如果社会要进步和繁荣，就必须消除这一病菌。人们对本书所界定的利益集团并不熟悉。从 1908 年 A. F. 本特利的开创性著作《政府过程》出版以来，学术界越来越关注政治集团。① 然而，上述这些论述中所蕴含的假定，通常并不能与人们广泛持有的观点一致。政治哲学家中所谓的多元主义学派在 20 世纪前 25 年最为流行，他

① 这些研究中最重要的是：Peter H. Odegard: *Pressure Politics: The Story of the Anti-Saloon League* (New York: Columbia University Press, 1928); Herring: *Group Representation Before Congress* (1929); Harwood L.Childs: *Labor and Capital in National Politics* (Columbus, Ohio: Ohio State University Press, 1930); E. E. Schattschneider: *Politics, Pressures and the Tariff* (New York: Prentice-Hall, Inc.,1935); E.Pendleton Herring: *Public Administration and the Public Interest* (New York: McGraw-Hill Book Company, Inc.,1936); Belle Zeller: *Pressure Politics in New York* (New York: Prentice-Hall, Inc.,1937); Dayton D. McKean: *Pressures on the Legislature of New Jersey* (New York: Columbia University Press, 1938); Oliver Garceau: *The Political Life of the American Medical Association* (Cambridge, Mass.: Harvard University Press,1941).

们对社会的集团基础提出了富有睿智的见解。尽管这些学者认可集团归属或集团忠诚的多元模式，然而他们并没有一致地看到在集团模式中政府机构的功能基础，而是致力于对当时流行的国家
概念提出质疑，以至于常常忽视了他们自己的观点中最有意义的 47
部分。[①]

从集团视角理解政治的困难

既然我们要努力提出一个关于政治过程的概念，这一概念可以充分解释集团尤其是利益集团的角色，那么考虑一些过去被视为阻碍这一概念形成的因素是必要的，这些因素导致在政府动机的许多阐释中，集团被忽视了。也许受到忽视的最重要的现实原因在于，集团的重要性直到最近才引起政治学家的关注，因为在过去几十年里，美国有正式组织的集团数量激增。很难追溯集团开始引起关注的时间，也没有必要，但赫林 1929 年在具有突破意义的著作《国会中的集团代表》（*Group Representation Before Congress*）一书中，证实了他所观察到的新现象。他写道："这个政府中发展出一种超越法律的机制，这个机制长期以来与政党政府一样具有完整性和影响力……"[②] 这种发展的意义与专家们以及外行关于代议制政府熟知的观念并不完全一致，并导致在客观描述政府过程时未将集团活动

① 对这些作者最恰当的论述可见 Kung Chuan Hsiao: *Political Pluralism* (London: Kegan Paul, Trench, Trubner & Company, Ltd., 1927), especially chap.6。另见 Dewey: *The Public and Its Problems*, pp. 73–74。

② Herring: *Group Representation Before Congress*, p.18.

纳入研究范围。

往往有人会特别指出，以集团模式解释政治现象时，不可避免地在“我们的”政治过程中“遗漏了什么”或“破坏了关键内容”。经过仔细观察，我们就可以发现这一观点中所指的两类内容肯定被
48 忽视了：个人，以及由“社会”和“国家”这类术语界定的、具有完全包容的整体。

在任何以集团为基础的政治解释中，忽视个人的观点假设“个人”与集体如集团之间存在分歧或冲突。他们通常认为，社会是由“独立存在的、孤立的个人组成，每个人都有自己不同于他人的领域”。[①] 他们进一步认为，当个人成为集团的一分子时，他多少会变成不同的另一个人，其“复杂个性”渐渐“退化或简化”了。[②]

这些假设并不会给从集团角度出发的政治解释带来任何困难，因为这些假设不能得到确证。它们与我们前文谈到的关于个人归属和个人行为的证据相抵牾。实际上，我们无法在集团之外找到个人的影子。个人在时间和空间上的完全孤立如此之少，以至于几乎成为一种假设。同样，任何利益集团的特征，包括我们对集团的辨认，由导致交往模式的态度和情势主导。这些因素都是变量，尽管特定个人的行为在一群滥施私刑的暴徒中与在教堂牧师会议中完全不同，但这两种情况下涉及的态度和行为与在家庭中一样，都属于其个性的一部分。“个人”与“集团”，最多也就是对行为进行分

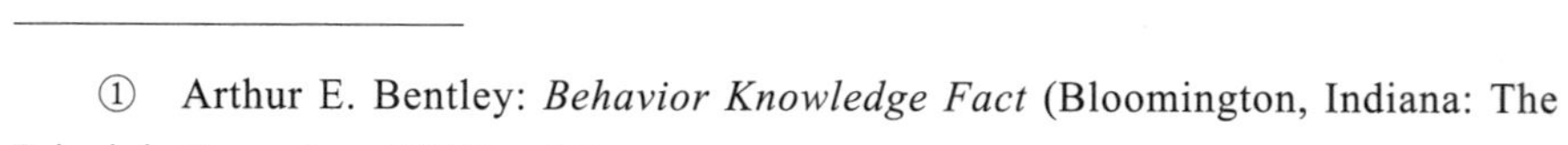

① Arthur E. Bentley: *Behavior Knowledge Fact* (Bloomington, Indiana: The Principia Press, Inc., 1935), p.29.

② E. F. M. Durbin: *The Politics of Democratic Socialism* (London: George Routledge & Sons, Ltd., 1940), p.52.

类的简便方法，这两种方法试图解释的是同一现象，而不是不同的事物。

鉴于个人主义在过去的三百年历史中一直是政治冲突和经济冲突的根源，非专业人士坚持“个人”与“集团”或“社会”之间存在内在冲突的观念是可以被理解的。这一观念能够延续下去也是因为，它与将孤立和独立的个人视为复杂人类事件的“根源”的观念和谐共存。不考虑任何伦理因素而将事件个人化，这在日常的讲演中是一种捷径，就像对自然现象进行超自然的解释，而且简单易 49
行。解释一种复杂的国家制度，比如从斯大林个人角度“解释”苏联或完全从罗斯福个人角度“描述”美国政府的复杂性是很方便且容易的。考虑对多种原因包括集团归属进行解释，则是很困难的。

我们不必考虑这种个人因素的观念，除非将其作为社会中某一部分群体行为的资料。同样，我们也不必接受个人与社会之间存在内在冲突这一说法所具有的表面价值。后者仅仅是在对特定社会制度进行抗议时，如对重商主义制度和有限投票权提出抗议时的术语，这些抗议活动通过披上普遍性的语言而获得了优势。但总体上，它们对社会的假设是未经证实的。

然而，这并不是说我们应该拒绝承认在个人主义的教义中体现出的人类普遍价值。既然我们要提出一个能解释美国政治过程的概念，这一概念使我们能够确定集团组织对于代议民主制度的生存所具有的作用，那实际上就是假定了这些价值的重要性。不是把它们弃置一边，我们主要关心的是它们在集团政治过程中的地位。

而且，我们不想否认个体差异的存在，或者否认支持个性观念的证据。这种企图是没有意义的。如果不承认个性差异的现实，那么没有一种社会或政治过程的概念是有效的。尽管我们不得不明确处理这些问题，但这些问题也不是不可解决的。当注意到在生物遗传方面的无数变化时，当指出没有两个人的个人经历以及在集团中的经历在所有重要方面完全一样时，我们实际上已经承认了个性的独立存在这一基本事实。由此可见，任何合理、正常的个人的个性都不能完全由任何单一集团归属来解释。这一假设应当被接受，在以集团角度对政治过程做出令人满意的解释时，它甚至必须是一个核心因素。

在从集团角度解释政治过程时，第二个固有的重要困难是，这种假设不可避免地忽视了更大集团如社会或国家所具有的整体性。麦基弗看到了不同的政治思想派别如自由放任的斯宾塞学派、马克思主义者、多元主义者，以及如本特利的集团解释之间具有某一方

50 面的相似性："他们都拒绝承认国家的整合功能。"[1]

特别强调这一困难的许多学者或明或暗地假定存在国家整体利益，国家利益超越了国家内部不同集团的利益而普遍长久存在。这一假定接近于人们耳熟能详的关于民主政府的普遍信条，即如果人们是自由的并且能够知道"事实"，那么在任何政治情势下他们期望的是同一事物。这种与我们所了解的复杂社会中人的行为相反的观点并不诋毁对民主的偏好。如果事实的确如此，利益集团包括政党在内都应被看作一种变态的组织。人们的不同经历和

① Robert M. MacIver: *The Web of Government* (New York: The Macmillan Company, 1947), p.56.

体验不仅鼓励个性的发展，而且如前一章所表明的那样，将不可避免地导致不同的态度和冲突的集团归属的形成。[①] 本特利在讨论社会整体观念的错误时指出：“国家内部总有一部分人反对另一部分人。”[②] 即使在战时，如果要想获胜，必须形成全体一致的利益，但我们总是会发现和平主义者、谨慎的反对者、间谍、破坏者等，他们的利益与“国家整体”利益相悖。

断定在国家内部具有完全囊括一切的整体利益有其政治意义，尤其在发生国际战争这样的危机时期，这种宣称是极其有效的动员方式，广泛的集团或集团联盟努力减少或消除反对利益。如果一个正常人确信他是普遍被接受的协议的唯一反对者，他通常会服从该协议，否则他就会感到不“属于”“自己”集团的痛苦。这种压力至少部分解释了美国在参加第二次世界大战时，战前的一些和平主义者为什么愿意应召入伍或自愿加入军队。在许多不太重要的情况下，宣称具有一种“国家利益”或“公共利益”同样也是一个有效的手段。这些说法本身就是政治事实。然而，在复杂的现代国家，它 51
们没有描述任何实际的或可能的政治情势。因此，从集团的角度解释政治时，我们就不需要解释一种完全一致的整体利益，因为这种利益并不存在。

否认国家整体利益的存在，并没有完全解决那些坚持“忽略”国家的集团解释者所提出的困难。不可否认的明显事实是，我们正在研究的是为社会中大多数人支持或至少接受的现存政治体系。

---

① 对这一观念的尖锐批评，见 Walter Lippmann: *Public Opinion* (New York: The Macmillan Company, 1922), chap.1。

② Bentley: *The Process of Government*, p.220.

我们无法通过全国制造商协会、产业联合会、美国农业局联合会、美国退伍军人协会和其他集团解释这种政治制度。当提到“说客”或“压力集团”时，上述这些集团就会进入我们的脑海。即使政党被加入这个名单，其结果也可能出现“一种与政治制度的相对稳定几乎不一致的局面”。[1]这就是美国政治过程中的独特组成部分，随着时间的流逝，整个政治制度自身可能会不断发生分化。

如果这些不同的组织化利益集团多少可以协调它们之间的差异，适应和接受妥协，我们就必须承认，政治制度无法通过社会中的组织化集团的简单之“加总”得到解释。我们必须进一步解释如宪制主义、公民自由、代议责任等传统的和理想的功能。这些因素不是一种无定形的、形而上学的影响，如大法官霍尔姆斯先生所称的“无所不在的沉思”。我们只是从人的行为和人们之间习惯性交往中知道这些因素的存在。如果它们如此存在，它们就是利益。我们可以解释这些利益的实际情况，也能够通过确认这些利益所代表的、在前一章中我们称之为行为的“生成”阶段的潜在利益集团来说明这种制度。本特利清楚地指出：“这是事实，我们必须接受这种集团作为利益集团本身。”[2]我们不会找到这种集团的办公地点和执行秘书，这并没有什么关系。正如我们前文提到过的，组织化集团仅仅代表了交往的某个阶段或某种程度，这一阶段也许重要，也
52 许并不重要。没有组织形式，并不意味着不存在利益，并不意味着人们熟知的“压力集团”的活动不像潜在集团那样得以组织起来并

① Robert M.MacIver: “Pressures, Social,” *Encyclopaedia of the Social Sciences.*

② Bentley: *The Process of Government*, p.219. 这一观点可见 pp.218–220 和 pp.371–372。

且十分活跃，也不意味着这些利益不会从潜在阶段发展为组织化阶段。

可见，在使用集团方法解释政治过程时遇到的两种困难并不是不可克服的。正视个性这一事实表明，我们在解释国家的存在时并没有破坏从个人和集团行为中可观察到的证据。进一步的解释需要对政府和集团活动做更深入的研究。然而，重要的是，我们必须记住，任何关于政治过程的完整概念必须接受个人之间存在差异的事实，必须考虑国家所具有的各种关系。

集团的多样性与政府的复杂性

除了那些把新集团的产生看成人的邪恶表现的人之外，显然，几乎所有人都承认与政府机构相关的集团多样性趋势反映了复杂社会的特征。这一结论来自前文提到的集团的功能性概念。当然，不是所有的社会制度都自然而然地或以一定速度变得复杂。例如，宗教制度高度复杂，而经济制度和家庭相对简单。由于其特定功能，任何文明中的政治制度是社会复杂性程度敏感的晴雨表。既然政治制度的作用是为了维护社会中不同集团之间的秩序，那么任何集团数量的明显增加或这些集团之间关系特征的重大变化，都应在随后政治体系的活动中反映出来。例如，当马达加斯加的塔纳拉人从旱地种植稻米转变为灌溉种植，一系列文化变迁随后便逐渐发生了：因为不再需要寻找肥沃的土壤，定居社区取代了频繁迁移的村落；因为适宜耕种的土地有限，土地的个人占 53
有便出现了；奴隶制开始形成；大家庭分裂为许多小家庭。最后，

这些关系和利益变化以及来自财富分化所产生的冲突，使得分散的、没有多少分化程度的政治制度逐渐发展成一种集权的部落酋长制。[①]

应对技术变革和其他变革而产生的更新反应在复杂社会中更为迅速和显著，大量的制度化集团互为依存，关系更加紧密。一种制度的变化引起相关制度包括政府机构的相应变化。一个复杂的文明必然发展出一系列复杂的政治安排。在交往模式比较复杂的社会，政治行为的模式也是复杂的。根据不同的情况可以有多种形式。我们这个社会传统上允许形形色色的协会几乎不受限制地发展，新的模式包括在政府正式制度边缘出现的大量集团，这些集团补充并完成政府的活动，同时也使政府活动复杂化。

正如第二章指出的那样，这种复杂性很大程度上来自社会中运用的技术，尤其是专业分工的发展。此种情况基本上人尽皆知，无须多言。但是，司空见惯也可能会导致我们忽视其重要意义。供应单一商品如汽油所必需的专业分工，也能够提供阐明问题的例证：

> 石油公司将石油抽到地面上；地方政府防止石油遭到偷窃或设备遭到破坏；铁路公司运输石油；州和联邦政府阻断对石油运输的干扰；炼油公司雇佣一批工人，购买化工设备并将原油转化为各种可用形式；零售商把汽油小量分装后出售给有需求的个人；联邦政府提供一个值得信赖的交易中介，让石油公司、铁路、炼油公司、零售商有组织地轻松交易，政府保证合

① Linton: *The Study of Man*, pp.348–354.

> 同的实施以使有组织的安排更稳妥地推进，而不是在单一行政当局管理下进行；最后，政府建造高速公路和公路网，最终消费者得以使用汽油和其他资源，以满足其驾车旅行的需要。[①] 54

当然，经济行为中的复杂性并没有彻底说明问题。只要想想各种娱乐和消遣中出现的特点，就会意识到这些特点遍布社会。职业运动如棒球和许多其他运动，动画中的各种专业技术，更不要说媒体活动所涉及的专业技术，均表明了这一基本事实。

不同技术创造的专业分工使我们能够迎接物质环境所带来的挑战和机会，它们被分配给个人，至少从简单的活动，如建造住房（第二章讨论过的事例），可以大体看到技能上的差异。专业化分工产生了大量不同的但高度依存的集团，组成集团的人在一生中可能仅使用社会形成的多种技能中的一部分。[②] 人们根据他们的技能进行定位，这种定位很大程度上规定了集团成员所了解和感知的生活世界。这可以在另一种情况中看到："打个比方，机器使操作工人具有了专业化的特性。"[③] 在有利的条件下，集团从那些具有共同的"知识"和由这种"知识"所聚合成的有共同态度的人们中间形成。社会中所使用技术的性质和技术之间的互相依赖决定了集团交往的数量和种类。技术的复杂性必然导致交往关系的复杂。[④]

① U. S. National Resources Committee: *The Structure of the American Economy, Part Ⅰ: Basic Characteristics* (Washington, D.C.: Government Printing Ofiice,1939), p.96.

② 参见 Linton: *The Study of Man*, pp.84, 272–273。

③ U. S. National Resources Committee: *The Problems of a Changing Population* (Washington, D.C.: Government Printing Office, 1938), p.244.

④ Chapple and Coon: *Principles of Anthropology*, pp.140, 250–251, 365.

在此，我们不必追溯集团多样性的历史发展。麦基弗从 16 世纪教会的分裂、争取宗教宽容的斗争以及中产阶级的经济诉求中看到了“现代多元集团社会的来临”。[①] 很明显，这一过程由于伟大的
55 技术变迁而大大加速了，尤其是“工业革命”不可避免地产生了新的联系、新的交往模式以及新的“互相对立的利益中心”。[②]

多元集团发展本身就是技术急剧变革的一个事例，多元集团发展的前提条件是通信方式的革命。报纸、电话、电报、收音机和动画，更不用说交通方面发生的巨大变革，促进了人们之间的交往以及更少地依赖面对面交往的集团。集团形成过程中的这一因素在美国尚未出现“媒体”一词时就被托克维尔注意到了：

> 在民主国家……往往是大多数人希望联合和需要联合，但是办不到，因为他们每个人都微不足道，分散于各地，互不认识，不知道到哪里去寻找志同道合者……这些困惑的人们，长期以来一直在黑暗中寻找彼此，并最终会合而团结在了一起。是报纸促使他们结合在一起，而为了继续结合在一起，报纸仍是必需的。[③]

另一方面，我们看到，通信革命使得麦迪逊关于人口的扩散对利益集团的形成造成阻碍的说法变得过时了。

其他促进集团形成的重要影响因素包括重要的全国性行动，如

① MacIver: *The Web of Government*, pp.52, 71.

② Ibid., p.52.

③ De Tocqueville: *Democracy in America*,Vol. Ⅱ, pp.111–112.

战争动员或解决经济萧条问题时的集体行动。在集中全国资源解决危机时，政府刺激了全国范围内的交往活动。工会数量增长最迅速的时期包括第一次世界大战以及国家复兴管理局茁壮成长时期。[①] 一旦联合活动的习惯在政府鼓励下建立，大多数集团倾向于坚持下去并相互模仿。

协会与政府

不断提高的专业化程度和劳动分工的一个不可避免的结果是，56
在互相依存且不断增加的活动链的不同阶段形成集团。但劳动分工不能充分解释我们社会中集团的扩张。大量集团的确承担了复杂社会活动中涉及的专业技能，就像前文引用过的汽油的生产和销售那样。而且，这些制度化集团一直通过诉诸政治机构来推进自己专业领域的活动。如果这种情况属实，政府内部的复杂性就足以令人困惑。然而，就其数量及其对政治的复杂影响而言，更为重要的是那些协会利益集团。这些协会在某种意义上属于依附型集团，因为它们处于制度化集团的边缘，是从制度化集团内部个人之间的交往中形成的相关关系中产生。但我们现在所讨论的协会的作用并没有受到这些特点的限制。在研究政治利益集团时主要关注协会的原因在于其普遍性的功能以及在社会中的巨大数量。

协会的作用是为了稳定成员之间的关系，并维持集团与其他集

① Herring: *Group Representation Before Congress*, pp.51–52; U.S.Temporary National Economic Committee: *Trade Association Survey* (Monograph No.18, Washington, D.C.: Government Printing Office, 1941), p.368.

团之间的关系。例如，工会不仅引导在工厂的不同部门或行业中不同工厂间具有不同资历、技能水平等的工人们的交往行为，同时还协调工人与资方之间的关系。这种稳定功能与社会中的专业化程度有着密切关系。因为制度化的专业分工使得互相依赖成为必需，某些群体对专业人员的行为和表现形成了特定期望。[①] 当这种行为或其结果与期望不一致时，就会在那些受影响的人中产生一种反应，就有可能形成一个协会。这样，在社会中出现了专门搬运货物和调动人员的专业人员。工厂选址和我们不断扩张的城市的
57 形式在一定程度上是建立在对交通服务有效、方便和价格“合理”的期望之上。交通堵塞、瘫痪以及“不公平”的定价可能会产生一个船业主协会或旅行者协会，他们会“寻求一些解决办法”。在结果与期望之间努力取得一致，或努力维稳，这几乎不可避免地会诉诸政府机构。协会的重大政治意义正是如此直接地来源于它的基本功能。

我们社会中的这些集团数量也具有重要政治意义。专业化的提高以及相关技术的快速进步而使期望不断受挫，协会的出现也就不可避免。事实上，紧随着这些发展，协会形成的速度可以作为社会稳定的指标，协会的数量还可以作为社会复杂性的指标。简单社会不存在协会（从技术的角度讲），当简单社会变得复杂，即高度差异化、制度化的集团在数量上增加时，社会也就发展出更多的协会。[②]

---

① 参见 Linton: *The Study of Man*, pp.272–273。

② Chapple and Coon: *Principles of Anthropology*, p.435.

在美国，要了解在政治过程中发挥作用的协会的确切数量几乎是不可能的。首先，协会的数量不断发生变化；其次，缺乏辨认协会的可靠方法却有一些不同的数量估计。1929年，赫林根据自己保守的估计，在华盛顿有代表的长期性协会的数量有五百多个。① 在州和地方以及华盛顿地区进行活动的、临时性协会的数量就无从知晓了。十年后，这一数量减少了。全国临时经济委员会研究发现，1938年全国范围内大约有1500个全国性和地区性的同业协会，其中大多数将其与“政府的关系”列为它们最基本的活动之一。当然，只有少数在华盛顿设立常驻机构。这项研究没有包括约6000个州和地方的同业协会，这些协会只在地方对政府活动施加影响。②

1946年立法改革的第三号法令《联邦游说管理法》（Legislative Reorganization Act）③，为估计当时协会的数量进一步提供了依据。按照这个法令，总体上，通过请求、接受或花费金钱来影响国会立法的个人和集团必须登记。由于立法的模糊性和存在的漏洞，资金不是“主要”用于这一目的的集团和个人被排除在外。一位细心的法律学者认为，从具体活动中无法知道从事这些活动的组织数量。④

1949年美国商务部关于全国性协会的一项权威统计指出，“大

① Herring: *Group Representation Before Congress*, p.19.

② U.S. Temporary National Economic Committee: *Trade Association Survey*, pp.2, 26.

③ Public Law 601, 79th Cong., 2d. Sess. (1946).

④ Belle Zeller: “The Federal Regulation of Lobbying Act,” *American Political Science Review*, Vol.42, no.2 (April, 1948), pp.239–271.

约有 4000 个贸易、职业、公民和其他性质的协会”。[①] 据估计，包括地方的以及分支性机构在内，大约有 16000 个商人组织、70000 个工会、100000 个妇女组织、15000 个公民组织和其他类似的商业和职业组织。这项统计提供了 4000 个全国性集团的具体信息。

集团类型	组织数量（个）
制造商	800
销售商	300
交通、保险、金融等	400
其他全国性商业协会	300
职业和半职业个人协会	500
工会	200
妇女	100
退伍老兵和现役军人	60
商品交易	60
农民	55
黑人	50
公职人员	50
友谊型群体	25
体育和娱乐	100
其他领域	1000
总计	4000

① U.S. Department of Commerce: *National Associations of the United States* (Washington, D.C.: Government Printing Office, 1949).

这些协会包括磨坊主协会、美国圣经协会、美国男生四重唱维 59
护和促进协会（23000 个成员）以及美国的犹太复国主义者组织。不是所有这些组织都属于利益集团或技术意义上的协会，但这个表格列出了数量巨大的、在美国活动的集团。而且，该报告指出，“在手册中列出的几乎所有组织均在不同程度上从事游说活动”。[①]

尽管这些资料并不充分、可靠，但也确实表明了，即使是保守估计，也至少有四位数数量的协会在全国范围内积极活动。

协会的发展并不以相同的步骤进行。当一个协会形成时，它的功能在于稳定制度化集团参与者之间的关系。同时，在实现其功能的过程中，可能会干扰其他集团的平衡或加剧其他集团内部的分裂。这反过来导致新协会的产生，以纠正它所引发的干扰。因此，协会的形成具有波动性。[②] 例如，机器或新管理方法的引入，足以使产业工人建立起一个工会。它可以稳定或恢复工人们的平衡，工会提出的要求将干扰管理人员或工厂主的行为，作为应对，后者也会成立自己的协会。泽勒关于纽约州利益集团的研究和麦基恩在新泽西州的研究均表明，协会发展的速度受到更早时期成立的协会的干扰。这种波动性被理解为在一个高度复杂的社会形势下进行交往活动的自然结果。[③]

这种建立协会的波动状分化结果受到交往程度的限制，其中一

① U.S. Department of Commerce: *National Associations of the United States*, p.561.

② Chapple and Coon: *Principles of Anthropology*, p.426.

③ Zeller: *Pressure Politics in New York*, pp.8, 51 and *passim*; McKean: *Pressures on the Legislature of New Jersey*, p.6. 参见 Lundberg: *Foundations of Sociology*, pp.218–219。

些交往的影响在开始时并不明显。工会、退伍军人协会、职业协会的形成，在某种程度上与属于天主教会、信仰犹太教或特定民族组
60 织的工人协会、退伍军人协会、职业协会同时建立，某种意义上它们之间存在互相竞争的关系。后者在产生它的母集团中发挥着稳定作用，母集团的稳定受到其附属协会的威胁。从这个角度讲，协会的建立也是一种技术革新，对相关制度化集团的干扰作用如同技术干扰产生的变化一样。甚至原有集团的新活动也可能具有同样的效果，如果它们引起或迫使其他集团使用同样方法。赫林指出，在20世纪第二个十年，妇女争取选举权的组织活动创造了他称之为“新游说”的技术模式。这种组织波动现象以及前文讨论过的刺激集团扩张的影响，无疑部分解释了75年前州和联邦立法机关中典型的“游说大王”和“公司游说活动”的减少和消失现象。[①] 这些集团造成的干扰促使防御型集团的形成以及集团策略的调整。

当然，并不是所有的制度化集团对干扰同样敏感。我们知道，集团具有高度稳定的特点。那些稳定性特别强的集团，除非与其他集团的关系发生根本性变化，否则将一直维持均衡，如那些管理良好且未建立工会，或长期以来一直没有罢工记录的企业。事实上，这些集团的惯性来自那些灾难性的干扰，这些干扰可能破坏集团内部的既定关系。[②]

---

① Herring: *Group Representation Before Congress*, pp.34–38, 41–46, 195.

② 灾难在集团尤其是政治集团形成和变化中的作用，应得到更多关注。见 John M. Gaus and Leon O. Wolcott: *Public Administration and the United States Department of Agriculture* (Chicago: Public Administration Service, 1940), 尤其是关于土地使用的章节（chap.8）, pp.128ff.。另见 Stuart A. Rice: *Farmers and Workers in American Politics* (New York: Columbia University Press, 1924), chap.1。

尽管作为政治利益集团的协会从各种各样的制度化集团之间的相关关系中产生，但近年来最常见的是从经济机构中产生的协会。这些协会如此普遍，且广泛参与政府制定经济政策的活动，以至于许多研究者把经济集团当作唯一重要的利益集团。[①] 毫无疑问，61
可以有许多因素解释如何从经济机构中产生协会，但其中有两个因素值得一提。首先，企图建立一个彻底自我管理的市场体系的乌托邦（如波拉尼所说）而引起的一系列干扰和混乱。这种企图把想象中的土地、劳动力和资本当作真实情况并以此制定政策，忽略了它们代表着人类利益或与人们的福利紧密相关这一点。实施这一政策不可避免地意味着遭受痛苦和混乱——失业、普遍的价格波动、浪费等。[②] 这些干扰必定导致各种协会——所有者协会、工人协会、农民协会——的形成，它们旨在减轻和控制因税收、资助、工资保障、社会保险等带来的制度性破坏。国际贸易中的保护主义要求在美国州际贸易中同样存在。[③] 赫尔曼·芬纳（Herman Finer）指出："竞争制度取决于其对混乱的制裁，但现实世界中的竞争者其实并不想生活在不安定的环境中。"[④]

在经济领域，协会盛行的第二个原因是产业技术方法和产业组

---

① 例如，参见 Crawford: *The Pressure Boys*; and Stuart Chase: *Democracy Under Pressure* (New York: The Twentieth Century Fund, 1945)。

② Karl Polanyi: The Great Transformation (New York: Farrar & Rinehart, Inc., 1944). 另见 T. N. Whitehead: Leadership in a Free Society (Cambridge, Mass.: Harvard University Press, 1936), chap.2。

③ McKean: *Pressures on the Legislature of New Jersey*, pp.56–57. 集团为了立法而围攻新泽西州立法议会的频次限制了竞争，尤其是来自州外公司的竞争。参见 U.S. Department of Agriculture: *Barriers to Internal Trade in Farm Products* (Washington, D.C.: Government Printing Office, 1939)。

④ Herman Finer: *The Road to Reaction* (Boston: Little, Brown & Company, 1945), p.185.

织的迅速、广泛的变革。例如，近年来在制鞋工业中诞生了大量的协会。[①] 为了帮助企业适应全国性市场，故发展出了所有者和管理
62 人员的协会。与此相应的是工人协会（工会）的兴起。然而，地区或全国性制鞋企业中不断出现兼并企业的现象，从而产生了一些问题，这促进了这些协会的发展。

对于所有者和管理人员而言，制鞋工业的集中产生了一系列金融和市场问题，需要协会去解决。对工人而言，他们根本就不认识大企业中位于等级制最上级的官员，工人甚至连他们的名字都没听说过。当地工厂的管理人员在新组织结构中的地位相对较低，他们的管理权力也就相对有限。他们不可能作出许多重要决定以影响自己的工厂，而只是在大企业中执行最高官员发出的指令。这些指令是根据处于最高层的官员所面临的问题而作出的，但发出指令的领导们无论如何也不知道这些命令严重干扰了处于较低层级的工人。因为工人与他们的最高级别雇主之间缺乏交往，这些干扰就不可避免地使人们对权力的缺失产生怀疑、不满和反对情绪。同样不可避免的是，工人之间补偿性的和防御性的交往活动大大增加，为了稳定和维护这些关系，工会便产生了。米利斯和蒙哥马利认为，“只有一个在结构和关系上类似工会那样的工人组织，才能控制置于工厂或起因于工厂的事情”。[②]

除了制鞋企业发生的这种组织上的变化以外，机器的引进也稳

① 这部分内容基于 W. Lloyd Warner and J. O. Low: *The Social System of the Modern Factory* (*Yankee City Series*, Vol. Ⅳ, New Haven: Yale University Press, 1947), esp. pp.89, 114, 121–123。

② 引自 Harry A. Millis and Royal E. Montgomery: *Organized Labor*, p.886。

步淘汰了作为制鞋业基础的手工制作。这些技能被组织成一个复杂的等级结构，相应的奖励机制也被创造出来，其中年龄和技能密切相关。这种结构，尤其在小规模的地方工厂中的结构，总体上与构成“美国梦”的进步观念并不完全一致。与在其他工业中一样，机器的扩张使得原先的关系和交往结构解体，结果工人们“出于自身的考虑准备参与群众运动，针对那些致使他们境遇悲惨的事发起罢工”。[①]

利益集团的分类

外行和记者们的表述中谈及了政治利益集团的多种类型。尤 63
其是在报纸每天的讨论中，通常使用**商业**、**劳工**、**农业**、**退伍军人**等表述。大多数学术讨论也使用类似表述。一些人根据他们所谈的问题的数目来区分，而另一些人则使用一种根据集团的目标是为了**公益**（**无私**、**人道**、**改革**等）还是为了**私利**（**自私**、**特殊**等）来划分。通过这些分类，人们可以从简单交流中得到某些启示。但是，如果不太严格地使用这些词语，这种简单化的代价可能太高。尽管我们使用**农民集团**、**商业集团**、**劳工集团**等词语，但必须清楚的是，如此用法和分类处处是隐患。

像“商业”一词的隐患在于，它表面上展示了集团内部存在的团结和整合，但其实并不存在。当这一术语用于描述利益集团的冲突时，集团的领导者可能希望得到这种印象。“帮助商业就是帮助

① Warner and Low: *The Social System of the Modern Factory*, p.89.

你自己”的口号是一种表明在商人中间存在完全一致意见的策略性方法，人们可以在政治斗争中注意到这一策略。但是，当一位作者写道，“商人在任何需要的地方准备使用经济权力和政治控制来实现自己的目的”，[①]他就已经成为斗争的参与者，而不是一个旁观者了。“商人”一词可以是用于描述特定经济行为的一种有用的集体术语，但个人和集团在这一标题下不一定作为一个统一的政治单位进行活动。人们通常发现，“商人”集团在许多政治问题，如互惠贸易立法、农业资助、最低工资上，存在相反的立场。随意的分类由此可能会模糊其解释力。

这种划分的危险在于可能**先验地**将一种利益划归于某个集团，
64 而实际上两者之间并没有关系。当集团的活动与对其的描述不一致时，就会出现那些研究者徒劳地收集证据来硬套错误概念的情况。即使没有这种情况，这种分类也可能导致集团政治过程的一个重要特征——个人可能会加入互相之间存在潜在冲突关系的不同集团——变得模糊。商会的商人们在罢工的浪潮中寻求军队的帮助以实施暴力镇压，同时他们又属于一个保护公民自由的积极集团，这种情况又如何理解？如果加入集团会影响个人的行为，那么个人同样会影响他们所加入的集团的行为。本书将在下一章详细说明，如果回避这个事实，将妨碍人们对政治过程的理解。

使用这种通常分类的更大危险在于，一个人可能会过于强调某一时刻的政治关系，而忽视整个政治过程动态的、不断变化着的部

---

① U.S. Temporary National Economic Committee: *Economic Power and Political Pressures* (Monograph No. 26, Washington, D.C.: Government Printing Office, 1941), p.1.

分。在某一时刻处于统治地位的集团在另一个时刻可能变得十分消极，毫无声息。经常被置于各种范畴内的妇女集团，主要是一个发挥社会稳定作用的集团，在特定时刻如在校园丑闻事件中可能会变成重要的交际集团，从而发挥决定性的影响。随着时间的推移，不同集团的相对重要性因文化和技术的发展而发生根本变化。当集团的地位和经历发生变化后，个人的态度和利益也会随之变化，个人将重新选择加入哪个集团，从而直接影响集团的相对力量。1929 年赫林观察到，科学家集团很少对政府事务感兴趣是有道理的。[①] 原子能的发展、对科学基础研究的日益重视，以及在美国政治中军队利益的重要性的增加，仅仅凭这些变化，就会使科学家组织的政治地位大大提高。[②] 集团分类忽略这种趋向，对这种趋向所产生的结果未予以充分重视，这对理解政治相当不利。

因为这种分类根据组织化集团的名称以及集团提出的明显要求为基础，可能会导致研究者将集团的自我评价误作其真正的利益要求，也可能将冒牌集团当作真实集团，以致酿成重要错误。有人 65
会将 1920 年代的州农民权利联盟和其他的农民组织混同起来，而实际上，那是一个棉花厂主集团以此名义来反对关于童工的宪法修正案。[③] 这种集团及其活动是政治研究者所分析的对象，但它的真正作用被表面上的分类掩盖了。

最后，一个公民可能无法避免基于他的个人偏好来区分利益集

① Herring: *Group Representation Before Congress*, p.180.

② 例如，参见 *Bulletin of the Atomic Scientists*, 1945。

③ Herring: *Group Representation Before Congress*, p.27. 参见 Crawford: *The Pressure Boys*, chap.10。

团，即无法根据集团的“公益”或“私利”特点进行主观判断，但这与科学分析方法没有多大关系。这种分类对于系统理解政治过程也无助益。因为这种主观判断无法进行交流，其结果也就没有了分析价值。

集团政治最重要的特点可能是它的动态过程，是一个由经年累月的相对影响力的消长所体现出来的不断变化的关系模式。如果这是描述集团政治或理解集团政治的最重要方面，那么与这种变化过程直接相关的、最重要的问题就是那些揭示更有意义的分类基础的问题。利益集团如何出现？在什么情况下它们提出或通过政府提出自己的要求？在一般情况和具体情况下，利益集团的内部特征是什么？而在变化的情况下，利益集团的整合程度如何？它们如何获得资源？不同集团之间如何发生关联，是通过组织化的集团，还是通过个体成员之间的交往？集团通过什么方式与政府及其分支机构进行接触？集团与政府交往的频次和密度如何？政府机构对集团活动的反应如何？很明显，目前我们还没有掌握充分材料回答这些问题，而研究这些问题可以对利益集团进行更为确切的分类。只要找到正确的评价方法，这些材料也就可以获取。同时，如果我们能看到其局限性，传统分类也可被使用。

第四章　集团的起源和政治取向

在前一章中，利益集团的起源和利益集团对政府机构的取向，66
被指出是与集团政治最为相关的因素。同样，近年来随着协会的迅速扩张，以至于“利益集团”和“协会”的概念几乎可以互换使用，这在很大程度上是普通民众和专家都把注意力集中在集团在政府中的作用的原因。本章将以概括性的方式阐述促进制度化集团和协会产生的因素。通过对大量协会的起源以及这些协会参与政治过程的条件进行分析，以提供一幅有关政治活动的更为清晰的图景。

劳工组织的兴起

前文已经指出，协会的增加以及它们参与政府活动的最典型事例可见于劳工运动。劳工组织的重要性不仅在于它们在当代社会中扮演的重要角色，还在于它们体现了一个多世纪以来快速变化的社会旋涡中的一种创新，即经济制度关系的干扰引发的反应。几个世纪以来，各种经济关系在相对简单的水平上维持着功能的稳定，67
但在不到一个世纪内发生了剧烈变化，这些关系一直控制的习惯行为随之被破坏。这些变化以及现代劳工组织的兴起源于专业化和社会功能的分化，这使工人仅仅成为其产品的生产者，而不是产品的平等拥有者和购买者。从前文讨论过的原因中可以看到，雇主与雇员之间的功能分化导致各自阶层的态度（利益）的发展。随后产生的各种社会干扰不可避免地提高了工人之间的交往，协会的出现使这种交往关系稳定下来。[①]需要谨慎地指出的是，这些干扰从一开始就不是，从那以后也不是完全依赖工资的狭隘的经济意义。工资要求通常是工人们在工厂内外生活实现平衡的未明言的表征。[②]

美国的地方性工会，即完全由挣工资的工人所组成的组织，其历史可以追溯到1790年代。这些协会的兴起简单且直接地表明了协会产生的一般过程。在有些情况下，干扰因素来自“商业资本家”阶层，它们在商业资本主义经营方式的压力下为了开展竞争而被迫降低工资。在其他情况下，刺激性的干扰来自“外来”工人的竞争，那些流动的短工破坏了当地熟练工人在与资方谈判中的地位。这些因素，再加上如熟练工人的短缺，促使了地方和城市中工人协会的建立。

在前文讨论集团的波状发展时，工人协会的扩张导致了雇主的联合反对，在相当程度上，他们利用了政府机构，尤其阴险地利用了通常的习惯法所认可的做法。这些活动在1830年代早期达到了顶峰，雇主们的活动推动了所有工人组织联合成为一个全国性的组

① 参见 Millis and Montgomery: *Organized Labor*, pp.2–4。这部分内容很大程度上基于《组织化的劳工》（*Organized Labor*）一书中前五章的精彩概述。未注明其他出处的内容均来自这一章节。

② Warner and Low: *The Social System of the Modern Factory*, p.131. 另见 Whitehead: *Leadership in a Free Society*, pp.16–17。

织，只在 1837 年的恐慌中这些活动才暂时被中断。

建立全国性组织的进一步努力是在内战前二十年工业化和交 68
通发展的基础上进行的，这些改善行动创造出的竞争性环境使得地方工会组织不再能够控制工资和工作条件。虽然因战争而有所减慢，但这种联合的趋向在战后工业化的快速发展中恢复了活力。这些工人与美国历史上其他时期的工人面临的情况一样，战后十年充满了风暴、困惑和矛盾。直到 1886 年美国工会出现，工会运动杂乱无章、缺乏凝聚力且存在短暂的局面才结束。这些工会运动短命的原因在于它们利益的模糊性，这种模糊性的利益不可能给成员之间的交往提供坚实的、连续的互动基础。人们痛苦地体味着工人与雇主之间的急剧分化以及其他社会发展所带来的后果。然而，尽管发生了这些变化，雇员、按周领工钱的劳动者的地位并没有作为一种长久地位而被接受，拥有财产、当老板的梦想一直激励着个人努力。然而，不管在地方上组织得如何有效，即使是熟练工人也没有在全国范围内进行积极交往；相反，他们只把自己看作无定形的“普通人”——农民或中产阶级中的一部分。倒霉的全国劳工联合会（National Labor Union, 1866—1872 年）以及更重要的劳动骑士团（Knights of Labor, 1869 年发起，1887 年达到顶峰），都有一种反垄断和“向上爬”的严重偏见，其目的在于消除造成其社会地位相对僵化的障碍。劳动骑士团认为，“在雇主和工人之间没有根本性的利益分歧”，所有生产者的利益，不管是通过手工生产还是通过大脑生产，实际上是一致的。[1] 这些浪漫的、乌托邦式的运动与工人

① Millis and Montgomery: *Organized Labor*, p.68.

们实质性的利益诉求并不一致，在某种意义上是很激进的。

因此，劳动骑士团的影响迅速减弱，美国劳联（The American Federation of Labor）也转向了现实，这就要求其建立在比“普通人”所归属的更为坚实的共同利益的基础之上。这种持续性交往的基础就是技能。熟练工人，尤其是那些具有相同技能的人，彼此交往。不仅仅是工人们，而是只要有一技之长的人，均期望自己免受
69 工资减少和劳动力过剩之苦，从而建立了联系。尽管新成立的工会将熟练工人与非熟练工人区分开来，但它还是有助于形成维护工人地位的共同态度。通过坚持实施控制技术工作这一目标，个人主义被削弱了。尽管继续保留了其他乌托邦式的努力，但其重要性大大降低。1886 年 5 月，美国劳联召开大会并签署声明，指出了一种可行的交往意识，强调熟练工人工会的“历史基础”以及他们“管理自己内部事务”的排他性。[①] 倒不是因为它只包括了熟练工人，而是因为美国劳联的建立标志了一个革命性的变化：“组织的‘自然’单位是那些从事同样职业的人，他们拥有大致相同的技能和专业知识，‘自然’单位由在非集体出卖劳动力的条件下互相压低劳动力价格的那些人组成。”[②] 这种“自然”的证据在于劳工运动的持续性。尽管在随后十年中出现了巨变，美国劳联在这种混乱中还是生存了下来，它需要持续阻断或消除先它而存在的那些组织所造成的障碍。

世纪之交，美国劳联和国际行业工会的成功给人留下了深刻印

① 转引自 Millis and Montgomery: *Organized Labor*, p.73。

② Ibid., p.77.

象。1902 年其成员超过了 100 万人。劳联有效地维持了熟练工人关系，这反过来刺激了雇主集团的活动，后者的均衡受到了影响。1901 年后，不仅新的雇主组织形成，1901—1908 年，许多雇主组织还在全国范围内以自由雇佣企业（open-shop）* 的形式作出了积极回应。

美国劳联的成员对此的反应是复杂的，但其中的一些反应具有相当的启发性。在工会内部，控制日益集中，需要采取强硬的策略笼络成员，并迫使雇主接受。针对自由雇佣企业的“进攻”，一些工会采取更广泛地攻击现存经济关系的方式，而不只是遵循美国劳联的“工联主义”（business unionism）原则。这些工会于 1906 年参加了更具革命性的产业工会运动，即世界产业联合会（Industrial Workers of the World，以下简称“世界产联”）。集团间关系变化面对的这种组织的分化是连续不断的，正如第二章所表明的那样。然而，世界产联从来没有真正成为美国劳联的对手，就像过去的类似运动一样，它不可能满足工人们眼前迫切的经济需要，从来没有产 70
生过有效的凝聚力。当然，它也有着重要价值，因为它迫使美国劳联的领袖们不得不考虑接受非熟练工人。

美国劳联对自由雇佣企业以及雇主集团所采取的策略中最有趣的反应是开展一系列的政治活动。“工联主义”确切的经济意义意味着避开政治和避免依赖政府。这种与美国劳联成立之前政治运动主张相反的政策，经受了 1990 年代种种社会主义政党的劝诱和美国劳联内部社会主义者的说服。到 1906 年，导致美国劳联重

* 自由雇佣企业，即以平等的条件雇佣工会会员和非工会会员。——译者

视政治的主要影响因素包括：雇主反对工会的努力，这种努力尤其在法院滥用强制权力过程中得到体现；缺乏组织的非熟练工人的日益躁动，这一现象在世界产联中得到反映，他们期待立法机关改善他们的境况，同时，这些组织对美国劳联的主导地位构成了一定威胁；“进步”运动所形成的气氛；英国工党的前身在 1906 年选举中获得巨大成功。这种新取向的先例可以在 40 年前州际范围的劳工组织中发现。在纽约，后来变成纽约州劳工联盟（New York State Federation of Labor）的联合会从 1864 年以来就一直重点关注立法事务。[①] 然而，美国劳联的政策变化没有真正舍弃“工联主义”的信念，而仅仅通过使用政府机制来促进既定目标的实现。立法主要是为了促使工会免受立法机关传统手段的束缚，尤其是摆脱根据 1890 年《谢尔曼反托拉斯法》（Sherman Antitrust Act）制定的法院禁令和起诉。政治参与被限于两党均同意的“击败劳工的敌人，回报劳工的朋友”这一主张。然而，对政府与政治事务更多地关注表明了一个重要的发展趋势。

劳工组织的这些新政治努力在 1914 年《克莱顿法》通过时达到了顶峰，该法案被冈珀斯过于乐观地称为“新大宪章”（“new magna charta”）。这个对《谢尔曼法》的修正案似乎满足了工会的
71 主要立法要求，即解除法院的禁令，解除反托拉斯法对工会组织活动和罢工的限制。然而，后来法院对这一法案的解释使最初乐观的希望破灭了。

第一次世界大战期间，集团加强了参与政治活动的倾向，尽管

---

① Zeller: *Pressure Politics in New York*, pp.8–9.

在性质上没有发生变化。劳联要求保护工会活动，作为回报，他们将有力地支持战争。到 1920 年，美国劳联成员超过创纪录的 400 万人。在许多处理紧急事务的机构，政府政策都反映了劳工的要求。更重要的是，在那些政府经营的基础性产业，如煤矿和铁路，政府同意工人们享有集体组织和集体谈判的权利。

20 世纪二三十年代那些扑朔迷离的岁月里，人们可以发现劳工组织活动的两个趋势，这两个趋势在 1914 年前还不很明显，但在战后由于局势的变化而变得十分显著。第一个趋势是，非熟练工人和半熟练工人要求建立组织的呼声日益增高；与此密切相关的第二个趋势是，组织起来的劳工要求更多地参与政治活动，并出于积极的而不仅仅是防御性的目的参与政治活动。

在非熟练工人要求成立组织的背景下，出现了一些新的发展。首先，部分新兴或有很大变化的产业迅速发展，如汽车工业、化学工业、电气制造业。这些迅速的技术进步带来的是大规模生产，许多传统的手工技能部分或完全被淘汰。因此，具有高技能的工人的相对重要性大大降低。在不同领域，产业内部的兼并与融合以极大的速度推进，正如在制鞋业中那样，这种发展对工人集团内部的均衡产生了巨大干扰。具有悖论性的是，在 1920 年代，潜在组织起来的工人数量迅速增加，这有利于工会发展，但有组织的工人数量却稳步下降，在 1920—1930 年，除了一年之外，每年都有净减少。[①]这种下降在很大程度上是由美国劳联现有管理模式的僵化造成，这一点在后文中将更详细地分析。

① Millis and Montgomery: *Organized Labor*, pp.162–163.

在第一次世界大战的十年里，作为对劳工组织发展的进攻所做出的防御性回应，雇主们的联合行动得到了加强。在世纪之交，
72 自由雇佣企业以更复杂的形式出现，并继续得到“司法武器”如法院禁令的有力支持，与此同时，出现大量家长式的、福利性的行为。在许多产业，尤其是在那些工人的真实收入增加的产业，工人集团确实得到了发展，但不是由于劳工自发的努力，而是在资方的监管下以所谓的公司工会的名义实现的。公司工会在繁荣时期能够稳定工人之间的关系，但它通过在制度化的经济集团，如工厂的等级机构内部，建立从属性的交往关系而实现。公司工会不像传统的工会那样是在这些集团之间相互关系的基础上建立。它在加强经济集团内部的秩序方面较为有效，使工人们形成了“公司意识而非技能意识”。[①] 取得这种结果更多地是运用了产业的联合主义而非技能因素，这是非常重要的。

当《全国工业复兴法》(National Industrial Recovery Act)和后来的《瓦格纳法》允许建立劳工组织时，各行业的工会迅速发展。1933年，罗斯福在第一任期初通过了《全国工业复兴法》，涉及一个庞大的企业“自治”计划。它的内容包括允许雇员有权组织起来，不受雇主干涉、自己选择代表与资方进行集体谈判。1935年《全国劳资关系法》(The National Labor Relations Act)(即《瓦格纳法》)就是建立在这一部分内容的基础之上，再加上一些保障这些权利的条款，其中重要的是关于公司工会的规定和实施机制的条款。在这些法律下，工会最为迅速的扩张发生于新兴的规模生产产业。这些

① 引自 Millis and Montgomery: *Organized Labor*, pp.159–160。

企业内部对建立组织的“需要”，可以从汽车产业的事例中观察到：

> 许多工厂的工人……准备并渴望加入组织。他们抱怨工作节奏太快、缺乏工作安全保障、工资支付制度过于复杂、一些工厂中存在监视行为。总之，工人们对称之为工业统治的政策不满，工人们的这些态度及其思想状况被工会组织有效地 73
> 利用。①

事实上，工人们一直有所准备，以至于在产联的早期阶段，普通的成员甚至没有听从工会领导者的建议而举行了罢工运动。

然而，公司工会对传统的工会构成了严峻挑战，直到《瓦格纳法》的通过。这是一个不幸的事实。在国家复兴管理局时期，美国劳联进入了大规模生产产业领域，但它并没有取代公司支持和在其控制之下的工会。后者的数量在1932—1935年之间几乎翻了一倍，这些工会的成员数量占了1932年所有“合法”工会成员的40%，1935年则上升至60%。此外，这种工会组织的形式在大规模生产的产业内，如钢铁业、化工业、交通业等，尤为普遍。直到1937年，《全国劳资关系法》签署两年后，公司主导劳工组织的情况才得到有效控制。

随着大规模生产的产业被组织起来，积极诉诸政治机构的需求日益明显。1920年代铁路兄弟会（railroad brotherhoods）遇到的问题揭示了这一点。这些工会日益依赖政府实施集体谈判的权利来

---

① 引自 Millis and Montgomery: *Organized Labor*, p.226。

解决争端，结果是工会通过更多的政治参与来维稳并接近政府机构。在1924年总统选举中，它们是拉福莱特最有力的支持者，而美国劳联却很不情愿给予支持。保守的工会主义者接受更激进的政治行动，部分原因在于1920年代产业劳动力更多地从低标准和低工资的领域向高标准的组织化领域流入。[①] 反对这种竞争威胁的适当手段是，美国政府采取必要的行动。对政治活动的这些影响，因地方和州的官员在发生争端时往往支持雇主而得以加强。产业
74 中的技能变革也很重要。大规模生产产业的半熟练工人和非熟练工人无法通过建立在半垄断基础上的"工作控制"方式来保障自己的职业安全。早在1935年产业组织联合会建立（即产联，后来改为产业组织大会）之前，这些产业领域的工会相信，他们所面临的经济压力只能通过政府的作用机制才能得到控制。因为控制就业人口已不再可行，也不再合理，必须通过其他方式寻求职业保障。1935年后，产业工会迅速扩张，包括大规模生产领域大量的非熟练工人工会的迅速发展，工会组织参与政治活动的频次的增加已不可避免。

美国产联与劳联之间产生分裂的进一步的原因将在后文分析，这一分裂（它代表了一种不仅限于劳工的分裂趋势）直接导致了工联主义和工会参与政治活动频次的增加。在1930年代或更早年，组织变革和工业技术变革使工人的组织关系按照工厂和产业的方向发展，而不是按照技能发展，更不用说按照同业的方向发展了。

---

① 参见 Philip Taft: "Labor's Changing Political Line," *Journal of Political Economy*, Vol.45, no.5 (October, 1937), pp.634–650。

在1880年代很“自然”的同业组织，在此时却变成人为的了。很明显，尽管在1933年产业工会只占工人组织的27%，但到了1940年代早期，这个比例已超过一半。这些和其他类似的发展均表明，比起以前占主导地位的同业类型劳工组织，产业工人组织更多地影响全国性的政治机构。当美国劳联既定的交往模式即组织结构无力适应这些新要求时，分化和竞争性组织的建立也就不可避免了。

同业协会和相关集团

当我们转向研究另一个普通的利益集团——同业协会——时可以发现相似的发展过程和参与政府活动的情况。与推动和引导劳工运动发展目的不同，同业协会的出现在一定程度上与劳工组织具有不同的背景。但同时，两者的类似之处在于：同业协会的产生 75
同样是集团中个人习惯性关系（交往）受到干扰或变化的结果，也是为了稳定集团内部和其之间的关系而日益诉诸政府机构。

尽管现代同业协会的前身至少可以追溯到美国早期历史上地方手工艺人的同业协会，但地区性或全国性同业协会则形成于美国内战时期。到1890年代，它们变得如此广泛，以至于成为美国产业组织人尽皆知的一个特征。[①] 这几十年内发生的快速变化——技

① 参见 Clarence E. Bonnett: “The Evolution of Business Groupings,” *Annals of the American Academy of Political and Social Science*, Vol.179 (May, 1935), pp.1–8. U.S.Temporary National Economic Committee: *Trade Association Survey*, p.12; Merle Fainsod and Lincoln Gordon: *Government and the American Economy* (New York: W.W. Norton & Company, 1941), chap.15。

术变革、市场扩张以及商业周期可怕的振荡——刺激了同业协会的成长。当无序竞争的不确定影响变得越来越明显，流动资本的比重日益加大，通信方式的改进使远距离的个人之间的接触更加容易之时，同一产业或相似产业之间的公司加强了它们的交往频次，并调节了交往方式。这些制度化集团通过市场体系而联结起来，互相之间形成了持续的关系（同业协会），以应对来自市场的挑战。这种普遍态度在一位水泥协会理事的直率的话语中可以表现出来：“事实不言而喻。我们所处的行业其要求高于其他行业，不能经受自由竞争，必须从制度上来限制竞争，否则我们就会垮掉……除了承认这一事实以外，任何其他说法都是不负责任、不严肃的。”[①] 产生“托拉斯”和其他称之为“合并运动”——联营、市场分享和价格协议——的共同因素，在美国社会中作为一种交往的专门形式推动了同业协会的扩张。[②]

76 就像劳工组织一样，同业协会运动在美国参加第一次世界大战期间得到了有力推动。为了满足战争突然对大量经济计划的需要，政府鼓励建立各种协会，以使其发布信息和协调行动的任务简单化。许多集团的目标现在变成了政府的目标，至少在当时是如此。更大的国际敌对危机加强了以前曾刺激了这一运动的干扰。结果很明显：据美国商务与劳工部估计，1913 年，大约有 240 个地区、

---

① 转引自 Earl Latham: “Giantism and Basing-Points: A Political Analysis,” *Yale Law Journal*, Vol.58, no.3 (February, 1949), p.383。

② Fainsod and Gordon: *Government and the American Economy*, chaps.13 and 15.

全国和国际性的同业协会，1919 年则增加到 2000 个。[①] 同业协会运动经过十年的起伏，同劳工组织一样，在《全国工业复兴法》出台前后快速增长。国家努力摆脱大萧条，这使得建立贸易集团的活动显得十分重要，同业协会成为准政府机构，反托拉斯立法的限制得以放宽。1938 年的研究表明，23% 的同业协会是在 1933—1935 年之间建立的。[②] 其中有许多在 1935 年联邦最高法院宣布《全国工业复兴法》废止后解散，但这一时期其数量仍在增加。第二次世界大战期间同业协会经历了类似的发展，美国商务部于 1949 年估计有 2000 个全国和地区性的同业协会。与 1938 年实际运作的同业协会相比，这一数量又增加了 500 个。[③]

许多事例表明，政府在同业协会的建立过程中发挥了推动作用。1917 年建立的全国煤炭协会是在国防委员会煤炭生产协会主席的建议下成立的，旨在推动第一次世界大战期间高度分散的基础工业和政府战争管理部门之间的工作关系。[④] 推动同业协会发展的
条件因动荡的市场而略有不同，在政府监护下部分协会的发展历程 77
也有所不同，如糖业协会的发展。第一次世界大战期间，政府牢牢地控制了制糖工业的生产，偶尔还影响它的交易和利润。1919 年政府退出管制后，出现了混乱的局面，糖的消费量减少，炼糖能力不足，竞争加剧。1927 年对于炼糖企业而言是痛苦的一年，部分

① Herring: *Group Representation Before Congress*, p.96.

② U.S. Temporary National Economic Committee: *Trade Association Survey*, p.369.

③ U.S. Department of Commerce: *National Associations of the United States*, p.viii.

④ Herring: *Group Representation Before Congress*, p.103.

原因在于香烟制造商的一场“减肥”广告运动，这导致糖的消费量减少。直接的结果是，1928 年建立了糖业协会。有趣的是，发起者竟然是那些从事“不道德”竞争的炼糖企业。该协会由于实施价格垄断而违反了《谢尔曼法》，在 1936 年法院的裁决下被解散。[①] 另一个政府影响其形成的事例是美国铁路协会（Association of American Railroads）。1920 年代处于相对不利地位的铁路业，由于交通行业的竞争和大萧条而更加艰难。1933 年联邦交通协调官员约瑟夫·B. 伊斯门对交通情况进行了广泛调查。他在 1934 年的一份报告中指出，替代政府所有制或加强联合的唯一办法是，“将铁路工业更好地组织起来，使他们（管理者）联合起来有效地处理关于他们自己的事情”。认识到现有铁路协会的不足，一群铁路管理者在彼此之间以及与伊斯门进行协商后，于 1934 年 10 月成立了美国铁路协会。它被视为结束“政府拥有、经营”和“加强政府对铁路的运作，特别是在管理领域”的办法。这一协会至少在形式上管理着全美至少 99% 的一级铁路运输里程，或大约 95% 的全部铁路运输里程。[②]

建立同业协会的原因可以在这些协会形成的主要目的中找到。
78 尽管许多早期的集团主要从事“一些无关痛痒的、并不重要的社会事务”——仅表明了交往频次的增加，但实际上，所有集团均承担了反对残酷竞争和保护贸易的功能，要么通过直接控制价格的手

① U. S. Temporary National Economic Committee: *Trade Association Survey*, pp.113–115, 139–142.

② U. S. Senate, Committee on Interstate Commerce: *Senate Report No. 26*, Part 2, 77th Cong.,1st Sess. (1941), pp.22–25.

段，要么通过间接运用各种贸易规则来行使这一功能。[1]就反垄断主张的政治影响和它们在法律如1890年《谢尔曼反托拉斯法》中的体现而言，达到这些目的的许多协议不得不以秘密的方式进行。例如，20世纪早期棉花轧籽商协会——被称为“柏拉图之子”——建立了一个秘密规则以固定价格和分割市场。[2]尽管这些集团被政府解散，但是出于同样目的的集团以更隐蔽的方式坚持进行活动。全国临时经济委员会的研究指出：“在大量的全国性和地区性同业协会的活动中发现了互相限制竞争的情况。”[3]这些活动得到了最高法院的默许，1911年最高法院明确表示，在运用《谢尔曼法》时可以使用“理性规则”（“rule of reason”）作为指导。这一“规则”实际上削弱了《谢尔曼法》的限制，大大推动了同业协会的增长。[4]同时，它放松了对这些集团的控制，使它们能够发挥减少竞争摩擦、促进市场稳定的基本功能。

在开展活动时，同业协会不可避免地日益通过政府机构来确保它们的要求得以实现。在早期，这种活动在地方上有着先例。1819年一群造纸商在波士顿会面，准备向国会提出增加关税保护的要求。[5]1922

① Leverett S. Lyon, Myron W. Watkins, and Victor Abramson: *Government and Economic Life* (Washington, D.C.: The Brookings Institution, 1939), Vol.1, pp.274ff.

② Walton Hamilton and Associates: *Price and Price Policy* (New York: McGraw-Hill Book Company, Inc., 1938), pp.237–238.

③ U.S. Temporary National Economic Committee: *Trade Association Survey*, p.346.

④ U.S. v. Standard Oil Co. of New Jersey, 221 U.S. I (1911). Fainsod and Gordon: *Government and the American Economy*, p.528.

⑤ Chamber of Commerce of the United States: *Development of Trade Assciations* (Washington, D.C.: Chamber of Commerce of the United States, 1937), p.5.

年全国制造商协会对同业协会的调查表明，大部分同业协会对立法
79 很感兴趣。[①]1938 年一项详尽的研究揭示，各种形式的“政府关系”构成了同业协会活动最重要的部分。在接受调查的集团中，80% 的集团从事过这种活动，一半以上的集团认为这是它们最重要的活动。而且，这些活动的频次和重要性根据协会覆盖的行业不同只有微小的差别。[②]

诉诸政府机构，一方面是因为这些集团需要帮助，以实现其目标，另一方面是因为他们需要保护自己在经济活动和政治竞争中免受侵害。在前一种情况下诉诸政府比较容易理解。联邦贸易委员会监管贸易活动的小组支持协会控制特定类型的竞争活动。在美国国家标准局支持下进行的产品标准化是很常见的，政府关于这些协会所在产业以及关于产业竞争的统计信息服务具有重要作用。促成与集团的利益相一致的立法是一项相当重要的活动。

同业协会获得政府不同部门的支持以反对竞争对手，可能比它们依靠政府获得前文提及的服务更为重要。结果，这些努力推动了同业协会的数量增长以及同业协会的政治活动。正如我们已经看到的，一个政治利益集团的活动，不管是商人协会还是社会中代表其他利益的集团，如工会的集团，导致了利益集团活动呈波状发展。一些集团的建立是为了提出不同的要求，推动相关政策的出台，反过来，另一些集团的形成与之相对应。同业协会的扩张及其政治活动的结果，以及其他关心经济政策的政治利益集团，促使了被称

① Herring: *Group Representation Before Congress*, pp.100–101.

② U.S. Temporary National Economic Committee: *Trade Association Survey*, pp.22, 26, 31–33.

为“近年来影响商业活动的联邦立法的不平衡”，[①] 这种不平衡反过来刺激了更多的同业协会变成政治利益集团。赫林指出，这些同业协会关注政府活动的主要原因实际上不是促进对手的利益，而是为了维护自身利益，但两者都需要政府机关立法或制定政策，以控制它们竞争对手的活动，或阻止对自己成员不利的立法和政策制定。[②] 80
随着经济关系中的变革和干扰日趋严峻，同业协会，如全国零售药商协会，推动销售价格控制的立法，以反对连锁店对其构成的竞争。出于类似的原因，劳工集团、农民集团和其他集团的类似活动也大大增加。

执行纯粹防御性策略的一个有趣协会是人寿保险总裁协会（Association of Life Insurance Presidents），它是行业的主要协会。该集团于 1906 年建立，主要的驱动力是纽约州政府于 1905 年在经过所谓的阿姆斯特朗调查后出台的一项限制性法案。协会的管理者和理事长在 1939 年指出，该集团的功能很大程度上是“处理各项进入立法机关的立法事务”，其活动主要是防御性的。管理人员将法案分为三类：第一类是“相当令人讨厌的”；第二类是“变得令人讨厌的”；第三类是“明显无关紧要的”。[③] 美国酿酒商协会建立也主要是为了保护其成员不受政府行为的侵害。在 1862 年的税收立法中，国会对啤酒征收每桶一美元的税，四个月后，该协会就成

① U.S. Temporary National Economic Committee: *Trade Association Survey*, p.333.

② Herring: *Group Representation Before Congress*, p.101.

③ Zeller: *Pressure Politics in New York*, pp.48–49; U.S.Temporary Nationa Economic Committee: *Hearings*, Part 10, 76th Cong., 1st Sess. (1939), pp.4346, 4358, 4360, 4395.

立了。[1]一些享有特权地位的商业集团，尤其是那些以大企业为后台的集团，在这些情况下使同业协会以及其他类型的商业集团承担了维持经济现状、尽可能不作改变的职能。

后文将对此作进一步详述。此处必须强调的是，同业协会被组织起来以后必然会从事政治活动。同业协会建立及其关注政府活动的现象比经济领域建立利益集团更为自然。

81 在一些主要的全国性协会中可以看到同业协会的起源和发展模式的一致性，如全国制造商协会、美国商会。[2]前者是美国最有趣的政治利益集团之一，严格来说，除了它的附属形式外，它并不是一个联盟。它的核心组织成员是全国的许多个体公司。全国制造商协会出现于1893年恐慌的动乱时局下。在1895年1月辛辛那提的一次会议上，威廉·麦金利（William Mckinley）州长被邀为荣誉客人，正是在那次会议上成立了全国制造商协会。当时以及在随后的八年里，它主要关注的是促进美国的商业发展，尤其是国际贸易。这一时期的协会组织规模相对较小，也不重要。

全国制造商协会直到1903年卷入劳工问题后才慢慢变成一个重要集团。这一变化以及后来该组织的发展证明，1903年标志着一个新协会的诞生。这一点可以通过该协会的收入得到反映：1896年是全国制造商协会运作的第一个完整年，其收入大概为3万美元，直至发生变革，协会的收入一直没有超过这一数字。然而，1904年

---

① Odegard: *Pressure Politics*, p.245.

② 在同业协会作为处理市场的组织与雇主联合会作为与雇佣关系有关的组织之间通常进行区分。

以后的几年里，该协会的收入超过了 15 万美元。[①] 如果审视一下 1897 年和 1904 年行业工会和美国劳联成员的收入情况就可以发现，全国制造商协会工作重点变化的原因是相似的。[②] 美国劳联和所有的行业工会在 1897 年（当时为了摆脱大萧条的影响）到 1904 年的平均年收入增长率超过 25%，其中如 1903 年的增长率接近 40%。美国劳联及所有的二百多万个独立的工会成员在 1904 年的收入是 1897 年的 360%。收入提高的同时，它们的团结程度也在加强。美国劳联成员在 1897 年增加了 60%，而 1904 年增加了 80%。与此同时，全国性工会和国际性工会内部控制加强，地方工会更加紧密 82
地服从上级工会，八小时工作日、更高的报酬和只雇佣工会成员的企业制度得以落实。

尽管不能断言工会组织总是先于雇佣关系另一方的协会而形成——因为雇主集团总是作为多种情况的结果而建立，以便于在特定的劳工政策方面采取联合行动，[③] 但可以说，工人集团力量的增强是产生雇主协会的重要因素。很明显，这是因为协会的基本功能是稳定相关集团之间的关系。

无论如何，从 1900 年开始，许多地方和州的雇主协会发起了强有效的自由雇佣企业运动，某种意义上象征着雇主可以不受限制地规定自己工厂内部的工作条件。总领这场全国性运动的是在 1903 年召开大会的全国制造商协会。而 1901 年的全国性运动是

① U.S. Senate, Committee on Education and Labor: *Senate Report No. 6*, Part 6, 76th Cong., 1st Sess.(1939), p.14.

② 改写自 Millis and Montgomery: *Organized Labor*, pp.82–83。

③ 参见 Clarence E. Bonnett:"Employers Associations," *Encyclopaedia of the Social Sciences*。

由一个更小的集团领导，当时全国金属贸易协会转变政策，强烈支持反工会。[①]

全国制造商协会不可避免地从一开始就密切关注政府的行动。它对关税和其他贸易促进政策的持续关注使这种活动成为必要，而对劳资关系的新重视，尤其是在上文讨论的美国劳联的政治重新定位之后，推动了全国制造商协会积极参与政治活动。全国制造商协会的联盟性质部分地超出了它对政治活动的关注。虽然其主要成员是个体公司，为了促进其在劳资关系中的活动，同业协会建立了许多主要是关心劳工问题的卫星集团，尽管这些集团名义上是独立的。其中，美国公民产业协会于 1903 年在地方雇主集团的基础上建立。随后于 1907 年建立了全国产业保护委员会（后来改名为“全国产业理事会”），这一理事会也包括全国性的集团，其目的是更好
83 地“保护产业以反对工会不断增加的立法要求”。[②] 与州的组织活动类似，[③] 这种政治活动在 1913 年前是非公开地参与选举运动。1913 年开始，国会的一系列调查暴露了这些活动，这场调查运动是由于威尔逊总统批评那些反对《安德伍德关税法》的游说活动的讲话引

① U.S. Senate, Committee on Education and Labor: *Senate Report No. 6*, Part 6, 76th Cong., 1st Sess. (1939), pp.5–6.

② 转引自 U.S. Senate, Committee on Education and Labor: *Senate Report No. 6*, Part 6, 76th Cong., 1st Sess. (1939), p.15。另见 Clarence E. Bonnett: *Employers Associations in the United States* (New York: The Macmillan Company, 1922), p.374。

③ 例如，McKean: *Pressures on the Legislature of New Jersey*, p.104, 指出新泽西州制造商协会（Manufacturers' Association of New Jersey）成立于 1905 年，是为了否决一项工人赔偿法案；Zeller: *Pressure Politics in New York*, pp.51–52, 引用了工业联合会（纽约）的公开信息，该信息显示，联合会于 1914 年成立，以反对当时州立法机关的“社会立法的暴动”。

起的。[①] 尽管一些影响政府的手段被迫放弃，但这些组织没有改变它们早期在政治过程中的利益活动。

全国制造商协会在20世纪第二个十年继续扩张，随商业周期的变化和工会的积极性而有些起伏。在第一次世界大战后的十年里，该组织的发展并不可观。1926年后其财务状况下降，成员也随之减少。到1933年，该协会成员集团的数量从1922年顶峰的5350个下降到原先的75%上下。[②]

这一变化产生的原因特别有趣。首先，积极成员——假定所有的登记者都是积极成员，尽管这是不能确证的，因为该组织甚至没有向所有缴纳会费者公布成员名单——几乎完全限于那些相对较小的公司。它组成时只代表那些小公司，因为小公司无力单独对抗工会组织。至于那些大的、规模性产业，尤其那些在第一次世界大战后建立的公司，在1920年代工会是对其无可奈何的。这些大企业的工人既不可能组织起来，工会活动也不可能通过立法活动的威胁使这些大企业组成一个像美国制造商协会那样的组织。结果，当1929年大萧条来临时，许多小公司由于经济原因而退出，协会力量随之急剧衰弱。

1933年后情况发生了明显变化。随着工会形势的好转以及1935年后大规模生产的企业的工人按照产业方式组织起来，国会

① U. S. Senate, Subcommittee of the Committee on the Judiciary: *Hearings* under S. Res. 92, 63d Cong., 1st Sess., 4 vols. (1913) ; U.S. House of Representatives, Select Committee on Lobby Investigation: *Hearings*, 63d Cong., 1st Sess., 4 vols.(1913); U.S. House of Representatives, Judiciary Committee: *Hearings*, 63d Cong., 2d Sess. (1914). 参见 Herring: *Group Representation Before Congress,* pp.43–46。

② "Renovation in N. A.M.," *Fortune* (July, 1948), p.75.

84 也通过了有利于劳工的立法，主要政治集团的相对力量发生变化，同业协会又开始发展。此外，新加入的成员还包括越来越多的汽车、电子产品制造、化学产品和类似产业的大公司。由于在1920年代曾经很容易维持的企业的“独立性”受到威胁，这些大公司不得不联合起来，尤其在1935年通过《全国劳资关系法》后，同业协会声称其成员在1948年超过了16000个。[①]1933年整个同业协会进行了重组，此后，它就主要由大企业的代表来领导。但是，它的政治活动并没有减少，反而增多了。

第二个重要的全国性联盟即美国商会（the Chamber of Commerce of the United States），它比全国制造商协会更类似于同业协会，除了后面将提到的原因外，还在于其正式结构也是建立在同业协会以及州和地方的商会之上。1912年美国商会成立时的情况比较清晰，简单回顾一下相关的影响就足够了。强烈反对许多商业集团尤其是大集团的要求是一个重要影响，其标志是1890年《谢尔曼法》的通过以及罗斯福总统的批评。劳工组织的发展及其参与政治活动所带来的威胁是第二个与此紧密相关的影响。最后一个重要影响是，促使同业协会建立的市场不稳定，州和地方商会要求经济集团之间加强组织化的交往。当这些问题越来越需要诉诸全国性的行动时，当其他集团有效地通过联邦政府提出自己的要求时，无论从进攻性还是从防御性角度均出现了要求组建贸易集团联合会的理由，这种同业协会的利益比这些集团在雇佣关系中的利益基础更广泛，更深远。[②]

① “Renovation in N. A. M.,” *Fortune* (July, 1948), p.72.

② 参见 Paul Studenski: “Chambers of Commerce,” *Encyclopaedia of the Social Sciences*。

商会并不是首次尝试作出这种回应。全国贸易委员会建立于1868年，后来商会继承了其功能。全国贸易委员会章程的起草人揭示了其突然受到干扰的特点，他们在组织商业联合会的纲领中写道：“为了确保商业操作、习惯和规则的一致与和谐，尤其是……保 85
证属于国家金融、商业和工业利益问题的正确考虑……”① 由于组织上的不充分，该委员会未能像其他商业协会一样推动同业协会的发展，导致它后来被商会取代。

经常有人认为，商会的建立是政府鼓励以及全国制造商协会支持的结果。② 这种说法言过其实，不足以解释像商会那样规模的协会的建立。在大多数重要的创造性发展中，社会因素以及技术因素等推动力量如此普遍，以至于产生了多种来源的最初的行动。在1912年前，最初的努力是由一些组织如波士顿商会、芝加哥商业协会等对全国贸易委员会进行重组，使其成为更有代表性的集团或取而代之。而阻止这些努力的方法是如何进行合适的政府监管。蔡尔兹认为，这一问题应由美国总统召开一个会议进行决定。③ 这样，政府的角色反映了部分一小股推动集团的努力。对总统的说服无疑因为其先前曾表达过希望有一个组织能够管理外贸领域的政府与商业协会之间的关系而变得更加容易。在1911年12月7日向国会提交的关于外交事务的国情咨文中，塔夫脱总统指出：

① 转引自 Childs : *Labor and Capital in National Politics*, pp.8–9。

② U.S. Temporary National Economic Committee: *Economic Power and Political Pressures*, pp.25, 85; U. S. Senate, Committee on Education and Labor: *Senate Report No. 6*, Part 6, 76th Cong., 1st Sess. (1939), p.33.

③ 关于商会的起源主要引自 Childs: *Labor and Capital in National Politics*, p.10。

> 在传播有用信息和协调行动方面，特定的非正式协会对促进外贸起到了很好的作用。然而，遗憾的是，众多的协会以及协会之间缺乏合作精神，这使它们不能与公共利益保持充分协调……在整个国家中，一些与协会保持联系的核心组织和商会，我相信，是具有重要意义的。这种组织应由一个成员不多
> 86 但可以承担更多协会工作的委员会进行管理……[①]

1912 年 2 月在一次商务与劳工部的预备会议上，全国制造商协会派出了代表，同时派出代表的还有旧金山商会、南部商会、波士顿商会、哥伦比亚特区商会等。会议结果是，商务与劳工部秘书保证，在四月的美国商会的成立大会上有 700 名代表受邀参加。整个发展过程不仅表明了这些集团是如何产生的，同时也表明这些协会从一开始就参与了政府事务。

商会的成员由两部分组成：首先是组织成员包括如州和地方商会；其次是个人和联系成员（根据所交的会费有所区别），即属于商会下属组织的个人或公司成员。商会是在一个合适的时机组织起来的，就像同业协会那样，在第一次世界大战期间得到了迅速发展。由于组织成员的数量随着商业周期运动而有增有减，商会的财政很难依靠这些组织成员，因此，商会从一开始就努力寻求其他类型的成员。这一政策必然意味着集中争取那些有能力支付个人或组织会费的成员，从而对商会的运作产生一定影响。后文将对此进行分析。尽管要考虑财政力量的来源以及成员数量的变化，商会仍然要

① *Congressional Record*, 62d Cong., 2d Sess. (December 7, 1911), p.75.

求自己代表整个国家商业组织中的重要部分。[1]

农业集团的兴起

当我们转而谈及农民团体时，所面对的是一连串令人困惑的、 87
相互依存的运动，这个组织几乎与工会和同业协会遇到了同样复杂的情形。后者或多或少是同时发展起来的，以应对类似的情况，可以进行有效、集中的讨论，但农业组织的历史更像是全国范围内一系列农民运动的历史。当然，围绕特定商品——水果、蔬菜、花生、牛奶、棉花等——所形成的共同利益而组织起来的农业协会，实际上与同业协会没有实质上的差别。一些农业协会如农民合作社理事会、全国乳品制造商联盟、甜菜种植者协会等，或像同业协会那样发挥作用，或与商业集团密切相关。[2]目前仍在运作的三个全国性组织可以对农业协会作出最好的全面描述，这三个组织是：全国农业保护者协会、农民教育和合作协会、美国农业局联合会。这三个集团的出现都是由于农民的习惯行为受到高度干扰后导致交往增加的结果。这三个集团先后都诉诸政府机构，以作为在集团内部和集团之间建立稳定关系的一种主要手段。

尽管农业集团在美国是较早成立的集团，尤其是在合众国早期，尽管农业利益在政党政治中一直占据重要地位，但直到内战后，

① 1948 年，该组织宣称有机构成员 2932 个，18891 位个人成员和准成员。（给作者的信，1948 年 8 月 18 日）

② 关于农业组织及其政治活动的通行的阐述，见 Wesley McCune: *The Farm Bloc* (Garden City, New York: Doubleday, Doran & Company, 1943)。

分化了的全国性农民组织才出现。这种协会在当时的出现，进一步表明了传统关系中一系列快速变化可能导致的集团扩张。真正的农民协会，不同于美国革命后产生的属于上流社会的农业集团，是内战后在北部和西部随着农业商业化的扩张而形成的。专业化发展使农民暴露在市场变化产生的无法预见的不确定面前，这种不安
88 全感又由于铁路的歧视性运作和各种投机活动而进一步加剧。到1870 年代，东部和西部的农民发现，他们被反复无常的市场机制、交通设施和价格摆弄得无所依从。[①] 农民协会的好斗精神与农业发展的繁荣呈反向变化，这并不是偶然的。

众所周知的农业保护者协会（Grange），1867 年由七个人创立，其中六个人是政府雇员，作为农民互助的一个教育集团，它仿效了共济会的模式。尽管早期农民以怀疑的眼光看待该协会，但在1870 年代农业困难时期，该协会仍经历了快速发展，尤其是 1873 年农业恐慌之后。这场恐慌早在 1870 年就已经影响了西部农民。1873—1874 年底，地方农业保护者协会的数量从 3000 个增加到 20000 个。这种增长与抵押品赎回权被取消是同时发生的。据报道，有一段时期，印第安纳州每个镇就有两个农业保护者协会。[②] 这些农业保护者协会在其章程中规定在形式上不参与政治活动，

---

① Solon J. Buck: “Grange,” *Encyclopaedia of the Social Sciences*. 参见他的另两本书：*The Granger Movement* (Cambridge, Mass.: Harvard University Press, 1913) and *The Agrarian Crusade* (New Haven, Conn.: Yale University Press, 1920)。

② Orville M. Kile: *The Farm Bureau Movement* (New York: The Macmillan Company, 1921), pp.14, 17.

但在许多州，由于参与政治活动的迫切需求，以至于一些集团换一种名义参加了 1870 年代的一些农民政党。1876 年，农业保护者协会将“政治”这一术语限制在纯粹的选举和党派活动上，在形式上继续避免参与政治活动，但可以从事其他的政府活动，就像它们在 1876 年制订的一份详细计划中确保有利于农民的立法活动那样。此后，农业保护者协会一直参与类似的政府活动。1875 年农业保护者协会数量达到了 90 万个，到 20 世纪初又降到 10 万个。近年协会一直维持在 80 万个。尽管名义上是全国性的，但其主要力量在新英格兰、纽约、新泽西、宾夕法尼亚和俄亥俄地区，[①] 这些地区集中的现象也有助于解释该组织目前的政策立场与它早年的激进政策立场大不相同。

就存在时间而言，农民协会（Farmer’s Union）是第二个出现的 89
农业组织，但其规模位居第三。它于 1902 年在得克萨斯的一群低收入农民中成立，此后很快就吸引了一大批农民，这一事实使它几乎成为农业组织中与工会组织在政治上进行合作的唯一组织。该协会与其前身一样以稳定为其目标。在农民协会的章程中规定目标如下：“废除信用抵押制度。消除农产品的投机。维持并保障棉花、谷物、牲畜和其他农产品的合理利润和统一价格。”[②] 农会早期强调买卖和销售的合作，其许多分会如农会谷物产品协会运作得相当成功。到 1914 年，农会从南部扩张到中西部、西北部，在 22 个

① U.S. Department of Agriculture: *Farmers in a Changing World: The Yearbook of Agriculture, 1940* (Washington, D.C.: Government Printing Office, 1940), p.948.

② 转引自 Kile: *The Farm Bureau Movement*, p.31。

州均有分支。尽管在全国四分之三的州都有农会，但其主要力量还是集中在达科他南部的大平原地区，这些地区由于常年雨水不足而使得农业生产风险很大。这种集中也许可以在一定程度上解释农会自建立起就一直信奉的“激进”立场。[①]到 1920 年，农会发现，以合作方式推进的协会活动并不能取得其成员想要实现的目标，于是转向推动联邦立法，以利于农会目标的实现。这些努力最初主要是为了要求政府确保农产品的“生产成本”。后来农会也关心土地租赁和自耕自给的种植问题，在这些问题上农会是当时全国农业组织中唯一支持农业保障署早期政策的集团。1930 年代前期，几个州，特别是艾奥瓦州的农会，发起了采取直接行动的农民假日组织，试图阻止如牛奶等产品进入市场，抗议农产品价格过低。1920 年代早期，由于农会政治性导向的结果，其成员达到顶峰的 100 万个。
90 此后则不断回落，目前包括近 45 万个家庭。[②]

第三个全国性农业组织是美国农业局联合会（American Farm Bureau Federation），无论从哪个角度讲，它都是所有农民组织中最大、最重要的组织。该组织的历史较为独特，很大程度上是因为它从建立之初就与政府关系密切。尽管美国农业局联合会的发展遵循一般协会发展的规律，但与其他此类协会发展不同的是，它的直

---

① 参见 J. D. Barnhart: “Rainfall and the Populist Party in Nebraska,” *American Political Science Review*, Vol.19, no.3 (August, 1925), pp.527–540; George A. Lundberg: “The Demographic and Economic Basis of Political Radicalism and Conservatism,” *American Journal of Sociology*, Vol.32, no.5 (March, 1927), pp.719–732。

② 关于农业组织成员的准确数字很难获取，因为部分组织很松散，也难以比较。部分组织将每个家庭作为成员，而另一些将家庭中的个人作为成员。见 U.S. Department of Commerce: *National Associations of the United States*, p.477。

接起源显然不是因农业市场急剧恶化带来的动荡。它更多的是在于减少农业生产遇到的障碍，努力提高控制种植业病虫害的效率。1903年，农业部在得克萨斯举办了一个示范项目，旨在教导农民，尽管有棉铃虫的病害，种植棉花仍然可以盈利，因为棉铃虫的病害曾使南部的农场和商业集团都丧失信心。1906年从南方开始，县和州对“示范户”进行拨款，这些“示范户”后来被称为“县代理人”。1914年，这一计划由于《史密斯-利弗法》(Smith-Lever Act)的通过而在全国范围内得到重视，并逐步规范管理，该法案建立了一套对州的农学院予以拨款的制度，支持这些大学进行提高耕作技术的教育计划。在这一行动的鼓励下，县代理人制度发展迅速，到1915年初覆盖了全国约三分之一的县。[①]

在全国性的计划启动之前，围绕这些县代理人发展出许多为当地农民提供额外资金和促进农民联系的地方组织。有时，这些组织也由邮政机构、铁路、商会以及地方农民集团发起组成。《史密斯-利弗法》特别授权这些集团作为州确保获得联邦最大数额拨款所必要的配套资金的一个适当来源。为了配合拨款在县里的使用，州立 91
法机关要求建立一个农民组织予以合作。这些州的立法机关特别规定这些农民集团可以被称为农业管理局(farm bureau)。在1916年，这些地方农民集团一般被称为县农业管理局。

在第一次世界大战期间，整个农民运动由于联邦额外的资助和鼓励农业管理局最大限度地提高农业产量而得到了大力推动。战

① Kile: *The Farm Bureau Movement*, pp.83–89.另见Gladys Baker: *The County Agent* (Chicago: University of Chicago Press, 1939) 对此的详细分析。

争的需要也促使县农业管理局在州和全国范围内迅速联合。[1] 在美国农业部官员的帮助下，美国农业局联合会在 1919—1920 年成立。当 1920 年秋季农业生产量突然下降，新的农业协会就成为农民们恢复农业稳定的有效工具。无疑，该联盟的优势在于其建立之初在一定程度上包含了已有的与政府的关系。在许多州，县农业管理局具有半官方的身份，顺便说一句，尽管不断有竞争的农民集团的抗议，这些机构的数量仍很庞大。近年来，有七个州要求县农业管理局在地方发挥领导作用，虽然在缅因州和罗得岛州农业管理局不属于美国农业局联合会。其他州的法律也要求成立地方性农业管理组织，但没有指定具体由谁管理。其中包括伊利诺伊州和艾奥瓦州，从一开始就形成了农业管理局与扩大示范服务之间的正式关系。近几年，约五分之一到三分之一用于扩大示范服务的资金来自农业管理局的捐献。除了这两个州以外，只有四个州扩大示范服务的资金很大一部分来自非政府机构，这四个州是康涅狄格州、纽约州、堪萨斯州、密苏里州。其他许多州，尽管在州和县之间建立的正式联系受到威胁，但农业管理局仍然维持着半官方的身份。结果，农业管理局从教育功能转变为参与政府活动，尤其是促成有利于自己的立法，此后它一直把这种活动当作自己的首要事务。这种变化集中体现为第 67 届国会会议（1920—1922 年）中首个“农业集团”（farm bloc）的形成
92 及其活动，农业管理局是其重要组成部分。[2]

---

① 对纽约联合会（New York federation）的讨论，见 Zeller: *Pressure Politics in New York*, chap.4。

② 参见 Kile: *The Farm Bureau Movement*, chap.4; Arthur Capper: *The Agricultural Bloc* (New York: Harcourt, Brace & Company, 1922)。

每一个主要的农业组织均把诉诸政府机构视为建立组织的自然结果，更重要的是，在州和全国立法机关的农村地区有“过多代表”(overrepresentation)使这些利益集团具有特殊的谈判优势。

尽管在四分之三的州建立了农业局联合会，但其大多数成员位于种植谷物的地带，在这些地区，联盟主要反映这部分成员的利益。农业局联合会在规模上经历了起起落落，从1920年代后期到1930年代早期农业歉收的年月，其规模从1921年最高的50万个成员持续下降。1933年后，联合会利用《农业调整法》和后来第二次世界大战的计划，建立了一个据称其成员数量有125万家庭成员的组织，如其成员组织曾在1917—1919年制订的发展计划那样。

在考察其他协会前有必要指出，与农业管理局相关的联邦农业扩大示范服务以及许多类似的农业计划，推动产生了许多有别于农业集团的利益集团。其中著名的如美国赠地学院协会(Association of Land-Grant Colleges and Universities)，这一协会成员由旨在资助农业研究和教育的《莫里尔法》(1862年)开始实施的一系列法案中获益的教育机构的官员组成。这些官员与联邦政府也建有类似关系，他们之间的交往在1887年促成了一个协会的建立，以调整其相互关系。从1890年第二个《莫里尔法》开始，协会积极推动有利于自己的立法事务和行政政策。它与农业管理局紧密合作，尤其是在影响扩大农业示范服务和与其他集团关系方面。该协会和农业部之间紧密联系的促成原因，主要在于许多农业部官员同时又是大学土地赠予项目的执行官员。在起源上类似，同时某种意义上对美国赠地学院协会起到推进作用的是于1915年成立的美国县农业代

93 理协会(National Association of Country Agricultural Agents)，该协会后来也是美国农业局联合会的分支机构之一。由于联邦政府资助法案的通过，这些集团都得到了较大的发展。[①]

其他集团的兴起

这些主要的行业集团形成体现了预期中的发展模式，且很容易被作为事例，因为它们的起源和历史被相对清晰地记载下来。尽管关于行业集团作为组织化的职业集团运作的记录没有那么清楚，但职业集团的发展模式与此类似，只是在并不重要的细节方面不同于前者。在有着悠久历史、令人尊重的行业，如医药业和法律业，情况更为复杂，因为这些集团早期强大的基尔特组织历史跨越了数个世纪。长期以来，这些行业与政府机构关系密切，它们受到政府管理制度的约束，以确保有效和审慎地行使公共责任。这些利益集团的数量及其重要性足以使政府从一开始就出台管理措施。这些管理制度主要针对那些职业次集团(subgroups)的建立，目的是利用政府权力惩罚那些不服管理者或阻止那些不合格者进入职业领域。

在美国，最古老的并延续至今的协会是医学会。该协会于18世纪晚期形成，将当时正在兴起的医院和医学校之间的关系联结起来，主要关注职业培训的质量问题以及许可证颁发问题。典型的

---

① 详尽的讨论，见 V.O.Key, Jr.: *The Administration of Federal Grants to States* (Chicago: Public Administration Service, 1937), chap.7。

医学会是纽约州医学会（Medical Society of the State of New York），1806年一项州的法律同意建立县级医学会，以审查和颁发医疗从业许可证，并同意这些县的集团结合成一个州医学会。这一学会的主要目的是促进州的相关立法来提高医疗水平。[①] 94

全国性的医学会直到19世纪中期才建立。当时，就像许多其他全国性集团一样，交通和通信的进步为紧密交往增加了可能。一开始仅作为医生年会组织，直到1901年，美国医学会（American Medical Association）才成为一个正式组织。其中的原因无疑是联邦政府政治制度的有关规定，即有权管理职业集团的只能是州的立法机关，而不是联邦政府。尽管有这一障碍，到1912年美国医学会还是包括了美国几乎一半的医生，而现在则超过三分之二，这么大的覆盖率在任何成员广泛的集团中也是少有的。[②] 此外，第一次世界大战后联邦政府对公共卫生拨款增加，各种由外行组成的集团利用联邦政府的权力通过社会保险的形式在医疗集团的组织和资金方面推行某些变革，由此美国医学会更加积极地影响联邦政府的医疗政策。

律师业从其英国的起源中继承了组织化的传统。直到内战前美国一直没有重要的律师协会。1870年代开始，律师集团逐渐发展，先是在地方然后在州一级建立。典型的州一级的律师集团是纽约州律师协会（New York State Bar Association），于1876年建立，是最早建立的州律师协会。就像医学会一样，该协会主要关注

① Garceau: *The Political Life of the A.M.A.*, p.14; Zeller: *Pressure Politics in New York*, p.180.

② Garceau: *The Political Life of the A.M.A.*, p.130.

职业标准的设立。当然，它也已经卷入了司法活动和其他影响司法实践的事务。随后，其他州也很快建立了律师协会，到 1888 年，四分之三的州建立了律师协会。美国律师协会（The American Bar Association）建立于 1878 年，当时只有 73 人，说起来很有意思，它最初的主要任务是建立一个关于法律教育和律师业准入事务的委
95 员会。[1] 尽管早在 1887 年就有人着手建立一个代表全国律师的全国性律师协会，但并不成功。1936 年，这样一个协会总算建立了，但在地方、州和联邦之间，律师集团之间的关系并不紧密。而且，美国律师协会吸收的律师从未超过全国律师总数的五分之一，尽管它覆盖了几乎所有州和地方的律师集团。[2]

或许有人会针对律师协会提出许多疑问。例如，为什么全国性律师协会成立得如此之晚？为什么它对州和地方律师集团的领导相对疲弱？为什么加入美国律师协会的律师不多？这些问题不是马上就能够回答的，但通过对律师协会的起源以及其转向政治的倾向的讨论，或许可以得到一些启发。

尽管从 18 世纪后期开始，美国政治生活中律师的作用十分显著，但这并没有促使这些律师联合成利益强大的、有效的、广泛的集团。正如布赖斯半个世纪前观察的那样，长期以来，律师活动在美国“就像股票市场或承包工程一样，是一种开放性职业”，因此，也就缺乏

---

① M. Louise Rutherford: *The Influence of the American Bar Association on Public Opinion and Legislation* (Philadelphia:The Foundation Press, Inc., 1937), pp.8–11; Zeller: *Pressure Politics in New York*, p.191.

② Rutherford: *The Influence of the American Bar Association*, pp.12, 16–17, 19–34.

“一种独特的性质和合作的需要”。[1] 这一点也许不需要多解释。

建立全国性的律师协会如此之晚的原因可能首先基于这一事实，如医疗业一样，律师的培训和律师业的准入事务由州政府管理，而不是联邦管理。其次，内战以后美国社会中发生迅速变革的一个结果是：立法机关修改普通法的规则，引入专家委员会取代传统的解决争端的司法实践，使律师业的活动习惯受到了干扰。这些干扰首先在州层面表现出来，直到不久前才在联邦层面表现出来。布赖 96
斯在 1880 年代时认为，国会的立法活动是“匮乏的”，虽然他也曾指出，在州的立法活动不充分的那些领域里，有“一种日益增长的寻求国会立法的趋势”。[2] 然而，国会事务的扩张可以追溯到伍德罗·威尔逊政府时期。影响立法活动的变革不仅直接且间接地来自司法活动的扩张，以及联邦法院司法权的扩大和工作量的增加。[3]

尽管这些干扰足以刺激和维持一个小规模的全国性律师协会，但这些干扰的影响并不是前后一致的。律师的活动集中发生在州和地方层面上。而且，要在律师界获得成功，越来越取决于专业化的公司活动。那些关心律师业变革的人也是那些试图通过立法和司法渠道保护大的经济集团不受攻击的人。美国律师协会自我设

---

① James Bryce: *The American Commonwealth* (2d edition, New York: Macmillan & Company, 1891), Vol. Ⅱ, p.502. 关于这方面的内容也可见 James Willard Hurst: *The Growth of American Law: The Law Makers* (Boston: Little, Brown & Company, 1950), chap.12, pp.285–294。

② Bryce: *The American Commonwealth,* Vol. Ⅰ, p. 348; Vol. Ⅱ, p.710.

③ George B.Galloway: *Congress at the Crossroads* (New York: Thomas Y. Crowell Company, 1946), pp.52–53; Felix Frankfurter and James M. Landis: *The Business of the Supreme Court* (New York: The Macmillan Company, 1927), chaps.2–7.

定的角色是“美国制度的受托者和卫护士”，因而不可避免地将那些程序性或伦理性的事务与复杂的具体事务混淆起来。对于那些与法律实践无关的和法律对其生活影响微不足道的大多数社会成员来讲，这种受托活动没有多少意义。这种情形在州律师协会同样十分普遍，如果律师业能够提高大部分成员的经济地位，那么律师协会的成员就会增加。[①] 因此，律师业中的专业分工以及巨大的收入差异所造成的离心效应，限制了律师协会稳定其潜在成员关系的有效性，也限制了律师之间联系的完整性。然而，有限的成员人数
97 并没有妨碍律师协会深入参与政府活动。

我们可以列出一个冗长的、公认的或自我标榜的职业协会的名单，以进一步分析这种基本模式。具有类似技能的人产生类似的利益，并可以在任何时候结成一个积极集团。这些人的交往频次增加，原因在于受到了长期密集的干扰，如技术变革、经济地位的转变或行将发生的转变、其他集团的形成或扩张，这使原有关系的改变或出现这种改变存在了可能性，等等。协会的出现是为了调整这种交往活动以及促进集团内部与外部关系的稳定。在建立和保护新的均衡关系过程中，协会通常（如果不是毫无例外的话）诉诸政府的活动。诉诸政府的活动可能是紧密且连续的，也可能是边缘性的或断断续续的。教师，尤其是公立学校的教师，就是一个典型例子，由于发现自己与政府机构核心决策之间缺少交流，于是就结成

---

① 参阅 Zeller: *Pressure Politics in New York*, p.194。对美国律师协会极为重要的评价，见 Harold J. Laski: *The American Democracy* (New York: Viking Press, Inc., 1948), pp.564–591。

协会以弥补这一不足。[1] 尤其是近年来，由于商业领域快速变化产生的干扰和不适应，从事商业活动的人们发现，政府机构通过颁发营业许可证和实施法定的培训要求，可以限制进入某产业领域的人数，控制由于经济波动和不稳定所导致的不公平和破坏性的竞争活动。几乎所有州的法律文件都不仅规定了专业人员进入许可制，还涉及了公共会计师、图书管理员、护士、理发师、足部护理人员、牙医、遗体整容师、药剂师、兽医、美容师、房产中介、清洁工、染工、土地调查员等多人。麦基恩在一份报告中写道，在新泽西州立法机关的一次立法会议上，要求对钓鱼船、美容院、连锁店、花店以及保险公司调解员、摄像人员、油漆工、清洁工、染工等进行许可证管理。该法案得以通过，随后建立了一个三人的委员会以主持该项
工作，其中一位是新泽西洗染商协会的秘书。[2] 98

在分析这些具有代表性的协会的起源时只看到其经济或行业的特征是极具误导性的。在过去的八年里，从经济制度化集团之间相关关系中形成的协会发展迅速。正如前文所指出的，在经济领域人们的行为模式受到的干扰集中而又连续。协会建立的速度反映了社会中经济集团的分裂与不稳定的程度，也反映了为了争取更稳定的经济关系均衡进行的斗争，这成为人们关注的焦点。

然而，经济集团形成协会并不是孤立、偶然的现象，尽管我们分析时采用了简化的手法。直接影响经济集团的变革同时也影响

---

① 参见 Herring: *Group Representation Before Congress*, pp.172–180; McKean: *Pressures on the Legislature of New Jersey*, pp.115–120; Zeller: *Pressure Politics in New York*, pp.156–180。

② McKean: *Pressures on the Legislature of New Jersey*, pp.56–57.

了整个社会网络，如同关于物质和能源的科学发现不仅影响了常规能源的生产，同样也影响宗教集团甚至大学老师们的交往模式。其他类型的干扰对其他制度化集团可能产生主要影响，但对经济集团只构成次要的或无足轻重的影响。集团政治的过程并不是经济决定主义的一个结果。赫林在研究国会时指出，许多非经济、非职业的集团“有自己的发言人，他们的权力有时甚至超过了职业集团和产业集团的代理人”。[1]

也许有人会很容易想到近年美国历史上最有影响的一个协会——禁酒联盟（Anti-Saloon League），其活动是二十年来美国政治生活中的重要组成部分。当然，美国的禁酒“运动”不是从这一联盟形成才开始的。1872 年禁酒党第一次提名它的总统候选人，恰好是在禁酒联盟的核心组织成立前两年。禁酒联盟的发展及其影响力，尤其是与其他禁酒集团相比，在一定程度上反映了该联盟
99 所据以形成的制度化集团的影响力。这些制度化集团主要是清教徒教会（天主教会在联盟中从来没有扮演过重要角色，尽管它同其他宗教集团一样积极参与政府的活动）。联盟出现的情形，与其之后进行的活动一样为人们所熟知。禁酒联盟的前身，即奥伯林（俄亥俄州）禁酒联盟（The Oberlin Temperance Alliance），形成于 1874 年，其目的是“处理当地发生的禁酒危机”。1893 年建立了一个全州范围内的组织，两年后，这些禁酒集团合并成为美国禁酒联盟（Anti-Saloon League of America），并稳定发展。从一开始，“俄

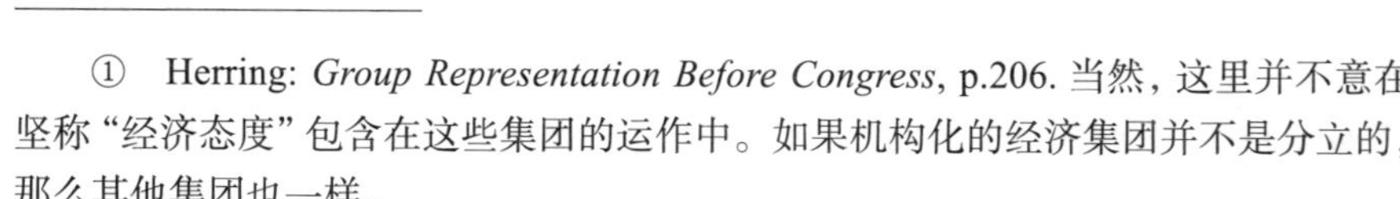

① Herring: *Group Representation Before Congress*, p.206. 当然，这里并不意在坚称“经济态度”包含在这些集团的运作中。如果机构化的经济集团并不是分立的，那么其他集团也一样。

亥俄主张”（“Ohio idea”）就无法保证个人戒酒，而是通过政府机构来取消各种非法的酒类交易。从一诞生，它就是一个政治利益集团。[①]

类似的退伍老兵协会，即美国退伍军人协会（American Legion），是当代最典型的例子。它成立于第一次世界大战末期，以武装力量人员之间的关系为基础。建立该协会的一小群人起初只是关心美国的“激进主义”，但他们发现，在复员后的混乱环境下，退伍军人很难找到工作，也很难适应平民百姓的生活。结果，该协会的规模以惊人的速度扩张。第二次世界大战后，它从与新退伍军人面对的相似但不那么尖锐的环境中获得新生，这一次得益于它作为一个持续存在的组织的资源。该协会在其成员的支持下成为一个发达的组织。其成员据说超过了 300 万人，这使其成为最重要的退伍军人协会。

当然，几乎从一开始，美国退伍军人协会就是作为政治利益集团而发挥作用。当那些熟悉组织活动的人们知道该协会的章程中规定“美国退伍军人协会纯粹是非政治性”时，也许会感到吃惊。无论人们用什么理由解释该协会如何协调其章程与其行为之间的关系，很明显，就像其他协会一样，美国退伍军人协会的发展不可避免地会诉诸政府机构，以实现自身的功能。协会的成员们在经济上缺乏保障，这使其必然要求政府资助，开始时他们要求提高伤残退伍军人的抚恤金，后来则要求其向所有退伍军人提供资助。类似的情况也可以用来解释该协会为何支持关于政府雇用的退伍军人 100

① Odegard: *Pressure Politics*, pp.1–9.

的医疗卫生的立法，等等。不谈该协会章程中的规定，美国退伍军人协会存在的动因使其成为一个政治利益集团。[①]

妇女协会也应该被提及，因为这些集团影响重大且数量众多。赫林在研究国会的历史时提到，妇女组织在数量上仅次于工会。[②]而且，这些妇女集团的数量肯定没有下降，它们基本被分为三类。第一类为妇女职业集团，如护士、家庭妇女、女警察、女医生等。这一类应包括一般组织，如全国商业界联合会与全国商业和职业妇女俱乐部联合会。这些集团在起源上非常类似于男性集团或混合集团，故无须对其进行单独研究。

第二类为附属于男性组织的妇女集团，如美国女退伍军人协会（American Legion Auxiliary）、美国农业局联合会妇女协会（Women of the American Farm Bureau Federation），以及各种兄弟会的附属集团。这些集团也无须详细讨论，因为它们的政治活动是对男性组织的政治活动及其影响的补充，主要由于它们的起源才引起关注。当一个男性协会成立时，尤其是对其积极成员而言，往往会使丈夫在家庭中的活动减少。为了弥补这种减少引起的干扰，妻子们和母亲们彼此之间形成了密切关系，并最终建立了自己的协会，从这个意义上讲，它是男性协会的附属。在这里，我们将讨论建立这种附属协会的原因。在美国农业局联合会建立后，由于其服务范围的延伸，刺激了家庭示范工作的发展。[③]有趣的是，这些附属

① Chapple and Coon: *Principles of Anthropology*, p.424; Marcus Duffield; *King Legion* (New York: Cape & Smith, 1931).

② Herring: *Group Representation Before Congress*, p.186.

③ Kile: *The Farm Bureau Movement*, p.147.

性协会吸引了许多子女尚未成年、没有子女以及单身的中年妇女。换言之，妇女协会主要吸引那些家庭责任并不重大的妇女，她们不会因家庭中主要男性成员在家中活动的减少而被要求增加家庭责任。这种情况构成了这些妇女集团的形成基础，也是促进各种妇女协会发展的基本条件。[①] 101

这些基本条件在第三类非职业性的、非附属性的妇女协会中得到了很好体现。这一类集团范围比较广泛且多样，从当地的桥牌、读书俱乐部到全国性的慈善集团、教育集团和政治集团，将它们归为一类似乎不太合适。然而，所有这些集团都根源于过去三个时代家庭功能产生的变化。在现代条件下，尤其在城市地区，家庭不再像过去那样仅仅是一个经济单位。此外，抚育孩子所花费的时间也因公立学校的建立而大为减少。同时，大量节省体力的家居设备的发明也减轻了中产阶级家庭主妇的工作。这些变革弱化了男性的主导地位，不可避免地使得工薪阶层的妇女可以全天或利用部分时间参加家庭以外的活动。同时，这些变革推动了教育机构的发展，使女性同男性一样获得接受教育的机会，也使得未婚女性可以离开家庭独立生活、工作而不失去其在家中的地位。这些变革也成为许多法律、政治改革的基础，例如允许妇女投票权的法案出台。法律、政治改革同样推动了妇女协会的发展。

尽管大量的协会在性质上都属于纯社交性的，但也有不少通过诉诸政府机构来影响社区的活动。显而易见的是，为了消除对妇

① Chapple and Coon: *Principles of Anthropology*, pp.430–431. 值得一提的是，这些附属性组织通过稳定的家庭模式，对其所属集团的凝聚力的增强随之产生了重要影响。

女构成法律障碍的活动而形成的组织表明了这一点，如基督教妇女禁酒联盟（Woman's Christian Temperance Union）、美国革命之女（Daughters of the American Revolution）、美国女选民联盟（League of Women Voters of the United States）、国际妇女争取和平与自由联盟（Wonen's International League for Peace and Freedom）等。[①] 以美国女选民联盟为例，该联盟于 1920 年建立，其前身是美国妇女选
102 举权协会，但由于美国宪法第十九修正案的颁布而解体。女选民联盟一开始包括了同一妇女群体的集团。该联盟的新目标主要是对刚获得投票权的妇女进行教育。然而，这些纯粹的教育活动必然包括联盟作为一个政治利益集团为影响公共政策所作的努力。正如我们经常提及的，知识的简单增长通常会界定和激活一个利益集团的作用。在本例中，因为争取选举权的政治斗争活动习惯已经确立，联盟的转型变得更加容易。联盟的活动范围广泛，包括不同的政策对象，如公务员制度改革、世界和平国际组织。尽管它未曾发展为一个很大的组织，也没有成功地拓宽其成员的阶级基础，从而包括中产阶级以外的妇女，但该联盟通过教育活动产生的影响远远超过了其局限性。[②]

最后，在我们多少有些随机选取分析的这些非职业性的协会中，应该包括那些由种族集团和少数民族集团组成的协会。对于许

① 多萝西·德策尔（Dorothy Detzer）是任该全国性组织 20 年之久的秘书。她记录了一些有趣的往事，包括关于她的政治方法的讨论，见 *Appointment on the Hill* (New York:Henry Holt & Company, Inc., 1948)。

② 参阅 Estes Kefauver and Jack Levin 的评论：*A Twentieth-Century Congress* (New York: Duell, Sloan and Pearce, 1947), pp.154–155, 164。

多来到美国的移民而言，建立协会是必然的，尤其是对那些由于缺少教育机会、经济收入低下、语言不通而难以被社会接受的人而言。这些人的平衡受到干扰，不仅起因于移民到一个陌生国家并受到敌意这一事实，也源于原来习惯的行为模式的改变，如意大利人从原先熟悉的农业社会突然进入另一国家的城市生活一样。为了适应这些转变，使原来的交往模式尽可能地被保留，消除或缓解不被社会其他人所接受的现实，便形成了地方性和全国性的协会，尤其是全国性的协会。全国性的少数民族集团参与政治活动，通过这些渠道，它们的成员可以在社会的主导机构内获得一席之地，确保获得提高其社会地位的机会，以实现稳定生活。这些集团所从事的被其他集团视为不正当或非法的活动仅表明，这些集团与被社会所“接受”的集团的模式与主张不完全一致。[①] 103

少数种族集团尤其是黑人组织持续经历了同等程度或更高程度的类似的干扰。尝试对此进行描述不会令人满意，从其他角度对其进行研究可能更加合适，但值得一提的是，为了消除受到歧视而产生的干扰，黑人比白人结成了相对更多的“自愿性协会”。[②]虽然不是所有的黑人集团均诉诸政治机构，但其中的许多集团不得不如此。因为用缪尔达尔的话讲，就像未被同化的少数民族集团一样，黑人的政治活动主要是为了确保“法律公正，也就是司法

① 参阅Whyte: *Street Corner Society*, pp.272–276; Donald R.Young: *American Minority Peoples* (New York: Harper and Brothers, 1932), pp.589–591; W. Lloyd Warner and Leo Srole: *The Social Systems of American Ethnic Groups* (New Haven, Conn.: Yale University Press, 1945), chap.9。

② Myrdal: *An American Dilemma*, p.952.

公正，警方的保护和免受警方迫害，进入公务员队伍，同等地享受公共设施如学校、医院、公共住房、娱乐场、图书馆、排水系统和街区照明等”。[①]

由于许多显而易见的原因，黑人获得公正待遇的努力主要局限在地方层面，当然在全国层面也有。一个有趣且很重要的协会是“向华盛顿进军”委员会。这个引人关注的协会由卧车列车员工兄弟会（Brotherhood of Sleeping Car Porters）领导者菲利普·伦道夫领导，于1941年建立，后来成为在黑人群体中的大规模运动，协会尤其组织了北部的黑人群体。导致这一委员会建立的主要干扰来自在大量国防事务中出现的对黑人连续不断的歧视。此外，其他原因包括黑人移民历史的生动记忆，第一次世界大战时期就业的迅速变化导致的不利结果。“向华盛顿进军”委员会旨在组织一次向首都进发的群众运动，以表达黑人对于消除一贯歧视的决心。尽管这次游行没有发生，该运动还是促使总统于1941年6月建立了公平
104 就业实践委员会。[②]像这种极端的例子很少，但它们表明了这些集团产生的最初原因以及它们通过政府机构进行的努力。

必然的政治取向

本章一再表明，在不同发展阶段，利益集团可以成为政治利益集团。在每一个事例中，我们都指出，它们“不可避免”地诉诸政

① Myrdal: *An American Dilemma*, p.497.

② Ibid., pp.851–852; 参见 Malcolm Ross: *All Manner of Men* (New York: Reynal and Hitchcook, 1948), pp.19–20。

府机构。为何如此？从现实中我们也可以观察到这一现象，但为什么说这种现象是“不可避免”的？

首先，很明显，这一表述意味着利益集团尤其是当代利益集团的某些特征。我们看到，许多利益集团、协会是逐步建立的，或者，它们变得活跃是由于所期望的互动模式受到干扰——长期的或高密度的，或两者兼具——的结果。协会的作用就是为了恢复之前的均衡或建立一种新的均衡。在某种程度上，根据所处的情况，集团并不一定需要借助政府实现其目标，可直接对其他集团成功地施加要求。在早期的行业工会的运动中可以看到，这种行业工会长期直接对雇主提出要求，以保护成员的利益。正如我们已经看到的，当干扰的来源和影响导致协会在更大的范围内出现时，情况就变得更加复杂。为了应对这种发展，地方和地区的集团合并、联合，成为全国性甚至国际性的组织。此外，在许多情况下，新集团仍然不一定需要通过中介机构如政府，而直接提出自己的要求。

然而，当我们的社会变得日益复杂，这些干扰就不只影响广泛分布的个体之间的关系，也因集团的直接行动不再能够有效调节集团的活动，产生新的问题，如同业协会或垄断性的经济集团不再能 105
够直接解决从市场中产生的干扰。这些集团必须通过向某些具有更广泛权力的中介性质的制度化集团提出要求，以弥补直接行动的不足。总之，受影响集团越无法运用直接行动，就越试图通过中介机制来发挥作用，如农业集团早期诉诸政治活动，尽管其在有些时候公开表示不参与政治活动。早期的农业保护者协会便是一个例子。当代利益集团“不可避免”地迫使其参与政治领域活动，原因在于没有其他更有权力的制度化集团的支持，就无法实现自己的目

标；协会型的利益集团没有这些中介，就不可能履行其基本功能，无法建立和维护其成员关系的均衡。

但为什么诉诸的对象是政府？很明显，利益集团不可避免地参与政治活动又暗示了这与现代政府的独特性质有关。为什么利益集团不寻求教会或其他制度化集团的支持？当然，我们回顾历史可以发现，教会曾具有这种功能，虽然在形式上与今天的政府相比略显简单。17 世纪新英格兰地区的教会承担过这种功能。更恰当的事例是中世纪的教会。教会是中世纪主要的调解机制，它对社会中所有的集团享有司法权，包括对国家。此外，利益集团又试图得到教会、媒体等制度化集团的支持。当工会与资方发生冲突时，有哪个工会不会去寻求教会或媒体的帮助？的确，在我们社会中的某些地区，教会得到了所有人或大部分人的支持，在魁北克和美国的一些大城市，教会仍然是社会的主要调解者，不仅对利益集团进行控制，还对地方政府施加控制。

当代利益集团诉诸政府行动的普遍趋向有其内在原因。这些集团通过那些具有广泛权力的制度化集团的活动来增加自己的资源。除了刚才谈到的一些地方上的特殊情况外，当今主要的制度化
106 集团就是政府。自文艺复兴以来，政府就是一个全国性的政府，在西方社会是最有权力的机构，任何集团都无法与之抗衡。讨论政府发展的原因不在本书的范围之内，但这一事实意义重大。

对政府的依赖是逐渐发展形成的。就像利益集团直接或间接地干预相关集团的均衡一样，它通过政府的行动和针对政府的行动也迫使相关集团同样向政府机构提出自己的要求，从而作出某种程度的调整。例如，我们已经指出，劳工运动卷入政治领域，很大程

度上是因资方说服政府使用了强制性权力。这两类集团都通过政府提出了自己的要求。

然而，政府不只是一种自然前进的中立力量，竞争性的组织化集团必须推动政府发挥作用，以实现自己的要求。这种解释很简单，但对政府功能的解释不能忽视其重要方面而进行简单描述。关于政府功能将在后文进行分析。必须指出的是，不可从字面上过度解读麦迪逊在《联邦党人文集》第十篇中的阐述：“调节这些各不相同又互相关联的利益，构成了现代立法的主要任务……”

结　　论

接下来对本章的内容进行总结。我们已经指出，任何集团包括制度化集团可能作为政治利益集团而发挥作用。同时，社会日益复杂化以及社会变革速度如此之快——这些变化创造了高密度、高频率的各种干扰——使得协会成为最典型、最广泛的政治利益集团。

这些协会从既定行为模式遭到的破坏中产生，但这些干扰的区别很大。例如，工会和工会联合会的出现是工业领域劳动分工、资方
和工人日益加剧的分化，以及工人和资方在地位、报酬方面巨大差异 107
的结果。这些干扰因交通、通信的快速发展，以及经济组织内部决策者与工人脱离接触而进一步加剧。这些变革产生的干扰，导致工人内部要求建立高度整合的协会的态度（或利益）发生变化。最后，利益集团的策略以及传统的垄断技能方法的失效导致工会不得不日益向政府机构提出自己的要求。一旦向政府提出这些要求，就必须连续地提出且不断加大力度，以加强和确保已经获得的要求的稳定性。

另一方面，同业协会及其联盟的形成是为了应对大量的技术变革以及随之而来的市场波动而产生的干扰。其他原因包括通信革命、战争时的短期需要、经济萧条以及其他紧急情况下要求组织化集团补充政府在经济计划中的作用等。竞争性集团的活动以及这些协会所使用手段的无效使得这些集团对政府提出越来越多的要求，就像工会一样。

工会、同业协会的发展以及其他集团呈现波状发展。一个集团成功地稳定其内部的关系，对其他集团而言则造成了新的问题，使其他集团要么成立新的组织，要么巩固原先的组织。

我们考察过的农民集团在许多方面类似于同业协会（尽管在刺激增长的干扰方面不同）。农民在市场中谈判地位的相对弱势，州和联邦立法机关中的代表情况，可以解释这些集团为了实现其目标而随时准备寻求政府的帮助。不同的被贴上农业标签的集团说明了有多少是围绕政府活动而发展起来的细分利益集团。

职业协会、准职业协会与其他协会也呈现出类似的波状发展。它们也是建立在具有特定技能的成员共同的态度（利益）基础上，由于其成员所在的集团内部和外部的关系受到干扰而结成正式组
108 织。这些协会关注立法或其他政府行动，部分反映了竞争性集团的政治活动造成干扰的程度，同时反映了这些集团，特别是律师和医生集团，有效履行它们的职业功能的情况。这些协会通常寻求立法机关制定行业标准和职业准入条件来控制（稳定）其成员以及它们与社会其他部分之间的关系。

在非职业利益集团中同样可以清楚地找到这些宽泛的模式。社会的基本变革不仅影响经济关系的稳定，也必然影响社会中很多

不同群体的利益。

本章所讨论的协会，尤其是律师协会和工会，揭示了一个集团与政府机构的关系部分是由该集团的内部关系决定的。因此，后文我们将转向关注集团的内部关系。

第二部分

集团组织和领导问题

第五章　组织的形式：神话与现实

据称，“劳工运动内部有其自己的政治活动”。[1]组织起来的劳 111
工集团发展了许多与政党相对应的组织，有自己的立法、行政、司法部门，有自己的代表制度，内部存在宗派划分，建立了自己的选区划分体系以及选举机制，并有自己的竞选演说纲领。可以发现，几乎所有的协会组织有着同样的特点，所有的组织互动都有这些共同的影响形式和过程，并不仅是政府机构才有。国家内部的这些形式和过程所具有的特点，决定了其在国际事务领域，如和平、战争中具有关键性的作用。类似地，利益集团的这些特征与它们在国内政治中的不同角色相关，国家的政治生活与集团内部政治之间的关系紧密，互相影响。

这些十分明显的现象，其背后的真实情况却往往被忽视。我们很熟悉这些话语如“企业希望……”“医生们抗议……”“劳工们要求……”“退伍军人们坚持……”等。即使这样的话语是有意义的，或能有意义，它们也包含了某些关于政治生活，尤其是利益集团的隐含的假设、断言和结论。但这些最多也就是简略的表述，避免在

---

① Robert R. R.Brooks: *When Labor Organizes* (New Haven, Conn.: Yale University Press, 1937), p.277.

具体情况下指出哪些人属于“商人”“农民”“劳工”，以及说明他
112 们中哪些人坚持、抗议、要求了多少等这些尴尬的做法。实际上，这些话语理所当然地反映了这些集团内部的凝聚程度是完美的。但这一假定并不真实，因为集团凝聚力在决定集团活动的有效性时具有关键性的意义。集团凝聚力很大程度上是存在于集团内部政治生活中动态关系的结果。因此，分析集团内部政治对于理解国家生活中这些集团的作用具有重要意义。

正式组织的重要性

从讨论正式组织的特征入手探讨集团的内部关系是妥当的。当然，我们必须反对把人们认为的理所当然的现象当成真实的，忽视处于政治关系核心的动态因素。不能只看到集团的表面现象。然而，理解正式组织对于认识集团的内部政治生活是必要的，就像熟悉美国宪法对于理解美国政治一样。

利益集团的正式组织之所以具有重要意义在于以下几个方面。首先，正式组织通常是集团内部高频互动的结果，因而也就是它的标志，正如我们在第二章简要谈到的。例如，收集邮票的活动虽然很广泛，但不会导致收集者之间的密集互动。即使互动相当频繁，也是非正式的。但是，当一个集邮集团正式组织起来时，互动就会大大增加，该集团就会为了特定的目标形成一定的整合程度，例如与邮政部门达成协议，以保证新邮票样本的获得。集团的整合程度
113 经常在其正式组织中得到反映。例如，尽管美国宪法的起草和通过已经表明在这个年轻国家的整个人口中存在一定程度的整合。但

是，宪法第五条中规定的在参议院中各州的代表人数相同，以及第十修正案的内容和其他一些特征，均表明了这种整合的有限。

其次，在集团中正式组织的存在反映了某种程度的持久性，或至少希望组织的安排具有持续性。[①] 我们已经看到，在某种程度上集团内部的稳定性一般先于正式组织形成，这种安排的规范化意味着人们希望这些安排能够持续下去。

再次，正式组织必然预示着特定的分工——领导形式、责任分配、决策方法等——被参与者接受。

最后，一种特定类型的正式组织某种意义上是集团成员共同信奉的价值的集中体现，至少在组织建立之初是如此。这种价值反映了成员们的人格以及他们的经历，但它以集团组织的形式表现出来，则是受到了其他集团的组织和政治技巧的影响。例如，与在政治过程中一样，在军事冲突中，一个战斗人员的组织、战略和策略部分决定了另一个战斗人员的组织、战略和策略。在这种背景下，这些价值在被认可的过程中得以体现，并构成了一种模式，通过这一模式形成了集团的活动，在这一模式中可以看到特定类型的行为。此外，围绕组织发展出来的行为习惯，像那些制度化集团那样抗拒变革，并在作为一种指导集团活动的手段消失很久后仍维持一段时间。这些习惯可能会使集团内部持不同意见者感到窒息，因为他们不愿通过习惯模式表达自己的要求，结果他们就会闹分裂或反叛。

① 参见 Muzafer Sherif: *An Outline of Social Psychology* (New York: Harper and Brothers, 1948), p.101; 参阅 Grace L. Coyle: *Social Process in Organized Groups* (New York: Richard R.Smith, Inc., 1930), chap.4。

所有这些因素——整合程度、渴望持久、内部劳工分工、规范价值——紧密影响着集团的生存及其功能。如果对正式组织的分析可以揭示出这些因素，哪怕是部分揭示，那么这种分析就是必要的。

对于正式组织应该强调的一点是，集团政治过程的这一特征必须正确看待。组织仅仅是集团政治过程的一方面。首先，当我们谈
114 到一个组织化集团中交纳会员费的成员时，我们不一定讨论集团的外部限制。所有的利益集团都有一些“同路人”（fellow-travelers），他们可能适宜也可能不适宜成为正式成员，但他们的行动或与正式成员的互动在某些情况下具有重要意义。例如，作为保护高等教育机构中学术自由的利益集团——美国大学教授协会（American Association of University Professors），其正式成员人数很少。然而，没有登记在册的教授同样同情和支持该协会的工作，如拒绝接受被该组织列为黑名单的大学机构的任命。大学校友或其他适合获得成员资格的公民也可以根据该协会的介绍形成自己的判断，甚至在美国大学教授协会建议的基础上采取与大学有关的行动。根据采取的行为的程度，他们也许会被当作该集团的重要成员。[1]

其次，当我们说组织仅仅是集团政治过程的一个方面时意味着，如果正确地看待组织，必须记住的是，在特定的时刻，这些正式组织不是仅存的具有政治重要性的组织。任何社会都会在特定的时刻存在并不一定形成集团互动基础的利益关系，正如我们在第

① “同路人”的概念大致等同于社会心理学上“参照团体”（reference groups）的概念，参阅 Newcomb: *Social Psychology*, pp.225–232。

二章对“利益集团”的定义那样。然而，如果条件允许，这些潜在的利益集团可能会变成真实的利益集团。潜在集团的利益十分广泛，尽管短时间内很弱，但正是因为如此，这种利益以一种普遍的方式限制了政治积极参与者的行为。如果这些广泛的、无影响力的利益被严重忽视，那么它们就可能受到刺激，组织起来进行反击，这种未组织起来的利益集团所具有的未被认可的权力就会发挥作用。从短期看，虽然组织具有较强的集团力量，但就长期而言，尤其在一个允许自由结社的社会，权力的可获得性不仅局限于已经组织起来的集团。[1] 例如，任何社会均存在一种广泛的但没有组织起
来的共识，即认为公共领域存在的“腐败”不应作为一种政治技巧， 115
或至少应限制在很小的范围内。一个利用这种技巧的集团可能对其进行广泛使用，或者沉溺于这种活动以确保自己成功——如“买通”法院和执行官员，隐藏的反对利益也将利用组织的形式迫使这种行为限制在可接受的范围内。这种情况似乎就是美国城市中经常出现的“改革”运动的模式。

结构类型

任何对政治利益集团中组织类型的讨论都必须限定在一定的范围内。集团的类型和形式如此之多，以至于不同集团合并成一个集团的过程不被察觉，它们几乎无法一概而论。如果人们记住这样

① 关于这一点，参见 Bentley: *The Process of Government*, pp.218–219 and pp.371–372。

一个事实，这种情况就不足为奇了；尽管所有集团都有 某些共同的政治功能，但它们也可能进行一系列相关的活动，其中一些对集团具有重要意义，这些活动呈现出多样的组织形式。一些活动，如工会促进行业技能学习，可能只在该组织历史的早期阶段具有重要意义；然而，它们对集团的组织结构产生了长久影响。既得利益和行动习惯围绕着这一结构而形成，并抵制变革，任何熟悉政府或公司组织变革的人都会认识到这一点。在不同的竞争环境下建立的较年轻组织，承担着类似的基本功能，多少还没有形成集团习惯模式。新的集团的组织形式往往在重要细节上与旧有集团不同。因此，即使在一个有限的领域，如劳工组织，总体上具有类似的结构形式，但仔细审视就会发现差异较大。[①]

在美国，政治组织中最大的差异或许是组织的联盟结构形式与单一结构形式之间的差异。首先，一般来讲，一方面联盟形式的组织内部至少在组成部分之间存在着正式的权力或功能分工，另一方面组织具有较大的包容性。尽管努力融合，但大组织还是包括了直
116 接成员或间接成员（即来自成员集团中的个人）。其次，单一形式的组织常常具有分支组织，以行使组织的不同功能或组织不同阶段的功能。这种组织的成员都是直接隶属于集团，成员按照地理或职业等标准进行划分参与组织分支集团的活动。

正如其名称所指，联盟型组织，如美国劳联，主要是一个全国性和“国际性”工会联合的组织，由许多个人拥有会员资格的地方工会组成。大多数全国性和地区性的同业协会可视作单一型组织。

① Millis and Montgomery: *Organized Labor*, pp.244–245.

大多数单一型组织是由个人或公司组成，它们之间的差异较小，但均直接属于同业协会。这些协会可能根据制造或销售同样产品，或根据同业协会活动的不同专业阶段，如产品标准化或技术研究，而暂时或永久划分为不同的分支集团或单位。[1]

联盟型组织和单一型组织形式的区别的重要性，可以从它们对集团的凝聚力或团结程度的影响中看出来。联盟型组织往往具有更少的凝聚力，尤其在权力分配达成一致后其重要性增加的组织功能方面。这种倾向十分明显，特别是曾经属于成员单位的特权由于联合的原因，这些特权被更加包容性的组织夺取。就像政府本身的情况，保护地方自治可能以原则的名义要求减少对许多地方事务的干预，而对地方官员提出减少自治的要求则会招致敌视。在这些情况下，任何组织，不管是否是政府组织，都会被迫在两条危险的道路上作出选择，要么减少作为或实行地方化的行动，这将因双方的不协调而削弱组织自身的权力，要么采取集权行动，但这可能致使组织解体或不服从。

相应例证不难找到，尽管关于集团变革动力方面的研究仍然很
少。一个典型事例是苏联工会的欺诈问题。尽管这一问题并不像 117
许多具有敌意的说法所认为的那样普遍，但在某些工会中却很严重，使苏联工会以及整个劳工运动落得了一个坏名声。但是，按照其章程，苏联工会无权免除某个附属的全国性工会官员的职位。它可以废止该全国性工会的章程，但这一举措将造成该工会的财政损

① 以联合模式为基础建立的同业协会的数量不多。U. S. Temporary Economic Committee: *Trade Association Survey*, pp.40ff.

失，反而可能会使其竞争对手产联获益。即使是一个有说服力的调查和宣传计划也可能由于人们对全国性工会传统自治的担忧而遭到失败，不管这种担忧是否合理。当1940年苏联工会举行代表大会，会上试图提出一项决议，赋予联合会官员有权立即罢免被指控不诚实的工会官员时，大会采用了一个非常疲软的替代性法案，重申全国性工会的责任，并限制联合会运用其“影响力”。重要的是，苏联工会已经采取了最严厉的行动处理直接对其负责的地方工会中的腐败问题。[①]

许多例子表明，即使章程赋予其权力，也会出现成员单位拒绝服从的尴尬局面。与许多集团相比，出于多种原因，美国医学会遇到的联盟问题不算很多，却也不得不支持州甚至某些县的医学集团提出的反对免费医疗保险计划，而取消自己的主张。这一全国性组织曾经一度受制于愤怒的抱怨，而无法在加利福尼亚医学会的杂志上发表自己的观点。[②]美国农业局联合会遇到过类似的经历。其中一个著名的事例是，该联盟的俄亥俄州分会不仅时常拒绝服从联盟的政策，甚至还站到了其对立的农民协会的一边。[③]最近仍有许多事例可以列举，产联下属的公用事业工人联合会，公开拒绝支持产联政治行动委员会关于扩大密苏里州田纳西河流域和哥伦比亚河谷的公营电力工程的要求，支持联盟

① Joel Seidman: *Union Rights and Union Duties* (New York: Harcourt, Brace & Company, Inc., 1943), pp.117–118. 对产业组织协会附属组织内存在的共产主义的问题的处理，揭示了这两个联合会的问题的相似性。

② Garceau: *The Political Life of the A.M.A.*, pp.137–147.

③ McCune: *The Farm Bloc*, p.188.

出于这一目的同私人的公共事业公司的利益集团合作。[1] 118

联盟型组织内部缺乏团结的主要原因不难找到，尽管其后果可能非常复杂。在正式承认地方或成员单位自治的基础上，联盟型组织建立了，并可以说是合法化了次权力中心。成员单位承担的功能，虽然是根据分工达成的协议安排，却成为那些次集团互动的焦点，而次集团的利益（或其领导者的利益）并不总是与全国性集团的利益一致。当情况发生变化时，协会就会要求集中权力，削弱次集团领导者的权力和威望，这些正式组织起来的次集团就会抵制变革。在这种情况下，联盟型组织事实上并不比主权国家联盟更团结，除非成员单位达成一致，否则无法采取行动。

前文提到的美国劳联提供了一个极好的但绝非唯一的例子。它是一个很松散的自治工会联合会。尽管其章程没有规定，但该联合会的领导机构事实上为执行委员会，由主席、财务秘书、13—15位副主席组成。虽然这个机构有相当大的自由裁量权，但该机构由全国或国际性工会的领导人组成，因此，他们对任何倾向于限制其自治权的提案往往行使自由否决权。这种否决权主要通过公开或隐秘的要求工会退出联合会的方式体现，这种威胁绝不是空洞的，特别是在一个大的组织中。由于执行委员会的成员可能在参加执行委员会之前在自己的工会内部就已经巩固了地位，任何想绕过他们直接指挥普通成员的尝试都是徒劳的，更何况美国劳联的规则也

① *The New York Herald Tribune,* March 9, 1949. 参见 Charles E. Parker: "Utility Employees and Public Opinion," *Public Opinion Quarterly*, Vol.14, no.1 (Spring, 1950), pp.33–39。

禁止这样做。到 1933 年，这种情况发展得如此严重，以至于洛温
指出：“行业自主原则的滥施使得联合会无法正常履行其大部分功
能。实际上，一段时间以来，联合会因容忍了比它规模更大、更强
119 的国际性工会才得以存在。”[①] 美国劳联无力适应变化的环境导致了
后来的分裂，并由此产生了产联。[②]

虽然低凝聚力是联盟型组织的共同特征，但不应被夸大或过度概括。一方面，我们将在第七章中详细谈到，许多这类集团部分通过采取大量的有效措施形成了非常高的统一性。另一方面，与较大集团相竞争的次权力中心以单一类组织的名义发展起来。附属集团长期享有代表权以及事实上享有一定范围的自治，很容易产生对联合会章程中规定的要求统一集中行动的抵制。这种情况在政府活动中也可以看到，独立的县、市、学区——法律上只是州政府的派出机构——面对州政府功能的巩固和再分配时，却顽固地保持独立。另一个富有启发性的组织是美国铁路协会。1930 年代铁路货运分摊运费的制度引起了协会成员相当大的不满，但该制度无法被修改。虽然心怀不满的中西部铁路代表召开负责人会议作出积极努力，但这件事只能通过运输公司与铁路之间的协商解决。[③] 围绕次权力中心形成的、被个人和集团所接受的互动模式，成为抵制中

① Lewis L. Lorwin: *The American Federation of Labor* (Washington, D.C.: The Brookings Institution, 1933), p.465.

② 本小节一般可参见 Lorwin: *The American Federation of Labor*, chap.12; Millis and Montgomery: *Organized Labor*, chap.6。

③ U. S. Senate, Committee on Interstate Commerce: *Senate Report No.26*, Part 2, 77th Cong., 1st Sess.(1941), pp. 26–30.

心权威和重获其主要功能的手段。

影响凝聚力的组织因素

联盟型组织缺乏凝聚力，是什么因素决定了这一特征？列举全部决定性影响因素是不可能的，因为集团之间的差异相当大。此外，有必要对消除这些不利因素的领导方法进行评估，这些不利因 120
素并不是影响凝聚力的最基本因素，大部分这些领导方法在两种结构类型中都存在。后文将详细讨论，这里先讨论与领导力无关的三个最基本因素。

首先，如果成员集团产生于联盟之前，凝聚力问题就不可避免地会发生。在这种情况下，组织采取联盟型结构形式而不是单一型结构形式这一事实本身就表明，个体单位的利益要求如此强烈，以至于包容性的组织不可能充分吸纳这些单位，只能接管个体单位让渡出来的功能。

此外，上文已指出，这种对中央控制的抵制可能是基于特定集团之外的社会事实。例如，在美国宪法中，尤其是 1930 年代早期以前，联邦制度给州政府留下了大量的活动空间。地方和州的利益集团的活动早期集中在州政府，这些政府仍然行使着重要的权力，因此州作为联邦的成员要求自治是有依据的。州政府的权力对利益集团的凝聚力产生了重要影响，这一点可以从 1943—1947 年针对联邦立法机关关于公平就业问题而发生的运动得到说明。州“合作”委员会往往将影响全国立法机关活动的财政和执行事务的活动限制在州政府的立法活动的范围内。[①] 同时在州和联邦政府展开的活动并不必然导致它们之间缺乏统一性。禁酒联盟在其发展高峰时期就没有遇到过这样的困难。尽管其成员在州和地方不断推动禁酒的立法工作，尽管其成员被允许享有较大的自主权，它们还是受到全国性组织的官员的严密控制。联盟形式上属于联盟型组织，但在行动上属于单一型。[②]

从属单位具有独立性的原因可以在不同的职业集团中找到，特别是工会，它是由产业结构——不同企业经营条件的异质性、产业
121 内部竞争的特征和程度等——决定。[③] 美国劳联的领导人认识到地方主义和分权的事实，这对于推动高度独立的工会以一个单一的全国性组织的形式建立联合会至关重要。同样明显的是，这些安排的僵化近年来削弱了美国劳联作为一个全国性集团的力量。相比之下，产联的许多成员单位在结成联盟之前还不存在，或尚未独立存在，但产联比它的竞争对手获得了更紧密、更强大的全国性领导地位。[④] 正如布鲁克斯所观察到的那样："在某一特定时期，任何全国性工会或劳工运动的状况，总体上代表了分离主义的原始状况与经济生活的整合力量之间的妥协。"[⑤] 此外，这种妥协的性质在很大程

---

① Louis C. Kesselman: *The Social Politics of FEPC: A Study in Reform Pressure Movements* (Chapel Hill, N.C.: University of North Carolina Press, 1948), pp.57, 75.

② Odegard: *Pressure Politics*, pp.12–15.

③ 参见 Brooks: *When Labor Organizes*, chap.9; Arthur M. Ross: *Trade Union Wage Policy* (Berkeley and Los Angeles, Calif.: University of California Press, 1948), pp.35–36。

④ Millis and Montgomery: *Organized Labor*, pp.7, 71ff.; Herbert Harris: *Labor's Civil War* (New York: Alfred A.Knopf, Inc., 1940), chap.5.

⑤ Brooks: *When Labor Organizes*, p.247.

度上取决于全国性运动以及成员单位成立时间的长短。

在一些联盟型的利益集团中，典型的如美国医学会，一些组成单位先于联盟产生，另一些则在后来才建立。美国医学会与许多其他联盟型集团有些不同，因为属于成员单位的医生有资格作为**个人**同时也是美国医学会的合法成员（因此，这一模式在很多方面与美国商会的模式相似）。然而，该协会的管理制度在性质上属于联盟型的；管理机构的许多成员是从县级以上的医疗集团中选举产生的，除了少数例外。尽管许多州的医疗集团先于美国医学会建立，但县的医疗集团最初的发展是通过州的医疗集团而将其成员联合起来。因此，并不奇怪，虽然州和全国性的集团都遇到过下级单位的反抗，在这种情况下，州分会的权力比全国性的集团更广泛且更有效。[①] 在如
此情况下，时间并不是唯一的影响因素，但是重要的因素。 122

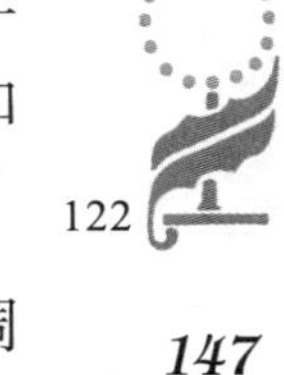

在一些大体类似的联盟型组织中，一些组织致力于企图协调其他集团的特殊活动。这些组织可能遇到因成员单位先于联盟型组织之前建立而产生的障碍。近来一个具有启发性的组织例子是争取公平就业全国理事会常设委员会（National Council for a Permanent FEPC），它的成立主要是为了协调众多全国性组织。有关研究认为，从 1943 年建立到 1947 年这段时间，该全国委员会的失败很大程度是由于组织内部的离心力。[②]

① Garceau: *The Political Life of the A.M.A.*, pp.14ff., 118ff..

② Kesselman: *The Social Politics of FEPC*, p.88. 奥利弗·加尔索报道了美国图书馆协会的类似情况，州委员会集中关注对被忽视的州的资助，以至于忽视或强烈反对美国图书馆协会为争取联邦资助而发起的运动。*The Public Library in the Political Process* (New York: Columbia University Press, 1949), pp.185–186.

影响联盟型组织凝聚力的第二个因素是其成员单位的组织基础。这种基础可以识别集团内部存在潜在的分裂，或者利用某种形式的联合将这些分裂弥合起来。第一种基础通常是根据功能或专业化组织将每个单位组织起来，而第二种基础则利用地理区划作为其出发点。尽管集团内部沿地理因素进行划分可能存在重要的潜在分裂，正如下文将要指出的那样，根据功能划分的组织则倾向于鼓励从专业化的次级利益集团之间产生互动。由于组织结构中较低层次的领导人必然被这些次级利益集团纠缠，所以协调这些潜在冲突的利益问题就被推迟为中层领导或高层领导的问题上。政府内部可能出现这种情况，例如议员是通过职业（功能）集团选举而不是通过选区选举产生的，在这种情况下的协调更为困难，因为那些承担责任的人无法与普通民众的关切建立联系。另一方面，以非功能划分或非地理区域为基础的组织，倾向于强调建立在更具包容性的共同态度基础上的交往，倾向于联合各个层级的领导协调冲突
123 中的次级利益。除非次级利益集团沿着地理因素划分——这种情况在美国越来越少，否则必然会出现这种为了妥协而共同承担责任的情况。

然而我们必须记住，采用哪一种联盟形式的基础，不完全是一个选择的问题。正如前文所指出的那样，集团的组织产生于或多或少持久的相互作用模式，这种模式必然决定其基本结构形式。组织建立者是在相对有限的范围内作出选择。美国劳联很好地说明了这个问题，它也代表了联合会的功能基础所产生的问题。由于第四章中所分析的原因，很明显，1880 年代，一个可行的全国劳工组织的唯一基础是松散的联盟，尤其是建立在相同技能基础上的工会。

后来劳动骑士团、世界产业工人联盟以及1919—1920年大联盟(One Big Union)运动的失败，证明了没有真正正确的选择。这种不稳定的联合形式可以用以下一段话予以概括：“在前十五年，劳联主要是由塞缪尔·冈珀斯领导和一系列年度大会组成。”[①] 尽管该组织慢慢地提高了自身的统一，但因其由许多“主权”单位的全权代表组成，因此其执行委员会在使用权力时仍然受到一定的限制。相比之下，国际工会内部各级组织之所以能够忠诚于工会，主要在于这些组织能够得到扩张和维持。

按照技能(功能)来组织美国劳联主要组成单位的效果，通过进一步考察该联合会内部的两类次级组织可以看到，这两种组织在某种程度上跨越了主要职能的划分。首先，城市和州的劳工联合会以一种边缘形式或残余形式构成了地域性组织。遍布城市的雇员集团，尤其是加入工会的雇员，在劳工运动的历史上可以追溯到很早。这些集团在早期通信落后的时期自发地成长起来，就像后来的国家性组织一样。但美国劳联建立时，城市工会几乎与同业协会一

样多，甚至一些州联合会独立于全国性组织而发展。它们在全国 124
组织中的最初定位表明，它们代表了对19世纪最后十年劳工运动所面临的社会现实情况的适应。由于关于劳工利益的法律由州的立法机关而不是国会制定，所以最初规定州联合会主要处理立法问题，而全国性的联合会则关注组织发展问题。这种责任分工到20世纪初发生了变化。直到1896年，设在印第安纳波利斯的美国劳联总部后来在联邦法院运用强制令以反对劳工运动的顶峰时期才

① Brooks: *When Labor Organizes*, pp.34–35.

搬到了华盛顿。[①]

然而，城市和州的联盟缺乏在成员共同技能之上进行互动的联合基础，也从未在劳工联合会中占据次要地位。全国性组织鼓励建立由信誉良好的地方工会代表组成的城市联盟，也鼓励建立由城市和地方工会代表组成的州联盟。但这些地方上的单位一直处于绝对的从属地位：它们在年度大会上的代表有限；它们被禁止以任何方式干预国际性工会的事务，如限制它们领导罢工运动。这些地方工会参加城市或州的联盟完全是自愿的；城市或州的联盟不能接纳或保留被国际性组织驱逐出去的地方工会，会员人数不能超过美国劳联在当地分会的人数，且不能拒绝任何有良好信誉的地方劳联的代表。城市或州联盟的功能首先是政治性的，如参与选举和立法，但即使在这些活动中，它们中的大多数也是出了名的无效。各种影响立法的努力一再被代表国际工会利益的全国性组织阻挠。它们为更加积极的地方组织充当选举机构而发挥作用，这使它们不得不认同某个政党，而一旦该政党失去执政权力则将弱化它们的影响力，因此，那些依附于另一政党或游离于两党之间的地方工会，往往对全国性组织感到不满。尽管美国劳联认识到这些地域性单位作为协调工具的效用，但建立在更广泛基础上的国际性工会的主导
125 地位使得城市或州的工会处于相对弱势的地位。[②]

美国劳联次级组织的另一种类型部分反映了对减少发生在手

① John R.Commons: “American Federation of Labor,” *Encyclopaedia of the Social Sciences*.

② Lorwin: *The American Federation of Labor*, pp.49, 190ff., 326–327, 346–349, 410, 424; Millis and Montgomery: *Organized Labor*, pp.302–304.

工业者工会中司法争端的需要。这种类型的组织由美国劳联的某些部门——建筑行业部（1908 年）、金属工业部（1908 年）以及铁路工人部（1909 年）组成。[①] 这些部门基本上是国际性工会的联盟或它们某个部分的合并，它们尝试在紧密相关的行业事务中减少严重的特殊主义倾向。它们要获得成功，就不可避免地挑战国际工会的地位。就像城市和州的工会那样，国际工会要求自治——以退出联合会作为威胁——限制了这些部门的效力，铁路工人部门可能是个例外。[②] 实行集权的组织，其内部代表不同利益，冲突的多样性必然危及组织的联合。沟通美国劳联功能组织的重要性不在于它们的作用，而在于这些组织表明了联合力量的必要。

在本质上，产业组织联合会（即产联）的组织基础类似于美国劳联——作为一个联盟，其构成单位是按照产业而不是地理划分的。它最终也体现出许多与传统组织相同的非联合的形式。虽然产联较年轻，难以概括其特点，但很明显——仅举一例——产联的产业工会主义限制了管辖权冲突的发生，尽管不能完全避免。[③] 就像超级大国时代，一个巴尔干化的世界中不断发生的小冲突取代更大规模却频率更少的冲突一样，电力工人和汽车工人之间的竞争可能会在程度上超过建筑行业中的冲突，尽管在频率上可能不会超过。如果产联要避免组织内部的不团结，其联合力量部分基于这一事实： 126
联合会及其成员集团必须同时建立，且具备以大规模产业的非熟练

① 第四个部门，即带有工会标签的贸易部门，具有完全不同于另外三个部门的作用。

② Millis and Montgomery: *Organized Labor*, pp.279–301.

③ Ibid., pp.274ff.; Seidman: *Union Rights and Union Duties*, p.63.

工人作为更强大的政治推动力的组织基础。[①]

与劳联相比，还可以列举许多例子，其中最有趣的是美国农业局联合会。该联盟是由县和州的地域性单位组成，它避免了一些（尽管不是全部）由于组织形式所导致的凝聚力不足的问题。在成立早期，常有人讨论把它建立为一种商品组织联合会，如小麦种植者组织、牲畜养殖者组织、水果种植者组织、乳品制造商等结成联盟的可能性。[②] 但是，这种可能性并不是严肃提出的，且对这一事实也有明显的解释。县代理人的宣传教育工作，正如我们在第四章谈到的，必然产生建立在地区而不是诸如商品基础上的互动模式。渴望运用这种模式的全国性领导人在基本组织形式方面没有选择。因为这些组织形式是从所有县对农民的资助计划中产生的，并不奇怪，这些集团各级领导人都强调农民应该分享利益，而不应考虑农民们为市场种植何种农作物。1920 年代，美国农业局联合会刚成立不久，其发展前途十分光明。农业的萧条将影响所有的主要商品，容易使所有的商业性农产品问题合并为一幅“农民”的困境图。专业化生产者的利益可以在独立的集团如全国牛奶商合作联合会、美国大豆协会、美国国家畜牧业协会等内部被组织起来。尽管如此，许多商业性农场主发现，同时参加农业管理局和某个农产品协会对他们是有好处的。

建立在地区基础而不是农作物专业化基础上的农业管理局有许多优点，但这种区别不应被夸大。首先，每个领域尤其是农业领

① 参阅 Harris: *Labor's Civil War*, pp.126–128。

② Kile: *The Farm Bureau Movement*, pp.253–255.

域，具有自己的特殊利益。这些利益不仅来自农作物的专业化，也因其相对靠近市场或交通成本低。不管这些特殊利益的来源是什么，在全国性组织中存在的凝聚力不足包含了这些利益之间的冲突。其次，尽管按照地区标准建立的协会有利于强调非专业化的农 127
业利益，但是很明显，在农业中，地理区域与商品单位可能紧密对应。不是所有谷物种植地带的农民均种植谷物和养猪，同样，东部大平原的农民也不是都种植小麦，但是这些作物是这些地区绝大多数农民最关切的。因此，这些地区县和州的农业管理局，被期望表现出商品组织的某些特征。基于第四章中提到的美国农业局联合会成员的集中程度，中西部生产玉米和养猪的农民的利益受到全国性组织的特别关注，也就不足为奇了。按照地理因素构成的组织虽然减少了基于派别要求的强调，但与按照产品单位构成的联盟之间的区别只是程度上的。

可以简单提一下其他按照地理因素构成的联合会。例如，美国医学会在对一种修正的功能组织形式进行了近十年的试验之后，最终采取了这种形式。1892—1901 年，其正式领导机构由它的大会所划分的各技术部门的代表组成。但是在 1901 年，该协会建立了一个主要由州医疗集团的代表组成的领导机构。[①] 美国商会，其成员既来自按照地区划分的协会，同时也来自按照行业划分的协会，后来发现前一种类型更加容易组织并具有更为可靠的支持来源。同业协会的专业分工妨碍了它成为一个商会结构的有效组织。[②]

① Garceau: *The Political Life of the A. M. A.*, p.15.

② Childs: *Labor and Capital in National Politics*, p.84.

影响联盟型组织凝聚力的第三种因素，某种意义上与前两种因素具有交叉性，即中央组织能够充分行使权力。当集团所关注的问题不再属于地方性或地区性而主要是全国性的问题时，对组织凝聚力的威胁就会不断发生。在这些情况下，联合会加强集权通常是
128 需要的，抵制在联合会与成员单位之间权力分配格局的变化或抵制构成联盟基础的变革将产生某种威胁。尽管地方或下级官员对他们习惯性特权地位的依赖，可能是解释联合会调整滞后的一个原因，正如我们在前文已经指出的，但重要的是，要注意到促进他们支持反对变革的原因。集团的问题在范围方面的变化通常不是突然和完全的，而是渐进发生、局部性的，因而在特定时刻，下级单位的功能对成员的生活仍然具有重要意义。这种地方活动具有连续性，由此形成的密切的、面对面的交往，为抵制集权提供了基础。这种情况下产生的对组织忠诚方面的冲突，构成了组织缺乏凝聚力和消极行为的背景。这种情况在协调型的联盟组织中十分明显，例如争取公平就业全国理事会常设委员会。全国理事会常设委员会负责协调各个单位和先前就存在的全国性组织，但后者承担着许多与争取公平就业常设委员会无关的功能。因此，该全国理事会常设委员会缺乏有效的影响力，也就无法促使这些集团支持一种统一的战略。①

美国历史上大多数联盟型组织均具有这些倾向，尤其是劳工组织。在政府自身领域，因为各种各样的选民集团认为州政府的许多

① Kesselman: *The Social Politics of FEPC*, chaps.4–9. 参阅 Schattschneider: *Politics, Pressures and the Tariff*, pp.236–242。

职能具有重要意义，所以州政府向联邦政府缓慢转移公共责任遭到了阻止。当情况的复杂性达到了最大限度，州政府才需要向联邦政府转移一部分而不是全部的职能。国家财政责任增加的明显优势，似乎与传统的人员与事务责任之间的分散相冲突，或者看起来互相矛盾。建立在后一种利益基础上的交往可能阻止财政责任的部分转移，甚至妨碍达成转移的协议。

政府在这些事情上的经历并不仅说明了利益集团之间的问题。 129
政府遇到的问题也是利益集团之间的问题的一部分。当然，反过来也受到相关利益集团内部压力的重大影响。

民主模式

前文曾指出，正式组织表明了在集团内部存在着主要的价值或态度，至少在集团初创时期是这样。这些态度塑造了集团的正式结构，集团的正式结构反过来为集团活动提供了渠道，也限制了其活动。一些态度对集团而言是特有的——例如，手工业者自治的态度深刻影响了美国劳联的结构。然而，在一个特定集团所处的社会中，其他为社会广泛接受的态度，实际上是由外部强加给某个有组织的集团的，同时也是由集团内部形成。这些广泛的态度，表明了潜在的或现实的利益集团可能要求与其他集团达成一致。[①]

在我们社会中，后一类型中比较突出的态度是那些可以被归入

① 参阅 Bentley: *The Process of Government*, pp.218–222。

"民主"标题之下的态度。这些态度本身很模糊，但它通常涉及诸如关键官员的定期选举、成员广泛参与组织的政策制定（直接选举或通过代议制、成文宪法）等措施的认可。事实上，没有这些态度，一个组织就无法在社会中获得"尊重"和"合法性"。[①] 无论一个工会的普通成员多么坚定地支持他们的领导人，如果后者不服从定期选举或"立法"大会，他们将遭到来自其他集团的谴责，并产生负罪感，从而破坏集团的凝聚力。一些公司煞费苦心地给人留下一种积极参与年度股东大会的印象，则是另一个例证。

美国政治利益集团的组织结构是根据社会对"民主"的期望而塑造，当然，也包括它们中大多数成员对"民主"的期望，对此，我们将在后文做一定的讨论。一些代议组织的事例将说明这一点。

130 首先以两个全国性劳工联盟为例，我们从中可以看到"民主"结构形式的最清晰的实例。这两个集团均将正式控制权交给一个其成员主要来自各国际工会的代表大会。一个典型的集团规章如此规定："大会是组织的最高权力机关，除了规章规定的例外，大会的决策实行多数决定原则。"[②] 该组织年度大会的代表根据相当复杂的代议制选举产生。在产联中，每个国际工会根据交纳会费的成员人数，可以产生 2—10 个代表。在投票时，国际工会的代表每人有一票，得到直接许可的地方和产业工会委员会的每个代表有一票。美国劳联的安排类似。两个联合会都显示出国际组织在联盟型结

① 参阅 Garceau: *The Political Life of the A.M.A.*, p.18。

② *Constitution of the Congress of Industrial Organizations*, Article Ⅶ, Section Ⅰ.

构中的主导地位，如果只从投票角度考虑，美国产联在这方面比美国劳联表现得更为突出。

至少从形式上说，年度大会拥有许多对重要事情的处理权。它们选举（或改选）在闭会期间领导联合会的主席、财务秘书、副主席，这些人组成产联的执行委员会，在劳联中被称为执行理事会。此外，它们还选举大会委员会的成员，重要事务最初由这些委员会处理。然而，这一选举行为等于是一次正式的批准，因为主席对这些委员会成员的推举先于选举大会的召开。[①]

这些形式的安排本身显然是代议民主的价值和实践的产物，不管它们实际运行如何。它们意味着广泛参与集团的事务，通过年度选举方式定期向普通成员负责，由代表控制财政大权。在财政实践上，民主就并没有那么明显了，因为几乎神圣的立法拨款活动并没有得到严格执行。在这两个联合会中，管理委员会都有权管理支出。然而，这两个联合会对个人和单位收取会费——集团收入的主
要来源——的行为，在章程中是规定了的，且这些规定必须经过年 131
度大会审议通过。

这些联合会内财政控制的特殊性部分是由这些集团冲突造成的，尤其在早期；这些财政安排揭示了外部因素对塑造集团价值的影响。因为这些环境近似于战争状态，在这种状态中了解集团的资源对对手会是一种策略上的优势，单个工会和联合会对公布财政状况一直十分谨慎。菲利普·默里（Philip Murray）在 1940 年初描述

① 关于劳联和产联组织的材料很多。概览可见 Millis and Montgomery: *Organized Labor*, pp.306–317。

了某个工会的一些情况：

> 我在美国煤矿工人联合会担任副主席，这个联合会是一个古老且组织得较好的工会。事实上每一位煤矿经营者都与它有契约关系……它的地位被认为是稳固的。结果，每六个月该联合会都会公开它的财务情况。钢铁工人组织委员会（现在是美国钢铁工人联合会）是一个新的组织，但仍然遭到少数钢铁雇主的强烈反对。它并没有公开它的财务情况，原因很明显，它的敌人会为了诋毁和扰乱该组织而歪曲其财务报告的内容。[①]

“民主”控制财政大权的局限性并不是劳工联盟所特有的，这些集团的情况也不是最能够说明问题的。在不同程度上，这些局限在几乎所有现代的大联合会身上都有所体现。从这一方面且出于同样原因，这些协会采用了某些现代商业公司的模式，其特点是，“许多人将资本传递给集中控制的组织”。[②] 正如另一些人指出的，这些活动与一些“民主”形式存在内在冲突。[③] 行动的迫切需要、商业控制模式中反映出来的主导态度以及其他因素，促成了这些集团
132 中各种不同因素的混合。我们几乎可以将协会和其他集团归入采

① 转引自 Seidman: *Union Rights and Union Duties*, pp.191–192。

② Adolf A.Berle, Jr. and Gardiner C. Means: *The Modern Corporation and Private Property* (New York: The Macmillan Company, 1932), p.127.

③ 参阅 Garceau: *The Political Life of the A.M.A*, chap. I。除非另有说明，以下各段的材料均摘自本书。

用“公司”模式的行列中。当然，在我们的社会中，“民主”偏好盛行，即使是公司也体现了民主的影响，如举行公司年度股东大会。

多种因素结合而几乎达到一种平衡，同时这些因素亦产生了冲突的组织是美国医学会。就像劳工联盟一样，美国医学会的结构使其能够正式控制年度大会，大会由代表机构指定代表参加。这个代表机构由大约175名代表组成，大部分代表是由州的分会选举产生，任期两年，代表人数根据每个州医学界人数确定。每三年重新分配代表席位，每个州保证不少于一名代表。此外，从社会中的科研部门、军队的医疗集团以及美国公共卫生机构中各产生一名代表。

代表机构行使的选举权白纸黑字令人印象深刻。它有权选举美国医学会的主席（任期一年）、候选主席和副主席。尽管它也选举秘书、总经理、财务主管，但这些人通常在一段相当长的时期内一再连任。该代表机构选举主席和副主席担任监票人，并选举常务委员会的成员。最后，它选举九名理事会成员，任期为五年。

这种名义上的选举权表明了组织的力量以及社会中“民主”利益的影响。这在有关选举程序的某些规则中也可以看到。美国医学会代表机构的一条常设规则规定，“拉选票竞选公职与医疗职业的尊严并不相符，与协会的精神也不一致……这种行为将被视为会丧失当选协会的任何职务”。这一规则在实施时明显有漏洞，且如我们后面指出的那样，其效果可能与它所想要实现的目的相反。但是，它所体现的社会“民主”的期望，让人想起了围绕新英格兰地区市镇会议的一个神话，或者更确切地说，是贵格会教派的祈祷会，因为它假定代表机构在竞争候选人不进行任何竞选活动就可以达成共识。

协会模仿公司实践的做法可以从理事会中看到，该理事会承担
133 了规章赋予的权力。理事会不受代表机构的直接控制而对组织的财产和资金行使全部权力。代表机构原有的控制保留，但财政的权力由于理事会加入审议而进一步受限。此外，理事会的权力还集中体现为，联合会不到一半的正式收入来自会费，其余则来自投资收入和出版活动中获取的利润。

美国医学会内部的冲突并不完全体现在财务控制问题上。许多选举性职位的提名名义上应由代表机构承担，但实际上是由在任官员指定。财务秘书属于这种情况，代表机构的常委会也是如此，这些职位的候选人要么由主席提名，要么由理事会提名。这些官员的任命权令人印象深刻。理事会任命美国医学会的所有机构组成人员，包括重要的医疗经济管理机构、医疗法律事务和立法事务管理机构的成员，美国医学会的出版物的编辑以及商业经理。代表机构的主席，即掌管某一理事会的前任官员，对特别委员会和提案委员会的成员具有完全的任命权，代表机构的事务实际上主要在特别委员会中得到处理。而且，主席在其他委员会事务中有几乎无限的处理权。最后，这些委员会在讨论事务时，还受到常设委员会前成员、受雇职员的影响。这样，对联合会章程和其他规章进行修改的提案委员会就包括所有司法委员会的五个成员，该司法委员会是美国医学会的“最高法院”，其成员由主席提名经选举产生，任期五年。主管立法事务和公共关系事务的提案委员会同样包括了医疗法律事务和立法事务管理机构的管理者。

利益冲突不可避免地侵入协会内部，也卷入了联合会的结构的矛盾趋向之中。对政策变革的抵制由于联合会的“公司”倾向而加

强，[1]这两种倾向之间的不一致使得一些批评者和反叛分子称之为 134
“民主”与“寡头”的斗争。[2]

如果考察工商领域的协会，正如人们所预期的那样，会更加明显地体现“公司”实践的优越性，尽管这种实践因满足“民主”要求而多少有所削弱。

这种情况在同业协会中尤其明显。尽管所有的贸易集团每年都举行一次或几次会员会议，[3]但实际权力和大部分法定权力掌握在管理者、董事会以及受雇人员手中。集团中普通成员在决策中主要是通过委员会发挥作用。美国临时全国经济委员会的调查在谈到大会时指出：“如果它们不是一种开展行动的方法，它们也是活动计划得以贯彻和促进的一种手段……”[4]当选的官员和董事会成员在决策中处于战略特殊地位，因为他们可以行使集团的正式权力（尤其当同业协会结合为联合会时，几乎一半以上的同业协会都是如此）。[5]官员们的影响因其与联合会的工作人员及与受雇主管人员的关系而进一步加强。

同业协会的受雇主管人员的重要性可从下面的文字中看到：

> 选择一旦作出，主管人员就能够在相当程度上决定联合会

① 参阅“The American Medical Association,” Fortune (November, 1938), pp.88ff.。

② 参见 Garceau: *The Political Life of the A.M.A*, pp.23–67。

③ U. S. Temporary National Economic Committee: *Trade Association Survey*, pp.33–35 and 384.

④ Ibid., p.35.

⑤ Ibid., pp.9, 366.

> 计划的方向和重点。一些情况下，他们也许决定联合会活动计划的关键因素，如产业性质、成员规模及其他事务……[①]

但他们的行动受到董事们的控制，后者的影响力在很多场合中都在增加，主管人员只能设法每年维持其职位。此外，董事们的背后是大量资金的捐助者，他们的偏好和建议具有特殊分量。全国临时经济委员会调查发现，1937—1938 年几乎有一半的全国性和地区性
135 的同业协会，其 40% 的收入来自四大捐助者，这一情况在很大程度上是由根据商业公司的规模分配会费的做法造成的。值得一提的是，尽管资金捐助的多少可以反映其实际影响力大小，但联合会正式的活动模式通常还是按照“民主”模式运行。全国临时经济委员会所调查的同业协会中，约 90% 的协会在正式投票时只允许每个成员投一票，无论其捐款规模大小和数额多少。只有 14% 的同业协会按照其他原则分配选票。[②]

同样的情况出现在对全国性的商业组织的审查中。美国商会名义上的政策控制权属于年度全国大会。[③] 参加大会的代表名额由组织成员分配，个人及公司成员没有直接发言权。大会选举董事会的三分之二成员，董事会是联合会的实际控制机构。但是，董事会由一个全国理事会所补充，该理事会由每个成员组织选出一名代表

① U. S. Temporary National Economic Committee: *Trade Association Survey*, p.38.

② Ibid., pp.10, 11, 38.

③ 以下段落主要基于 Childs: *Labor and Capital in National Politics*, pp.42–48, 另有部分内容可见美国商会的宣传册。

所组成，其作用是筹备全国大会，提供建议，参与董事会成员的提名。商会中有近 3000 名成员，但商会实际上并不比年度大会本身重要。

商会董事会的地位和功能明显属于“公司型”。董事会大约有 50 名成员，职责是选举主席和其他官员，从自己的成员中任命一个执行委员会，并任命总部的主要官员。此外，董事会还负责审查所有加入联合会的申请、提交给年度大会的行动建议以及管理组织的财政问题。

决策权力的正式来源与财政支持的主要来源并不相同，这种情况加强了后一种职能的重要性。这种情况与美国医学会的情况类似，但更引人关注。像美国医学会那样，商会从出版事业中获取大量收入，而且正如第四章所述，它的会费收入主要来自两种不同类 136
型的成员。作为年度大会代表制为基础的成员组织，其捐助占商会年收入的比例相对较小，可能远低于 10%。这是商会慎重决策的结果，因为商会的领导多年来一直认为，个人和公司能够提供更为坚实的财政基础，而商业联合会成员组织的财务状况不稳定，往往受到很大的经济波动的影响。因而商会集中力量吸收潜在的个人成员和公司成员，尽管这些成员也必然属于某个成员组织，但他们可能具有与自己所属的组织不同的利益，因为这些个人和公司有足够的财力向至少两个联合会缴纳会费。既然他们有着不同的利益，这些个人和公司成员更直接地要求在决策核心获得话语权，而不是在成员协会，因而对成员协会的财政支持并不必要。成员的财政支持使董事会拥有了极大的财政权力。

尽管现代大规模商业组织的正式结构的许多特征都具有民主

的色彩，但商会的例子集中描绘了“集中控制”的特点。与后一种模式相一致的一个特征是特殊利益——全体投票。这一手段在许多州医学会的正式组织中存在，但事实上只是形同虚设。[①] 在全国制造商协会和一些工会中也被允许运用这一手段，但很少使用。商会运用这一手段相对较多。是否对某个问题进行全体投票的决定由董事会作出，董事会任命一个特别委员会来研究全体投票问题并提出建议。有关这一问题的投票、特别委员会的研究结果以及与委员会建议相反的观点均被传达给成员组织，它们在年度大会上享有平等的投票权。一般的回应是大多数人支持特别委员会的建议。
137 无论这种手段的作用如何，其存在本身就反映了广泛的社会实践，及价值对一个集团的正式组织产生的影响。

最后一个例子是全国制造商协会(National Association of Manufacturers)，从形式上和事实上都是最典型的集中控制的组织。这在意料之中。然而即使在该组织中，“民主”要求的影响也是显而易见的。就像上文描述的协会一样，全国制造商协会也举行年度大会(称为“美国产业大会”)。年度大会的决策功能有限，除了很少的例外，它的会议对会员和非会员均开放。[②] 年度大会没有运用代表制，更显示出其局限性。大概所有的成员——据称有 16000 人——可以直接参加讨论。年度大会选举约三分之二的董事会成员，可能有 150 人，具体的数字根据基础成员规模而变化。然而协

---

① 参见 Garceau: *The Political Life of the A.M.A*, pp.20–22。

② 参见 Alfred S. Cleveland: “N.A.M.: Spokesman for Industry?” *Harvard Business Review*, Vol.26, no.3 (May, 1948), pp.353–371; 另见 Some Political Aspects of Organized Industry (unpublished Ph.D. dissertation, Harvard University, 1946); “Renovation in N.A.M.,” *Fortune* (July, 1948), pp.72ff.。

会的成员与政策制定之间最直接的关联，大概是通过十几个常设委员会——由董事会指定——建立，其职责是向董事会及其政策委员会提出建议。大约五分之四的董事会成员通过地区比例代表制选举产生，其余的则由全体成员选举产生。

虽然进行了这些安排，但集中控制还是很明显。董事会具有“充分的权威，影响协会的目的和政策”，行使着最广泛的权力。它选举产生协会主席，选举自己董事会的主席（按照惯例由卸任的协会主席担任），任命由约 20 名成员组成的执行委员会，执行委员会的主席通常是卸任的董事会主席。它也选举协会的其他官员，任命主要的专职人员，修改部分规章，对预算进行完全控制，审议通过提交给全体成员的协会章程的修订。

董事会的非选举成员是依照职位产生的高级官员，以及 12—16 名被任命人员。后者从全国产业理事会中产生代表，全国产业理事会是全国制造商协会的卫星组织，其与全国制造商协会的确切 138
关系一直没有清晰（全国制造商协会提供人员和总部设施，其董事会主席是全国产业理事会主席。这个组织对全国制造商协会的政策几乎没有影响，主要作用是将全国制造商协会的观点传达给非会员）。全国制造商协会董事会的选举成员是从协会主席指定的提名委员会提交的名单中选出的，协会主席同时任命董事会政策委员会的成员，后者负责审查向董事会和执行委员会提交的议案。

总之，影响所有协会及在某种程度上影响所有组织的“民主模式”，在集团政治中具有非常重要的意义。它与集团的凝聚力问题——不仅是与特定协会的结合，还包括与其所属的整个社会的结合——具有极大的关系。在我们的文化中，协会被认为是“民主的”。而且，这种期望还代表着对社会中其他因素的一种质押。即，只要这些“民主”期望具有相当的生命力，它们就构成了某种利益。这些利益通过集团，更通常的是通过潜在的利益集团表达出来，潜在利益集团的成员与较小圈子的协会的成员的利益交叉。当潜在的集团内部或相互之间发生冲突时，广泛的“民主”利益可能被侵犯，受到影响的协会内部的分裂就会加剧。这样，基于这些“民主”利益基础上的互动就会发生，潜在的利益可能变成现实的、发挥作用的利益集团。这一情况可以在加西奥对美国医学会的观察中看到：“可能……官方对医疗政治的解释是如此教条的民主，不是出于信念或个人偏好，而是为了满足经济上持不满态度的集团在情感上的需要。”[①]

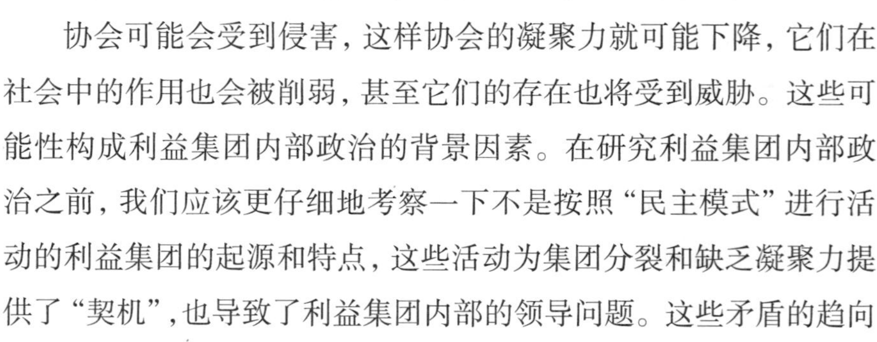

协会可能会受到侵害，这样协会的凝聚力就可能下降，它们在社会中的作用也会被削弱，甚至它们的存在也将受到威胁。这些可能性构成利益集团内部政治的背景因素。在研究利益集团内部政治之前，我们应该更仔细地考察一下不是按照“民主模式”进行活动的利益集团的起源和特点，这些活动为集团分裂和缺乏凝聚力提
139 供了“契机”，也导致了利益集团内部的领导问题。这些矛盾的趋向究竟是什么？为什么会产生？

活跃的少数派

少数人控制现象并不只是局限在政治利益集团，也不是政治利

① Oliver Garceau: *The Political Life of the American Medical Association* (Cambridge, Mass.: Harvard University Press, 1941), p.28.

益集团所特有的。政治观点最多元、观察方法最广泛的研究者提请人们注意，在几乎所有集团中均存在活跃的少数群体，这些少数人被贬称为“寡头”和“老保守派”，或者被褒奖为“具有公共精神的公民”和“公民领袖”。已故的布赖斯勋爵这样写道：

> 在所有的集团和有组织的群体中，上至一个国家，下至俱乐部的委员会，方向和决策总是掌握在一小群人手中，集团的规模越大，决策的人数越少，在一个大的人群中，权力集中在极少数的几个人手中。在所有的政府中，尽管程度不同，这种情况是且一直是如此。[①]

这里没有必要考察这一观点的所有不同表述。然而，必须提及的是意大利籍的瑞士社会学家罗伯特·米歇尔斯，他对政治利益集团的讨论有着特殊的贡献。对 1914 年前欧洲的社会党进行研究时，米歇尔斯发现，这些集团尽管都被贴上了“民主”标签，但几乎无一例外地具有少数人控制的倾向。他略为夸张的主要结论即“寡头统治铁律”，可以被进一步描述：“寡头现象出现在革命性政党中
间，也证明了在所有试图实现自己目的的人类组织中不可避免地存 140
在一种寡头倾向。”[②]

---

① James Bryce: *Modern Democracies* (New York: The Macmillan Company, 1921), Vol. Ⅱ, p.542.

② Robert Michels: *Political Parties: A Sociological Study of the Oligarchical Tendencies of Modern Democracy*, translated from the Italian by Eden and Cedar Paul (London: Jarrold &Sons, 1915), p.14. 该译本于 1949 年再版，译自 The Free Press, Glencoe, Illinois。

由于方法上的局限性，米歇尔斯关于政治领导的一些观点无法被验证，不能充分解释复杂的领导现象，这里无须讨论。在区分和陈述了“寡头倾向”的一些原因后，米歇尔斯还作出了有长久意义的贡献。稍作修正，他的观点可能有助于回答以下问题：为什么利益集团形成了一个与“民主模式”明显冲突的积极的少数派？答案部分在前文已经回答过了，这里将进一步分析。

正如米歇尔斯所指出的那样，正式组织本身就是解释积极少数人的存在的基础。组织被看作一种标准化的、习惯性的交往模式，它意味着成员在决策过程中的不同程度的参与。这种不同程度源于这一事实，即任何相当大规模的群体都不可能直接解决他们面临的所有问题。这些问题必然产生了我们可能或明或暗地称之为权威的这一事实。这样，正式组织在群体内部创造或承认各种各样的角色，其中一些角色比其他角色可能更直接地参与解决群体问题。必须承认，这就是积极的少数人现象的雏形。

美国医学会较早地发现，它的成员大会过于庞大臃肿而无法进行决策，现在的代表机构只是一个局部的解决方法。即使这样，也只能处理协会所面临的部分内部和外部的问题，因而不得不又成立了理事会、委员会，招募专职人员。“如果大会不能处理这些事务，代表机构就更不能处理好了。”① 同样的情况也适用于其他联合会组织。

正式组织在培养积极的少数人中的重要性，随着集团人员规模

① Oliver Garceau: *The Political Life of The American Medical Association* (Cambridge, Mass.:Harvard University Press, 1941), pp.19, 15.

的扩大和功能的增加而加强。同业协会就是一个很好的例子。在 141
美国，生产电冰箱的生产商只有十多家，吸纳了这些公司的同业协会并不需要建立正式的选举组织形式。三到四个人，或公司，就可以作为一个领导机构，一小群人也可以领导一个集团，但是所有的集团成员在参与方面的差异不是很大。协会的秘书就像委员会一样承担着一些代表功能，但他很容易受到连续的制约。那些处理集团事务的人可以像接触秘书一样容易地接触全体成员。然而，全国零售纺织品协会包括数千个成员，其总负责人承担着完全不同的职能。离开总负责人及协会的官员，该集团就无法有效处理事务。

伯尔和米恩斯曾呼吁人们关注现代公司中同样存在的少数人控制。他们的基本观点是，随着公司的所有权日益广泛分散，所有权和控制权逐渐分离。[①]

在企业中，大公司上层人员与普通员工之间形成了一种距离感，这种距离感基于这些职位上通常必需的特殊管理技能，几乎与可能在下层的压力隔开。这一情况在劳工组织的研究中经常被注意到。因此，与地方官员相比，许多官员在国际性劳工组织中任期较长，原因主要是他们“更好地摆脱了普通会员的压力”。[②] 他们的行动并不直接为地方成员所知晓。这种距离，再加上代表权中隐含的自由裁量权，表现为身处高位的少数人所采取的行动与普通成员
或其所选出的代表的决定和偏好并不一致时，他们的行动几乎不受 142

① Berle and Means: *The Modern Corporation and Private Property*, pp.69ff.

② Ross: *Trade Union Wage Policy*, p.31. 参阅 Philip Taft: “Democracy in Trade Unions,” *American Economic Review*, Vol.36, no.2 (May, 1946), p.362; Brooks: *When Labor Organizes*, pp.260–261; Seidman: *Union Rights and Union Duties*, pp.47–48。

挑战。例如，在讨论美国退伍军人协会全国执行委员会作为政策的制定者和执行者的角色时，格雷引用了一个事实：1943 年，该委员会推翻了先前全国大会旨在对美国退伍军人协会的建立者之一汉密尔顿·菲什予以谴责的投票，因为他被指控支持了不符合美国最高利益的活动。[①]

在讨论正式组织和积极的少数人之间的关系时，有两点需要指出。首先，由正式组织所赋予少数人的权威是一个程度的问题。米歇尔斯[②]和其他人含蓄地认为，假设代表权必然是完整的，在行使受委托的权力时必然是自主的，其他成员的权力被全部放弃，这一说法并不正确。尽管在一些集团中，在合适的条件下（其中一些条件我们将在后文讨论），几乎所有的权力被委托给一群寡头，但我们从未发现过任何组织明确界定了其“大众”仅仅是服从，少数人总是下达命令。不同集团的这种差异的明显程度依据具体情况而定，不可简单一概而论。从美国医学会的研究中可能会发现正式组织中一部分人作为代表的一个大体轮廓，如加西奥认为，在正式组织中，积极的少数人行使着广泛、高度自主的权力。当然，不是所有的权力都掌握在少数人手中，集团内部的交往也限制了对议案创制权的垄断。

其次，为了不过分强调正式结构的作用，我们必须记住本章一开始提示的，正式组织只是集团交往过程的一个阶段。集团的代表过程为领导者行使更大的权力创造了机会，但它也承认已经形成的

① Justin Gray: *The Inside Story of the Legion* (New York: Boni & Gaer, 1948), pp.167–168, 219.

② 参阅 Michels: *Political Parties*, pp.40–44。

权力。换言之，尽管正式组织推动了领导活动的产生，但在正式组织产生前就已经存在领导活动，因为在互动产生正式组织之前，权力就已经存在。

推动组织中积极的少数人产生的因素是管理技能，掌握管理技能的人通过授权行使着代表权力。由于处于代表位置的人了解“制 143
度”并掌握了所需的一些特定技能，且大多数组织中处于这一位置的人享有一定的权力，故占据这些职位者相对于普通成员就具有了一定优势，即拥有管理的技能和手段。一些观察者认为，管理职位本身就是一种权力，“社会体制……如此复杂，那些熟悉社会体制的人因此而获得了权威，对其他人拥有较大的控制权”。[①]

担任管理职位的结果——不管是通过选举还是任命方式获得——可能相当不同。然而，这些结果来自等级结构中关键职位所要求的专业化和技能。任何研究立法机关的人都会注意到，了解议会活动的内幕对于一个集团的活动具有极其重要的意义。议会的新成员几乎是没有权力的，除非他也知道该机构如何运作。担任集团内部的领导职位，不仅使人获得了权力的控制优势，而且还控制了思想向普通成员的传播。

获得管理技能对积极的少数人的发展的影响在劳工集团中尤其典型。即使在地方工会，“官僚制的发展也几乎是不可避免的，不论领导层的哲学或政治观点如何”。地方工会的领导者在政策问题上享有广泛决定权。在范围更广泛的国际工会，情况更为明朗。

---

① MacIver: *The Web of Government*, p.431. 另参阅 Herring: *Group Representation Before Congress*, p.29。

一位细致的研究者指出："一个全国性工会的最高执行委员会拥有巨大的权力，'巨大'一词的使用是经过仔细考量的。"[1] 这些官员及其同事凭借对组织事务的熟悉、任命重要委员会成员的权力以及其他源于职位的优势，在决策过程中扮演了令人出乎意料的重
144 要角色。[2] 这种情况在联盟型的全国性组织如美国劳联中可以看到。该联合会的执行委员会决定着年度大会所讨论的重要事务，这些事务由委员会中积极的少数成员处理。米利斯和蒙哥马利指出，在美国劳联的一次大会上，14 个大会委员会中的 13 个委员会，其主席要么是美国劳联的副主席，要么是其他重要官员。他们总结认为："在大多数场合下，劳工们的声音是由美国劳联的执行委员会进行解释，并在立法活动中予以体现。该联合会的政策基本上是那些官员们的意见。"[3]

在全国制造商协会中，专职人员只是活跃的少数人的一部分，但他们由于长期任职和对协会事务的熟悉，在确立组织目标和制定政策方面发挥了相当重要的作用。最典型的例子如已故的詹姆斯·A. 埃默里，他曾任美国制造商协会的律师和立法代表负责人长达 30 年，已故的沃尔特·B. 维森伯格任执行副主席约 50 年，诺埃尔·萨金特从 1920 年以来担任过不同的管理职位，包括工业关系部的部长、协会的秘书等。[4]

---

① Taft: "Democracy in Trade Unions," pp.361–363.

② Ibid., p.364; 参阅 Millis and Montgomery: *Organized Labor*, p.256; Ross: *Trade Union Wage Policy*, p.41; Brooks: *When Labor Organizes*, pp.257–258。

③ Millis and Montgomery: *Organized Labor*, p.308.

④ Cleveland: *Some Political Aspects of Organized Industry*, chap.4.

就像全国制造商协会一样，在美国医学会中，活跃的少数人部分是通过选举或任命方式长期任职的人员以及专职人员，后者中的许多人在同一职位上任职已经很长时间了。莫里斯·菲什拜因博士，在许多外人眼中他就是美国医学会，担任该协会的主要出版物的编辑长达30年。这些安排的作用很明显：

> 对这些人来说，为医疗组织工作是他们生活的一大部分，对另一些人来说，这是他们唯一的职业……秘书、编辑、技术人员发展出了只在这种医疗集团中运用的技能。很自然也很真实的是，对一些观察者而言，这些人自己也变成了“组织机器”。[①]

这种少数人的作用和权力，当被用于抵制长期政策的变革或新 145
鲜血液加入少数人中间时，又或者同时抵制这两者时，其影响最为显著。例如，自1945年以来，围绕美国退伍军人协会是否允许第二次世界大战的老兵担任重要官员这一问题时，就一直持续展开争论。战后的每一次大会都在努力使更年轻的人成为主要领导者。一位颇具影响力的老兵曾说：“毕竟，协会拥有十亿的资产，不能把这些钱糟蹋在一群毫无经验的毛头小子身上。”[②]尽管这些年轻人也有投票权，但当选为领导者的人肯定是由积极的少数人提名的人选。

---

① Oliver Garceau: *The Political Life of The American Medical Association* (Cambridge, Mass.: Harvard University Press, 1941), p.49. 另见 p.25。

② 转引自 Gray: *The Inside Story of the Legion*, p.171。有关1947年会议的记录，见 *The New York Times*, August 27, 1947。

在许多集团中，拥有管理技能的人的防御能力间接来自其所获得的技能。虽然一些人经过一段时间学会了如何操纵组织，因而获得了运用权力的手段，但他们可能得不到通过其他手段可以得到的一种满意生活。十几年致力于医疗集团的组织活动的医生不再可能重操旧业。已很久不是工人的工会领导者，不再可能捡回自己的“工具箱”，且已经习惯工会领导者职位所要求的规范和条件，即使技术上和体力上不成问题，心理上也不再适应工作台或车床边的工作。情况稍好一点的是，一个做了多年同业协会秘书的商人，也许并没有准备好重新开始他几乎忘记了的本行。在这种情况下，积极的少数群体中的一些成员运用他们的技能推动与他们的个人命运休戚相关的某些政策和措施的长期化，这并不奇怪。[①]

可以对其他例子作进一步研究。在对新泽西的研究中，麦基恩发现，在所研究的集团中，控制权都在一小群官员手中，其中包括重要的专职人员。大约有 15 个董事实际控制着新泽西州商会。新泽西州制造商协会的控制权在其秘书及其他官员手中；一位据称得到铁路支持的执行秘书控制着新泽西州纳税人协会。[②] 许多同业协
146 会中专职执行官员的职位已经被提到过了。一位总经理的话可以很好地概括这种效应，大概意思是，十几位协会的秘书“就可以很大程度上控制全国雇主协会的观念和行动”。[③] 董事会和专职人员

---

① 参阅 Brooks: *When Labor Organizes*, pp.260–261; Garceau: *The Political Life of the A.M.A.*, p.64。

② McKean: *Pressures on the Legislature of New Jersey*, chap.4.

③ U.S. Senate, Subcommittee of the Committee on Education and Labor: *Hearings on Violations of Free Speech and Rights of Labor*, 75th Cong., 3d Sess.(1938), part 17, p.7431.

是美国商会计划和政策的主要来源。赫林几年前就注意到，甚至在卫理公会的禁酒和道德委员会，“总办公室中少数人的发言能够引导整个教会的思想和行动”。[①]

影响积极的少数人发展的第三个因素是集团的财务结构。在米歇尔斯研究的集团中，他并没有把财务作为重要问题，但他还是指出，社会党需要更富裕成员的贡献，这种依赖促使这些贡献者在政党事务中获得更多的影响力。[②]

财务结构的影响在此处分析的利益集团中更为显著，尽管它不是所有利益集团的特征。财务问题在集团中相当重要，在一些集团中可以从关键职位的任期与开支能力的密切关系中看到。例如，在全国制造商协会中有 125 个公司成员，占全部成员的不到 5%，从 1933—1946 年占据了大部分关键职位：63% 的董事会职位，88% 的董事会执行委员会的职位，79% 的财务委员会职位，52% 的除专职人员以外的重要职位。这种内部集团主要代表了财力雄厚的大公司，它们提供了协会所需资金的主要部分。例如，在 1936 年，不到 5% 的成员向全国制造商协会贡献了约 50% 的资金。此外，虽然该协会声称五分之四的成员公司雇用的工人不到 500 人，但 125 个公司中没有一个属于这些小公司，三分之二的成员公司的雇佣人数超过 2500 人。[③] 如果说美国制造商协会的组织结构决定了少数

① Herring: *Group Representation Before Congress*, p.211.

② Michels: *Political Parties*, pp.129–131.

③ Cleveland:“N.A.M.: Spokesman for Industry?” pp.353–371, 以及他所著的 *Some Political Aspects of Organized Industry*, chap.4; “Renovation in N.A.M.,” *Fortune*, pp.165–166; U.S. Senate, Subcommittee of the Committee on Education and Labor: *Hearings*, 75th Cong., 3d Sess. (1938), part 17, pp.7503–7541。

人占据关键职位，那么财务结构在很大程度上决定了由谁占据这些职位。

还有许多其他例子。在新泽西州商会的例子中，官员们主要是从代表该州的大公司中选出。新泽西州制造商协会选择其官员的方法是从那些雇用较多工人的公司中选择，并且，这些公司对该协会给予了重要的财务支持。[①]类似的倾向在许多全国性和地区性的同业协会中也可以发现。

人们应该避免任何对这种现象的肤浅解释，如认为，那些提供了主要财政来源的成员发挥的影响表明了某种阴谋。一个其预算主要依靠四五个公司捐赠的同业协会的秘书小心翼翼，尽量避免冒犯这些公司。这些公司关键职位或多或少采取连任的方式，也使出现差错的机会降到最低。有时，出于财政优势和稳定的需要，协会期盼一些大的赞助者。这种考虑促使美国商会避免吸收小城市中的商会为其组织成员，而是鼓励个体公司成员加入。在公司成员中，则主要吸收那些信用好、有能力支付大量会员费的公司。[②]

最后，在某些情况下，集团的财政结构有时以一种与资金贡献者没有多大关系的方式加强积极的少数人的地位。例如，在许多工会中，地方工会在罢工期间无力提供足够的资金和研究设施，导致罢工运动的控制权落到了财政更雄厚的全国性工会的手中。这种
148 转移加强了控制工会的少数人的权力。而在财政力量较弱的全国性工会中，成本考虑使得少数人的控制被削弱，这是一种必然。尽

① McKean: *Pressures on the Legislature of New Jersey*, chap.4.

② 参阅 Childs: *Labor and Capital in National Politics*, pp.84–86。

管工会或其他协会的年度大会并不是限制领导权力的重要方法，但它确实提供了一些抗议和挑战的机会。由于开一次年度大会费用较高，财力微薄的工会只能隔相当长的时间才开一次大会。在闭会期间，占据重要职位人员的行动自由明显加强了，并得以维护。[①]

因此，财务结构以不同的方式解释了利益集团内部积极的少数人的存在和发展。

积极的少数人发展的第四个原因，虽然没有前文讨论的几点重要，但与第二、三个原因相关，即领导职位是一个耗时的差事，只有很少的人能够在没有报酬的情况下付出大量时间和精力。米歇尔斯发现，有偿的专业领导的出现是少数人控制发展的一个标志。[②]而且，我们已经讨论过，在某种程度上，专业化的领导是管理技能发展的结果，但这些操纵技能也是职业的领导者长期关注组织事务的结果。即使得不到报酬的、非专业的领导者也能够由于花费了大量时间，比普通成员更加熟悉集团的活动，从而培养了他们的管理技能。专业的领导者因为得到报酬而将大部分时间用于集团的工作。非专业的领导者只要生活有了保障，也会花费大量时间用于集团的活动。

在许多集团中，只有个人经济已有保障、在协会制度中获得成功的人，才可能担任没有报酬又消耗时间的领导者一职。在许

① Joseph Shister: "Trade Union Government: A Formal Analysis," *Quarterly Journal of Economics*, Vol.60, no.1 (November, 1945), pp.78–112; "The Locus of Union Control in Collective Bargaining," *Quarterly Journal of Economics*, Vol.60, no. 4 (August, 1946), pp.513–545.

② Michels: *Political Parties*, pp.40ff.

多情况下，这使得领导者可能变得相当保守，因为任何组织安排的变化都有可能改变他们的地位，使他们损失巨大。在美国商会和全国制造商协会中，那些不属于专业领导者和专职人员的少数
149 人，很自然地来自其工作允许他们花费大量时间从事集团活动的人。确实，大公司的经理人员，从他们担任的职位来看，从事这种协会的活动是有条件的。今天，大多数大公司的领导者肩负着管理公司与各种外部集团的关系的广泛责任，工会只是其中一个例子。只要回想一下协会的功能就是稳定个人与次级集团之间的关系，就可以理解为什么大公司的领导者会花费大量时间参加这些协会。

在美国医学会中，没有报酬的领导者肯定是有闲暇时间的人，这一事实可以予以详细分析。一项对美国医学会的主要选举机构以及几个州的医学会长达15年的研究表明，来自城市的专家所占有的权力和职位与他们在整个医疗人口中的人数完全不成比例。那些长期（八年或者更长期）任职者尤其属于这一类。在解释这一特点时，加西奥指出：

> 一个人必须有一定的财富和足够的闲暇时间才能放下自己的事务，出席大会，更不用说在积极的行动委员会中任职，不断地到州的首府或到芝加哥旅行了。政治活动和公职活动需要花时间，尽管在协会政治活动中花费的时间比在州的政治活动中花费的时间少，但还是需要大量时间。这对于一个普通医生来说，占据的时间就会太多了，其他竞争者就会取

> 而代之。如果都像医生那样出门旅行，那么就没人关心社会事务了。[1]

美国退伍军人协会提供了又一个例子。就像美国医学会，关键性职位的人员不成比例地由那些拥有足够时间参加集团活动的人构成。在医生中，有着更多闲暇时间的是城市里的医生，在退伍军
人中则是那些积极的、退休的高级军官。[2] 150
积极的少数人形成的第五个影响因素，可能在于那些领导者的个人特质。我们必须避免这样的印象，即积极的少数人的存在可以完全从特定领导人个性之外的因素中得到解释。这里不是在讨论领导者心理，领导问题最好被视为一种个人之间的关系，而不是某些人所具有的特质。然而我们必须指出，正如戈登·奥尔波特在讨论参与活动时强调的，必须承认“天赋有差异”。[3] 因此可以完全有理由认为，集团中的少数人可以充分代表普通成员的态度和愿望。米歇尔斯分析了领导者个性的影响，尽管他的措辞相当柔和，他主要将个人特质与诸如正式学习、个人威望等因素联系起来研究。[4] 总的结论，可以以加西奥从美国医学会的观察中得出的结论说明。他指出，构成少数人主体的城市医生在个性和能力上都发生了变

① Oliver Garceau: *The Political Life of the American Medical Association* (Cambridge, Mass.: Harvard University Press,1941), p.54. 良好的财政状况所带来的流动性和闲适也有助于界定美国图书馆协会中积极的少数群体。参见 Garceau: *The Public Library in the Political Process*, chap.4。

② Marcus Duffield: *King Legion* (New York: Cape and Smith, 1931), pp.110–111.

③ Gordon W. Allport: “The Psychology of Participation,” *Psychological Review*, Vol.53, no.3 (May, 1945), pp.117–132.

④ Michels: *Political Parties*, pp.70, 78–79.

化。这并不是说医疗机构根据他们的美德来支付报酬，但成功的城市医生有可能展现他们高超的医术和其他方面的才能。那些推动医生成功的才能，不管是否属于职业性的，都可能会在集团组织的等级制度中发挥重要作用，例如一位医生成功地成为某个集团的发言人。此外，尽管要求很高，但从事医疗事业在很多情况下也是一件吸引人的事，对于热爱这项事业的人而言，并不是完全为了满足个人的心理需要。管理才能、对声望的渴求也可以通过在集团中获得有影响的职位实现。[①] 如果这些人倾向通过这种方式获得职位，如果他们极力维护有利于他们发展的制度，这不足为奇。实际上，除了在急剧变革时期，积极的少数人的行动可以最有效地代表那些
151 具有类似才能但未得到承认，以及那些因为个性原因无法成为领导者的人的态度和愿望。

除了急剧变革时期外，普通成员对少数人所具有的代表性品质的认同构成了第六个影响因素，即习惯的影响。正如米歇尔斯所指出的那样，担任一个职位往往会成为一种习惯性权利，一个人会“持续担任某一职位，除非由于特殊情况被免职或者服从特别严格的规则”。[②] 此外，如果这些“特殊情况”可以不存在，如果官员推动了集团利益的实现，为了感谢他的贡献，或者有效地阻止不满的产生，该官员就可以继续担任该职位。正如约翰·高斯(John Gaus)所说：“权威可以在成功行使职能之后取得。”[③] 应当补充的是，权威发挥作

① Garceau: *The Political Life of the A.M.A.*, pp.57–67.

② Michels: *Political Parties*, pp.50–53, 66–68.

③ John M. Gaus, L.D.White, and M. E. Dimock: *The Frontiers of Public Administration* (Chicago: The University of Chicago Press, 1936), p.39.

用的范围更为广泛。

出于感谢无疑是美国退伍军人协会中少数人获得权力的关键因素之一，因为这些领导者不仅促进了退伍军人的整体利益，还在一定程度上满足了单个成员的要求。许多退伍军人发现，在他们加入退伍军人协会后，他们向政府提出的未决索赔迅速得到处理。在同业协会中可以发现类似情况。例如，1930 年代反连锁店立法被成功地推动，这使全国零售药商协会的负责人在其会员面前处于十分有利的地位。1931—1947 年美国农业局联合会的主席爱德华·A. 奥尼尔（Edward A. O'Neal），由于在任期内成功领导了该组织的工作，使农民们的经济地位有了显著改善，被抬高到"半神"的位置。[1]

在许多工会中，对提供服务的回报使得官员们习惯性地再次当选。此外，虽然工会选举中反对是罕见的，不管是通过举行大会选举还是会员全体投票，不算成功的领导也常常由于人们的习惯而仍然得到支持。塔夫脱指出，工会地位的加强不足以解释 1920 年代 152
矿工联合会官员们的任职情况，更可能的原因是，产业转变导致老工会地区衰落，以及随后工会运动转移到从未有过工会自治历史且全国工会也未插手的地方。事实上，许多观察人士注意到，成员的高流动率促进了各种集团领导层的稳定。[2]

第七个影响因素是一个集团与其他集团之间战略关系的性质，

① 参见Orville M. Kile: *The Farm Bureau Through Three Decades* (Baltimore: The Waverly Press, 1948), pp.326–328 and *passim*。

② Philip Taft: "Opposition to Union Officers in Elections," *Quarterly Journal of Economics*, Vo1.58, no.2 (February, 1944), pp.251–252; Michels: *Political Parties*, p.85; Childs: *Labor and Capital in National Politics*, p.256.

在合适的条件下，这种战略关系可能推动积极的少数人的发展，就像它可能影响正式组织的性质一样。也就是说，当一个集团发现自己或多或少陷入一场与其他集团公开的冲突中——不一定涉及暴力，采取迅速机动的策略和纪律的要求将会提升少数人的权威和影响，正如米歇尔斯观察社会党得出的结论。[①] 这一模式在政府本身的活动中很常见，行政部门在战时或国内遇到严重危机时几乎享有独裁的权力。进一步，我们可以在外交政策的制定者，以及围绕这些工作需要的保密性所产生的处置权中看到，即使在反对秘密外交的情况下也是如此。有趣的是，试图影响外交政策制定的集团同样受到其所处动态局势的影响。一项美国利益集团如何在珍珠港事件前两年影响其外交事务的研究揭示，“事件泄露得如此之快，以至于一小群最高领导者掌握的秘密”很快就为所有集团知晓。[②]

冲突对劳工集团的影响在本章曾提到过。工会是一个十分恰当的例子，正如许多研究者所评论的那样，工会的运作非常类似于战争和外交。为了达到它的政治目的或经济目的，工会必须赋予它的领导者巨大的权威，权威的大小则根据影响集团战略地位的情况而定。罗斯曾经写道：“工会的工资政策就像外交政策一样，不能使用原始民主的方法来处理。”[③]

第八个，也是最后一个影响因素，既不涉及领导者的因素，也

---

① Michels: *Political Parties*, pp.46–49.

② John W. Masland: “Pressure Groups and American Foreign Policy,” *Public Opinion Quarterly*, Vol. 6, no.1 (Spring, 1942), pp.115ff.

③ Ross: *Trade Union Wage Policy*, p.38. 参阅 Taft: “Democracy in Trade Unions,” pp.359–361; Shister: “Trade Union Government: A Formal Analysis,” pp.78–112; Brooks: *When Labor Organizes*, pp.257–258。

不涉及集团的外部关系，而是那些被领导者的性质。这一因素十分重要，不仅因为它对利益集团活动的影响。可以毫不夸张地说，人们认为那些属于被证实了的事实往往决定了他们对政治过程理论的理解。例如，随随便便地、无批判地使用诸如“大众冷漠”这些术语，可能会形成一些令人满意的但肤浅的结论。肤浅在于，这些观点不能充分解释巨变、变革和反叛现象。这些观点常常是隐晦的，且无力解释惰性的大众为何突然变成积极的参与者。这就是米歇尔斯理论最明显的不足。对米歇尔斯来说，普通人的特征不仅是积极的少数人特征的对应或反面，这些特征本身还是独立的，也有其持续的影响力。换言之，他断言存在着需要领导的“冷漠的大众”。这种需要来自日益深化的劳动分工和“文化、教育的巨大差异”。它在“所有国家”都很明显，虽然“其程度因国家而异”。[①]

关于美国的情况，缪尔达尔有着类似但略不全面的观点。在一章题为“个人领导与消极大众的美国模式”的书中，他写道：

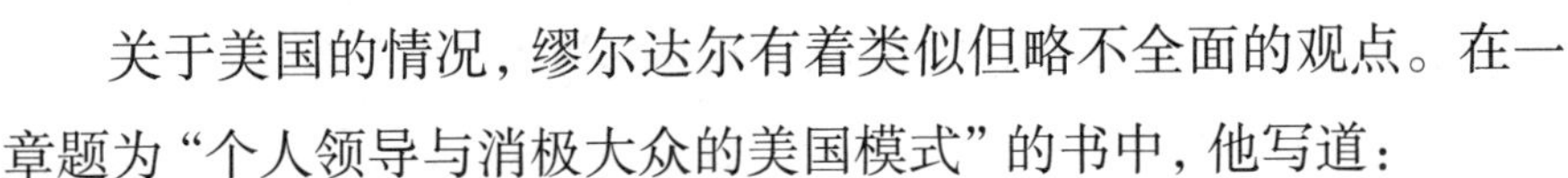

> 尽管美国社会的民主强调自由、机会平等(倾向于境遇不利者)、个人主义，但领导的观念分散于整个美国思想和集体行动之中。所有的政治阵营、社会集团和职业集团都提出“明智领导”的要求。确实，在每一个围绕利益或目标的集体行 154
> 动——教会、学校、商业、娱乐、慈善、大学的校园生活、参观者的娱乐活动、专利药物的销售、一种观念或利益的传播——中，这一要求都被提了出来。[②]

① Michels: *Political Parties*, pp.54–65.

② Myrdal: *An American Dilemma*, p.709.

缪尔达尔继续写道："当然，与此对应的另一面是美国社会大众的相对惰性和僵化。"[①] 除了这种模式是否是美国社会特有的之外，进一步的问题是如何判定不同国家中大众对领导的需求。有大量的证据为这些观察提供了一些合理性。在麦基恩对新泽西利益集团的研究中，他一再列举了一些例子，在这些例子中，集团的活动集中在少数几个人身上。[②] 在全国制造商协会中，即使是那些拥有重要决策权的人，他们的参与程度也有很大差异。据估计，不到一半的董事会成员定期出席各种会议，委员会成员的出席率更低。[③] 在医疗集团中，参与性不够从一开始就是很普遍的事。[④] 类似的情况也发生在工会，尤其在地方层次。米利斯和蒙哥马利在一份报告中提到，在地方工会中，四分之一的成员出席常规会议已经是不错的了，经常情况是出席率不到 5%。他们的结论是，"就像在政府中一样，存在着普通成员不关心集团事务的情况"。[⑤]

这些观察的危险不在于积极的少数人持续参与集团事务，而其他人则不参与。正如其他地方所指出的那样，如果天赋才能的不同导致领导者的产生，那么同样的因素产生了追随者也就不足为奇了。危险之处在于，由于这两种趋向在一个特定的时间点、一个群体中同时存在，所以就可以划分出两个截然不同的且稳定的次级集团——领导者和大众。

155 在这里，我们论及了复杂的参与问题，关于人类行为的这一领

① Myrdal: *An American Dilemma*, p.712.

② McKean: *Pressures on the Legislature of New Jersey*, chap.3.

③ Cleveland: *Some Political Aspects of Organized Industry*, chap.4.

④ 参阅 Garceau: *The Political Life of the A.M.A.*, pp.14, 8, 24, 61–67。

⑤ Millis and Montgomery: *Organized Labor*, pp.246–247.

域，至今我们所知很少。然而，很明显，每个人不管是出于身体原因还是心理原因，均发展出了某种特定的参与模式或互动模式，这些参与模式或互动模式被标准化为一定的频次、类型。对个人行为而言，这种标准作为整体而存在，但在其所处的集团中，这种标准发生了更广泛的变化，不同的集团有所不同，同一集团内部在不同时候也不同。一个集团中成员的参与是一个程度问题，从少数场合的持续活动到减少频次。在这个尺度中，随着集团内外情况的变化，个人在集团活动中的参与随之增加或减少。[①] 集团的领导力也是一种参与的频次和类型，是与他人关系的尺度。

因此，尽管积极的少数人比其他人具有更高的参与率，尽管这一参与率在一定时期内高度稳定，领导者的角色与追随者的角色也是一种动态关系。罗斯谈到工会时认为，尽管普通会员依赖领导，

> 但这并不是说成员仅仅是消极的工具。他们有某种情绪：冷漠或好斗；他们对罢工或是喜欢或是厌恶；他们对互相竞争中的领导者或未来的领导者的号召十分敏感。与普通成员之间的关系是工会官员最关注的。[②]

在集团内部和外部政治活动中，这种动态关系的性质和运作具有重要意义，这也是下文要研究的。

---

① 参见 Chapple and Coon: *Principles of Anthropology*, chaps.3 and 4; Erich Fromm: *Escape From Freedom* (New York: Rinehart & Company, Inc., 1941) , esp.chap.5。

② Ross: *Trade Union Wage Policy*, p.38.

第六章　内部政治：内聚力问题

156　任何利益集团内部的完全稳定都是一种假象，虽然这种假象可能在集团管理活动中具有技术上的实用价值。无论规模大小、全国性还是地方性，所有集团都不断地发生关于改变政策、调整手段和目的的争执。这些争执引发了领导权的斗争，同时也在这种斗争中得到反映。

这些内部政治活动的性质与其对集团的影响，是两个彼此依赖的因素——领导能力和成员本身的构成——作用的结果。成员的态度决定了领导者的任务，而集团内部的政治生活则是由一系列活动构成，这些活动是为了维护领导者与成员之间的和谐关系。当然，这些问题并不一定从集团内部产生。外部事件如其他集团的活动或非个人因素，也可能成为重要原因。但这些因素要发挥影响力，必然与集团内部的政治情势相关。罗斯在谈到工会时认为："经济环境对工会具有相当重要的意义：因为它产生了工会领导者必须予以解决的政治压力。任何变革的结果取决于工会如何缓解这些压力。"[1]

---

① Ross: *Trade Union Wage Policy*, p.14.

集团内聚力与成员身份的交叉

由上述因素导致的集团内部的政治问题，基本源于集团生活的 157
一种特殊性质，即在现代复杂社会中，没有任何一个人完全只属于某个集团。一个人的态度只有一部分通过他的这种成员身份得到表达，虽然在许多场合这是一个主要的部分。此外，这一特征并不局限于利益集团，几乎所有的社会集团都有此特征，如杜威、奥尔波特等人指出的。[①] 即使在战时，最具包容性、最严苛的集团，即国家，也存在非爱国者、反对者甚至叛国者。在一个国家内部，一个人通常属于几个集团——家庭、教会、经济组织以及更多的社团，我们社会中的一些积极“参与者”可能属于六七十个集团。[②]

不同集团之间的要求与标准往往发生冲突，这种冲突是集团内部政治问题的首要来源。然而，冲突的概念往往被误解，除非人们把冲突理解为既可以非常明显地表现出来，也可以隐秘地存在。例如，一个人可能属于地方促进协会，他正在要求改善街区的状况，但同时他也可能属于一个纳税人集团，反对为了改善街区状况的拨款。另一个极端例子是，家庭或教会的道德标准与同业协会利用政府官员寻求优惠待遇的观念之间存在不一致，这可能是一种几乎没有被意识到的感觉。或者，冲突仅仅是争取成员的时间和引起成员

① Dewey: *The Public and Its Problems*; F. H. Allport: *Institutional Behavior*, chaps.2 and 5; Rice: *Farmers and Workers in American Politics*, chap.1.

② Chapple and Coon: *Principles of Anthropology,* p.425; Lundberg: *Foundations of Sociology*, pp.355–358.

关注而产生的一种竞争感。然而，不管是明显的还是隐秘的，冲突
158 对于集团内部事务而言都会产生重大影响。对个人而言，冲突往往是一种干扰性的、苦痛的经历。对集团来说，更重要的是冲突发生时成员的数量、成员在集团中的角色以及冲突解决的方式。当然，不管我们是看冲突对个人的影响，还是像现在这样，我们更感兴趣的是其对集团的影响，过程都是一样的。正如本特利所指出的："在谈到一个人同时属于两个互相冲突的集团时，在谈到一个人呈现出两种表面上看不协调的社会生活特征时，当一个人正在思考一个公共政策问题时，我们实际上在谈论同一问题的三种不同形式。"[①] 成员集团身份的交叉在集团政治过程中是一个基本的重要事实，尽管它对利益集团内部政治的影响很少被夸大过。

前文讲过，集团成员身份不应被狭隘地理解为只指那些向一个正式组织缴纳会费的人员。那些具有某个利益集团态度的"同路人"，在某种程度上也应当被视为参与者。实际上，这类"成员"的忠诚对于顺利实现集团要求可能很重要。诚然，支付会费的正式成员与这类"同路人"确实不同，因为经济上的支持是更加积极参与的标志。然而，这两种人都可能在不同程度上经历集团成员身份交叉的冲突。例如，美国律师协会和美国公民自由联盟是我们宪制社会传统中两个保护社会和实施不同标准的利益集团。从狭义上讲，这两个集团的正式成员人数都不多，然而，全国有许多人秉持与这两个集团一样的态度，就像这些集团宣传的那样。一个具有这些态度的人也可能属于工会组织或雇主联合会，它们的要求可能正受

① Bentley: *The Process of Government*, p.204.

到前文提到的集团的攻击，此时，这个人就可能因这些冲突着的要求而经历某种困惑或冲突，就像一个人向两个集团同时缴纳会费那样。或者，从狭义上看，假定某医生不是工会成员，但他同情工会组织为了争取工人的保障而试图要求政府予以立法，而当美国医学会与工会组织在一项政府医疗保险法案上发生争议时，他就会经历类似的内心冲突。

在分析成员身份交叉概念时，反复强调政治活动的变动趋向不 159
仅牵涉现实集团，也涉及潜在的集团，是很重要的。潜在集团的意义在广泛的态度中可以看到，但并不是互动和要求的基础。一些态度可以体现在国家法律和宪法的条款中，因为一些法规预先假定了社会某些利益的存在。其他态度则可能仅仅反映在不成文的“游戏规则”和社会的道德准则之中。这种个人态度的初始大部分可以在集团归属中发现。或许在早期时的集团中形成，虽然这些群体关系已不再活跃，但其对行为的影响还在继续。所有这些，就像在第五章中提到的“反腐败”利益集团一样，用本特利的话讲，可能是“广泛的、但弱小的利益集团”，他称之为“习惯背景”（“habit background”）。[1] 这些态度不一定体现在有组织的集团中，但它们对狭义上的集团产生了一定的制约。一个集团侵犯了“习惯背景”，通常会导致潜在集团变成积极的集团。更重要的是，这种侵犯将使具有共同态度的不同集团的成员陷入矛盾，不管这些态度是否构成了敌对集团的基础。一位睿智的研究者指出：“在一个民间协会内部，代表问题还取决于集团的强制权力在多大程度上可以促进和适

① Bentley: *The Process of Government*, pp.218–219, 374–375.

应社会的基本信仰和期望，或者与之发生冲突。”①

集团内部的政治情况受到其成员与其他集团成员交叉程度的影响。集团内聚力以及相关的如集团规模、组织、财务、技术等因素，决定了集团能够坚持其主张。内聚力问题持续不断地制约着集团及其领导者的活动，不仅在关键时刻如此，当一个集团呈现具有和谐统一的面貌时同样如此。实际上，当一个外观看上去成功的集团表现出某种和谐时，往往会使粗心的观察者将该集团视为团结
160 的、同质的集团。一个集团如果存在下去，某种程度上必须接受这样的事实，即没有一个集团会充分实现整合。正如麦基弗所说：“共同感使人们忽略了集团内部的分歧，但这种分歧并没有消失。”② 由于这一原因，不要忘记集团是一种互动模式，像第二章所描述的，这是很重要的。集团不是一群人的简单集合，而是特定人之间不同频次、程度的交往，包括交往关系的提升、稳定、发展和下降。③

此处，我们将分析集团成员身份交叉的影响，我们在这里可以引用几个例证来说明，更详细的事例将在本章稍后加以讨论。这种影响在任何一种利益集团内部均会发生。罗斯在一份报告中认为，成员身份（交叉）的异质性是工会内部政治问题的主要来源：

> 成员之间的异质性通常导致利益的冲突，在制订工资计划时，如何调解这些矛盾也是工会领导者面临的最复杂的政治任

---

① Avery Leiserson: “Problems of Representation in the Government of Private Groups,” *Journal of Politics*, Vol. Ⅱ, no.3 (August, 1949), p.567.

② MacIver: *The Web of Government*, p.415.

③ 参阅 Bentley: *The Process of Government*, p.211。

> 务之一。最后的解决办法取决于：(1)不同的(内部)利益集团产生的有效政治压力，以及(2)领导者的政治技巧。[①]

这种异质性在许多集团中明显存在。因此，即使是美国制造商协会，通过限制其成员的范围而避免了一定困难，但还是广泛地运用了“制造”这一概念，以吸纳如邮政公司这样的成员。[②] 这些对成员异质性的限制很明显。毫无疑问，像美国女选民联盟这样的组织主要局限在中上层阶级的妇女的一个原因是，多数人的许多习惯和态度对于来自另一阶层的新成员是奇怪或毫无意义的，即使她们有类似的政治关切也无法抵消异质性产生的影响。

谢里夫和康特里尔在一份研究煤矿工人态度的报告中，描述了 161
成员身份交叉和冲突的例子。1943 年 5 月，矿工联合会的领导威胁要举行一次罢工，该罢工一旦发生，将大大削弱政府对煤矿的控制。当工会工人被问及是否赞成罢工时，他们以二比一的比例表示反对，主要原因是“希望不要妨碍战争的进行，相信罗斯福总统能够公平地对待他们”。尽管如此，超过四分之三的矿工也表示，如果号召罢工，他们也会走上大街，因为他们“不会让工会和工会领导者失望”。[③]

麦基恩研究的新泽西州利益集团是一个寻常的例子。天主教会反对精神有障碍者进行绝育手术，新泽西州女选民联盟则主张支

---

① Ross: *Trade Union Wage Policy*, pp.31–32.

② 当涉及公司时，“身份交叉”的概念就难于适用，因为它适用于两个集团中互动的重要官员，当然并不适用于整个公司。

③ M.Sherif & H.Cantril: *The Psychology of Ego-Involvements*, p.380.

持这一提议。麦基恩评论道：“一位虔诚的天主教妇女同时也是联盟的积极成员，她将不得不面临最令人不愉快的两难，必须放弃对其中一个的忠诚。类似的冲突不断发生……”①

另一个不那么明显的例子是谢茨施耐德对 1930 年《斯穆特-霍利关税法》的研究。当时全国普遍的态度是强烈赞成保护性的关税，只有法案的通过使某些集团受到极大的威胁，才会被极力反对。②

在一些事件的影响下，成员身份交叉和冲突的方向和程度不断发生变化。这些变化必然影响集团的主张及其能发挥出的影响力。直到最近几年，所有的全国性农业集团要求对人造奶油征收限制性税收以利于天然奶油。因为人造奶油越来越多地来自国内产油区，特别是从靠近主要奶牛养殖场地区种植的大豆中提炼，美国农业局联合会等集团发现有必要阻止这一现象。1948 年该联盟的大会报告中提道：

> 美国农业局联合会昨天中止了关于颇受争议的对人造奶
> 162 油征税的行动。该联盟的争端委员会仔细讨论了这一问题，
> 最后投票决定不采取任何立场，并将此问题放到年度大会上
> 讨论。
>
> 该组织在生产黄油和人造奶油所用的植物油的地区有大量会员。③

---

① McKean: *Pressures on the Legislature of New Jersey*, p.224.

② Schattschneider: *Politics, Pressures and the Tariff*, p.163 and *passim*.

③ Associated Press dispatch from Atlantic City, New Jersey, December 17, 1948.

在这种情况下对个人产生什么影响？在这些内部政治中，许多人的多重成员身份以及他们所属的利益集团的内部凝聚力程度又如何？我们首先探讨从个人在不同制度化集团和协会中的适应这一事实。这些集团中人员的变化、集团模式的变化会不断制造出或强或弱的干扰，个人随之调整其在集团中的活动，或者加入新的协会，或者退出现在的协会。因此，个人和集团都在不断重新调整。

个人在数个集团中的成员身份不可避免地产生的矛盾和冲突，在个人和集团中均造成了干扰。这种心理冲突是痛苦的，它们迫使个人通过改变其参与的性质或改变其集团归属来寻求调整。[1] 关于政治利益集团内部冲突结果的研究数据并不充分，但有一些最近的资料提供了有效例证。拉扎斯菲尔德对俄亥俄州艾里县 1940 年总统选举的研究，在许多方面取得了突破。在研究了宗教、城市或农村以及社会经济地位等因素使投票者偏向于某位候选人后，他发现这三个因素并不作用于同一方向。这些例子涉及的冲突类似于我们已经研究过的情况，尽管研究的结果并不一致。上层社会经济地位（偏好共和主义）人士组成的天主教徒（偏好民主）受到压力，下层社会经济地位（偏好民主）的农村居民（偏好共和主义）同样遭受 163
冲突。这些压力或冲突，正如投票行为、投票者作决定的难易程度，或通过选举表达出来的态度那样，降低了选民对选举的兴趣。选民们实际上通过退出选举活动从而逃避态度的冲突。对选举不感兴趣的选民最有可能这样做。[2]

① Sherif and Cantril: *The Psychology of Ego-Involvements*, pp.5, 290. 另见 p.28。Chapple and Coon: *Principles of Anthropology*, pp.434–435.

② Lazarsfeld, *et al.*: *The People's Choice*, chap.6.

1944 年对全国大选的研究基本上使用了同样的方法，也证实了这些发现。这一方法建立了一个政治偏好的五个层次，以宗教和社会经济地位作为尺度，从强共和为一极到强民主为另一极。那些属于各个层次中的人，他们的偏好陷入了冲突，显示出与艾里县总统选举时人们由于心理冲突而缺少兴趣和不愿参加选举的那种状况。[①]

最近一个例子是研究一个由共产主义者领导的地方天主教工会。研究集中在对美国与苏联关系的看法上，假定工会成员受到工会领导者和天主教会双重影响而导致态度冲突，那些最接近共产主义观点的天主教徒成员“倾向于摆脱教会的影响”。其他人，就像拉扎斯菲尔德研究的投票者，对这个有争议的问题失去兴趣而退出冲突。[②] 那些由于多重成员身份而陷入冲突者在这个问题上部分或完全退出一个集团或两个集团，以此来化解冲突。这样，至少在特定目标的凝聚力方面，集团的整合也就必然受到了破坏。

仔细观察许多利益集团内部的互动频率，可以衡量，或至少一定程度上可以确切地描述成员身份的交叉对集团内聚力的影响。有学者已经作过类似的努力，[③] 但至今为止还没有系统地进行研究，尽管关于共产主义–天主教工会的研究可以算作开始。

164 根据目前可用的资料，我们开始分析由于多重成员身份产生的冲突所导致的影响。这些影响首先取决于经历冲突的集团中成员

① Korchin: *Psychological Variables in the Behavior of Voters*, chap.5.

② Martin Kriesberg: “Cross-Pressures and Attitudes: A Study of the Influence of Conflicting Propaganda on Opinions Regarding American-Soviet Relations,” *Public Opinion Quarterly*, Vol.13, no.1 (Spring, 1949), pp.5–16.

③ Chapple and Coon: *Principles of Anthropology*, p.38.

的数量。当集团成员的数量较可观时，对集团内聚力的影响将是严重的。如果集团成员的数量较少，它对集团产生的影响将取决于个体成员的作用。如果这些个人正好是正式或非正式的领导者，那么这种影响就会变得异常严重，有可能导致该集团暂时或永久的分裂。如果这些个人仅仅是一些普通成员，结果可能是微不足道的。其次，这些因素对集团的影响取决于解决冲突的方式。因为短期冲突而暂时失去兴趣或减少对集团的参与可能轻微影响甚至根本不影响集团。如果持续降低参与集团活动的频次或永久退出集团，对集团的影响就很明显了。

这时，集团领导者的技能和影响将变得十分重要。领导者很少能够控制普通成员的多重身份，但在一定范围内他们可以隔离这种影响或使这种影响最小化。不管领导者是为了长期任职还是实现集团的目标，集团内聚力的最大化是利益集团内部政治活动中领导者持续的、首要的任务。

缺乏关于在特定时期特定集团的确切资料，就不可能准确了解特定冲突和成员身份交叉的影响。即使是某个人在某一时候加入一个集团而不是另一个集团的可能性，也会随着情况发生变化。发现哪些是决定性因素是相对容易的，但除非经过持续的、认真的观察，否则很难确切了解这些因素的作用。正如谢里夫和康特里尔所观察到的："众所周知，集团互动对参与集团的个人经历和行为产
生差异性的结果。"[①] 因此，人们往往发现媒体对个人的观点产生不 165

① M. Sherif & H.Cantril: *The Psychology of Ego-Involvements*, published by John Wiley & Sons, Inc., 1947, pp.280, 382.

同的影响结果，[①] 由此同样导致行为的差异。

这些关于个人差异的明显观点，使一些研究者修正甚至反对集团塑造其成员态度的假设。看到部分包含和成员身份交叉的证据，这些研究者推断出一种神秘的个人自主，使人联想到关于“自由意志”的无效争论。例如，麦基弗写道：

> 个人从未被全部吸纳入社会，从未完全对社会作出反应，从未完全由社会支配……与机体的细胞不同，个人是一个自我引导的单位，具有某种类型和某种程度的自主性。个人所处的社会不能规定他的每一个行动。最重要的是，社会无法规定个人的每一种思想……[②]

不同的感受和不同的反应，可以从个人独特的生物遗传以及以他的集团经历为基础的集团性假说中得到充分解释。个人的差异性的确存在，也对政治的模式产生影响，但无论是个人差异的源起还是它们的发生，都不排斥集团的假设。[③]

源于多重成员身份的个人差异性的证据在另一层关系上也具有重要意义，它对马克思主义认为的“阶级利益比职业集团的利益更为重要、普遍”的假设提出了挑战。这两种过于简化的假设都忽

---

① Bernard Berelson: “Communications and Public Opinion,” in Wilbur Schramm (ed.): *Communications in Modern Society* (Urbana, Ill.: University of Illinois Press, 1948), p.178.

② Maclver: *The Web of Government*, p.412. 另见关于“自我意识”的讨论，p.145。

③ 参阅 Muzafer Sherif: *An Outline of Social Psychology* (New York: Harper and Brothers, 1948) ,chap.17。

视了多重成员身份对于政治过程理论的充分性所具有的重要作用。否认组织化的利益集团具有一定的阶级特征是不正确的。[①] 怀疑由于职业的相似性而结成的利益集团是美国社会生活中最重要的因素，也是可笑的。这并不意味着这两种假设之一始终占据着主导性地位，或者所有的重要政治冲突都是阶级冲突，又或者对大多数个 166
人而言，职业利益更为重要。正如曼海姆指出的：

> 没有绝对的阶级对抗，马克思主义理论把绝对阶级冲突的边缘状态视为正常状态。在某种情况下不可调和的冲突却可能在另一种情况下和谐并存。不管采取合作的方式，还是使用革命的方式，除了其他因素外，还将取决于将来的冲突和过去的经历。[②]

最近一项从心理角度对阶级的有趣研究发现，在美国不同阶级之间并没有绝对的差异，相反却证明了跨越阶级界限的更为狭窄的归属的存在："在阶级认同和保守主义-激进主义之间并不完美的相互关系部分归因于利益冲突。"[③] 可能有朝一日曼海姆所说的"边缘状态"将出现在美国，但是，政治解释必须说明整个过程而不仅仅是其中的一个高潮阶段。

职业集团基本上受到并非来自职业利益的影响，这一事实清楚地表明，它们必然地接受我们在前文讨论过的"民主模式"。而且，

---

① 参阅 Lazarsfeld, *et al.*: *The People's Choice*, chap.15。

② Karl Mannheim, 转引自 MacIver: *The Web of Government*, p.281。

③ Richard Centers: *The Psychology of Social Class: A Study of Class Consciousness* (Princeton, N. J.: Princeton University Press, 1949), p.204.

在所有集团内部引起矛盾的成员的异质性通过内部的妥协和适应过程而缓和了职业利益的要求。赫林在谈论非职业集团时指出："它们的存在表明，在这个国家中补充性的代议制度不仅仅是经济阶级的大会，也是一个民主的进化过程，各种思想、学说、信条同样有着它们的发言人，他们在权力上甚至超过了那些职业和产业的代言人。"[①] 这种情况并不陌生。来自简单社会中的证据也表明，社会也可能会给予一个处于较高经济地位的集团的利益更多的优先权。[②]

167　在美国，政治的稳定并不建立在阶级冲突理论或职业利益主导的这些脆弱的假设基础之上，它的基础比这些假设要坚实得多。但基础越坚实，可能对观察者而言越不幸的是，政治过程本身就越复杂。本特利在谈到这种复杂性时说道：

> 集团过程的本质（我们的政府以一种相当成熟的形式表现了这种性质），是集团根据它们自己的利益标准自由地结合，解散，再结合。不管狮子的咆哮声多么大，当它的胃口满足了，就会像温顺的羔羊一样躺下来。[③]

集团内聚力与反叛

内聚力是政治利益集团的一个重要问题。其他因素对社会中的利益集团和制度产生程度不等的影响，但集团的团结程度可能是

---

① Herring: *Group Representation Before Congress*, p.206.

② 参阅 Linton: *The Study of Man*, pp.427–431。

③ Bentley: *The Process of Government*, p.359.

决定集团成功的最重要因素。反过来，前文也已指出，集团的内聚力也受到成员身份交叉现象的密切影响。但是，这一因素不是集团内聚力的唯一决定因素：集团在地理上的分布也是重要的。因为，即使在通信发达的今天，分散的集团或多或少比其成员能够直接面对面地进行频繁交往的集团的团结性要差；集团内部为了争夺领导权进行的宗派斗争以及集团缺乏明智的政策也都是重要因素；集团规模，尽管不是完全独立的因素，也是相当重要的，因为规模的提高加大了异质性和缺乏统一的可能性；与集团异质性紧密相关的外部变革的不同影响，可能很重要，因为集团外部的技术和态度的变革很少以同样的速度、程度影响集团的所有成员；最后，领导者的政治技能也可能是重要因素，因为它可以大大减少各种对集团内聚力构成的威胁。

因此，尽管成员身份交叉不是集团内聚力唯一的决定因素，但 168
却是基础性的，在解释更大社会中的集团政治时尤为重要，它回应了“稳定的政策如何存在于利益集团的多样性之中”这一问题。这一问题的详细回答将在后文展开。然而事实是，**从长期来看**，组织化和潜在集团中的成员身份交叉对集团的解体或失败施加了一定的限制。当然，我们应该加上一句，从长期来看，一个复杂社会也可能经历革命、退化和腐化。然而，一个社会要维持稳定，如果它能够维持稳定，很大程度上是因为社会成员多重集团身份的存在。

由于成员身份交叉以及相关因素而导致的集团内部斗争的证据并不容易找到。因为团结或表面上的团结是实现集团有效性的基本政治方法，大多数集团都小心翼翼地避免让外部知道其内部的秘密斗争。因此，它们倾向于坚守这样一条旧的政治格言：家丑不可外扬。这种方法的有效性可以得到证实，许多观察者倾向于根据自己的判断认为，这些集团会无条件地宣称自己很团结，避免谈到内聚力问题。然而，无论这些证据如何难以搜寻，集团内部政治问题仍然是核心问题，正如加西奥所观察到的："困扰民主政府的最大问题，不应该在立法机关或行政机关中寻找，甚至也不应该在集团联盟或集团冲突中去寻找，而是应该在集团内部政治中去寻找……整个制度很大程度上是建立在此基础上的。"[①] 即使是对于那些粗枝大叶的观察者，这里也有着丰富的资料，其中一些关于集团内部冲突的材料更为详细。下文对此进行分析。

最有启发意义的集团内部斗争例子之一，发生在过去十年前后的美国医学会中。作为职业性集团的美国医学会，公众在如伦理标
169 准、为改善所有人的生命作出奉献、坚守在集团中得到广泛拥护的"游戏规则"等方面抱有广泛的期待。因为与"穿白大褂的人"的价值象征联系在一起，该集团及其成员被赋予了比他们在社会中的人数比例远高得多的声望和权威，只要他们不严重违背人们的期望。

在过去的二十年中，这种集团的平静被主要来自外部的变革打破，包括其他集团对该集团成员的要求发生了变化。这些要求集中在消除美国不同收入水平和不同地区的人们享受医疗服务的质量上的明显差别。这些要求挑战了传统医疗活动的组织模式——医生与患者之间的关系模式。传统的医生与患者的关系是，只有当病

① Oliver Garceau: *The Political Life of the A.M.A.*, p.13. 这本书主要关涉 1939 年以前的发展情况。

人需要时并能够支付医疗费时才请医生。这一挑战由于传统模式受到两个额外的干扰而被加强：首先，人口流动性的提高降低了人们对“传统的家庭医生”的依赖，因为一个家庭可能有几个医生，每一个社区都至少有一位医生；其次，医疗领域专业化的发展使许多人包括医生认为，如果在一个诊所中许多专家共同合作，病人能够享受到更好的服务。

美国医学会及其积极少数人在一定程度上引导医疗领域适应这些变革以及其他相关变革的要求。由于协会所处文化背景中的“民主”因素，不适应或抵制变革使积极少数人在医疗领域内外都受到了怀疑，尤其是那些具有职业地位的协会成员。无论是集团成员还是外部人员，都希望各种协会适应社会文化中的习惯背景。

1938 年，这种类型的危机急剧爆发，当时美国政府向美国医学会及其成员集团提起了一系列的反托拉斯诉讼并取得了成功，原因是该协会在哥伦比亚特区拒绝吸收成员，因此许多属于某个政府雇员协会的医生无法使用某些医疗设施。该政府雇员协会建立的目的是向其成员及其家庭提供有偿（以预先付费方式）医疗服务。[1] 作为政
府雇员医疗费预付协会，健康协会在困难时期得到过美国医学会的 170
几个著名成员的资助，尽管该协会与美国医学会的要求不一致，这些成员还是同情其进行的这种实验。

在这种情况下，对集团内聚力构成的威胁是很明显的。如果以协会某些成员和外部集团一些成员的眼光来看，一旦被指责违反了第五章所说的“民主的模式”，或本特利称为的习惯背景，积极的少

---

① American Medical Association v. U. S., 317 U. S. 519 (1943).

数人的力量就会受到来自集团内部的威胁。而且，如果在与竞争集团的合作过程中领导者的言行遭到其成员的成功地反对和抵制，那么集团对外部集团的作用就会下降。如果持反对意见的成员越是公开坚持自己的要求，协会就越无法以权威的方式“说话”。由于这些原因，积极少数人的地位进一步受到威胁，集团对其他集团提出的要求也就难以实现。在这种情况下，协会可能停止履行其调整功能，也许面临着分裂或解体的危险。

在这种条件下，1937 年美国医学会内部形成了一个松散的医生组织，他们自称为“争取医疗条件改善医生委员会”（Committee of Physicians for the Improvement of Medical Care）。这是一个精英型的组织，由已故的波士顿的休·卡波特博士领导。他们的纲领比较模糊，但要求在职业组织内对医疗服务的组织和财政方案实行更自由的听证制度。实际上，这是少数人要求保护“民主的”习惯背景的做法。尽管其在人数上有一定的增加，但没有做任何积极的推广努力，也没有将自己建立为一个与美国医学会相竞争的对手，它的成员仍然是美国医学会的成员。它的功能是通过威胁内部凝聚力和外部的有效性，迫使美国医学会在医疗组织和财政问题上改变立场。在该组织成立不久后，加西奥评论道：“整个策略是作为象征，而不是最大程度聚集潜在力量。”[①]

医生委员会的努力一开始就遭到了美国医学会重要官员的指
171 责，但重要的是，美国医学会的行动由于受到来自医生委员会部分外部成员的抗议和威胁而被迫作出了修正。据报道，医生委员会有

① Oliver Garceau: *The Political Life of the A.M.A.*, pp.148–149.

一段时间因为《美国医学会杂志》(A.M.A. *Journal*)阻止不同的政策观点而被拒绝在该杂志上发表意见，直到“几家州的杂志无情地攻击美国医学会的政策”为止。[①]

美国医学会内部也出现了许多其他的纷争，其中不少都是关于某个人的，他就是《美国医学会杂志》资深编辑莫里斯·菲什拜因，直到1949年他还是积极少数人的非正式发言人。在1946年的旧金山会议上，该协会的代表机构通过了一项决议，对菲什拜因的活动予以限制。[②]最明显的变化是，美国近来实施了一项强制医疗保险计划。医生委员会积极参与这项计划和其他的立法建议，公开反对美国医学会的主要立场。[③]而且，协会内部的其他人员，虽然并不完全同情医生委员会的观点，但也加入了公开反对的队伍。

1948年12月，冲突达到了高潮。代表机构通过了一项政策，授权县的分会向每一位会员收取25美元作为基金，以反对1948年大选后再次提出的强制医疗保险计划。[④]但马上有意见反对收取该费用，而且反对意见是公开的。一个由美国医学会的136名成员组成的集团致信菲什拜因，信中暗示冲突的严重程度。这封公开信表明了美国医学会内部缺乏意见的表达渠道，也表明了会员们对协会

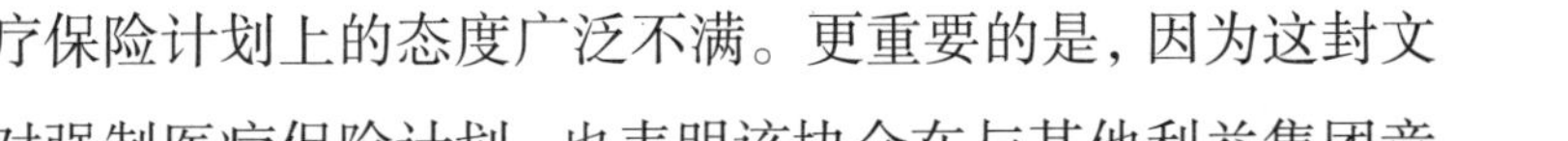

在强制医疗保险计划上的态度广泛不满。更重要的是，因为这封文件特别反对强制医疗保险计划，也表明该协会在与其他利益集团竞

① Oliver Garceau: *The Political Life of the A.M.A.*, p.99.

② *The New York Times*, July 3, 1946.

③ 例如，U. S. Senate, Committee on Education and Labor: *Hearings on a Bill to Provide for a National Health Program*, 79th Cong., 2d Sess. (1946), pp.982–1016。

④ The *New York Herald Tribune*, December 3, 1948.

172 争中因丧失威信而导致的不满程度。此处或许可以引用一段该信件中的内容：

> 全国许多医疗界人士的大量评论使本信件的签名医生相信，医疗界的很大一部分成员不赞成美国医学会在卫生事务方面的政策主张和行动。对每一名会员收取25美元使得协会的官员们有权处理数百万美元的资金……
>
> 如果这些资金被用于宣传和游说活动，而不是用于发展全面的医疗卫生计划，我们将强烈反对并拒绝缴纳。我们呼吁所有对美国未来医疗事业负有责任感的医生们联名提出他们的抗议。我们需要通过宣传让公众了解这件事……
>
> 我们相信，美国医学会在一般的医疗问题上的态度和政策的失败仍不能使它充分认识到改进自身的需要，也不能使它抓住有利时机推出一项对公众和医疗事业均有益的、广泛的、建设性计划。而且，我们相信，在目前的危机情况下，避免一个无所不包的强制医疗保险计划以及保障我们卫生体制未来发展的直接方法就是协会应该实施一项计划，既考虑民众的需要，也要公平对待医生们的利益，这样它才受到普遍的欢迎。①

作为回应，美国医学会通过杂志的编辑斥责抗议者为“象牙塔里的人”。在攻击医生委员会时，编辑将该派系斥为说教者，或“将大部分时间花在教化上”的人。据推测，在医疗界，从事教学和研

① The *New York Herald Tribune*, December 12, 1948.

究人员对令人不安的变化更为敏感，因为他们作为个人和作为集团的经历不同。美国医学会对从事医学教育者并不十分尊重，认为他们远离医疗实践，尤其是一般的医疗临床人员，称这些人为麻烦制造者、不切实际的梦想家。[1] 173

2月，美国医学会出台了一个包括十二项内容的方案，但没有被那些不满者接受，即使该方案是在不满者与协会的官员举行了一次协商后发表的。而且，为了象征团结（这是一般利益集团特别是美国医学会的特点），协会的理事们和官员们斥责抗议者“不幸地损害了美国的医疗事业”。他们进一步宣称，收取25美元的费用，不是为了“游说立法活动”，而是“为了教育”。[2] 这些策略旨在进一步防止会员的离散，而不是让那些反对者回心转意，因为后者能够注意到分发给普通成员关于收费的正式“解释”，四个目标中的三个是如此写的：广泛揭示“内容上错误的医疗保险计划”；说服“外行”集团反对这一计划措施；与维特克和巴克斯特维持良好的公共关系，因为他们“成功地领导了一场加利福尼亚医学会的运动，击败了由该州州长支持的医疗社会化计划”。第四个目标“推动了自愿预付……计划……”[3]

加入抗议的其他集团和人士，包括医生委员会的成员以及查宁·弗罗辛哈姆博士，后者是该委员会的成员和新建立的由医生、

---

① The *New York Herald Tribune*, Feburary 14, 1949. 对反叛者更严厉的制裁，见April 15–16, 1949。

② Ibid., Feburary 19, 24, 1949.

③ “美国医学会的众议院代表解释25美元的会费”，致信协会成员，未署明日期。

劳工领导人、商人、牧师组成的全国卫生委员会（Committee for the Nation’s Health）的主席，而全国卫生委员会支持强制医疗保险计划。[①] 一些县的成员协会也正式反对该计划。纽约州金斯县的医疗集团以微弱的多数票否决了该计划，该计划在其他县的医疗集团中也遇到了巨大挑战。在这种情况下，美国医学会秘书乔治·勒尔博士感到有必要确保 85% 的组织成员支持其方案，据他预测，2000 个县学会中有“300—400 个”集团持反对意见。[②]

到 4 月，随着以增加医疗服务为目的的全国医生委员会宣布解
174 散，冲突的结果开始显现出来。这一委员会成立时间不长，尽管在名称上与改进医疗服务的医生委员会多少有些雷同，但并不会被混淆。该委员会在运作过程中曾经得到美国医学会的支持，在 1 月宣布它将继续按照美国医学会的正式要求运行，尽管该协会的活动在上年 12 月对收费的评估活动后已经增加。[③] 但到 4 月，该委员会在解释其解散时指出，“医学会 12 月决定建立自己的机构来接管全国卫生委员会的工作”。[④] 更合理的解释应该是，该委员会极为无效的宣传活动反而加大了美国医学会的分裂。在 1 月，该委员会要求从会员中筹集资金时，全国医生委员会将“丹·吉尔伯特的华盛顿来信”的副本送给新教牧师们以及所有的报纸，以此解释自己的

① The *New York Herald Tribune*, February 21, 25, 1949.

② Ibid., February 19, 1949.

③ 全国扩大医疗服务医师委员会（National Physicians Committee for the Extension of Medical Service）致医生的信，1949 年 1 月。

④ *The New York Times*, April 17, 1949. 据报道，该委员会在 1948 年前 9 个月支出的钱比根据《联邦游说管理法》登记的任何其他团体的都多，其中约有一半来自 29 家药品制造商。

工作情况，它认为这封信是“一个时代少数真正重要的宣言之一”。[①]信的副标题是“本月的寓言式新闻”，可以从一些摘要中看出其大致内容。信的开始是“致亲爱的美国基督徒”，然后是：

> 在这个非常时刻，我向所有牧师同仁发出呼吁之际，一股围绕联邦政府的“强制医疗保险”提案背后形成的巨大压力向我们袭来。严格讲，这不是医疗的“社会化”，情况比这还糟糕。这是一剂令人最不舒服的政治性医疗改革之药。
>
> 基督教训诫我们要政教分离。我不认为政治权威比教会有更多的责任使医疗职业“社会化”。
>
> 作为一个福音书的牧师，我祈祷人们反对这个反基督的魔鬼——政治性医疗改革。我呼吁基督徒们进行活动和祈祷，使我们热爱的土地免受布尔什维克官僚制这一怪物的困扰。[②]

美国医学会之所以受到这种事情的严重困扰，尤其是在当时情况下，这种宣传之所以加剧了联合会内部的分裂倾向，由此看来就是十分自然的了。

第二个重要的发展发生在1949年美国医学会的年度大会上。代表机构同意使用报纸上的话禁止菲什拜因博士发表言论。的确，大会的宣言禁止这位编辑在有争议的问题上发言，除了科学问题，不可以举行新闻发布会，不能在联合会的《美国医学会杂志》上发

① 全国扩大医疗服务医师委员会致医生的信，1949年1月。

② *Dan Gilbert's Washington Letter: Prophetic News-of-the-Month*, 511 Eleventh Street, N.W., Washington, D. C., December, 1948.

表专栏文章，没有执行委员会的同意不可以写编辑按语（这一有趣的例子描述了积极的少数人的源起和特点。然而，这一行动需要有详细的理由，因为菲什拜因博士属于专职人员，是按照规定服从选举产生的协会官员的领导）。这一行动代表了一次在积极的少数人内部进行的更为复杂的调整行动，比美国医学会的官员们所称关于该行动的表面言论更为复杂。前任主席 R. L. 森塞尼克博士（Dr. R. L. Sensenich）认为，这一行动仅仅表明了协会对长期忠于职守的人员在退休时采取的常规措施，这些措施本身看上去不算常规。代表机构的艾尔默·赫德森博士——协会董事会主席——的话，揭示了其中的一些基本原因。他指出：

> 理事会意识到编辑遭到来自医疗界内外的批评。董事会则认识到，公众相信编辑是本协会的发言人。成员们无疑希望选举产生的官员对所有医疗政策事务发出权威的声音。①

这一争议最终如何被解决，强制医疗保险计划的命运如何，对
176 于我们理解集团政治过程并不重要。由于种种原因，美国医学会正式分裂为两个或更多的独立协会是不可能的。但很明显，冲突与它在集团外部的因素相联系，已经且将继续迫使美国医学会中的积极少数人修改其政策和做法。同样，前文提到的变化是构成了基本政策的改变，还是仅仅属于旨在迷惑反对者及其同情者的、由协会的公共关系理事会引导的表面上的举措，这并不重要。只有当这些事

① The *New York Herald Tribune*, June 7, 1949. 本段内容主要基于这个报告。

实（无论事实是什么）成为连续冲突的主体时，政治分析才是重要的。此外，即使这些变化仅仅是为了重新粉刷门面，但它们仍然是重要的。

美国医学会的例子在集团内聚力和外部有效性方面均揭示了冲突的严重性。没有比这更好的例子来说明集团政治中内部和外部的互相依赖性。关于美国医学会情况的一种比较温和的结论是几年前加西奥作出的："经历了一代人努力后的技术和政策，仍未能使集团在观点和活动方面保持团结，甚至表面上的和谐也消失了。最终在急剧的爆发中削弱了其在公众中的威望和声誉。"① 技术变革和相关社会态度的变化，要求协会中积极的少数人作出调整和适应。而适应的失败在集团内部产生了不同的派系，他们的构成主要取决于多重成员身份中存在的差异。随后发生的冲突从内部和外部都将威胁到协会的地位，以及威胁到积极少数人的地位。在政府中，医疗界至少有两种声音。不再可以说所有医生或所有胜任的医生都一致支持协会的立场。结果是，美国医学会的总影响力下 177
降了。这种下降进一步增加了协会内部的不和。违反社会广泛支持的"民主"原则和类似的利益，对集团整合明显构成了威胁。最终，这些不满迫使积极少数人的政策和活动至少进行表面上的变革——如果积极少数人想维持他们的控制，如果协会想重新得到它失去的地位。

① Oliver Garceau: *The Political Life of The American Medical Association* (Cambridge, Mass.: Harvard University Press, 1941), p.152. 美国图书馆协会多少存在类似的情况，作者提到，运用领导技能使"反对派对协会公开施加压力"。参见 Garceau: *The Public Library in the Political Process*, p.178; 另见 chap.4, *passim*。

至少有两个全国性的职业协会内部同样发生了分裂或宗派冲突，就像美国医学会分裂产生了医生委员会那样。美国牙医协会内部关于医疗保险计划的冲突导致1946年成立了牙医委员会，后者赞成《默里-瓦格纳法》。[①] 类似地，1936年全国律师协会的建立与美国律师协会形成竞争关系。全国律师协会是一个独立的联合会而不是一个少数人集团，美国律师协会比美国医学会更加缺乏整合，导致了内部分离而建立全国律师协会。[②]

第二个详细记录的关于内部冲突的重要例子，发生在美国劳工运动内部，特别是导致产联从劳联中分裂出来的斗争。这一冲突发生的背景和造成该冲突的因素在前两章已经论述过。此处不再赘述，但还是需要梳理一下斗争的主线，以说明集团内部政治的过程。

在所有集团中产生冲突的重要原因之一即成员的异质性，这在劳工运动中体现得最为明显。职业背景的差异、与不同职业市场和产业市场关系的差异，加上诸多其他因素，共同强化了多重成员身份的后果，也产生了集团内部的分裂和围绕分裂展开的斗争。即使成员工会，尤其美国的成员工会，所经历的内部冲突之严重也使它
178 们中的许多工会诉诸法庭解决争端。[③] 尽管大部分工会会员厌倦了工会事务，但他们还是对工会抱有期望。为了组织的生存，工会的

---

① U.S. Senate, Committee on Education and Labor: *Hearings on a Bill to Provide for a National Health Program*, 79th Cong., 2d Sess.(1946), pp.1036ff.

② Esther L. Brown: *Lawyers and the Promotion of Justice* (New York: Russell Sage Foundation, 1938), pp.146–153; 参阅 Hurst: *The Growth of American Law*, chaps. 12 and 13, esp. pp.359–366。

③ Philip Taft: “Democracy in Trade Unions,” *American Economic Review*, Vol.36, no.2 (May, 1946), pp.366ff.

领导者不管是在处理与雇主的关系，还是在处理劳工运动中更为广泛的问题上都必须认真对待这些期望。罗斯指出：“特定的工会所采取的政策并不代表其开明的程度，而是表示不同的选择。直到我们认识到组织生存的重要性成为领导者的核心目标时，才会理解这些政策。”[①] 在这些情况下，罗斯认为，工会领导者面临着一系列的政治压力，每一种压力都来自“一些利益集团，它们希望组织的目的有利于它们”。在这些压力集团中，除了雇主和政府机构外，还包括普通成员、大大小小的工会官员以及其他工会。[②]

如第四章所讲，这就是美国劳联产生以及陷入麻烦的背景。我们已经看到，到 1920 年代后期，由于种种原因，产业单位已经成为大部分劳工的“自然”的组织基础。但是，美国劳联对新需要的回应必然会打破整个组织结构内的既得利益关系。美国劳联一直以来由一群国际性成员工会组成，其领导机构是由这些国际工会派出的代表组成。大规模引入一种新的组织基础，必然会威胁那些按照行业划分的国际性工会代表所组成的执行委员会的领导地位，即使他们名义上的地位并没有被改变。他们无法想象自己在联合会中的衰落地位，尽管行业工会不可能在大规模产业中组织工会。米利斯和蒙哥马利在谈到重塑工会形式的问题时指出，它“不同于纸上谈兵”。即使这种组织更新仅是指行业工会的合并，但它“也损害了职位的拥有者，并将涉及财政的调整，遇到忠诚成员的感情抵触，179
减少手工业者所制造的困难，并允许新式工人与旧的手工艺人竞

① Ross: *Trade Union Wage Policy*, p.16.

② Ibid., pp.25–26.

争”。[1] 正如我们所见，美国劳联成立是为了使行业工会能够保护这种既定的关系。在化解工联主义的冲突中，这些组织安排具有一定的效果。

美国劳联的成员单位享有自治权是该联合会的标志，产联的脱离是工会独立中出现的最激烈冲突。在冲突的早期阶段，劳联的建筑贸易部由于担心本部门发生变革，害怕选举新的官员，在 1934 年拒绝让那些已经得到劳联的执行委员会同意的代表出席它的大会。美国劳联主席在大会的支持下宣布这一行动无效，但这一问题直到 1935 年劳联再次举行大会时才得以解决。[2]

对于工联主义的倡导者来说，这一问题并不是一件无关紧要的事情。倡导者们主要是按照产业组织建立起来的工会的领导者，他们不断受到在推动重要的大规模产业如钢铁业、汽车业、电力机械业加入工会时遇到失败的困扰。许多半熟练工人受到公司工会扩张的威胁。而且，工会成员由于美国劳联无效的政治活动而变得不满。正如我们在第四章谈到的，这些组织需要更多地参与政治过程。尽管产业工会组织的主要领导人约翰·L. 刘易斯（John L. Lewis）的个性与联合会分裂的时间和妥协失败有着较大关系，但冲突本身主要来自产业工会和行业工会之间巨大的分歧，这样的分歧是因多重成员身份的差异产生。冲突不可避免，而分裂则是偶然的。

因此，就当时内部政治安排的情况看，美国劳联遇到的问题几

---

① Millis and Montgomery: *Organized Labor*, p.277.

② Ibid., pp.295–296.

乎是一个不可解决的问题，这个问题是如何将“完全不受工会主义影响的产业工人吸收到最合适的组织中去，而且这个组织不侵犯全国性的或国际性的（美国劳联下属）工会的管辖权”。[①] 在罗斯福新  180
政的早期，执行委员会最初试图按照半产业性质或工厂性质的标准来建立联合工会（直属于美国劳联）。无论是联合会内部的产业工会倡导者还是新工会的成员都认为，后者将会被并入产业工会，因为它们的成员缺乏与行业组织和谐共处的精神。然而，“行业工会却开始宣称有权管辖新组织起来的工厂工会的成员”。

1934 年 10 月在旧金山召开的大会上，产业工会成员提出了几项议案，对美国劳联执行委员会在推动组织建立时的行动迟缓，以及考虑行业工会要求时表现出来的软弱表达了极大的不满。那些行业工会的新加入者在原有的行业中制造分离，从而威胁到新的地方工会的整合以及产联主义的扩张。这次会议达成了一项口头协议。各方都对这项口头协议自行作出了解释，但实际上只是推迟了摊牌而已。第二年在亚特兰大，一群产业工会领导人提出建立产业组织委员会（即产联），用他们的话说，这是因为执行委员会忽视了 1934 年协议的内容。这次，行业工会阻挠了一个少数人委员会的报告（这本身就是一个不寻常的发展）。该报告强烈要求按照产业标准在大规模产业中组织工会，在行业工会不占据主导地位的地方“不需要考虑管辖权的问题”。

这是反叛而不仅是分裂。新兴的产业工会的利益和行业工会的利益的差异，在某种程度上取决于与它们有关的各种制度化经济

① Millis and Montgomery: *Organized Labor*, pp.203, 205.

集团之间的差别，的确如此。但两个集团的成员在关于劳工运动的态度上有一定的共同之处，既不立即同意继承，也不表示排斥。但是美国劳联中积极忠诚的少数人遇到了挑战，因为产联的建立剥夺
181 了执行委员会在组织事务中的提议权。结果出现了“双重联合主义”（“dual unionism”）的幽灵，不仅在劳工运动中，而且在所有的利益集团中都是罪恶之源。由于对联合会的团结和少数人的主导地位构成的威胁要大于美国医学会和医生委员会所遇到的威胁，因而劳联采取的针对性措施也就不仅仅是语言上的反驳。

由于害怕“双重联合主义”的影响，1936 年 1 月执行委员会要求产联解散。解散未能获得成功，于是便对参加的工会提出了正式的指控，它们的领导者被传唤受审。1936 年经过美国劳联大会的批准（反叛工会没有派代表参加），禁止产联活动的提议被通过。有趣的是，直到 1938 年，也就是第一次正式分裂两年半后，在各派之间进行和平谈判所做的无数次努力都失败之后，这些工会才正式被驱逐出去。

劳工运动分裂中并不显著但其影响更为重要的部分结果是美国劳联组织方法的新发展。随着产联的退出和 1937 年最高法院裁定通过《全国劳资关系法》，劳联大大加强了组织工作，且淡化了曾经成为分裂主要源由的行业标准。[①] 类似地，产联参与全国性政治和立法活动的热情迫使劳联放弃（它）通常所持的、有限的、防御性的政治立场，转而支持以前并不热衷的各种社会立法活动。

尽管这一冲突无疑在美国劳联历史上是最为壮观的一次冲突，

---

① Millis and Montgomery: *Organized Labor*, pp.222–223.

但它不是一个孤立的现象。不同激烈程度的冲突和斗争，内在于利益集团内部的政治生活中，其原因在前文已谈到过。未能在公开报道中披露这些集团的失败，意味着集团内部分歧程度低，或集团有效使用组织手段来调整或压制分裂的影响，而不是不存在分歧。尤其在选举年，那些习惯于公开或私下支持候选人的集团可能显示出分裂倾向。例如，1948 年大选前期，美国劳联的主席宣布他的组织 182
永远不会支持共和党候选人。强大的卡车司机工会的官员迅速宣布格林先生不是为他们而说话，认为本工会“与格林先生没有共同观点，将在代表大会上根据自己的决定，坚持从全国的立场出发进行考虑”。[①]

关于产联的证据也没有否定对协会团结构成的威胁，尽管其组织和相关因素使困扰其对手的分裂降到最低程度。前文已经描述过一个例子。[②] 另一个能够很好地描述外部因素和内部因素互相依赖的例子，尤其是集团积极地通过政府开展活动的例子，是关于在第 81 届国会（1949 年）上推翻《塔夫脱–哈特莱法》的例子。像所有政治领导者必须做的那样，产联的领导者被迫做出妥协，支持推翻该法案，但遭到其右翼成员的指责，认为它受到共产党的控制而“出卖了自己”。执行董事会在反驳这些指责的决议中指出，“在立法活动中任何法案都有修改的空间”。[③] 而且，为了反对右翼，维护团结，产联决定废除美国农业设备和金属工人联合会为了反抗执行董

① The *New York Times*, June 27, 1948.

② Chapter 5, p.117 and note 10.

③ The *New York Herald Tribune*, May 16, 19, 1949.

事会命令而提出的章程。[①] 联盟型集团的成员单位提出自治的要求同样在产联中制造了问题。1949 年美国汽车工人联合会的大会（该联合会在农业设备工人工会的解散中曾经受益）反对批准产联执行董事会的行动，认为它的决定侵犯了工会自治。[②]

尽管没有必要仔细研究其他利益集团内部的类似斗争，这些冲突的例子还是比较丰富的。所谓的商业集团在偶尔情况下才可能高度团结，即当私人财产的基础遭到公开攻击，或在其他如在不同的、竞争着的各种制度化经济集团和协会中的多重成员身份导致重大分裂时。人们通常认为，美国商会提出的纲领的肤浅性和原则性，主要是由于其成员身份的异质性。[③] 商会的成员单位与其政策

183 并不保持一致。另一方面，如第五章指出的，由于商会在资金上并不依赖成员单位，一个或更多成员单位的退出不会像劳联那样产生严重的威胁。

全国制造商协会普遍被认为是一股坚如磐石的政治力量，可能由于它倡导“统一思考，统一行动”，且其政治活动主要是防御性的，因而获得了较紧密的团结。然而，它也因在 1946 年反对立法机关修改价格控制法案以及在组织事务中“大企业”占据主导地位而遭到普通成员的批评。此外，协会的领导者还承认，为了实际有效的

① The *New York Herald Tribune*, May 15, 19, 20, 1949.

② Ibid., July 12, 1949.

③ 参阅 Paul Studenski: “Chambers of Commerce,” *Encyclopaedia of the Social Sciences*; Childs: *Labor and Capital in National Politics*, p.110; Herring: *Group Representation Before Congress*, p.94; McKean: *Pressures on the Legislature of New Jersey*, chap.4。

团结，有必要在政策问题上进行内部妥协。[①]

像商会那样为“美国企业”或“美国产业”整体说话的集团，不管是成员还是非成员，都尽量避免“小”企业的利益与“大”企业的利益发生严重冲突。例如，在专业化的同业协会中曾经发生过零售商、连锁店和邮政商之间的斗争。然而，这种分裂不时地公开爆发，结果产生了竞争性的集团，[②]且这种分裂并不是暂时的。例如，1946年春天，在围绕国会对价格控制法案进行修改的斗争中（美国商会和全国制造商协会都反对修改该法案），就出现了一个自称“新美国商业委员会”（New Council for American Business）的组织。这个参与 1944 年总统选举并支持罗斯福的商人组织迅速扩大，并宣称 184
“全国制造商协会和美国商会不能正确地代表商人的利益”。[③]该集团要求所有“在大萧条期间比全国制造商协会成员更容易受经济不景气影响的”小企业支持它。[④]尽管其确切的成员数量尚不清楚，但该集团的管理人员名册提供了解释该集团存在的另一条分裂线，即在制造业和大的商业企业与服务业、日用消费品企业之间的冲突。该集团的大部分官员都从事后一项事业，名册包括了犹他州广

① Alfred S. Cleveland: “N.A.M.: Spokesman for Industry?” *Harvard Business Review*, Vol. 26, no. 3 (May, 1948), pp.360, 366–367; “Renovation in N.A.M,” *Fortune* (July, 1948), p.73.

② 参见 Oliver Garceau: “Can Little Business Organize,” *Public Opinion Quarterly*, Vol.2, no.2 (Summer, 1938), pp. 469–473。关于这个问题的有用材料可在参议院“研究和调查美国小企业问题特别委员会”（第 77—80 届国会，1941—1948 年）和众议院小企业委员会（第 79 届和第 80 届国会，1945—1948 年）的听证会上找到。

③ *Advertising Age*, May 6, 1946.

④ *Washington Daily News*, April 25, 1946.

播站和报纸的管理者、工业设计师、音响设备制造商、塑料加工商和香水制造商。该集团发出了一种竞争性的、虽然微弱但反对商会和全国制造商协会的声音。其他商业集团如经济发展委员会的产生有着类似的起源。[①]

同样的情形尤其盛行于商业活动的某些行业。多年前，在解释该协会为何没有进行全国范围内的公共宣传活动时，美国银行家协会公共关系部负责人援引了“银行家间关于哪些事情应该被传播而存在着的广泛分歧”。他指出，“乡村银行接触公众的途径不同于大银行与公众的交往”，并继续指出：“强调地方独立开展业务的益处的银行发现，与发展出分支机构的竞争性银行参加同一运动是很困难的……一些银行愿意参加通常的运动，而另一些银行则不愿参加。”[②]

同业协会内部也有着类似的分裂和冲突，这些单独的协会的冲突在某个特定产业内部的小单位与大单位之间或“独立单位”与“连锁单位”之间形成。[③] 全国临时经济委员会对同业协会的调查分析
185 了大量集团解体的原因。其中最重要的一个原因是，1930 年代《全国工业复兴法》出台了相当严格的法律措施，强化了现存的但部分潜在的分裂趋势。报告指出：“由于在执行产品标准中运用法律措

---

① 例如，见约翰逊主席的演讲，他赞扬了经济发展委员会以及与其相关的集团，批评了全国制造商协会，报道见 *The New York Times*, July 10,1947。另参阅 Burton Bigelow: “Should Business Decentralize Its Counter-Propaganda,” *Public Opinion Quarterly*, Vol.2, no.2 (Summer, 1938), pp.321–324。

② Gurden Edwards: “Banking and Public Opinion,” *Public Opinion Quarterly*, Vol.1, no.1 (Spring, 1937), p.24.

③ U.S. Temporary National Economic Committee:*Trade Association Survey*, p.4.

施，《全国工业复兴法》无疑加剧了冲突，并使潜在的利益冲突浮出水面。”[①] 其他原因还包括，某个产业中大量集团利益的异质性、缺乏合作能力、产业内部对工会政策的分歧、不同地区不同工资水平所造成的类似分歧以及在市场销售和分配方法上的差异。

谢茨施耐德引用了许多例子，这些例子中同业协会内部实际的或早期的冲突使得它们无法参加如 1930 年《斯穆特-霍利关税法》的听证会。[②] 即使像全国零售药商协会这样相对纪律严明的贸易集团也经历了各种内部斗争。作为一个联盟型组织，如果协会集中这些州分会的部分权力，那么该协会在各州的成员单位就会威胁要公开反叛。此外，在其与连锁店业进行的长期斗争中，在城市与农村地区的零售药商之间也出现了分歧，后者并不愿意与连锁店进行竞争。[③]

农民协会也出现了类似现象。州分会偏离美国农业局联合会政策立场的趋向在前几章中已经谈到。[④] 地方和州的成员单位的“独立性”对早期农民运动的失败起到了一定的作用，这些分歧背后的利益差异很大程度上解释了 1920 年代“农业集团”最初建立但随即解体的原因。[⑤] 当然，更近的一个纷争事例是关于撤销对人造奶油征收歧视性税收的斗争。近年来，人造奶油的主要原料已

① U.S. Temporary National Economic Committee: *Trade Association Survey*, p.14.

② Schattschneider: *Politics, Pressures and the Tariff*, pp.154ff.

③ *American Druggist*, October, 1937, p.5; *Business Week*, September 20, 1937.

④ 参阅 D.C.Wing: “Trends in National Farm Organizations,” in *Farmers in a Changing World, 1940 Yearbook of Agriculture*, p.973。

⑤ Herring: *Group Representation Before Congress*, p.112；也可见他的文章 “Farm Bloc, United States,” *Encyclopaedia of the Social Sciences*。

经变成了棉籽油、大豆油以及牛油衍生品。这些商品的生产在农业
186 管理局得到大力支持的农村地区十分重要，在牛奶业中亦如此。结果，为了避免公开分裂，避免成员在协会和生产这些商品的集团之间进行选择，正如前文所指出的，农业管理局在撤销这项歧视性税收议案上未予表态。类似分歧的事例是1945年后围绕一项新的政府农业价格计划展开的斗争。在1948年农业管理局的大会上，来自南部和来自中西部的代表在是否同意维持棉花价格的严格的价格方案或支持前一届国会颁布的弹性价格法案问题上存在分歧，这严重威胁到大会的正常进行，以至于该问题被协会的董事会作为达成妥协的一个砝码。[①]

另一个稍不同的例子是在南部农业代表协会内部发展出来的、一个名义上团结的利益集团。1946年12月该协会的秘书向国务院发了一份简报，反对与18个国家进行互惠贸易谈判。这一行动一经公开，其合法性就遭受了巨大的质疑。很明显，至少秘书并没有代表全体一致的集团发言。当时负责经济事务的副国务卿维尔·克莱顿（Will Clayton）发表了一个讲话，拒绝承认阿拉巴马州、北卡罗来纳州、南卡罗来纳州和肯塔基州代表提出的简报。该联合会的秘书是否遵守这个组织的规章无关紧要，重要的是他的行动产生了一种冲突，明显弱化了该集团对这一问题的影响。[②]

美国退伍军人协会内部的冲突产生于其成员身份交叉。格雷报道了奥马尔·布拉德利将军，一位在第二次世界大战期间深受欢

---

① The *New York Herald Tribune*, December 16, 1948. Kile 在 *The Farm Bureau Through Three Decades,* p.390 中指出，美国农业局联合会仍受派别分裂的影响。

② The *New York Times*, February 2, 1947, 来自 W .L .Clayton 的信。

迎的军事指挥官和退伍军人管理局的领导者，在遭到全国领导人约翰·斯特尔（John Stelle）的指责后，引起了普通退伍军人针对全国总部的一股抗议潮流。正是这一抗议，迫使协会的领导者们改变了他们在第二次世界大战后不久一直采取的、反对联邦立法机关支持政府补贴的低租金住房政策的立场。但是，协会对劳工组织的政策 187
提供了一个具有长期意义的例子。自从协会建立以来，人们一直不知道这个退伍军人联盟与工会主义有着一定的关系。相反，大量证据表明，至少在早期，协会在地方的成员是罢工的调解者。然而，不可避免的是，协会中有大量的退伍军人，他们同时也是工会的普通成员。类似于医生委员会，很多人最近几年在退伍军人协会内部结成了许多小集团，使得联合会的领导们在工会问题上采取更为公允的立场。一个自称全国退伍军人工会大会的组织包括大约150个地方分会，13万人，在芝加哥还有一个独立的总部。在1940年到1943年，该组织的领导者为在退伍军人协会内部建立劳资关系委员会而努力。又如医生委员会那样，该组织被退伍军人协会的领导者视为分裂集团，其活动处于二元主义的可怕边缘，尽管没有公开驱逐该组织的行动。然而，1945年12月，退伍军人协会当局宣布这个大会“没有任何法律授权，也没有在美国退伍军人协会内部合法存在，不符合退伍军人协会的规定”。[①]

还有许多其他的例子。例如，赫林在几年前指出，由于其成员身份的异质性，美国教育理事会在选择为成员所接受的活动方案时遇到了较大的困难。该理事会发现，它在是否创立美国教育部的问

① Gray: *The Inside Story of the Legion*, pp.125, 162, and 180–183.

题上无法采取明确的立场。[①]即使是由于领导者的才能及对一个单独问题的关注而紧密团结的禁酒联盟，内部也存在困难。它的影响力在于与部分清教徒教会开展合作，但并不总是进行得十分顺利，在其他活动如大量的内部政治活动也是如此。[②]

① Herring: *Group Representation Before Congress*, p.179.

② Odegard: *Pressure Politics,* pp.15–22.

第七章　内部政治：领导者的任务

利益集团领导者的任务由主要来自集团成员身份交叉产生的 188
不可避免的冲突所设定。保护和加强集团的内聚力成为积极的少数人的首要目标，因为缺乏内聚力，集团效力将会消失，其后果是要么领导者被更换，要么集团无法存在。当然，这也并不意味着集团必须维持稳定的或不断增长的成员数量。实际上，正如前文的一些例子所表明的，通常只有一种方法，也是唯一的一种方法，即往往可以通过驱逐或使反叛的少数人退出集团，从而在大多数人中保持一定的团结。显然，留下的人应该能够维持基本的团结和有效性。

领导的本质

这些观察，就像前文中的其他例子，隐含着关于领导本质的特定假设，对这些假设必须分析清楚。领导活动这一研究课题，尤其是在处理政治活动时，长期深陷神秘主义和其浅薄性的泥潭。除了少数明显的例外，关于政治领导者很少有实证的数据资料可以解释清楚这一课题。然而，近年来，对小集团领导者的观察提供了大量具有普适意义的命题。

这些关于领导者命题的主要特征是，它们产生于关注，不仅关
189 注被认定为领导者的个人品格，且关注这些人与其追随者之间的关系。在这些情况下，领导者可以被视为发起大部分集团行动的人——通过口头或其他方式，而团队中的其他人会对此作出回应。应指出的是，这种关系必须是持久的，即特定集团中领导者与追随者必须或多或少以这种方式一致行动。还应指出的是，领导者不一定总是提出所有的行动方案。实际上，最成功的领导者往往对其追随者的个人行动作出回应——他从个人那里“接受建议”，但对集团“下达命令”。[1]

这种对领导关系的强调实质上**就是**谈论领导者的权力问题。权力是存在于关系内，而非其外。正如拉斯韦尔指出的：

> 权力是一种人际关系；那些拥有权力者被授予权力。只有连续地存在授权过程，这些人才可以依赖和运用权力。[2]

或者，用麦基弗的话来说就是：

> 社会权力说到底是衍生的，并不来自那些指挥、控制或胁迫其他集团或个人的集团或个人。一个人拥有的权力是他处置事物的权力，权力在本质上不是个人的。除非其他人服从，否则他就不能发号施令。除非社会组织赋予他控制的工具，否

① Chapple and Coon: *Principles of Anthropology*, pp.59, 60, 330–331.

② Harold D. Lasswell: *Power and Personality* (New York: W. W. Norton & Company, Inc., 1948), p.10.

> 则他就不能控制他人。[①]

显然，领导是一种功能关系。领导者“拥有”不同于跟随者的“特质”的说法是否是无稽之谈？关于领导的心理学研究和社会学研究，长期以来一直假设存在一些领导者独有的特质。最近的一篇论文中概括：“没有一种单一或一组特质能够将领导者从其所在的集团中区分出来。”[②] 这意味着，如谢里夫指出的，“没有所谓的 190
领导品质，领导只与具体情境相关”。[③] 当情境发生了变化，领导者所必要的品质也发生变化，集团内部的关系随之变化。而且，在一些情况下，情境被界定为与个人因素高度相关。爱德华·J. 弗林（Edward J. Flynn）对此进行了研究。1920 年代，查尔斯·F. 墨菲（Charles F. Murphy）的逝世和乔治·W. 奥尔文尼（George W. Olvaney）法官的接任使坦慕尼协会正式领导者的职位发生了变化：

> （纽约）海兰市长和史密斯州长都没有忠诚于奥尔文尼法官。墨菲先生在世的时候，他们两人都认识到，他们能登上高位，很大程度上归功于墨菲先生。墨菲先生去世后，市长和州

---

① MacIver: *The Web of Government*, pp.107–108.

② William O. Jenkins: “A Review of Leadership Studies with Particular Reference to Military Problems,” *Psychological Bulletin*,Vol.44, no.1 (January, 1947), pp.74–75.

③ Sherif: *An Outline of Social Psychology*, p.458; 另见 p.101。参阅 Jenkins:“A Review of Leadership Studies,” p.75; Irving Knickerbocker: “Leadership: A Conception and Some Implications,” *Journal of Social Issues*, Vol.4, no.3 (Summer, 1948), pp.23–40; Ralph M. Stogdill: “Personal Factors Associated with Leadership: A Survey of the Literature,” *Journal of Social Psychology*, Vol.25 (1948), pp.35–71。

长都开始处理各自组织的工作，而不是在坦墓尼协会领导下工作，这大大降低了该协会的声望和影响。[1]

尽管作为功能关系的领导概念排除了所有领导者具有的不同于跟随者的共同“特质”，但这并不意味着在特定场合下领导者与被领导者之间就没有差别。然而，这些差异是特定情境下才有的。集团或机构中成功领导者的要求可能随时间、集团所处的外部和内部条件的变化而不同。在某一特定时刻，不同集团和机构中领导者的资格条件差异很大。某一时刻适合于某集团的领导者的个性和技能在另一个时刻可能完全不适合了，在某集团中成功的领导者在另一个集团中可能是一名下属。一个集团可能要求领导者拥有强健的体魄和勇气，另一个集团中则要求具有演讲能

191 力，或丰富的知识，或谈判能力等。在许多集团中成为一名成功领导者的条件可能是类似的，但有了这些条件，并不意味着他就必然上升到领导者的地位。这一假定在一篇文章中得到较为透彻的分析：

> 领导能力不是一个人所拥有的品质，它是一种个人与社会情境互动的功能关系。领导者是集团授予其特定地位的人，领导是履行这一身份职责的角色。领导活动的效果取决于领导者个人特质与集团在特定时刻的目标之间的功能关系。很自然，一些技能和个性是普遍有效的，尽管这些特质不会赋予其

---

① Edward J. Flynn: *You're The Boss* (New York: Viking Press, Inc., 1947), p.49.

所有拥有者领导地位。[1]

前文揭示，集团是在某种情境下活动并反映这种情境，从长期来看，集团情境向有抱负的领导者施加了一种控制。一些研究也表明，领导活动可以用一个比例量化：一个人在集团中提出创议的频次与他对其他人建议之间的比率来测量。在集团中，当这些指标被超越或这些指标的基础发生变化时，领导者与下属之间的关系也就解除了。[2] 用更为简单的语言表述为，领导职位承载着集团其他成员的期望——领导职位权力越大，期望也就越强烈。无法达成这种期望的个人或一群人，在集团结构中将可能跌到更低的位置，甚至被完全从集团中驱逐出去。拉斯韦尔指出："进入一个'职位'的行动成为那些渴望和要求获得职位行为模式的人的关注焦点。"[3] 这种控制关系 192
得到了谢里夫关于自由运动现象研究结果的支持，这一点在第二章中已经谈到，在集团规范建立后迅速改变其标准的领导者也许得不到下属的追随。[4] 这也是怀特对街角团伙研究的主要结论。[5]

不过，集团对领导者的控制也随具体情况而变化。例如，一个联合会在早期阶段可能完全被领导者控制，但当集团组织化程度提

① Cecil A.Gibb: "The Principles and Traits of Leadership," *Journal of Abnormal and Social Psychology*, Vol.42, no.3 (July, 1947), p.284. 另参阅 Sherif: *An Outline of Social Psychology*, p.101; Harold D. Lasswell: *Politics: Who Gets What, When, How* (New York: McGraw-Hill Book Company, Inc., 1936), chap.8。

② Chapple and Coon: *Principles of Anthropology*, p.36–37.

③ Lasswell: *Power and Personality*, p.63.

④ Sherif: *An Outline of Social Psychology*, pp.162ff.

⑤ Whyte: *Street Corner Society*, pp.40, 41 and *passim*; 参阅 Kesselman: *The Social Politics of FEPC*, pp.37–39。

高时，领导者的权力就会大大受到限制。谢里夫研究认为：

> 一场运动在开始时可能由一群深知人们不满和不安的坚定的领导者发起。但是，一旦运动开始具备明确的领导-成员关系结构，并由此正常发展，领导者就不再可能自由地按照自己的意愿来停止或改变运动的进程。[1]

领导者有多大的自由裁量权是不确定的。成员施加控制的观念并不意味着领导者会失去这些权力。它仅仅表明，领导者必须意识到成员期望对他的限制，并小心避免越过这些限制。

实际上，某种程度上的支配权是集团内部某些政治特征的重要结果。集团内部不同部分的期望互相之间可能不完全一致，这一点我们可以从集团成员交叉身份所导致的结果中看到。因此，领导者的任务就变得更加复杂了，因为他们必须反映这些集团内部大小力量不同的期望而变得更加复杂，或通过达成妥协，或在必要的情况下使用“庇护”和“自相矛盾”方式。罗斯在观察工会谈判时指出：“领导功能的一个重要方面就是，确保每一个有效施加政治压力的
193 利益集团在谈判过程中得到代表。”[2] 前文的一些例子也表明，当领导者的这一任务无法实现时，集团内部就会发生分裂或不团结。处

---

① Sherif: *An Outline of Social Psychology*, p.420. 关于工会中这一现象的佐证材料，见 Ross: *Trade Union Wage Policy,* p.41; Brooks: *When Labor Organizes*, p.258。

② Ross: *Trade Union Wage Policy,* p.33; 参阅 Eli Ginzberg: *The Labor Leader* (New York: The Macmillan Company, 1948); C. Wright Mills: *The New Men of Power: America's Labor Leaders* (New York: Harcourt, Brace & Company, 1948), chaps.1–5 and *passim*。

于这种地位的领导者可以被称为“弱”领导者，或许这一标签过于肤浅。尽管领导者实际上不可能在各种冲突着的期望之间进行协调，即使他拥有足够的领导技巧和方法。但同样可能的是，最有技巧的策略还是不能解决他所面临的各种冲突。本特利的话有些言过其实，但同时也提出了一个重要观点：“领导能力薄弱主要是利益冲突的结果，而不是相反。”[①] 这一结论不仅适用于罗斯所说的工会，还适用于所有协会，普通民众的反抗与其说是“强有力的民主”，不如说是“内部的士气低落”。[②]

领导的技巧

很明显，关于领导命题的主要数据来自规模相对小、没有正式组织起来的集团。但这一局限并没有减损命题的适用性，因为从心理学上说，如果这些命题被认为适用于正式组织之前的集团生活，那么这些命题也适用于更正式的场合。在集团生活的这两个阶段，人的行为并不存在本质差异，正如前文所述，往往是在不知不觉中混在了一起。

然而，正式组织这一事实在一定程度上制造了一些差异，与规模较小、非正式的集团相比，这些差异对利益集团组织的领导技巧产生了重要影响。可以提出这样的问题，如果领导者与追随者之间 194
存在功能控制关系，那么为什么有组织的集团仍然处在权力地位，

---

① Bentley: *The Process of Government*, pp.229–230.

② Ross: *Trade Union Wage Policy*, pp.39–40.

并听从至多平庸之人的指挥？答案很复杂。除了其他因素外，它们还与集团中共享利益的程度有一定关系，缺乏共同利益可能导致人们对不胜任的领导者有更大的容忍度，也可能使领导者与成员和集团外部之间的关系稳定且常规化，从而使人们长期接受领导者平庸的表现。当然，也有来自正式组织本身的因素。

前文已经指出，组织集团中的职位是一种地位——集团中成员期望关注的重要位置。因此，职位象征着集团的团结，也象征着集团在其成员生活中承担的功能。换言之，职位本身意味着声望。由于这一原因，充分发挥其功能的集团成员将接受这些职位的存在，即使那些占据职位者没有很好地扮演他们的角色。除非这些缺点变得不可容忍，否则即使不满的成员在非正式条件下可能不会听从这些职位的占据者，但也会对其发起的动议作出回应。尤其当该集团高度组织化时，尽管领导者有着这样或那样的缺点，他们也会限制集团正式的选举和任命程序的公开抵制，甚至可能长期拒绝直接参加这些活动。

在维持集团内聚力和其持续性的过程中，积极的少数人操纵和利用了正式组织的这些方面。领导者所提供的服务、集团的形式以及成员的特点，能够被领导者用来规避敌视，延缓职位替换，消除或减少反抗。在这方面，正如其他学者指出的那样，1947年《塔夫脱-哈特莱法》中反对工会的措施并不直接针对劳工组织的利益，如最低工资、工作条件的改善等，同时也针对工会本身的组织和结构，罗斯称之为工会的“制度特权”。[①] 同样重要的是，大部分工会

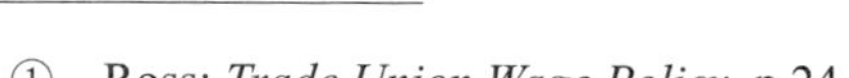

① Ross: *Trade Union Wage Policy*, p.24.

普通成员由于不知道该法案的具体条款而明显作出了防御性反应。
如果工会的结构运行良好并得到成员们认同，那么直接攻击工会 195
的利益将引起广泛的敌对，攻击工会的组织结构也会引起类似的反应。

这些观察提出了集团内部政治领导的技巧问题。我们讨论的领导技巧是有选择的，而不是无所不包的领导技巧。而且，在一些情况下，领导技巧仅仅指领导活动的倾向，而非单独的行为。最后，正如讨论所表明的，这些领导技巧并不是所有集团都共有的，但在大多数集团中都可能存在，这取决于集团所处的具体情况。

这些技巧大致分为两类：一类是从对成员的一般影响角度，倾向于最大化内聚力；另一类是直接使积极少数人的地位持久化的技巧。第五章在解释集团组织中积极少数人存在的原因时已经间接讨论过后一种类型的领导技巧。在第一种类型中的主要领导技巧也涉及第二种类型中的，是集团内部进行宣传的普遍方法，用较少感情色彩的词语来说就是内部公关。第一种类型的领导技巧是集团领导者用于发展集团成员对其行动作出持续反应的主要的甚至是唯一的方法，这种反应是领导活动的基础（当然，它依靠所有“成员”进行活动，包括付会费的成员和集团的“同路人”）。这些活动包括使用印刷媒体、与部分成员面对面的接触、出席年度大会等。米利斯和蒙哥马利观察美国劳联内部多样化的公关活动时，发现它们“既能够坚持建设和维护集团士气，同时也不断修改工会的主张和制定工会政策”。[①] 这一结果是可能的，因为积极的少数人处于一

① Millis and Montgomery: *Organized Labor*, p.311.

196 个管理组织及制定政策的位置，这就使得那些集团成员因他们对集团的认同而或多或少接受领导者的权威观点。[①] 领导者控制集团内部交流渠道的效果可能因集团成员众多且分散而得到加强，结果是成员之间除了通过正式的组织途径之外很少存在直接的交流。在这种情况下，出现了一种“多数人的无知”的局面，许多人想知道集团的主张如何被提出，但每个人都认为自己在这方面是特殊的，并因为害怕被驱逐出组织而不敢提出自己的疑惑。[②]

像许多其他例子一样，美国医学会提供了一个利用内部宣传的极好例子。美国医学会中积极的少数人运用各种方法，但最持久的是利用学会的周刊《杂志》(*Journal*)开展活动。特别是在不涉及医学科学的问题上，例如那些最近干扰联合会团结的问题。而忙碌的医生们几乎完全专注于临床工作，特别容易受到组织化集团言论的引导。美国医学会的《杂志》在医疗出版物中发行量最大，该杂志技术方面的内容具有权威性，对一般的医疗从业者来说尤其如此，这也使得杂志编辑部享有了一定的声望。利用这一优势，积极的少数人很少给非正统的观点提供表达的机会，甚至如英国医学会同意强制医疗保险计划这种消息也不传播给会员们。“编

---

① 不同观点参见下述文献：Childs: *Labor and Capital in National Politics*, pp.69–70, 110–135; Herring: *Group Representation Before Congress*, *passim*; Odegard: *Pressure Politics*, chap.1; Earl Latham: “Giantism and Basing Points: A Political Analysis,” *Yale Law Journal*, Vol.58, no.3 (February, 1949), pp.394–397; McKean: *Pressures on the Legislature of New Jersey*, chap.4; Millis and Montgomery: *Organized Labor*, pp. 255–259.

② 参阅 David Krech and Richard S. Crutchfield: *Theory and Problems of Social Psychology* (New York: McGraw-Hill Book Company, Inc.,1948), pp.388–389。

辑的工作就是在会员中达成一致意见，确保他们统一行动。”[①] 仔细阅读《杂志》可以看到到处都是为实现这一目的而发表的文章。最近美国医学会一直强调医疗保险计划中的不利因素（“医疗护理付费社会化的同时，医疗护理产品的质量和数量却不实行社会化，这是不可能的”）以及大量的反对意见（“与政府为了实施强制医疗保险计划所花费的数百万资金相比，通过收费而筹集的资金很少”）。[②]《杂志》还获得了额外的影响力。一旦《杂志》发表观点或使用核心组织已经准备好的材料，那么其他州医疗集团的出版物也就不会再对关于“医疗经济”有争议的问题发表言论。事实上， 197
忙碌的医生被要求对大众关心的医疗问题发言，他们也会提供类似的服务，比如代写演讲稿等。这种活动在美国牙医协会中也存在。它长期邮寄给其成员集团各种材料，甚至在成员集团的定期或特别大会上发表演讲，很少为赞成强制医疗保险计划的来稿提供版面。[③]

全国制造商协会、商会、同业协会以及类似集团均试图取得相似的结果，尽管效果稍显逊色。除了出版活动外，全国制造商协会还召开年度美国产业大会，这种大会与其他集会相比，更像一种传播信息而非决定观念的形式。该协会也维持一种特殊的成员分工关系，协会的一名官员称其为替那些过于繁忙而无法了解“事实”

---

① Oliver Garceau: *The Political Life of The American Medical Association* (Cambridge, Mass.: Harvard University Press, 1941), p.98.

② 引自 “Explanation of the $25.00 Assessment,” note 40, chap.6。

③ U.S. Senate, Committee on Education and Labor: *Hearings on a Bill to Provide for a National Health Program*, 79th Cong., 2d Sess. (1946), pp.1037–1038.

的商人们建立统一的路线。[①]类似地，美国退伍军人协会从一开始就重视内部公关活动，它的总部公关机构是组织中的一个重要单位。杜菲尔德指出，这种发展很自然，因为“大量退伍军人的利益需要维护，只要退伍军人协会这一名词还留在人们的头脑中，即使是非成员的利益也需要维护（大概是考虑成员交叉的影响）”。[②]同其他这类努力一样，该活动的大部分负担都是为了谴责持不同意见者的罪恶、将不同意见从公共信息渠道中排除出去。

在大部分情况下内部宣传的一种重要方法就是全体表决，尽管在表面上好像并非如此。这一方法在商会、同业协会、工会和其他职业协会中广泛使用。通过这一方法，协会将需要采取立场的公共政策问题传递给成员或分会，通常包括关于这一问题的各种各样的
198 观点。成员通过投票表明他们的政策选择，美国商会特别钟情于这一做法。这一方法被归入宣传活动，因为商会主要运用其来强化团结，通过形式上普通成员参与决策来加强集团内聚力，从而使其在外部变得更加有效。参加投票的成员人数并不是很多，投票率大约相当于参加美国总统选举的人数比例。投票过程中宣传的色彩无处不在。这一点可以从商会的程序中看到：

> 这些问题由通过组织成员（或分会）和组织的秘书来回答，他们在回答之前可能咨询也可能不咨询他们所在的集团。不

---

① Alfreds. Cleveland: “N.A.M.: Spokesman for Industry?” *Harvard Business Review*, Vol.26, no.3 (May, 1948), p.360.

② Marcus Dufield: *King Legion* (New York: Cape and Smith, 1931), p.299. 另参阅 Gray: *The Inside Story of the Legion*, pp.34–35, 97, 172–174。

> 管是否进行咨询，这个问题都只会被粗略考量。而且，关于如何进行全体投票的问题在商会代表的头脑中已经形成。
>
> 地方商会的秘书通常起草那些能够获得自动通过的决议案。委员会的报告通常由组织的秘书匆匆起草，他的任务是确保不会发生任何引起争议和失去会员的行动。[①]

全体投票的一个几乎经典的例子，或其另一种形式，是在战后不久由全国制造商协会使用的，尽管该组织很少使用这种做法。在发起抗议战后继续实行价格控制运动之前，该协会向其 10% 的会员公司提出了这样一个问题：“你认为价格控制会妨碍制成品的生产吗？”不到一半的公司作出了回应，尽管大多数持肯定答案，但协会的领导者却将以此结果作为推翻所有价格控制的依据。然而，在该问题上，不仅被征询意见的成员只占很小一部分，而且普通成员也没有机会表示价格控制是否有必要，即使价格控制实际上“妨碍生产”。这一多少有点极端的例子可能揭示了一些内部争议所引发 199
的事件。[②]

其他集团存在类似的情况。罗斯由此认为，“罢工运动中的投票和全体表决的基本功能，是为了表明工会团结一致支持其领导

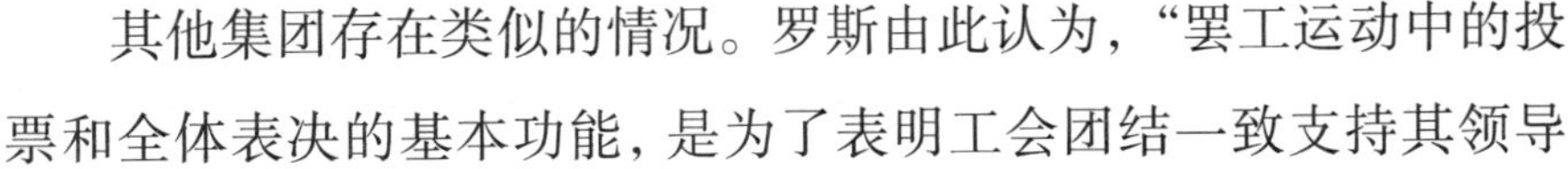

① Studenski: “Chambers of Commerce,” *Encyclopaedia of the Social Sciences*, Vol. Ⅲ. 参阅 Childs: *Labor and Capital in National Politics*, pp.158–170; Herring: *Group Representation Before Congress*, pp.86–92。

② U.S. House of Representatives, Committee on Banking and Currency: *Hearings on H. Res. 5270*, 79th Cong., 2d Sess. (1946), Vol.1, p.814. 参阅 Cleveland: “N.A.M.: Spokesman for Industry?” pp.366–367。

者”。[①]在美国医学会中也很少使用这种手段，但“其组织……也提出，全体投票更多地被用于作为一种吸引成员参与和显示集团团结的方法，而不是作为一种组织活动的逃避方法”。[②]

如果不是为了反映集团内部缺乏团结，政治决策一定是由积极的少数人引导的。利益集团内部的全体投票是一种引导性的方式。

维持集团内聚力、保持控制的第二种领导方法是对持不同意见的个人或宗派实施制裁。这些制裁手段包括从严格限制不同意见的非正式表达到更加严厉的惩罚。然而，在许多集团中，领导者依靠正式结构及人们普遍接受的政策维持管理，有效的制裁可能就完全不需要了。如果一个人属于多个协会，也就没有一个协会能够对他的生活或其情感上的平衡施加控制，他可以从一个协会退出而参加另一个，就不会对他的内心产生实质性的干扰。

例如，美国劳联事实上不能对它的国际成员工会或个人成员使用制裁手段。说服和宣传是它对各分会使用的主要手段，如果这些手段失败，作为一个联盟型集团，它就不得不接受内部存在分歧的事实。取消产联资格和随后将其驱逐是极个别的情况，因为这一突发事件并没有涉及通常的工会自治问题。另一方面，正如第五章所揭示的原因，产联能够更容易地指责分会的领导者在政治问题和其
200 他问题上偏离了主要政策，并撤回无视执行委员会命令的工会的章程。[③]然而，两个联盟的分会都对其地方工会，特别是个人会员，具

① Ross: *Trade Union Wage Policy*, p.38.

② Oliver Garceau: *The Political Life of The American Medical Association* (Cambridge, Mass.:Harvard University Press,1941), pp.20, 21.

③ The *New York Herald Tribune*, May 20, October 27, 1949.

有更广泛的权力。有时，轻微的冒犯如污蔑工会或其官员、在定期会议之外议论工会事务也成为驱逐成员的理由。这种驱逐往往意味着剥夺其谋生手段，通常导致个人或团体对驱逐的合法性提出诉讼。[①]

这种情况在不同的商业集团中差异较大。全国制造商协会没有权力对其成员采取制裁措施，但是，像许多其他集团一样，它必须依靠宣传来实现团结。[②]同业协会内部存在的纪律权威依赖于诸如特定产业结构和集团的目标等因素。大多数同业协会形式上要求成员服从行为标准，但这些标准由于较为模糊而难以实施。而且，正如前一段指出的，坚持实施这些如国家产业复兴机构制定的标准所产生的结果往往不是团结而是分裂。[③]一般来说，如果围绕集团主要目标而采取的强制措施可能有效，那么在集团的一些次要功能上则是无效的。

在一些职业如医疗行业，名誉对执业至关重要，与医院和其他

① Philip Taft: “Democracy in Trade Unions,” *American Economic Review*, Vol.36, no.2 (May, 1946), pp.366ff.; 另见 “Judicial Procedure in Labor Unions,” *Quarterly Journal of Economics*,Vol.59, no.3(May, 1945), pp.370–385; Zacharia Chafee, Jr.:“The Internal Affairs of Associations Not for Profit,” *Harvard Law Review*, Vol.43, no.7(May, 1930), pp.993–1029; 转引自 “Equitable Jurisdiction to Protect Membership in a Voluntary Association,” *Yale Law Journal*, Vol.58, no.6 (May,1949), pp.999–1006。

② Cleveland: “N.A.M.: Spokesman for Industry?”p.367; McKean: *Presures on the Legislature of New Jersey*, chap.4.

③ U.S.Temporary National Economic Committee: Trade Association Survey, pp.5, 4, 106; 尤其参见第四章，这部分讨论了糖业研究所反对其内部成员和外部人员所使用的手段。关于纸媒、电台、电影业问题的讨论，可见 *A Free and Responsible Press* (Chicago: University of Chicago Press, 1947), chap.5, esp. pp.69–76。关于水泥协会的制裁手段，另参阅 Latham: “Giantism and Basing Points,” pp.395–397。

201 医疗机构的联系也很重要，此时采取制裁措施就可能比较有效，特别是针对个人。在地方，社会压力和经济压力同时作用时具有最大效力。因此，在美国医学会中，地方和州的单位与全国性组织（尽管以联盟的形式组成）关系紧密，制裁措施可以有效压制反对意见。然而，即使在这种情况下，驱逐或指责也不能阻止那些已有一定名誉的如医生委员会成员的活动。使用排斥或驱逐手段的效果与行为人是否希望保住其在集团中的地位直接相关。行为人如果不想留在集团中，制裁手段反而会引发后院起火，如美国医学会和它的哥伦比亚地区分会提出的反托拉斯诉讼那样。1949 年春，有报告透露一名医生因公开反对医学会阻止强制医疗保险计划而遭到“惩罚”，在国会中引起巨大的反对呼声。阿肯色州卫生委员会的顾问曾是路易斯安那州的医生，应邀在阿肯色州立大学医学院为研究生讲授儿科学课程。当时他被发现在一份反对美国医学会的信件上签了名，随后他在阿肯色州医学会和普拉斯基县医学会中的职位被撤销。该事件的报道引起美国参议院的谴责，并威胁要进行调查，这一结果可能对医学会造成比惩罚事件更大的伤害。[1] 尽管通过医院和医疗设备制造商以及医生共同组织起来进行的驱逐和惩罚可能会对小人物有用，但总体上这种力量还很薄弱，因而很少被用于针对医学会下属集团。[2]

在一些集团中，制裁措施是可行的，但效果较为有限。例如，

① *The New York Herald Tribune*, April 15, 16, 1949.

② 参见 Oswald Hall: “The Stages of a Medical Career,” *American Journal of Sociology*, Vol.53, no.5 (March ,1948), pp.327–336; Garceau: *The Political Life of the A.M.A.*, pp.95–117。

在美国退伍军人协会中，个人被禁止不通过全国性组织擅自在关于全国性的问题上发表见解，但对不服从这一规定的唯一制裁措施就是将其从职位上驱逐出去。尽管这一措施不时地被使用，但更大规模地使用这一措施只会破坏集团的凝聚力。例如，对大型的、组织 202
完善的全国退伍军人工会大会使用制裁措施，尽管是积极的少数人作出的行动，但其效果是值得怀疑的。[①]

值得指出的是，在使用制裁措施时，应注意一个集团可能运用政府赋予的权力来规范一个职业或其他职业的行为。为了获得最大限度的凝聚力、惩罚离经叛道者以及限制进入该职业，一些职业集团说服州政府把集团成员身份作为就业的条件，并对那些违反了集团活动纪律的成员施加惩罚。这种基尔特的例子或“不雇用非工会会员的企业”的例子是很多的，但对此的研究没有系统进行过。[②]

其中一个最有趣但鲜为人知的例子是所谓的统一律师协会。与医疗界相比，美国法律业明显缺乏整合，这一点可以从美国律师协会只包括全国律师的一小部分这一事实中看到。当然，州和地方的律师协会更具代表性。缺乏凝聚力的原因尚不十分清楚，但可以推测的是，美国律师更多地认同、关切与他们专业活动相关的利益，而不是律师本身的利益，尤其当一名律师属于某一制度化的经济集团的专职雇员时。例如，由于与劳工频繁接触，一名劳工律师比起一名主要从事公司业务的律师，可能与他们的劳工客户具有更多的

① 参阅 Gray: *The Inside Story of the Legion*, pp.174–175, 180–189。

② 参见 Louis Jaffe: “Law Making of Private Groups,” *Harvard Law Review*, Vol.51, no.2 (December, 1937), pp.201–253; McKean: *Pressures on the Legislature of New Jersey*, pp.56–57。

共同利益。而且，正如人们经常看到的，在英国律师传统失去后，美国的律师不再充当法院的官员，更多地是服务于他们的当事人。[①]

无论缺乏凝聚力的原因是什么，三十多年来各州一直努力开展整合律师业的活动，有时候这类活动被称为自治的、包容性的、法
203 定的律师协会活动。该运动要求，州律师协会的成员必须是在本州从事律师职业的人员，律师协会被指定为官方机构以执行法律道德准则，并接纳有抱负的律师。从1914年美国司法学会提出的一项建议开始直到1920年，这一主张一直为美国律师协会所支持。该运动扩张缓慢，主要在密西西比河西岸的一些较年轻的州获得成功，但在东部一些州中尚未成功，尽管东部州的律师们一再要求采纳这一计划。[②] 当然，就眼下的目的来看，该项运动发展的意义在于，集团通过借助政府的强制权力来约束成员，并实施集团自己的纪律标准。

与内部宣传方法和制裁手段紧密相关的是使用积极的少数人提供的服务方法，或在少数人直接控制下，迫使个人或成员集团忠诚。内部宣传（“信息”）可能是服务方法的一种，其他方法可能是提供用于内部宣传的真实的或所谓真实的材料。这些服务的取消可以作为对叛离行为的制裁措施。例如，美国退伍军人协会从一开始就向成员提供福利和救济服务，而这些服务的撤销就是一种制裁。而且，由于与退伍军人管理局密切合作（且不说它对后者的控

---

① 参阅 A.A.Berle, Jr.: “Modern Legal Profession,” *Encyclopaedia of the Social Sciences*。

② Brown: *Lawyers and the Promotion of Justice*, pp.284–287; Hurst: *The Growth of American Law*, pp.292–293, 365–366.

制），协会有能力帮助其成员申请通过该机构获得的各种利益。协会的成员可以通过官僚制度很快地实现其要求，不需要自己付出很多的努力，而非成员则颇费周折。协会对其成员的最大影响力就在于在这些情况下有能力帮助他们。[①]

积极的少数人使用服务手段来获得成员的忠诚，是具有内聚力的同业协会的共同特征。全国零售药商协会执行秘书在确保全国和州反连锁店法案通过的活动中获得了成员对他的信任，使他成了半神，没有竞争对手的挑战，且使他能够以自己的方式控制全国零售药商协会。如果一个协会是以联盟的方式形成，这些服务可能被用来留住分会。但在 1937 年零售杂货店主的全国性组织接管州组 204
织的努力失败后，全国零售药商协会开始建立各种服务机构以“帮助”州分会的工作。

提供服务同样是美国医学会的显著特征。不仅美国医学会向工作繁忙的医生个人代写演讲稿和小册子，州分会也向其成员提供各种有价值的服务。后者主要是在医疗事故诉讼中提供保护，在医疗事故中应对诉讼对于非联合会成员的医生来说往往是无法独立处理的。而且，全国性组织通过为州分会提供一定的服务，使其更加紧密地依从于它的政策。最有趣的例子是合作医疗广告机构，它为大多数州的杂志制作广告，因而具有很重要的经济意义。这种服务是一项非常重要的秘密手段，如果医疗设备制造商不愿意向被美国医学会宣布为不受欢迎的医生出售设备，他们就更不会在某个

① A. A. Berle, Jr.: “American Legion,” *Encyclopaedia of the Social Sciences;* Gray: *The Inside Story of the Legion*, pp.175–177.

正在闹分裂的州医疗分会的杂志上做广告了。“一般来说，如果州的医疗分会能够在一定程度上从此体系获利，他们就不会反咬一口……”[①] 此外，美国医学会总部通过追踪和向州的立法机关提供建议来支援州医疗分会立法活动。在遇到危机时，学会的官员立即会帮助成员集团，尤其是当面临政治性的危机时。

在劳工运动中，全国性联合会利用服务作为影响成员和组成单位的机会并不大。但是，就像成员工会本身一样，中央组织承担了部分或全部组织活动的责任、筹措资金以及给个人带来利益，权力与功能的承担一致。有时，一些服务发起时只有目标的雏形。塔夫脱引用了一个例子，某国际工会起草了一个死亡抚恤方案，目的是确保地方工会服从全国组织的命令，要么结束非法罢工，要么被驱逐。[②]

205 凯尔深入研究了迫使成员忠诚于集团服务的有用性。在讨论美国农业局联合会时，他指出：“大量的服务和活动应该使联合会成为每一个成员的密切组成部分，这样个人将不会考虑退出组织，就像他不会让自己的孩子辍学一样。”[③]

第四种保持凝聚力的方法也是非常重要的，即在举行执行会议或进行非记录的争论时要求保密。正如人们经常看到的那样，社会中许多机构和集团在不同程度上强制要求其活动保密。在活动期间通过限定与特定集团的交往，通过强调新加入者共有的态度和行

① Oliver Garceau: *The Political Life of The American Medical Association* (Cambridge, Mass.: Harvard University Press, 1941), pp.124, 103–104, 121–126.

② Philip Taft: “Understanding Union Administration,” *Harvard Business Review*, Vol.24, no.2 (Winter, 1946), p.250; 参阅 Brooks: *When Labor Organizes*, p.251。

③ Kile: *The Farm Bureau Through Three Decades*, p.394.

动，尤其是存在于兄弟会集团的活动仪式，可以多少抵消交叉身份的效应。[①]保密可以进一步提升凝聚力、消弭分歧，可以在集团内部和外部的竞争性力量面前保持团结。当集团内部一开始提出的要求被撤回以及内部分裂被公开时，必然将导致紧张关系，而保密可以调整不一致，缓解这一紧张关系。加西奥在观察美国医学会时指出："积极的少数人的基本态度是，意见分歧是家丑，而家丑不可外扬。"[②]鉴于在向其他集团提出要求时凝聚力和团结的重要性，这一想法是很正常的，也是很普遍的。

在功能上多少与保密相关的，是我们在第三章讨论协会呈波状发展时的一个方法。为了减少交叉成员身份的影响，维护集团内聚力，一个稳定的集团在雇主建立的公司工会与劳工工会相竞争时，通过建立平行的或竞争性的工会，来认可新利益和新协会的出现。这些新的协会满足了紧急需要，但受到母集团的控制。这一现象的 206
最好例子可能是天主教会。工会、退伍军人协会，以及青年人组织如基督教青年联合会的发展威胁到许多天主教徒的忠诚。然而，这些集团的出现是对社会需要的回应，它们的功能不可能被取消。天主教退伍军人协会和天主教青年组织的建立就是两个例子，其成立就是符合了社会需要，在没有威胁教会的条件下提供了满足需要的一种手段。在美国，天主教会没有建立自己的工会，尽管它曾经尝试通过美国天主教徒工会会员协会实现类似目标。[③]

① Chapple and Coon: *Principles of Anthropology*, p. 423.

② Oliver Garceau: *The Political Life of the American Medical Association*, p.77.

③ Paul Blanshard: *American Freedom and Catholic Power* (Boston: The Beacon Press, 1949).

建立相互竞争的协会，类似于但不完全等同于集团通过“渗透”和控制其他集团的领导来保护自己的凝聚力，使其不受吸引或攻击。这些策略往往提供了“掩护”，但它们也是一种阻止使用政治“机器”的方式，其做法类似于极权主义政权。控制交叉身份的和潜在的破坏性的协会可能是替代“被保护”集团的有效方法。

积极的少数人对协会成员施加影响的其他方法在此不作详细讨论。在第五章中提到的“民主模式”足以表明，在大多数情况下大部分成员公开参与集团事务似乎不可避免。年度大会、大多数协会内部的委员会、与成员的协商机制如全体投票——这些方法构成了成员广泛参与的形式。建立辅助性组织如妇女集团，也是一些集团加强母集团凝聚力的另一种方法。这些方法已经在第四章讨论过。

为了使积极的少数人的控制永久化而采用的其他方法，已经在
207 解释少数领导的存在时谈到过；此处不再重复。然而，一些在第五章未被提到过的方法需要补充一下。在这些方法中，最普遍的是通过增选的方式正式或非正式地接任积极的少数人的位置。许多组织采取间接选举主要官员的制度，这种制度本身就是为了确保少数人的地位由那些被认为“可靠”的人员担任。而且，只要中间选举过程得到控制，对该体制和领导的批评就能够被压制。具有类似特点的是，在如全国制造商协会的高层选举职位中建立荣誉职位的惯例，导致这些最重要的位置被那些最受少数人欢迎的人担任（在全国制造商协会中，协会主席任期为一年，董事会主席的任期、执行委员会主席的任期以及财务委员会主席的任期也类似）。

从定义上，积极的少数人在集团选举中控制了提名的机制并具有决定性的影响。对于一名渴望在集团中获得重要职位的人而言，积极的少数人的支持就算并非关键，也是很重要的。因此，集团内部的持异见者不可能很轻松地获得积极的少数人的支持。美国退伍军人协会就是一个例子：“如果一个美国退伍军人协会的官员不同意组织的政策，他必须把自己的意见放在心底，否则在组织中不可能很顺利；麻烦的制造者既不会在委员会中得到提名，也不会在竞争高级职位时得到支持。”[①] 在这方面，美国退伍军人协会不是独一无二的。“在一名官员与一名普通成员或一群成员之间发生争端时，总的来讲，优势在官员一边。因为官员们是领导者和政治家，他们在协会中有大量的追随者。”[②] 而且，积极的少数人还会利用他们在等级结构中的地位来寻求和安置新的职位录用者。例如，加西奥报道美国制造商协会的官员出席一些州和县分会的大会，部分原因是为了发现未来的领导者。那些被认为是“可靠的”人员可能通
过被任命为代表机构的咨询委员会的成员而得到提升，他们的能力 208
也进一步得到检验。[③] 一些集团如美国退伍军人协会，甚至为未来的领导者建立正式的培训学校。[④]

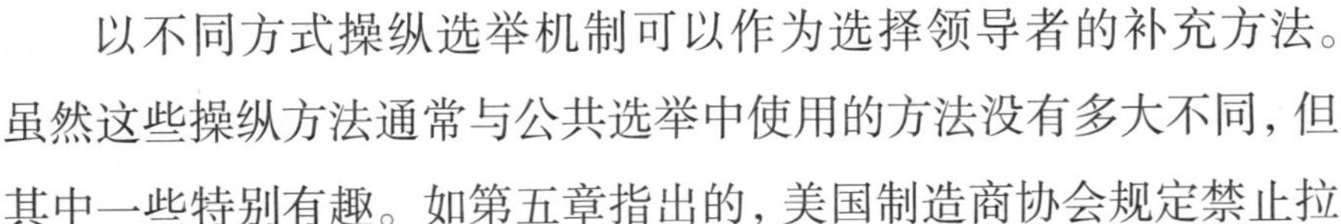

以不同方式操纵选举机制可以作为选择领导者的补充方法。虽然这些操纵方法通常与公共选举中使用的方法没有多大不同，但其中一些特别有趣。如第五章指出的，美国制造商协会规定禁止拉

① Marcus Duffield: *King Legion* (New York: Cape and Smith, 1931), pp.110–111.

② Taft: “Democracy in Trade Unions,” p.364.

③ Garceau: *The Political Life of the A.M.A.*, pp.18, 127.

④ Gray: *The Inside Story of the Legion*, pp.172–173.

票，其有三重目的。首先，因为许多被提名者没有遭到反对，因此这有利于形成一致的表象。其次，它口头上支持一种近乎神秘的民主观念，认为领导者的选择是通过一大群人的协商自然产生的，如同宙斯生养雅典娜一样。最后，它允许举行预备会议，让积极的少数人操纵提名和选举。[①]在地方，多少也存在类似的程序。有时从这些做法中产生的非议与公职选举中的非议类似。1949 年，在纽约州的县医疗集团中，提名委员会对每一个职位提出候选人名单，这是十多年来的第二次选举。当被提名的独立候选人以较大的劣势失败时，媒体报道失败的候选人正在考虑对集团的选举程序进行调查，要求对选票的统计和选举规则中的问题予以调查。[②]

操纵政策的发布机制具有类似的重要性，包括如发表微妙的、模棱两可的政策声明，以使领导者具有最大的活动余地来避免内部分歧，以及更直接地采取压制措施。它还包括在大会之前在少数关键领导者之间达成协议，使得来自底层的反对者因缺少领导者而变得孤立。[③]或者，还可以依靠控制委员会，使其同意，分歧只有在一个更大规模的集团中才能解决。在美国医学会中，咨询委员会在代
209 表机构中就发挥了这种功能。该委员会成员由主席指定，通常包括专职人员和官员，这些委员会通过听证会和其他途径来评估代表机构中不同的观点，以此来掩盖争议，确保自己的工作被代表们接受。就像在其他立法机构中，主席有权选择将一项决议提交给某个咨询委员会，这可以有效避免不同于领导者的观点在公开场合被提出。

① Garceau: *The Political Life of the A. M. A.*, pp.82, 84.

② The *New York Herald Tribune*, May 26, 1949.

③ 参阅 Seidman: *Union Rights and Union Duties*, pp.48–49。

这些安排通常在全国的集团中运行得较为顺利，在州和县的分会中甚至更为有效。[①]

最后，应该提到利用与外部集团的冲突，借助内部宣传来增加集团内聚力，提高积极的少数人的地位的方法。在第五章中指出，外部的威胁有助于积极的少数人的发展。当然，这种威胁可能不是真实的，或者被严重夸大了。在观察各种竞争性集团时，我们经常会遇到一个有趣的现象，双方的领导者都倾向于夸大对方的力量、组织和财力。所谓“大企业”无所不能就是一个熟悉的提法，但这一恭维通常是说给对手的。例如，全国制造商协会的一个副主席最近就告诫一群公关人员，要努力保护“美国自由企业制度，反对那些不安分的、狂热的集体主义者”，他说，“他们比那些捍卫者有更好的组织、财力和团结精神”。[②]不管威胁是否真正存在，只要被一些集团成员当作真实存在，就有可能产生期望的结果。尽管对这种冲突的利用假定了集团具有最低限度的凝聚力，以及可以被忽视的与对立集团的交叉关系，但正如威廉姆斯指出的，它仍是“集团动力的最重要的来源之一”。[③]在一定范围内，集团的领导者可以运用冲突来加强控制，并使之永久化。

---

① Garceau: *The Political Life of the A. M. A.*, pp.68–95.

② The *New York Times*, February 7, 1947. 类似的例子见 L. C. Crain and A. B. Hamilton: *Packaged Thinking for Women* (New York: National Industrial Conference Board, 1948)。

③ Robin M. Williams, Jr.: *The Reduction of Intergroup Tensions: A Survey of Research on Problems of Ethnic, Racial, and Religious Group Relations* (Social Science Research Council, Bulletin No.57, New York: 1947), p.58, 参阅 MacIver: *The Web of Government*, p.415; Warner and Low: *The Social System of the Modern Factory*, p.131; and Millis and Montgomery: *Organized Labor*, p.99。

结　　论

210 不同程度上缺乏稳定是政治利益集团所特有的。这种不稳定由大量影响因素促成并加强，其中最重要的影响因素必定是个人忠诚的分裂，所有个人的利益从未在任何一个单一的集团中得到充分代表。一个复杂社会中所有人都属于不同的、互相竞争的集团或潜在集团。

这一事实反映了内部政治问题，内部政治的目的就是获得最大限度的集团内聚力。这一问题同时反映了集团内部领导地位所体现的特权。这一因素是次要的，不是出于道德上的原因，而是因为特定领导因素的构成主要取决于集团所处的形势，其次才取决于领导者的技能。尽管具有某些个性的成员明显比其他人更适合领导角色，但领导能力不是个人所拥有的品质，而是在特定环境下人们之间的一种功能性关系。

集团在其他集团之间的战略地位、在某一特定时刻集团成员具有的交叉身份的特征，以及领导者具有的技能在很大程度上决定了集团的内聚力。从长远来看，集团的内聚力将深刻地影响其在多大程度上成功地对社会的其他群体施加自己的要求。

第三部分

集团影响政治的策略

第八章　集团利益与公共舆论

在美国，所有政治利益集团组织首要关注的是社会中存在的公 213
共舆论。不管他们多么疏忽，集团领导者也不能无视针对自己组织立场和目标的各种社会态度。领导者必须预判公共舆论的方向和影响，而且，应该或多或少引导和控制舆论。实际上，几乎无一例外的是，一个利益集团正式组织的首要任务是进行宣传，旨在影响关涉新集团的利益与要求的舆论。虽然这一现象不是当代才有的，但在20世纪其在集团政治中的重要作用才大大提升，使整个利益集团活动的模式显得完全不同。正是这一变化构成了赫林区分“新式游说集团”与“旧式游说集团”的基础，这些集团由公司代表、“庇护经纪人”和幕后的“操纵者”组成，这些都是19世纪立法活动的特征。[1]

充分解释政治利益集团对公共舆论日益关注的原因需要用一本书的篇幅。然而，无须详述的是，很明显，我们正在讨论一种政治影响手段中极复杂、极重要的变化，这一变化反映了社会作为整体在结构和技术上的变化。这一变化类似于杰克逊时期政党的组
织和活动中发生的变化，当时，公民投票权从狭窄的阶级基础扩展 214
到了所有的白人男性，政治参与的变化要求新的政治技术。这一要

① Herring: *Group Representation Before Congress*, pp.30–41, 59–61.

求在杰克逊革命时代很明显，但在 20 世纪初的政治参与活动中又是如何？白人男性的投票权已经实施了约 50 年。在当时是什么因素导致了对社会舆论关注的提高，又是什么因素使宣传成为“游说活动中最有力的武器”？[①]

这些变化的基本原因已在第三章解释现代美国利益集团尤其是协会急剧扩张时谈到。复杂社会日益增长的互相依存性、制度化集团的不稳定（由此在这些集团之间产生了各种协会）以及通信技术的革命导致了这些现象的发生。利益集团数量的迅速增加，尤其是通过政府机构提出自己要求的集团的增加，导致政治参与的形式和频次发生广泛的变化。对一个工人而言，投票箱、政党组织以及拜访当选代表，在全国性的劳工运动兴起之前可能是仅有的政治参与方式。随着劳工运动的发展，另一种替代方式出现了。对其他各行各业的公民而言，类似的协会也提供了一种政治参与的补充渠道。社会科学家还未对这些新的政治参与的范围和意义进行充分研究，但很明显，这些发展已经引发了现代利益集团对公共舆论和宣传的重视。有组织的利益集团几乎不可避免地是整个人口中的少数人，因而如果它们希望相对于竞争者吸引更多来自政府的注意，就必须寻找方法，与其他集团结盟并动员民众追随。公共舆论影响了这种联盟可延伸的范围，而宣传是动员支持和确保结盟的主要方式。

这里运用的宣传手段仅仅是在第七章中概括的集团内部控制技术的功能之一。内部宣传被作为一种推动集团成员作出一致反

① Herring: *Group Representation Before Congress*, p.60.

应的方式，这种一致反应是集团内部有效领导的基础。对外部的宣 215
传也试图确保人们的认同，但它主要是为了赢得比集团的正式成员更广泛的人群的支持。回想一下在第六章开始时谈到的广义的集团成员的概念，与公共舆论的关系就很清楚了。界定集团正式成员身份的概念多少有些武断，没有严格的界限以区分缴会费的成员与“同路人”，两者的区别只是参与程度的不同，个人可以轻易且频繁地从一个集团转变为另一个集团的成员。从积极的少数人的观点来看，“同路人”是集团潜在的同情者，处于中立、客观、敌视态度之间。在针对所有的敌对群体时，宣传的功能基本上是一致的，也就是确保他们默认集团的领导，同意集团的要求。是否所有潜在的友好者在特定时刻支持集团则视具体情况而定。此外，可以对不同的人员采取不同的方法，以使其认识到多重成员身份，结果在这些人员中就形成了不同的态度。

如果考虑到竞争性集团，那么针对敌对群体的宣传就能更好地被理解。在每一个竞争性集团中，领导者对正式成员和“同路人”都有一定的权威。每个竞争性集团都努力拓宽其领导的范围，努力削弱对手并限制反对派，使其不堪一击。在竞争性利益未被组织起来的地方，宣传就显得不是非常必要，“旧式游说”活动中的“幕后操纵”方法就已足够了。而在竞争性利益被组织起来的地方，宣传则必不可少。

因此，导致美国组织化利益集团扩张的因素也提高了这些集团对公共舆论和宣传的关注，特别是在“新式游说”方式出现以后。其他导致这种发展的原因被认为相对并不重要，但它们更多地反映了政治参与的变化了的模式。这些因素至多构成了直接原因，而不是根本原因。1911 年美国众议院程序规则的改革打破了某个统治集团的权力，给了那些未得到代表或充分代表的集团以更多的机会
216 来影响政策。尽管这一改革有利于新集团，但如果没有全国范围内集团的技术变革和集团对国家相对力量的变化，这一改革就不可能发生。类似地，从 1900 年以来在国会中关于所有重大事项举行公开听证会这一实践提高了新集团的地位，尤其是新集团的宣传地位，并反映了新集团不断发展的趋势。1913 年通过的宪法第十七修正案具有类似重要作用，使得之前没有机会的集团有可能影响参议院的政策。最后，1913 年美国众参两院联合调查安德伍德税收法案的游说活动，这是第一个重要的听证会，标志着美国政治利益集团在技术运用和关系上的转折点。他们不信任“旧式游说”活动及其方法，但更重要的是，调查活动本身提示了竞争性集团的强大实力。美国制造商协会，即该听证会的调查对象，随后放弃或改变了它的一贯做法。它之所以如此并不是因为后悔，而是因为有必要改变方法来应付其他集团和利益的竞争。虽然属于少数人，但由于竞争性集团组织的有效性，这些少数人不得不利用大范围的宣传手段来实现其目标。[①]1913 年美国制造商协会的调查很好地说明了公共舆论和宣传在现代集团政治中的作用日益增加。

公共舆论与宣传

在进一步分析之前，有必要注意一下“公共舆论”和“宣传”的

① 见第四章原书第 83 页引用的国会听证会。

含义。这两者，尤其是前者，已经成为日常话语中的重要一部分，均获得了许多比喻性的意义和高度情感化的意义，对于论争和写诗都是有用的，但对于人们之间的精确交流则没有益处。当然，关于公共舆论的概念，在西方思想史上有着悠久的传统，可以追溯到对政治过程性质的早期思考。这一概念的明确表述是在 18、19 世纪，广大民众参与民族国家的政府活动日益加强。在重要的政治哲学 217
家中，卢梭是第一个使用这一概念的。[①]

此处对公共舆论概念的历史不作回顾，但讨论这一概念的一些特征是有用的。这些特征中至少隐含着一种集体性，一种超自然的存在，是被“唤醒的”，能够提出要求，并有自己判断的存在，就像仁慈的牛头人身怪兽。即使不从拟人化的角度去看，也必须承认在公共舆论中卷入的是众多的个人，这意味着从个人的思考和交往中出现的结果是一种超越任何参与者个人观点的精神力量。[②] 这样，一种观点或建议“被放置于公共舆论的舞台上接受检验”或“在公共舆论面前接受审判”，通过这种方式就可以发现该观点或建议的优点。或者，也可以在“真实的”公共舆论和“表面的”公共舆论之间进行区分，前者更加合乎理性（从观察者的角度）。

在一般的讨论中，舆论的这些特点已足够了，但精确分析则会

① 参见 Paul A.Palmer: “The Concept of Public Opinion in Political Theory,” in *Essays in History and Political Theory in Honor of Charles H. McIlwain* (Cambridge, Mass.: Harvard University Press, 1936), pp.230−257。另见 Francis G.Wilson: “Concepts of Public Opinion,”*American Political Science Review*, Vol.27, no.3 (June, 1933), pp.371−391。

② 参见 F. H. Allport: “Toward a Science of Public Opinion,” *Public Opinion Quarterly*, Vol.1, no.1 (January, 1937), pp.7–23。参阅 Bentley: *The Process of Government*, chap.8。

有一些困难。有人会赞同詹姆斯·布赖斯在另一个学术时代说过的一句话:“在美国,公众舆论凌驾于总统和州长之上,凌驾于国会和州立法机构之上,凌驾于大会和庞大的政党机器之上,是巨大的权力来源,是在权力面前颤抖的仆人的主人。”[①] 在心理学发展的影响下,例如那些与弗洛伊德名字相联系的心理学以及在第一次世界大战中揭示宣传作用的研究,舆论的非理性方面逐渐为这个学科的学者接受。而且,随着对社会现象研究实证要求的提高,19 世纪以
218 布莱斯为典型的针对公共舆论的狂热,尽管在媒体和竞选演讲中仍然存在,但在学术著作中几乎消失了。由于这种隐含的或抽象的概念化,公共舆论是无法用于分析的,而只能像天使的飞升和降落一样,把它当作与信仰和权威相关的东西。

我们最好把公共舆论这一分析性概念分解为几个部分。在解释“公共”这一概念时,最令人满意的应该是约翰·杜威(John Dewey)的观点。[②] 假定人类的某些行动对于并未参与其中的其他人会产生一定的结果,杜威把“公众”视为那些受到影响的其他人。值得一提的是,这些结果被公众认为是多少有利或不利的。这样,一个集团的公众被认为是一群个人的集合,他们知道或被告知集团的行动,包括集团的宣传对他们可能产生的影响。这些行动可能是真实的,也可能只是一种想法。而且,这些行动也可能来自其他集团的行动影响或威胁。

很明显,在公共概念和利益集团概念之间存在一种关系。从广

---

① Bryce: *The American Commonwealth*,Vol.Ⅱ, p.255.

② Dewey: *The Publicand Its Problems*, pp.12–17.

义上讲，利益集团是公众的一部分，对我们所讨论的行动结果具有共同的观点和态度。当然，它也可能仅仅是一种潜在的利益集团，如果它的成员试图对行动结果“做点什么”，那它就是一个实际的利益集团。而且，当利益集团被组织起来时，该组织的一项主要功能就是加快形成其成员对于环境中发生的或与集团利益相关的行动或事件的结果的认识。围绕某一关税政策形成的公众可能人数众多且分散，包括进出口商、国内生产者、工人、消费者等。其中的一些人可能了解这项关税政策的结果，他们形成了关于政策结果的有利或不利的观点。国内生产商贸易协会的成员通过其组织化的利益集团而很快知道了政策的可能结果，于是他们试图说服其他公众支持或不反对这项政策。同意该观点的人可能基于其共同观点而形成另一个集团。

在美国，公众几乎不可能包括所有成年人。根据不同情况，许多人不了解最普通的重要事件及其结果。不管是世界大事还是总统选举都不足以让所有的美国公民都知道。民意调查足以表明存在所谓的“与世隔绝者”，他们对于即使是最一般的信息都一无所知。[①] 例如，在联合国成立一年多后，三分之一的成年人还不清楚它的存在，也解释不清它的目的，比如“维持和平”。直到 1948 年 10 月，仍有四分之一的人不知道联合国。[②]

① 参见 Herbert H. Hyman and Paul B. Sheatsley: “Some Reasons Why Information Campaigns Fail,” *Public Opinion Quarterly*, Vol. Ⅱ, no.3 (Fall, 1947), pp.412–423。

② Social Science Research Council: *Public Reaction to the Atomic Bomb and World Affairs* (Ithaca, N.Y.: Cornell University, 1947), pp.166–167; Survey Research Center: *Attitudes Toward United States-Russian Relations* (Ann Arbor, Mich.: Survey Research Center, University of Michigan, 1948), p.46.

由于相当一部分人的"无知"，从任何连续的、具有一般意义的视角来谈"公众"是不准确的。公众总是针对一种特定情况或特定问题而言。从组织化的利益集团角度来看，"公众"在某种程度上与政治舞台上互相竞争的或结盟的集团的公众发生重叠。正如前文所指出的，这种重叠构成了集团"内部"宣传和"外部"宣传的背景。

"观点"可能被认为是对一个问题或假设表达态度的最简单的方式。如果一个人不仅表达了一种态度，而且当他被要求表达一种态度时，他就可以说持有一种观点。因此，他可以在与同事讨论时主动提出自己的观点，或应采访者的要求提出自己的观点，尽管在之前他没有表达过这些观点。观点会发展和变化，其表达的态度亦是如此。回顾一下第二章中的观点，我们知道不同的集团归属是影

220 响态度形成的来源，家庭在特定时期是首要的集团归属，尤其是在关于社会基本制度方面。随着个人经历及其集团归属的改变，态度也发生了变化。

因此，公共舆论是由组成公众的个人观点的集合构成的。它不是一群特定的人群所持有的所有观点，而只是那些关于特定公众的问题或情况的观点。严格来讲，公共舆论属于一系列特定条件下的观点。

公共舆论的这一概念有如下含义：公共舆论来自这样一种现实，某种情况下或在某一时刻的公共舆论不同于另一种情况下或另一时刻的公共舆论。有时说公共舆论是大多数人的观点，这一定义是不准确的，因为少数人也是公众的一部分，而且也不存在多数人的观点。多数人的存在不是公共舆论的前提，而是它的一个特征，

就像多数人的规模和少数人的规模需根据研究来确定一样。哈伍德·蔡尔兹指出：“意见一致不是公共舆论存在的前提，而是需要研究的一个问题。”①

通过对一些人们熟悉的事实的调查发现，公共舆论的政治效果与公众的规模关系不大，甚至根本无关。为了充分描述特定情况下的公共舆论，我们需要了解不同观点提出的情况，因为政治情势随着时间而发展和持续，我们也需要知道这些观点的相对稳定性。出于类似的原因，同样重要的是了解观点背后的知识基础、观点的合理性等。最后，我们还要知道人们在多大程度上愿意以及有多大的能力按照这些观点的要求行动。按照观点的要求行动的意愿比较简单，行动的能力则包括诸多因素，如具有类似观点的人在多大程度上能够通过媒体进行交流，他们是否属于某个组织化的集团或代表某个利益集团等。公共舆论的这些结构或行动的政治意义可以通过两个例子得到说明。谢茨施耐德对1930年《斯穆特–霍利关税法》的杰出研究表明，对提案持有类似观点的个人和公司之间是否有足
够的沟通手段，对于将这些意见相对有效地传达给立法机构具有重 221
要意义。② 在研究公共舆论对外交政策的影响时，密歇根大学调查研究中心发现，那些属于关注外交事务的组织的人们——约占人口的10%——比那些不属于这些组织的人更了解外交方面的事务。③

① Harwood L.Childs: *An Introduction to Public Opinion* (New York: John Wiley & Sons, Inc., 1948), p.48.

② Schattschneider: *Politics, Pressures and the Tariff*, pp.123–125, chap.4.

③ Social Science Research Council: *Public Reaction to the Atomic Bomb*, pp.202–203.

这些方面和另一些类似的方面体现了随着时间和环境的不同而变化的舆论的特点或范围。举一个简单的例子：假定在某一时刻，关心即将进行的钢铁工业罢工的公众只占人口的一半，在这些公众中又有几种观点，没有一种占据主导地位。其中有两种对立的观点比其他观点更为强烈，且各自得到广泛的宣传。这两种观点背后都有组织化的利益集团支持，其中一种观点与媒体关系更紧密。其他的少数观点则缺乏坚实的基础，也没有很好地组织起来，显得相对不稳定。现在，假定后来关于这一问题的公共舆论呈现不同的结构形式，五分之四的成年人知道即将发生的罢工，其中的一种观点为大多数人所赞成。在大多数人中间舆论的强度也有不同，而那些主要的少数观点中，支持的强度高度集中。关于争端中的“事实”的信息在人群中分布差别不大，但在大多数人中这种信息分布与强度并不密切相关。主要的观点由一个重要的利益集团所持有，最后它们得到了大众传媒的普遍关注。主要的少数派的观点没有发生明显的重要变化，其他的观点则几乎消失了。在这里，不同的观点也可以根据地区分布、人口密度、年龄、性别、职业、收入情况等来描述。

尽管上述例子中并不能够有效测量所有的已提及的特征，过去
222 几年社会科学家们在这方面还是取得了较大进步。[1] 目前已经发展出的手段在讨论公共舆论时不再像以前那样模糊、难以证实。在特

① 例如，参见 Hadley Cantril *et al.*: *Gauging Public Opinion* (Princeton, N. J.: Princeton University Press, 1944); Samuel A. Stouffer *et al.*: *Studies in Social Psychology in World War II*, 4 vols. (Princeton, N.J.: Princeton University Press, 1949–1950); Lazarsfeld *et al.*: *The People's Choice*。

定情况下进行细致的分析之后，就有可能对公共舆论中的问题类型、背景因素等特征作出一定的概括。只有通过这种可证实的、有条件的分析，才能够从一般角度上来确切地谈论公共舆论。

“宣传”一词不仅具有比喻的含义，而且其含义主要是贬义的。通常它意味着所提供的信息另有所图、包含私心、有偏见甚至是完全错误的。然而，宣传一词并不是始终如此被使用。最初，它指一种特定宗教信仰或政治信仰的传播过程。第一次世界大战后，由于各个交战国政府试图赢得中立国家的支持、削弱敌人的士气、鼓励国内后方，而采取了大量歪曲、捏造事实的活动，宣传由此声名狼藉，对这些宣传活动的指责也并非空穴来风。

然而，这种观点有失偏颇，因为它妨碍了人们认识到这样一个现实：努力去说服亿万民众是我们社会的一个基本过程。在社会复杂性形成态度多样化的地方以及为了有效行动而不断达成一致的地方，运用影响和控制态度的组织化手段也就不可避免了。在这个意义上，宣传只是一种交流的方式，在道德上是中立的。特定宣传的方式及其目的的好坏、真假、诚实与否，取决于人们的判断。然而，作为一种社会过程，宣传与买卖一样，都与道德无关。

从中立的角度来看，宣传有许多定义，这些定义的优点此处不
再叙述。[①] 在本书中，宣传是指通过操纵语言和表达机制，来控制 223

① 例如，参见 Leonard W. Doob: *Propaganda: Its Psychology and Technique* (New York: Henry Holt & Company, Inc, 1935), pp.89ff.; Harold D. Lasswell and Dorothy Blumenstock: *World Revolutionary Propaganda* (New York: Alfred A. Knopf, Inc., 1939), pp.9ff.; Paul M. A. Linebarger: *Psychological Warfare* (Washington, D. C.: Infantry Journal Press, 1948), pp.39ff.。

人们关于所争议问题的态度以及随后发生的行为。

这一定义有两个方面需要简单分析一下。首先，尽管宣传的主要工具是口头或书面语言的运用，但手势、图片和其他的象征物也常常作为补充。一个杰出的演说家的表情和一群游行的罢工者举起的大旗就像口头或书面语言一样，属于宣传的工具。其次，把宣传看作处理有争议的问题是有帮助的，不仅因为政治利益集团关心这类问题，还因为这一做法可以在宣传与教育之间进行大体上的区分。在美国，没有一个利益集团会承认它正在进行宣传活动。由于大众不喜欢宣传一词的内涵，所以只有对手才会使用宣传手段。一个人自己的集团从事的是“教育”，一种有利的活动，或者从事“信息工作”，一个中性的词汇。然而，根据当前的分类，实际上所有政治利益集团的活动都应被视为宣传。拉斯韦尔将“教育”正确地界定为通过语言或相关手段传播和加强社会所接受的态度和技能的过程。这样，在美国，提倡个人主义的活动就是教育活动，但在苏联就是宣传活动了，而教授人们空气动力学原理，在美国和苏联都属于教育活动。

宣传的策略

政治利益集团所运用的基本宣传技巧并不是唯一的，但与影响社会中大量民众态度的活动具有共同的特点。而且，很多手段也不是现代才有的，因为当代大多数政治情势或我们时代的问题在古希腊城邦时期就已经存在，只不过表述的词汇不同而已。正是大众传
224 媒技术，以其广泛的报道、精巧的组织以及对垄断控制的敏感性，

主要明确了20世纪与较早时期宣传活动之间的区别。[①]

必须强调的是，在面对公众普遍相信某些东西时，宣传并不是一种独立的、可以离开其他政治技能而有效发挥功能的政治工具。这一事实在军队宣传活动中十分明显，“心理战”被作为补充武器用于削弱敌人的抵抗意志。宣传的这种补充作用在和平时期的政治活动中较少被采用。然而，它对政治技术的支持，会与谈判、裁决、贿赂和暴力等技巧共同发挥作用，而不是替代它们。

假定作为一种政治工具的宣传具有独立性，假定宣传的功能是有效的，这可能导致政治分析的失败，因为这一假定意味着宣传者接受自己预设的价值，并在某种程度上使宣传者本人也成为其宣传活动的受害者。例如，一个人可能会观察并记录一个利益集团的宣传活动细节，记录它在媒体上的广泛报道，检查和评价它的吸引力，但这并不能说明宣传活动的有效性。即使宣传者实现了他所寻求的态度改变，但除非这些态度变化在决策的关键时刻由合适的组织来代表，否则整个宣传运动就是失败的。又如，民意调查显示，第二次世界大战后，支持继续进行价格控制的宣传活动能够获得大多数人的支持。[②] 但是如果仅仅根据这一情况（无论多么可靠）来估计立法前景，那就太天真了。宣传者们热衷于用他们的技巧给人留下

① 参见 Bruce L. Smith: “The Political Communication Specialist of Our Times,” in Bruce L. Smith, Harold D. Lasswell, and Ralph D. Casey: *Propaganda, Communication, and Public Opinion: A Comprehensive Reference Guide* (Princeton, N.J.: Princeton University Press, 1946), pp.64–65; 参阅 William Albig: *Public Opinion* (New York: McGraw-Hill Book Company, Inc., 1939), pp.286–290。

② 参见 *Public Opinion Quarterly*, Vol.9 (1945), pp.369–370, 517–518; Vol.10 (1946), pp.278–280, 633–634。

深刻印象，往往把媒体的报道作为宣传活动的成功标志。[1]但政治分析家们明白，那不过是真相的一小部分。

由于宣传不可避免地依赖其他相关政治活动方式，结果在许多情况下，宣传在利益集团的政治活动中扮演了相对次要的角色。例如，如果立法机关的决策对集团成功是关键性的，如果该立法机关
225 是幕后操纵划分选区或“腐朽的自治村镇”制度的产物，它过分代表了某个集团的利益，而牺牲了另一个集团的利益，那么，宣传活动也就相对不那么重要了，虽然这种未被充分代表的状况本身以后也许会作为一个问题而成为宣传的主题。尽管具有最高超的宣传技能，处于不利地位的集团还是失败了，占据有利地位的一方没有运用宣传手段而实现目的。当关注某一特定问题的公众人数极少，宣传的作用就不会很大。当宣传的内容无法传播到关注该问题的公众中时，或者由于冲突解决的方式而无法传播时，宣传的作用同样不会很有效。因此，对某一特定商品的铁路运费进行调整的提议，可能只会被铁路管理部门和运营商所知。拒绝或批准都不太可能在公众中造成实质性影响，在这里宣传的作用不会很明显。建议对某种社群中并不广泛使用的奢侈品进行征税，同样会产生类似的结果。

当然，宣传活动的这种局限性随着时间而变化。正如本章前文指出的，正式的制度安排和公众规模的变化都可能有利于这一转变。例如，直到最近几年，关注劳工组织事务的公众不是很多，劳

① 参见Philip Lesly: *Public Relations in Action* (Chicago: Ziff-Davis Publishing Company, 1947)。

工组织的宣传活动主要集中在与劳工有关的媒体。随着产业活动中谈判活动的发展，宣传活动的范围扩大了，尤其是劳工组织越来越多地把政府作为实现自己要求的工具，而不得不与广大公众打交道。当一个全国性的劳工集团在城市的报纸上刊登大幅广告，在广播中买下一定的时段进行宣传时，宣传活动作为管理集团事务的方式，其重要性也就日益突出。

因为利益集团所使用的特定宣传手段与所处的环境一样多种多样，所以讨论宣传策略最好是围绕宣传工作中的主要心理因素及宣传者在处理这些因素时面临的陷阱来组织。[①] 简单地讲，从活动 226
过程上，宣传可以分为三个阶段：(1) 确保公众领会宣传者使用的语言和象征；(2) 促使公众先前的态度符合宣传者的要求；(3) 产生一种符合宣传者期望行动的新态度。

确保公众领会宣传的内容比较简单。如果宣传者有机会运用其影响力，他的“信息”就必须被那些关心的公众看到或听到。就像走家串户的推销员一样，除非他迈过客户家的门槛，否则他都遇不到后一阶段的困难，因为在这之前就已经失败了。这一事实中引出的问题是，在一个复杂社会中，没有一个人能够认识到他引起公众注意而需要的所有信息。显然，他不可能阅读所有的书、杂志、报纸，也不可能收听所有的电台节目。

尽管领会宣传内容的问题表述起来较为简单，但并不容易解决。然而，在组织化的利益集团中，宣传者在解决这个问题时具有

---

① 这一部分内容主要基于 Doob: *Propaganda*, chaps.7–11。另有大量可替代的参考内容，例如 Krech and Crutchfield: *Theory and Problems of Social Psychology*, chap.9。

一定的优势。如果他的目的主要是影响集团成员，比起面对一群分散的公众，他遇到的困难要少些。因为，正式加入某个集团这一行动本身就表明，愿意对来自领导者的交流信息给予一些关注。事实上，组织中的成员身份使人感到被迫去接受来自集团的信息。同业协会或职业组织的专业杂志比公开发行的、流通量更大的出版物对其读者的影响力更大。拉扎斯菲尔德 1940 年在俄亥俄州艾利县总统选举活动的研究表明：

> 作为一种影响资源，为一群特定读者出版的专业杂志要胜过一般的大众杂志。后者的发行量是前者的许多倍，但在改变人们的观念方面其有效性不如前者。打个比方说，专业杂志深入家庭，因为它被读者视为某个事业或集团可靠的发言人，读
> 227 者对这些事业或集团十分感兴趣，并认同它们。[①]

专业出版物能够接近其读者成员的这一优势显然不仅影响人们对问题的理解，后文将对此进一步分析。

对于那些处于集团边缘的人们，由于他们具有多重成员身份，宣传者可能不具有特别的优势。那些属于冲突集团的人可能同样容易接受对立的信息。那些属于其他集团的人可能会发现，他们的大部分时间主要被这些集团的要求占据了，尤其是当所涉及的态度对他们的个性更为重要时。在这种情况下，宣传者的问题是如何获得公众的认可。只有当他试图扩大他的公众范围，吸引那些中立者

---

① Lazarsfeld *et al.*: *The People's Choice*, pp.135–136.

或通过消除敌对改变公众的构成时，这一困难才可以被克服。

通常，宣传者将运用多种手段来确保其宣传的内容被理解。首先，根据态度（杜布称之为“辅助性态度”）的有效性，宣传者将运用一种吸引注意力的象征手段，这一象征手段也许与他想获得的态度并不相关。我们最熟悉的使用这一方法的例子是商业广告商在他的广告中使用年轻迷人的女性图片。女性的魅力吸引人们的注意，但人们并不会因此就去购买发布该广告的公司的产品。在利益集团的宣传活动中更普遍的是，吸引注意力的方法不仅要抓住人们的眼球或耳朵，也要唤起宣传者所期望达到的态度。例如，在试图改变政府对另一个国家的外交政策时，某集团会展示一张该国一个营养不良、衣着破烂的脏孩子的图片。或者，某医疗集团为了阻止医疗保险立法，而展示一张头发花白的家庭医生坐在病孩床边的图片。其次，处理一个复杂或微妙问题的宣传者可能把它简化成几句话或一个口号，这样外行就能抓住重点，感觉自己完全领会了这一问题。这一宣传方法在公共财政和政府对产业的管制领域被利益
集团普遍采用。在这两个领域的宣传内容被简化为“帮助商业就是 228
帮助你自己”的口号，1930年代商会和其他集团广泛运用这一口号。类似地，如左翼人士提出的“生产是为了使用而不是为了利润”，同样将复杂内容简化了。最后，宣传者通常在不同的媒体上不同的时间里重复其信息，以使尽可能多的人们看到或听到（觉察到）信息。

这些方法使人们最大限度地领会宣传的内容，但这绝不意味着这些方法始终有效。尤其是与现有态度充满敌意的人沟通时，宣传者可能会发现他的信息既没有被看到也没有被听到。例如，拉扎斯菲尔德及其同事在对1940年选举的研究中发现，即使人们还没有

决定如何投票，但他们的社会特征已经表明了他们倾向于某一政党，人们的行动明显地与他们的倾向保持一致。“投票者设法在那些刺激他们的信息中多少选择那些他们更愿意接受的信息。结果，他们阅读和聆听得越多，他们就越相信自己立场的正确性。”①

如果说确切理解宣传的内容表明，即使最有技巧的宣传方法也不是没有缺点和万能的，那么，当一个人审视宣传活动的第二阶段时，这一印象就更深刻。在第二阶段，宣传者所使用的符号，如果成功的话，就会在受众中唤起有利于宣传活动所期望达到的目的的态度。这一点太显然了，但是更多的宣传活动在这一阶段比其他两个阶段更容易遭到失败。宣传者必须按照人们本身的情况进行宣传活动。用约翰·洛克的话说：“无论用什么阿谀的话来取悦人们，这一做法从来不会妨碍人们去感受。”② 人们不是被随意书写的空白纸张，而是已经具有一定态度的个体，总是按照过去的经历和知识采取行动。在感受到宣传者的信息后，人们看待新的信息往往会先入为主，而最终的态度如何则很大程度上取决于人们原来的偏好。③

229 缺乏技能的业余人员和热心者在这一阶段可能会遭到失败，因为他们不了解自己寄以希望的符号所引起的将会是什么态度。他们假定大多数人将像他们自己一样会作出反应，假定人们以前的态度与他们自己的态度一致。林百克关于战争的宣传，可以运用于所

① Lazarsfeld *et al.*: *The People's Choice*, p.82.

② John Locke: *Of Civil Government*, chap.7, par.94.

③ 参阅 Marie Jahoda and Eunice Cooper: “Evasion of Propaganda: How Prejudiced People Respond to Anti-Prejudice Propaganda,” *Journal of Psychology*, Vol.23, no.1 (January, 1947), pp.15–25。

有类型的宣传活动："宣传者必须告诉敌人他们所注意的事情，在宣传时必须不能带有宣传者个人的情感。"① 没有比拉斯韦尔研究1930年代芝加哥共产党宣传活动更好的例子了。从某种狭义的策略角度讲，这一宣传活动富有技巧，但由于它使用的象征形式不合适，激起的不是憎恨原先的制度，而是唤起了人们对美国爱国主义和个人主义的支持。这一结果不仅削弱了革命运动，而且由于它提供了一种发泄怨恨的对象而加强了现存的制度结构。②

也许不必只从战争或革命宣传活动中来寻找宣传者错误的假设和他们由此遭到的失败。1936年共和党人的竞选运动是直到那时为止所有总统竞选运动中宣传力度最大的一次。③ 此外，无数的商业集团发布大量的材料，暗中诋毁政府。这些活动并没有充分考虑社会中的主流态度。在两名广告人对选举的客观评论中可以看到："如果商业集团成功地兜售了它们的哲学，那么至少一个偶然的结果是减小了罗斯福赢得胜利的可能性。在这一公共关系运动中几乎每一个人都感觉到了这一点……"④ 如果这些"哲学"不被"兜售"，则是因为宣传活动并没有唤起那些有利于实现宣传目的的态度。

正如奥德加指出的，禁酒联盟在其发展顶峰时期的巨大影响力在于运用与其目标相关的广泛态度的能力，而且只需要唤起这些态

① Linebarger: *Psychological Warfare*, p.27.

② Lasswell and Blumenstock: *World Revolutionary Propaganda*, pp.247–358.

③ 参见 Ralph D. Casey: " Republican Propaganda in the 1936 Campaign," *Public Opinion Quarterly*, Vol. Ⅰ, no.2 (April, 1937), pp.27–44。

④ S. H. Walker and P. Sklar:"Business Finds Its Voice,"*Harper's Magazine* (March, 1938), p.428.

230 度发挥作用即可。将宣传活动集中在禁酒而不是一般的酒类消费，联盟能够很容易地唤起支持者对与酒吧和酒类贸易相关的犯罪、痛苦和堕落的态度。禁酒被作为防止孩子受到侵害、防止家庭破裂、防止犯罪和不良政治活动的一种手段而提出。因此，禁酒运动与一系列广泛的态度保持一致，即使在那些并不支持实施强制禁酒政策的人中间也是如此。①

当然，处理先前态度最明显的方式是改变信息，以引起那些合适的人的注意。尽管事实很清楚，但这种改变的意义很容易被忽略。改变信息的内容以适应现有态度的要求，可能意味修正宣传者最初制定的目标。当 1934 年《互惠贸易协定法》第一次提交至国会，反对该立法的意见是公开且直接的，即反对关税减免政策。然而，当该法案 1937 年再次被提出，法案的反对派明显遇到了不同的态度。不管其实际取得的效果如何，该政策已经被广泛接受了。赞成贸易保护的默认假设曾在 1934 年威胁到提案，同时也构成了当时有利于税收提高的背景，② 现在已经改变了。1937 年以及随后几年，反对意见越来越不直接针对减税政策，而更主要针对反对减税立法过程中的程序。1937 年持反对意见的主要是全国农业保护者协会，其发言人总体上支持该法案的一般目标，希望参议院在宪法的指导下审议每一个协议。③ 假定通过公开主张税收保护的象征不能获得预期的效果，这些集团就会试图利用与违反宪法的方法和

① Odegard: *Pressure Politics*, p.38. 关于禁酒联盟的讨论，见 pp.40–72。

② 参阅 Schattschneider: *Politics, Pressures and the Tariff*, pp.141ff.。

③ U. S. Senate, Committee on Finance: *Hearings on H. J. Res. 96*, 75th Cong., 1st Sess.(1937), pp.483ff.

行政扩张有关的态度。参议院批准法案的要求将削弱减税运动，尽管比直接废除贸易协定法案的效果要差。这一改变策略本身的意义 231
很重要。实际上，后退一步，问题就变成了如何影响贸易协定，而不是降低保护性关税，此时这些协定的反对者就会发现，他们不得不表明自己对一项已经被通过的公共政策的立场。宣传活动的目标变成了限制一项已经通过的法案，而不是废除它。这一转变的发生，至少部分因为税收保护的支持者所面对的人们的态度发生了改变。

上述例子表明，宣传者常常发现，使用那些唤起与“游戏规则”相关的态度的符号是合适的，正如第六章所指出的。如果按照自己的要求进行调整，这些规则对宣传者就十分有利，因为这些规则为社会广泛接受且相对稳定，许多人对这些规则也很重视。由于这些“一般”规则具有模棱两可的特点，可以在许多矛盾的情势下运用，这也增强了这些规则的优势。

这些规则的优势可以在美国医学会反对联邦政府强制医疗保险计划的宣传活动中看到。宣传部分依赖于以下可能正确的假设：许多美国人反对经济的广泛社会化；害怕那些“异己”的建议；不赞成政府过多的开支；不喜欢自己的隐私遭到侵犯；希望医生被最高的人道主义理想所激励。下列要求就是以这些态度为基础的：“社会化”措施；如果医疗界社会化了，那么美国人生活的其他方面也应该社会化（“如果今天医生失去了自由——如果他们的病人明天被严格管制，谁将是下一个？下一个就是你！”）；医疗保险始于德国，那里所有的职业都已经社会化了，后来扩展到英国，英国也走同样的道路；德国的“社会化”导致了纳粹医生对集中营里的人们实施了暴行；某计划要求增加一百多万的政府雇员，他们将“吸

干医疗资金”；建立地方行政委员会将破坏医疗事务中个人的隐私
232 （“在这一制度下，个人的医疗记录就变成了公共记录——隐私就不复存在了”）。[①] 因此，医疗保险方案被认为是异类的和非道德的。利用人们的态度来进行宣传的事情并不局限于卫生和医疗事务，也可能由于其他原因而“集中”在许多人的个性中。

同样的一个例子是由一个私人电力公司支持的广告，该广告于1949年秋季出现在许多全国性的杂志中。半页纸的广告中反映的是人们普遍感兴趣的橄榄球运动，画面显示，一名裁判拿着一个橄榄球对着一群运动员，在助理裁判的支持下，裁判错判了一个合理的擒抱动作。该广告的部分内容如下：

> 这里发生了什么？
>
> 裁判首先做出了判决——或者他真的错了吗？助理裁判否定了那个最清楚的擒抱动作——或者这一动作是误判吗？如果裁判叫球员停下——然后自己玩起球来——那就变成了什么比赛？你肯定不会忍受橄榄球赛场上出现这种事情，但在照明和电力行业中，这种事每天都在发生。政府不仅管制电力公司，同时也在与它们进行竞争。

这一广告是一个例子，说明一个高度复杂的话题可以被很好地简化，使得外行人都知道究竟发生了什么。该广告主要的吸引之处在

---

① 转引自名为“The Voluntary Way is the American Way”的小册子，由American Medical Association发行，National Education Campaign (Chicago, 1949)。

于其提倡的“游戏规则”，即一种赞成公平竞争的普遍态度。

在许多情况下，利益集团的宣传者们能够毫不费力地唤起有利于实现集团目的的态度。这些态度可能是一些支持“游戏规则”的连续性态度，也可能是一些迫于紧急情况而暂时占据主导地位但不是很重要的态度。这一情况可以通过一则广告来说明。1949 年 9 月，一份报纸刊登了一则整页广告，内容是政府针对 A&P 杂货连锁店提出的反托拉斯诉讼案。这一民事诉讼案是七年前一次成功的反托拉斯指控后，提出的又一项诉讼。该广告指出，诉讼的目的仅仅是对创新精神和效率的惩罚，以此呼吁人们继续保持公平竞争的意识(重要的是，该诉讼案并没有被描述为美国司法部长或美国总检察长按照总统的指示行动，而是华盛顿的“反托拉斯律师们”的行为)。针对当时市民们普遍关心的相对较高的食品价格，该诉讼案如果成功的话，将肯定导致食品价格的提高。

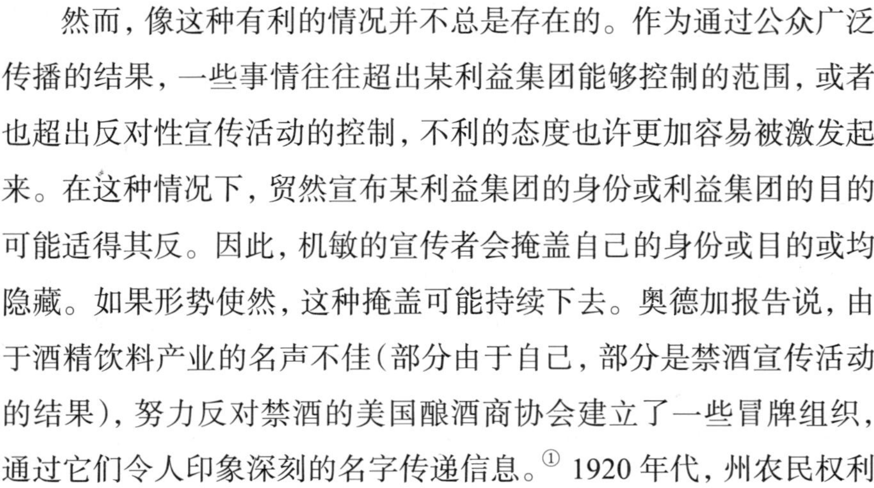

然而，像这种有利的情况并不总是存在的。作为通过公众广泛 233
传播的结果，一些事情往往超出某利益集团能够控制的范围，或者也超出反对性宣传活动的控制，不利的态度也许更加容易被激发起来。在这种情况下，贸然宣布某利益集团的身份或利益集团的目的可能适得其反。因此，机敏的宣传者会掩盖自己的身份或目的或均隐藏。如果形势使然，这种掩盖可能持续下去。奥德加报告说，由于酒精饮料产业的名声不佳(部分由于自己，部分是禁酒宣传活动的结果)，努力反对禁酒的美国酿酒商协会建立了一些冒牌组织，通过它们令人印象深刻的名字传递信息。[①] 1920 年代，州农民权利

① Odegard: *Pressure Politics,* chap.9.

联盟表面上是为了表达南部农民对于宪法关于童工修正案的观点，实际上是南部的一个棉纺织品制造商协会。如果暴露这些集团的真实身份，将削弱它们宣传活动的效果。[①] 1920 年代全国电灯协会的许多宣传活动就具有这一特点。尤其是它们代表私人电力设施企业在中学和大学中进行宣传活动，例如资助教科书编纂，如果该协会的真实目的被公开，其活动就会立即失败。[②]

但从另一方面看，掩盖行为将一直持续，直到宣传者能够或被认为能够制造出一种有利于其集团及其目标的态度为止。或者，一定时间里宣传者可能在头脑中并没有固定的目标。他可能对立即形成一种有利的态度感兴趣，以使他能够在未来某个时刻事情突然
234 发生时采用这种态度。这种重要的功能被称为“创牌子”广告，它也是职业公关人员主要关心的问题。全国电灯协会的许多宣传活动，尤其是针对学校的，都是经深思熟虑的。他们在儿童中培养了支持私人拥有电力设施的态度，以便将来某个时候建议延长管制或公共所有电力设施的想法被置若罔闻或敌视。由于美国电话电报公司是接受政府管制的公共设施，因此，也必然被卷入政治过程，公司

① Herring: *Group Representation Before Congress*, pp.27–28. 这一类型的组织不应与虚假集团混为一谈，后者唯一的功能是为其成员和追随者提供基本生活条件，其资金的捐助者是受害者。这些集团的例子见第 25—27 页。也可见 Crawford: *The Pressure Boys*, chaps.4, 10。

② 参见 Ernest Gruening: *The Public Pays: A Study of Power Propaganda* (New York: The Vanguard Press, 1931); Jack Levin: *Power Ethics:An Analysis of the Activities of the Public Power Utilities in the United States, Based on a Study of the U. S. Federal Trade Commission Records* (New York: Alfred A.Knopf, Inc., 1931); U. S. Federal Trade Commission: *Utility Corporations*, Senate Document 92, 70th Cong., 1st Sess.(1927)。关于这一调查的总结性报告见第 71-A 部分。

及其下属公司使用政府资助制作了大量这类的广告。公司对销售电话设备不感兴趣，而是意在使公众相信它出色的管理、优质的服务以及合理的价格。这种广告所主张的温和宽容的态度，预计在未来的某一天，在利率争议、劳工争端以及反对公有化的争论中发挥作用。[①]

在临时掩盖目的和身份、巧妙地利用相关态度、成功的集团宣传方面，一个近乎经典的例子是1935—1936年围绕加利福尼亚州连锁商店税收问题的斗争。[②]1935年加利福尼亚州立法机关批准了一项针对零售商店的许可证税，根据拥有商店的数量而划分不同等级。这一税收对地区性和全国性的大连锁商店构成了严重的威胁。这一立法建议应该由公民投票通过，但一年后才可以实施，在这段时间里连锁店决定挫败这一立法建议。它们聘请了一家公关公司，着手调查公众的态度。一项民意调查表明，60%的投票者赞成这一税收。而对报纸的一项调查显示，只有15%的媒体支持连锁店。对连锁店部分公众——雇员、房东、供应商、银行、顾客的专访表明了各种各样反对的态度。尤其，它们发现农民、水果种植者以及农民合作社不信任连锁店。这些因素都是该州的政治生活中的重要因素。

在这些情况下，很明显，一个由连锁店公开支持的大规模的反 235
对征税运动，几乎是没有用处的。要发起一场反对征税运动，必须

① 参见 N.R.Danielian: *A.T.&T.: The Story of Industrial Conquest* (New York: The Vanguard Press, 1939), chaps.12–14; 类似的例子可见 Thomas S. Green, Jr.:"Mr. Cameron and the Ford Hour," *Public Opinion Quarterly,* Vol.3, no.3 (Fall, 1939), pp.669–675。

② Walker and Sklar: "Business Finds Its Voice," pp.428–440.

首先改变公众的态度，最好通过公众不易察觉的宣传活动来进行。因此，连锁店并没有提及税收问题，而是很快地让人们知道它们雇员的工资和工作条件得到了改善。如果独立的商店也进行模仿的话，它们就会同意在星期日关闭连锁店（这些都能很好地论证如何改变宣传策略来适应不同公众的态度）。

进行掩盖式宣传活动的一个重要机会是 1935—1936 年桃子的大量剩余，这将可能对桃子种植者造成巨大损失，因为罐头生产商不可能完全收购这些桃子。种植者于是组成了一个协会，即加利福尼亚桃子稳定生产协会。从其组织的目的来看，这一集团显然是想寻求连锁店的帮助。这一协会的活动加剧了税收政策危机，因此该协会的活动广为人知。连锁店每周都进行一次促销活动来减少桃子的剩余，结果各方都受益。除了这些活动外，关于桃子剩余的信息完全由种植者自己发布，没有人谈及即将到来的公民投票。

在第十个月末，一项民意调查表明，投票者的态度几乎完全改变了。而且，媒体的报道 79% 的情况有利于连锁店。因此，这时就可以直接向税收法案发起公开的和大规模的攻击了。在各种可能的方法中，主要的宣传口号使用了投票建议案的号码："第 22 号是一项关于你的税收政策，请投反对票。"在立法机关的过去行动中，这一诉求可能是无用的，但现在却主要依赖公众的认识和有利的气氛了。在 1936 年 11 月的选举中，该税收提案在加利福尼亚州立法机关的投票中，遭到 58 个县中的 57 个县的反对。虽然不能说宣传活动起到了全部作用，但必须承认，宣传活动还是很重要的。

适当激励相关的合适态度的目的是能够产生宣传者所期望的新态度，这种态度导致在第三阶段宣传者希望采取或不采取行动。

就像在其他阶段，没有一种宣传活动是完全无懈可击的。因为个人不可避免地与他人存在差异，成功地激起一个人的相关态度能够 236
产生期望中的行动倾向，但对于另外一个人，可能产生一种与宣传者的目的完全无关的态度。即使产生的是宣传者所期望的新态度，也可能由于不够强烈或稳定到足以产生某种行动。或者新态度与另一种具有同等力量的态度不一致，个人将对争议的问题“失去兴趣”，为了避免由于作出选择而带来的痛苦，索性不采取行动。这种退却在共产党领导的工会中天主教成员关于美国和苏联关系问题上表现出来。[①] 它也出现于一些“失去兴趣的”投票者的行为中间，以及那些由于无力协调周围环境中冲突着的影响因素而没有参加投票的人中间。[②]

这种“不可预测的领域”，用杜布的话说，受到了时间的重要影响。除了鼓动一群乌合之众发起攻击外，一般地，在新态度的形成与期望采取的行动之间必然有一个时间差。在这时，新态度如果不够强烈或不是个人主要关注的，其效果就可能减弱。或者，在这一段时间差中发生的一些事件和经历使新态度可能遭到削弱或破坏。如上文所述的加利福尼亚税收案中桃子盈余危机的解决，其他竞争性集团的宣传活动中都可能出现这种现象。

对于政治利益集团的宣传者而言，时机在宣传的第三阶段尤其重要。不像战争时期是在后方进行活动，宣传者从事的主要不是宣传现有的态度。这种宣传任务主要是向“成员”进行“内部”宣传。

① Martin Kriesberg: “Cross-Pressures and Attitudes,” *Public Opinion Quarterly*, Vol.13, no.1 (Spring, 1949), p.9.

② Lazarsfeld *et al.*: *The People's Choice*, pp.45–49, 56–64, 67–69.

在“外部”宣传活动中，宣传者要说服公众中潜在的同情者、中立者甚至敌视者。对于集团成员中的坚强核心，宣传者集中精力以加强现有的有利态度，阻止竞争性信息的传播。对于其他人，宣传者会发现，他的宣传努力由于不可预见的事件或对手的宣传活动而没有多少效果。正如前文讨论过的，这些其他人是那些至少对敌手的信息同样可能接受的人们。

例如，一个试图影响联邦立法机关的利益集团，要求州的教育
237 拨款应确保所有种族的孩子平等使用教育设施。这一集团可能忽视了公众中明显的敌对者，而专注于那些所谓的中立者中间做工作。它必须至少做到这点，因为从它试图改变现有制度安排的目的来看，它处于一种比较困难的情况中。它正在激发人们的各种人道主义态度，证明南方黑人教育不完备对其移居的北方城市的影响等。这一工作要得到北方的广泛支持十分困难，一方面因为那里的居民并不十分关心，另一方面则出于北方地区存在着潜在的反黑人偏见。然而，假定倡导者能够顺利地展开活动，并要求人们写信给国会议员支持该法案。这时，反对者就有可能削弱他们刚刚获得的支持，不是通过直接诉诸种族偏见，而是通过间接诉诸以种族偏见为基础的较易被接受的要求。这样，这些人就可以争辩说，教育是地方的事情，联邦政府不应该发号施令，或者说，事实上，这是一个与南部以外的人们无关的事情。通过提出一种似乎是可以接受的、为在关键时刻不采取行动做辩护的理由，反对者们利用新态度的内在不稳定性，仅仅使支持局限在那些有限的坚定“成员”之中。①

---

① 参见 Kesselman: *The Social Politics of FEPC*, esp. chaps.11, 12。

很明显，宣传过程的第三个阶段从长远来看十分危险，特别是宣传活动的目的不能被一下子揭示出来或不能公开时。以一个希望美国现任总统下台的公司为例。尽管该公司可以使用许多方法来实现其目的，却不能自己公开宣布选择另一位总统候选人。联邦法律禁止任何公司从事“与总统、副总统候选人……选举有关的捐助活动”。因此，公司自己的广告，只能通过反对特定的政策或某些类型的政策来曲折地表达其立场。从这个角度，公司的宣传活动与那些可以对政策采取立场的集团和直接投票选举候选人的集团相比，受到了更多的限制。

如果宣传的目的要到将来某天才能明确，那么所期望的行动的不被采纳的可能性与隐瞒时间大致成正比。即使形成了正确的态度，不可预见的事件也可能导致长期宣传活动的结果完全不可预测。例如，国家电灯协会（现爱迪生电气研究所）的宣传活动，掩盖 238
了它们要进一步阻止公有化和对电力设备的管制的目的，但这一方法在资助者最需要的时候并不很成功。这些努力在 1920 年代的十年才产生了一些效果，强化了现存的普遍反对社会化的态度，并发展了支持电力设施私有化（基于更有效地管理）的态度。但三个同时发生的不可预料的事件严重削弱了效果。第一个是联邦贸易委员会于 1928 年和 1929 年调查电力公司，从而揭示了其宣传活动的细节，并在后来的六年中继续报道有关电力公司的其他活动。第二个事件是 1929 年股市的崩盘，戏剧性地揭露了许多控股公司的弄虚作假，以及控制这些公司的人利用投资者的“不知情”而进行的可疑活动。最后，1930 年代的大萧条和失业浪潮，至少在当时，大大减少了反对政府干预电力领域的非投资者的人数。这就是主张

私人拥有电力设备的宣传活动所面临的情况。可能宣传活动导致了对扩大政府干预的限制。然而，这些事件发生之后，在1930年之后的十年里，联邦监管权力的显著加强以及发电和配电设施的公有化的扩大，都无法引起广泛的反对。[①]

宣传者有许多手段来处理第三个阶段所面临的危险，当然，这些方法并不是绝对可靠的。为了避免新态度的弱化，宣传者试图通过不断地重复来巩固新态度。当宣传者确实成功地创造了新态度，重复也许是有效的，但其他因素却还是一如既往。然而，其他因素往往会发生反常的变化，如果公众的经历与新形成的态度不一致，再怎么重复进行宣传活动也不可能阻止其发生变化。举一个明
239 显的例子，尽管口号一度将赫伯特·胡佛（Herbert Hoover）描述为“伟大的工程师”和“伟大的人道主义者”，在1928年前不断重复还能够加强有利于这位共和党总统候选人的态度，但1929—1932年的危机之后，这些口号的重复不仅失去了效果，且事实上变成了反对派的武器。希特勒在其政治生涯早期就断言，在宣传活动中，重复的力量绝对有效。[②]然而，重复宣传发挥最大作用则是在商业广告中。商业广告商出于各种原因为重复宣传辩护，尽管并不是没有保留。例如，在一个开展仪式性刷牙活动的协会中，人们愿意购买某种牌子的牙膏。这一态度坚定，不管是在战争还是在萧条期间仍然保持。抓住和留住一群忠实于某品牌的顾客，可能部分取决于该品牌的名字被看到和听到的频次，因此不断重复是必要的。然而，

① 参阅 Fainsod and Gordon: *Government and the American Economy*, chap.10。

② Adolf Hitler: *Mein Kampf* (New York: Reynal and Hitchcook, 1939), pp.238ff.

各种政治宣传活动要复杂得多。与一个特定的政治“品牌”相关的态度通常高度不稳定，因为这些态度被认为将产生相当不同的结果。某种意义上，政治信息更多地意味着产生更多的重要结果。政治宣传家们是事件的奴隶，在他们心中重复宣传活动仅具有次要价值。

为了保护他们鼓励的态度，宣传者们使用的第二种方法是反宣传，也就是说，努力打破可能或实际上与宣传者所期望的态度相冲突的，尤其是那些竞争者提出的态度。这一技巧，像其他方法一样，其价值取决于时机。如果宣传者过早地攻击对手的活动，他可能推动了对立信息的扩散。他不仅自己与对手的立场斗争，而且也给对手创造了比他们自己所能够创造的更多的重要机会。然而，如果他等得太久，他可能发现面对着一种坚实的态度，如果他再使用反宣传活动的话，只会产生负面效果。当人们已经坚持他们的特定态度并将其看作自己的一部分时，对这一态度的攻击就如同攻击他们本人一样。只有当一件事情在公众中存在争议，反宣传活动才可能产生效果。因此，下面的这件事就可以理解了。当工程还处于争议之中时，全国圣劳伦斯工程大会就斥责那些支持圣劳伦斯内陆航路和 240
电力工程的公司，这些“小型的、并不重要的钢铁利益集团”劝说政府“保护他们在兰巴多-魁北克铁矿区的投资”，[①] 这一做法是合理的。另一方面，如果一个反对扩大政府福利活动的集团攻击那些已经被广泛接受的服务项目，如失业保险，就是不明智的。当几年前全国制造商协会警惕地注意到资助州的联邦平衡预算面临危险

① The *New York Herald Tribune*, March 7, 1949.

时，就把该项目视为主要的攻击目标。该协会的发言人指出，协会不是反对这些“长期确立的”涉及如农业实验站、高速公路、国民自卫队以及给大学赠地等的计划。公开攻击这些计划将必然增强人们反对全国制造商协会的力量。①

反宣传活动是强烈的积极诉求的一种糟糕替代品。宣传者将自己的信息尽量瞄准那些常见的、占据主导地位的态度，就可以最好地避免在合适的行动发生之前自己所促成的新态度面对被弱化或被改变的危险。因此，如果他的信息具有尽可能多的威望，宣传者就能够使他的对象更容易被其期望的行动影响。因为在特定的背景下，信息的威力可以对大多数人产生非凡的影响力。正如杜布指出的，宣传者多少类似于催眠术者，后者的成功部分来自他在对象中的声望。② 战争时期，宣传者往往能够使最不真实的报道被国内公众接受，这是因为他们可以控制一些最有效的声望象征，如民族象征或宗教象征。③

利益集团的宣传者通常并不处于这样一种令人妒忌的地位，但他将努力在他的信息中纳入重要的声望象征。第二次世界大战期间的商业广告充斥着描述不同集团对国家作出贡献的内容。当前任何一份杂志的内容都会报道一些最新的小发明是“科学”的巨大

---

① The *New York Times*, May 21, 1947.

② Doob: *Propaganda*, pp.132–133.

③ 参阅 Harold D. Lasswell: *Propaganda Technique in the World War* (New York: Alfred A. Knopf, Inc., 1927), esp.chap.4; James R. Mock and Cedric Larson: *Words That Won the War: The Story of the Committee on Public Information, 1917–1919* (Princeton, N.J.: Princeton University Press, I939)。

成就，从专利药物到香味漱口水和炼乳，这些在广告中被穿白大衣 241
的人“渲染”为具有重要意义。在那些严格属于政治的事务中，大多数集团都会利用其知名成员的声望。在国会委员会上发言的稿子由助手准备，但是，为了这些演讲能够被媒体报道并产生最大的效果，它们往往由重要的官员和成员来宣读。[①] 美国医学会对强制医疗保险计划的替代方案被称为“美国道路”。当全国制造商协会和其他贸易协会反对 1946 年价格控制法案的修改时，他们煞费苦心地将自己描绘成“小企业”的代言人，避免了“大企业”所具有的负面声望。[②] 正是作为前美国总统的威望，部分解释了格罗弗·克里夫兰（Grover Cleveland）于 1906 年能够成为人寿保险总裁协会第一任主席和总顾问的原因。人寿保险公司影响立法的活动，最近受到了纽约州议会某委员会的严厉批评，因而如果该协会要获得成功，那么它需要最大限度地提高声望。[③]

声望不仅附着于人、物品和机构，也附着于多数群体。在大多数政治场合，“每个人”所做和所思不仅不可能错误，而且还被假定为正确的。服从或与杜布称之为“普遍印象”的行为一致的倾向被集团的宣传者尽可能地利用。禁酒联盟争取国会通过禁酒修正案的运动包括在各州倡导建立新的禁止饮酒地区，这表明了一股普遍的禁酒情绪，这些实行禁酒令的地区（但不一定是人口密集的地

① 参阅 Herring: *Group Representation Before Congress*, pp.92–93。

② 参见 U. S. Senate, Committee on Banking and Currency: *Hearings on Extension of Price Control and Stabilization Acts*, 79th Cong., 2d Sess. (1946), pp.392ff.。

③ 参见 U. S. Temporary National Economic Committee: *Hearings*, Part 10, 76th Cong., 1st Sess. (1939), pp.4346ff.。

区）在宣传活动中具有重要的地位。[1] 谢茨施耐德评论了 1929 年在
242 关税法案修改中有关集团获得“90%”的支持率这一“诱人”的结果。一些人声称代表了选民的要求，大部分人则宣称选民们的观点是一致的。但是最通常的一种说法是，发言人代表了某产业领域中“90%”的公司，或其产品或其生产能力的 90%。[2] 人们往往假定被选择的这些 90% 的对象可能产生最大的影响力。美国退伍军人协会的宣传活动通常依托其成员的规模，给人的印象是该联合会的领导者是在为一个包括了绝大多数的、团结的退伍军人群体说话。[3] 美国医学会因其部分成员公开反对它对 1949 年反对强制医疗保险计划的评估而声望受损。正如第六章谈到的，为了减少损失，该协会公开了一份报告，该报告指出，估计有 85% 的成员为反对强制医疗保险计划的工作而愿意出资 25 美元。[4] 这一说法中给人留下的普遍性印象使一些还处于怀疑中的医生不得不出资，也说服一些公众使他们相信美国医学会几乎代表了所有医生的利益。许多例子都证明了这一点。

为了使自己信息的接收达到最大化以及减少听众对竞争性信息的接受，宣传者可能利用新闻检查制度和相关的一些手段。新闻检查指的是，在一定情况下，宣传者或接受宣传者所影响的媒体控制者阻止某些内容的出现。它“过滤”一些不利的象征内容以避免

---

① Odegard: *Pressure Politics*, pp.56 and 156.

② Schattschneider: *Politics, Pressures and the Tariff*, pp.243ff.

③ Dufield: *King Legion*, p.299.

④ The *New York Herald Tribune*, February 19, 1949; 参阅 Harold B. Clemenko: “What is the A.M.A.?” *Look*, October 11, 1949, pp.27–32。

宣传活动遇到失败。与此相关的一种方法就是歪曲，即在完整的报道内容中相对强调某些内容。属于同一类型的另一种方法是捏造，或者通过无中生有，或者通过虚构一个情境。这些都是常见的技巧，尽管它们并不像那些如此界定宣传活动的人们所认为的那样普遍。这些行动的发起者的目的和身份通常是隐蔽的，省略或歪曲事实的行为十分频繁。当然，在商业广告中，这一技术如此普遍，足以浪费联邦贸易委员会大量的纸张进行调查。

然而，除非新闻检查与相关技术能够提供李普曼称之为“在公众和事件之间的障碍”，否则就是无效的。如果关于一种有争议的 243
问题，人们可以通过竞争性的媒体或直接的经历来了解，那么，运用新闻检查制度是无效的，歪曲或捏造事实也是危险的。即使在战时，新闻检查也是一种有限的武器。第二次世界大战期间日本政府一直压制关于日本所遭受损失的所有新闻报道，即使在本土遭到严重的空袭之后，当局也将损失说得最小，并编造一些美国遭到损失的信息。但是日本国民亲身经历了空袭，不管是亲身经历，还是耳闻幸存者的描述，他们都明白美国飞机几乎是完好无损地结束了战斗。因此，战争结束时，至少一半的国民不再相信当局关于空袭的报道。而且，正如预料的那样，谣言，通常被高度夸大，取代了官方报道的地位。[①]

利益集团很少能够阻止人们独立地接触重要事件的信息。1920 年代全国照明协会试图影响或控制每一种可能的信息渠道，

① U. S. Strategic Bombing Survey: *The Effects of Strategic Bombing on Japanese Morale* (Washington, D. C.: Government Printing Ofice,1947), chap.10, esp.p.125.

但只取得有限且暂时成功。[①] 约翰·冈特尔(John Gunther)报道说,曾经试图影响他写作关于美国的书稿的唯一集团是一家电力公司。[②] 新闻检查活动很普遍,但是在竞争性宣传活动中,其价值有限。

无论采取什么方法,作为一种交流方式的宣传对宣传者所感兴趣的公众进行宣传时必须尽可能有效。因此,宣传者必须选择那些他认为最可能打动公众的媒体。在这些媒体中,他还必须选择那些能够传达到公众中的渠道。这里不可能对所有的渠道予以分析。
244 这一主题是社会科学家和其他人越来越关注的话题之一,相关的文献也日益增多。[③] 然而,有两种现象尤其重要。首先,媒体及其中的特定媒体渠道极为不同。书籍的阅读者在数量上和其他方面不同于只阅读报纸的人。前文谈到过,专业杂志比普通杂志更加有效。在宣传者和公众之间能够进行直接接触的媒体可能是最有效的。[④] 从研究中得到的这些结论,意味着利益集团宣传者的成功很大程度上取决于他所选择的合适媒体和宣传渠道。其次,尽管现代宣传主要是大众传媒革命的结果,但大众传媒不是政治利益集团利用的唯一或主要的手段。除了每天的报纸、收音机、书籍和电视以外,还有许多替代性的或补充性的媒体。一个国家的教育制度显然也是对媒体的补充。教育制度的重要性在于它能够有力、定期地将

---

① Carl D. Thompson: *Confessions of the Power Trust* (New York: E. P. Dutton Company, 1932), p.330.

② John Gunther: *Inside U.S.A.* (New York: Harper and Brothers, 1947), p.746.

③ 例如,参见 Smith, Lasswell, and Casey: *Propaganda, Communication, and Public Opinion*, pp.255–350, 361–365。

④ Berelson: "Communications and Public Opinion," in Schramm (ed.): *Communications in Modern Society*, pp.172–176.

各种有争议的问题排除在学校之外。[①] 教会，除了其本身也属于利益集团外，作为宣传渠道也具有重要意义。禁酒联盟发展的顶峰时期最大的一个资本是它能够登上许多清教徒教会的讲坛，通过这些讲坛，该联盟能够吸引成员及获得资助，甚至进行选举宣传运动。[②] 公共图书馆也是一种补充性的渠道。[③]

政府机构中的不同部门也可以作为补充性的媒体。例如，政党纲领和候选人的演讲可以作为宣传的渠道和吸引公众注意力的媒体方式。立法委员会的公共听证会有时也承担类似的功能，其优点是允许各种集团直接通过中介发表它们的意见。

许多不很明显但重要的交流渠道也值得考虑。集团“成员”作 245
为一种交流渠道也是非常有用的，尤其是通过口头传播方式而具有一些媒体所达不到的效果。签名运动作为一种直接影响政府官员的方式没有预想的那么大效力，但其作为宣传者与签名者之间的交流方式，意义更为重要。因为在这些宣传者和签名者之间，更多的情况是宣传者的信息得到了传播。[④] 谣言的传播，有时比“制度化”的媒体传播的信息流传得更快和更深入，也是非常有用的，尤其是对于一些由于各种原因而无法在其他渠道中出现的内容。政治宣

① 参见 Bruce Raup: *Education and Organized Interests in America* (New York: G. P. Putnam’s Sons, 1936)。

② Odegard: *Pressure Politics*, pp.94, 190–194.

③ 参见社会科学研究理事会公共图书馆的出版物，尤其是摘要卷。Robert D. Leigh: *The Public Library in the United States* (New York: Columbia University Press, 1950).

④ 参见 Gordon Allport: “The Psychology of Participation,” *Psychological Review*, Vol.53, no.3 (May, 1945), p.119。

传的研究不可避免地需要对每一种组织化的交流方式进行分析。

宣传优势的变化

对宣传策略的讨论揭示了为何宣传活动总是易犯错误。由于宣传既不是独立的也不是绝对的武器，一些集团因环境而具有相对的优势，但随着情况的变化，优势的地位也会发生改变。如果要搞清楚集团宣传活动的动力，某些情况值得仔细分析，尤其是影响政治利益集团的情况。

当宣传者所面对的公众遇到了“意义”模糊的事件时，他们就获得了最大限度的优势。公众并不容易决定这些事件应该如何去“理解”。用心理学家的话讲，对事件的反应并没有很好地“建构”起来，即这些事件与个人稳定的认知和态度模式并不紧密相关。处于这种情况下的人们很容易受到暗示，因为他们需要“搞清楚”，他们乐于接受一种对他们的态度和信仰有意义的解释。[1] 这种情况往
246 往为处于不利地位的集团创造了机会，因为既有的判断标准不能充分作出解释。

其中最有趣同时也最能够反映在模糊情况下的行为的例子，是康特里尔对 1938 年 3 月 30 日“火星入侵”的研究。那天晚上，某电台广播了根据 H. G. 威尔士（H. G. Wells）的《星球大战》（*War of the Worlds*）一书改编的戏剧。一项常规的音乐节目突然被一则一架火星飞船登陆新泽西州的新闻打断，该飞船所经之处造成大

---

① 参见 Krech and Crutchfield: *Theory and Problems of Social Psychology*, pp.346–349, 358–359。

量人员死亡和财产破坏。这则“新闻”还包括了一些虚构的科学家和政府官员的评论和呼吁，以及其他电台纷纷报道这一重大新闻事件的其他所有噱头。这一“新闻”在许多听众中引起了恐慌，尤其是在那些没听到节目介绍的人中间。“在‘新闻’报道结束后的很长时间里，美国各地都有人在祈祷、哭泣、慌乱地逃离火星带来的死亡恐惧……至少有 100 万人受到影响和惊吓。”[①] 人们的行为变得歇斯底里，因为他们相信了这则“新闻”。许多听众相信报道，因为这一情况一时得不到证实，且若不相信新闻，就觉得“没有意义”。此时，没有判断标准表明这则广播只是一个闹剧，人们轻易地听信了报道中的内容而把火星入侵当成事实。导致人们相信的原因是：闹剧表现出来的真实性，它报道了人们十分熟悉的地点和街道的名字；最近一段时间以来，娱乐节目经常被慕尼黑危机的新闻报道打断；证实这些灾难的“科学家”和“政府官员”的权威性。

革命宣传家们生活在那些事件缺乏结构和“意义”达到极点的情况中。一系列灾难性的军事失败，经济制度的崩溃以及类似事件的发生，或这些事件同时发生，深刻地影响了大部分人的生活。他们要求得到解释，需要得到满意的“答复”。但是灾难破坏了通常权威性解释来源的威望，例如政府、教会和经济制度的领导者。许 247
多人接受并认同了革命宣传家的解释观点。[②] 因为这种宣传“澄清”

① Hadley Cantril: *The Invasion from Mars* (Princeton, N. J.: Princeton University Press, 1940), p.47.

② 参阅 Lasswell: “The Strategy of Revolutionary and War Propaganda,” in Wright, editor: *Public Opinion and World Politics,* pp.187–221。

了局势，并指出了那些对此“负有责任者”。这种情况，证实了希特勒著名的发现，即大众比少数人更容易接受一个弥天大谎。[①] 只有当事件颠覆了人们最熟悉的判断标准，宣传家才无法充分建构事件，他们的解释也就无法得到接受。

在集团政治中，没有确定建构情况的事件并不限于战争、革命和火星入侵。许多事件对关注该事件的人们而言缺乏稳定的“意义”。例如，突然发生大范围的失业，谁来为此“负责”？应该采取什么行动？由此导致的生活费用的迅速提高的原因是什么？如何控制生活费用的增加？是什么“原因”使某外国政府无力偿还对美国的债务？某个国家发生的内战似乎改变了超级大国的战略地位，这又是如何发生的？这意味着什么？由谁来为美国在珍珠港事件中的失败负责？一场影响数百万人生活的罢工发生了，其“起因”是什么？

这些问题表明，事件的模糊性为集团的宣传者们提供了一种机会。尤其当事件的影响大大提高了对活动关注的公众规模，公众中许多人的经历对发生的事件没有提供充分的结构化解释。他们被事件的发展影响，知道事件的影响是什么，并接受给这些事件赋予“意义”的宣传者的观点。他们也是易于接受建议的。

在外交事务领域同样表明了这种情况。[②] 对许多人而言，外交领域是既复杂又远离日常生活的，它是一种能够在突然间吸引大量

---

① Hitler: *Mein Kampf*, p.313.

② 参见 Harold H.Sprout: “Pressure Groups and Foreign Policies,” *Annals*, Vol.179 (May, 1935), pp.114–123; Gabriel A. Almond: *The American People's and Foreign Policy* (New York: Harcourt Brace & Company, 1950)。

公众的领域。“华尔街”的故事和“叛逆的阿尔宾”事件不断地吸引人们的注意。在这些事件没有得到充分解释的时候，如果它们与现有的态度紧密相关，那么将这些事件简化解释可能更加具有说服力。

这类典型的例子同样发生在国内政策领域。在新政之前的25年中，许多个人和小集团注意到了国家的土地资源由于土地滥用和腐蚀而急剧减少。早在1909年，农业部的科学家们就指出管理 248
私人土地和公共土地的重要性。但当时的保留地运动主要关注防止剩余的公共土地被私人开发，而不是管理所有的土地。我们对国民收入的主要“解释”，是支持一种私人开发且未限定继承土地的政策，而不允许其他土地政策得到重视。直到1930年代早期，灾难性的沙尘暴频发提高了公众对土地使用的关注；随着当时其他方面的经济发展，人们对以前的判断标准产生了怀疑，这些解释才不再继续被人们接受。这时，即使是住在新泽西州的城市居民，由于这些标准未能提供充分的解释而不能使他们相信，事实是，他们的天空由于大平原上吹来的沙尘变得漆黑。正如约翰·高斯指出的那样，由于出现了一种“灾难性情况，主流的态度被有力地粉碎，新的观念逐步得到了接受”。[①] 这时，新的解释才能赢得公众。可见，全国性危机固有的模糊性为不同集团相对影响的变化提供了机会。

尽管缺乏结构化的情况拓宽了竞争性集团之间的各种自由活

① John M.Gaus: *Reflections on Public Administration* (Tuscaloosa, Ala.: University of Alabama Press, 1947), p.6. 更好的讨论，可见 Gaus and Wolcott: *Public Administration and the United States Department of Agriculture*, pp.116–137。

动空间，但这些情况并未给予所有的集团以同等机会。在非革命的情况下，实际上，缺乏结构化对那些寻求合理支持的集团只产生了轻微的影响。当然，集团获得机会的不平等很大程度上取决于特定社会的结构和价值。一个集团在社会中的地位影响其宣传活动的成功与否，以及该集团利用其他影响资源的能力。罗宾·威廉姆斯（Robin Williams）在一篇文章中写道："一个社会中处于特定地位的机构或集团，具有一定的资金和人员，具有一定的权威和权力，有着固定的交流渠道等，同时，这一机构或集团的控制有着一定的可能性和局限性。"① 集团在社会中的地位，大体上等于该集团的目标
249 和手段与社会主流价值一致的程度，它通过宣传活动获得的影响力取决于该集团利用社会主流态度并把自己和主流态度联系起来的能力。在社会中地位较高的集团最懂得成功地使它们的目标和价值与最大多数人的态度一致，这些集团享有与它们的地位相称的声望。

在这里，不可能对美国社会的结构作具体阐述，因为这种阐述所需的材料并不存在。然而，美国社会结构的特定方面足以表明由社会结构造成的不同宣传优势。在社会中享有最大声望的集团和个人，是那些被相信对社会作出了最大成就的集团和个人。一个多世纪以来，这些成就中最伟大的当属为这个国家作出基本安排和提供生产技术的革命。那些可以大致归入松散的"企业"标题下的集团，由于与这些发展紧密相关，在历史上不同程度地占据了最高的地位。正如克拉克洪指出的："这是一种商业文明，而不是军事、宗

① Williams: *The Reduction of Intergroup Tensions*, p.11.

教或学术领域的文明。”[①] 这些倾向很大程度是西欧社会共有的，但在美国几乎占主导地位。例如，对一些事情的惩罚如对欺诈性投机活动的惩罚在美国明显比在英国来得轻。[②] 商业合并和联盟在美国受到一些限制，但这些阻碍与劳工运动发展受到的敌对行动相比，是温和的，劳工运动的要求很容易被认为侵犯了那些被视为“社会改进者”的特权。即使在劳工运动早期，如第四章表明的，依附于主流态度削弱了劳工组织的凝聚力，限制了它们的活动。当美国总统宣称“建造工厂的人正在建造一座神庙”时，很难判断不同的宣传优势。[③]

其他在社会结构中地位较高的集团也不断扩大其宣传优势。
几个世纪以前与理发师居于同样地位的医生，现在发生了变化。在 250
科学的声望和成就的支持下，“穿白大褂的人”获得了与他们在人口中的比例不相称的尊重。他们所在的集团也相应掌握了特殊的宣传优势。其他的一些职业集团——例如，教会或律师协会——也从它们成员的较高地位中获得了优势，尽管不是非常之高。类似地，教师集团往往会发现，对教育有利的态度对他们也是有用的。

这些精英集团的优势地位，对于它们很少从事宣传活动的一贯做法提供了一些解释线索。这些集团所信守的价值和纲领近年来引起了一些争议。这些集团所宣传的一些从未受到过挑战的“信

① Clyde Kluckhohn: *Mirror for Man: The Relation of Anthropology to Modern Life* (New York: Whittlesey House, McGraw-Hill Book Company, Inc., 1949), p.229.

② 参阅 Miriam Beard: *A History of the Business Man* (New York: The Macmillan Company, 1938), p.696; 另见 chaps.24, 26, 27。

③ Calvin Coolidge, quoted ibid., p.754.

仰”，从它们的观点看，是在提倡一个古老的“事实”，即它们从事的是教育活动而不是宣传活动。

由于这些优势来自社会的结构和价值，精英集团随着社会的变革而发生变化。赋予这些集团力量的价值提供了一种参照系，通过这种参照系，大部分社会成员解释他们的经历和预期未来。当经历不再能够通过这些参照系来理解时，人们的价值就发生了变化，那些处于享有特权的集团的地位也随之发生了变化。用非常简单的话讲，例如，美国人承认整个社会的发展和经济健康来自商业企业的自由创造精神。如果让它们自由地活动，这些企业就像以往那样为社会提供最高程度的经济福利。但是从第一次世界大战以后，许多人的经历已经不再与这些解释和期望相一致。城市贫民窟、光秃秃的山坡、失业浪潮等，已经使这些观念遭到了怀疑，人们的观念发生了变化，不再主动坚持这些传统观念，出现了其他的解释，以前那些享有声望的集团的地位也发生了变化。

这些变化并不是一蹴而就的，在此过程中，受到威胁的集团继续享有既有地位产生的优势。构成这些优势地位基础的价值和态度并没有完全改变或以同一的速度发生变化。因此，这些集团所享有的机会也不会瞬间失去。当集团以前的精英地位发生变化时，这
251 些集团利用未受到影响的态度来保护自己的要求。只要这些态度得到保留，处于防御地位的集团仍然比挑战者具有一定的优势，后来者无法获得这种忠诚，也无法轻易地影响政府机构，后面一章将要指出。因此，并不奇怪，同业协会和其他制度化商业集团从事宣传活动的主要目的在于保护已有的态度和地位。20 年前赫林就已经指出，在华盛顿十分活跃的同业协会主要进行防御性活动。美国

制造商协会在历史上通过宣传和其他方式进行的主要活动，也是为了维护自己的地位。从 1930 年代早期开始，美国医学会采取了类似的策略。该协会以保护医疗业不受外行控制为由，阻止了所有的医疗护理费预付计划。美国医学会最近支持一系列志愿计划，作为对以强制医疗保险计划形式出现的“社会化医疗”的替代方案。在整个妥协过程中，这些集团通过利用既有的态度成功地延缓了变化的速度。

一个集团在社会中的地位对其宣传优势还有其他的意义，其中最重要的就是财政影响。在大多数社会中，地位和声望与其收入紧密相关。即，声望和金钱是衡量人们和集团的地位的依据。人们和集团能够相对容易地筹集资金既是因为他们的支持者有钱，也是因为在很多情况下，对于捐钱者而言，捐钱是获得声望的一种来源。钱不是决定集团影响的唯一变量，但是，就像正式组织一样，它还是相当重要的。它可以购买印刷设备和打字机，支付电话费用和差旅费。它可以在大众媒体上购买时间和空间，确保人们将他们的大部分精力用于推动组织目标的实现。其他的事情也是一样，地位是经济力量的一种决定因素，财富促进了宣传活动。

地位和声望也促进了集团之间的联合。本章前文指出，这种联合是不可避免的，因为大多数组织化的政治利益集团都是少数人。在一个往往运用多数规则进行决策的社会中，集团发现，为了有效实现自己的要求，与其他集团结盟是何等重要。联盟是扩大公众范
围的一种方法，通过联盟组织的渠道可以使一个友好集团的宣传活 252
动得以进行。就像专业报刊一样，这些渠道对联合集团的成员产生的声望和影响大于“外部”集团。因此，利用这些渠道，面对外部

集团时的危险得以减少（当然，联盟在加强集团在政府的重要决策中实现自己的要求时同样重要。实际上，如果一个联盟对集团宣传活动毫无意义，那么这个联盟肯定是虚弱且相当无效的。这一点将在后文予以分析）。一个集团在经济上的地位影响到它与其他集团联盟的容易程度。例如，在大多数情况下，美国农业局联合会和美国商会发现，它们之间的结盟比与产联之间的结盟更加容易。

联合起来进行宣传活动的例子不胜枚举。一个典型的例子就是水泥协会（the Cement Institute）。这一同业协会最近发现它在许多方面遭受冷遇，因为它被怀疑在整个水泥产业中维持统一的价格。一位观察者指出，为了“缓和日益不利的局面”，该协会被迫领导周围的一些边缘性集团。这一措施被指望能够在追随者中传播该协会的“路线”，[①] 这些集团包括建筑材料商协会、承包商协会、混凝土制品制造商协会以及类似于这些协会并同样易受批评的产业集团。

全国制造商协会是一个相当脆弱的少数人集团，本身缺少自己的大众支持者，因而希望与其他具有同等声望和更多公众的集团进行联合，例如商会、美国劳联、农业保护者协会、美国零售商协会等。全国制造商协会的卫星组织如全国产业理事会与许多同业协会进行了类似联合。一个很少报道的情况是 1940 年全国制造商协会与美国退伍军人协会之间的联盟。这种联盟建立了一个合作委员会，从事“教育”活动，包括通过美国退伍军人协会的等级制度来分发

① 这一事例引自 Earl Latham: “Giantism and Basing-Points: A Political Analysis,” *Yale Law Journal*, Vol.58, no.3 (February, 1949), pp.383–399 at p.395。

全国制造商协会的材料。

美国退伍军人协会的地位具有启发性。作为一个退伍军人组 253
织，在组织内外都具备声望，拥有庞大的公众群体。因此，退伍军人协会的官员是其他许多集团大量“游说”活动的目标。在某些情况下，一些成功的游说者的要求可能更接近于退伍军人协会中积极的少数人的态度，而不是普通士兵的态度，尽管这些要求并不很重要。无论如何，更为重要的是，“互助关系”对双方都是有利的，除非某一方的声望如此之低以致产生了妨碍作用。每一个集团都具有能够进行交易的影响力，即使美国退伍军人协会的规模也没有大到能够独立于联盟之外。[①]

在我们对政治利益集团享有的宣传优势进行概括之前，必须仔细分析所有决定宣传优势的因素。尤其重要的是分析集团在社会中地位的影响，如果不认真审视这些因素，就会产生关于特定宣传活动意义的简单化的、错误的解释。通过检验一个流行的理论，我们就可以看到这种分析的重要性。在美国和类似的社会中，“商业”集团作为利益集团总是享有控制优势。实际上，有人认为，因为“商业”集团（协会和制度化集团）占据较高地位和享有有利条件，它们易于控制所有美国政府的重要决策。一些人甚至断言“商业社会”组织化程度如此之高，可以作为一个由少数人控制的社会，以一种不利于“民主”的方式行事。当然，这一断言，就像整个理论一样，其所包含的内容已经远远超出政治宣传的领域。

提出这一观点的一些文献只不过是代表对立利益的抨击而已，

---

① Gray: *The Inside Story of the Legion*, pp.76–78, 83, 102–104.

应该仅仅被视为集团政治进行宣传活动的一部分。[①] 然而，其他文献声称是对政治经济过程进行严肃的、客观的分析，必须同样予以对待。[②] 这些出版物中最彻底、最有争议的一本是罗伯特·布雷
254 迪(Robert A. Brady)的《作为一种权力系统的商业界》(*Business as a System of Power*)。如同其他人指出的，[③] 尽管布雷迪的主题并不完全清楚，其基本观点如下：我们称之为财产权的社会关系，在某种程度上包括所有者控制他人行为的权力。当财产集中时，这一权力也得到提高，因此，如果某人是一个所有者，“他就可以强迫他人，使他人按照自己的意志行动，阻止、限制和安排他人的命运，在未得到同意甚至违反他们意愿的情况下改变非所有者的命运”。这是因为，“正如从年轻到年老，从种子到树木，个人的财产与私人垄断有关”。整个资本主义世界呈现出商业所有和控制的日益集中。[④] 这种集中的缩影是“最高”联合会，在前希特勒德国是由工业帝国协会(Reichsverband der Deutschen Industrie)代表，在前法西斯意大利是由意大利工业总联合会(General Confederation of Italian Industry)代表，在日本是由财阀(Zaibatsu)及其组织代表，在前法国维希政府中是由法国生产组织总联盟(Confédération

① 有一本书可作为这种类型的代表，George Seldes: *One Thousand Americans* (New York: Boni and Gaer, 1947)。

② 尤其可见 Brady: *Business as a System of Power*，包括罗伯特·S. 林德(Robert S. Lynd)所作的前言。另见 U.S.Temporary National Economic Committee: *Economic Power and Political Pressures*。

③ 见 Charles A.Beard 的评论，*American Political Science Review,* Vol.37, no.2 (April, 1943), pp.329–330。

④ Brady: *Business as a System of Power*, p.296.

générale de la Production Française）所代表，在英国是由英国产业联盟（Federation of British Industries）代表，在美国是由全国制造商协会代表。之所以强调制造业的“最高”联合会，因为它为同业协会、卡特尔以及其他“最高”联合会铺平了道路。[①] 尽管“历史环境”不同，但“商业集中”的发展在所有这些国家都同样出现。[②]“在德国、意大利、日本、法国，这些商业集团作出重要决策，如果没有它们，民主遭到的破坏也就不会发生了。”因为“在历史、计划和组织结构或社会面貌方面，没有哪些重要的东西如此清晰地划分‘极权主义’国家内部的最高联合会的政策与自由资本主义国家的那些政策”，后者的民主受到了严重威胁。然而，不得不承认，“垄断取向的商业组织……只是通过控制处于社会金字塔底层的大众的思想而支配了政府”。[③]

在美国，有大量的证据支持这种观点。我们社会中“商业”活 255
动享有的较高声望以及它们在传统神话模式中所处的有利地位，可以有许多理由来解释。许多立法机关成员和政治人士，至少在某种程度上，接受了这些模式及其行为。“商业”集团的有利地位得到了特定经济制度的促进，在这种经济制度下，商人的信心和利润期望对经济的健康发展具有关键意义。[④] 而且，在许多（如果不是大多数）经济部门中存在着垄断倾向。同时，大经济单位的主要决策

① Brady: *Business as a System of Power*, p.16.

② Ibid., pp.5–6.

③ Ibid., p.320.

④ 参阅 John Maynard Keynes: *The General Theory of Employment, Interest, and Money* (London: Macmillan & Company ,1936), pp.148–149。

者之间表面的团结，得到了董事会、联盟以及其他与这些企业没有直接关系的集团中成员交叉身份的推动。这些集团中的权力就像其他社会关系中的权力一样，垄断权力总是构成对民主过程的破坏，因为这些权力否定了人们参与重要决策的过程。通过其经济权力的集中，大集团对小的经济集团产生直接或间接影响，其领导者对自己领导的集团和其他集团的管理人员和生产人员产生了巨大影响。[①]正如与此论题有关的上一章所说的那样，通常，大公司的官员接管了那些从商业关系中形成的联盟的领导地位。

此外，集中控制也延伸到了媒体领域。媒体自由委员会最近称这种控制为“今天传播产业中的一个明显事实”，并将这种情况概括如下：

> 在许多地方，小型媒体完全消失了。每个大城市平均有3—4家日报，小城市有2家，但是大多数地方只有1家。新闻事业集中在3家大的媒体协会，消息都是由各新闻社从一个资讯中心提供的。全国有8家主要的电影制作商、4家全国性的电台、8—15家杂志出版巨头、5—25家大书店。在整个
> 256 传播产业中，小产业只能在边缘苟延残喘，成立新产业的机会十分有限。[②]

① 关于这些发展，可见 National Resources Committee: *The Structure of the American Economy, Part I*, esp. chap.7, “The Organizational Structure,” and chap.9, “The Structure of Controls”。

② Commission on Freedom of the Press: *A Free and Responsible Press*, p.37.

因为这些企业通常就是“大商业”，因此，这些公司的控制者享有与其他领域大公司的管理人员共同的观点也就不足为奇了。不时地有证据表明，大多数媒体以一种有利于“商业”集团的方式歪曲事实或压制新闻的发布。[1]

这些证据导致人们相信布雷迪和其他人作出的判断，但这还远不是结论性的，匆忙下结论尚为时过早。除非有支持这一结论的足够证据，否则我们不能从现有的材料中断言这种影响是主导性的还是控制性的。不仅后一种证据缺乏，而且还存在大量信息导致一个更温和的结论。

正如第六章所揭示的，商业集团与社会中的其他集团一样面临着内部整合的问题。[2] 利益的分歧和多重成员身份，在这里和在社会的其他地方一样，同样阻碍了统一行动。布雷迪自己承认，商业组织很难找到一种“集体思路”和“集体意志”，尽管他认为商业组织仓促做出结论损害了民主。[3]1929 年后，美国制造商协会成员人数锐减，尽管那一年组织中的主导因素与 1933 年后的主导因素已经不同了，但这表明在集团成员对组织的忠诚方面存在虚假性，因为集团归属在经济困难时期明显可强可弱。当然，造成集团内聚力的障碍不断发生变化。在强烈要求挑战财产关系基础的情况下，这些障碍至少暂时被降低到最小。V.O. 基同样根据现存的证据揭示了这一点：“也许……过去的 40 年或 50 年团结商业的力量——劳工运动和政府服务与成本的扩张——已经在商业界引入了一种纪律， 257

① 例如，参见 Seldes: *One Thousand Americans*, p.241。

② 见 Notes 68, 69, chap.6。

③ Brady: *Business as a System of Power*, p.3.

就是压制商业界内部利益冲突的政治表达。”[①] 然而，冲突还是继续存在，它们只能被压制而不能被消除。

如果有人认为，尽管存在这些困难，经济权力的集中仍有其发展之路，那么，有许多例子并不符合这一假定。在传播领域，我们就缺少证明或否定这一断言的事实。一位资深的报纸编辑最近指出：“我们不知道人们究竟读到、听到或看到什么，来使他们能够区分所有权的分散与集中。”[②] 在政府决策过程中有一个典型的案例表明，在许多情况下政治活动的有效性与普通集团成员的经济力量恰好成反比。作为第二次世界大战前美国与瑞士达成互惠贸易协定的结果，瑞士手表主导了美国战时的手表市场，因为三大美国手表制造商完全从事制造用于战争的定时工具。通过美国手表制造商协会，三大公司在战争结束时成功地说服了政府与瑞士重新签订协议。重新谈判的支持者不仅有组装瑞士手表机件的公司，也有手表的零售商，后者在当时没有美国机件出售。结果是达成了一个新的协议，但是在对瑞士手表的关税问题上没有重大变化。

可以看到的事实是，至少在美国，在经济权力和政治权力之间有着重大的差异。林德通过观察认为：“力量之所以被称为‘政治的’，只是因为它是‘经济的’。”[③] 但是，尽管这一观点可以被接受，它并不意味着在不同权力之间的区别毫无价值。前文已经讲到过，

① V. O. Key, Jr.: *Southern Politics in State and Nation* (New York: Alfred A. Knopf, Inc., 1949), p.476.

② Herbert Brucker: *Freedom of Information* (New York: The Macmillan Company, 1949), p.73.

③ Robert S.Lynd: “Foreword” to Brady: *Business as a System of Power*, p.viii.

权力是社会关系的一个方面。如果在制度中涉及的关系被标为“经济”关系，那它在很大程度上不同于“政治”制度中的关系，那么我们就可以谈论不同形式的权力。因此，单独谈论制度并不是没有道 258
理的。麦基弗谈道：

> 我们不能随意简化问题，像马克思主义者那样认为经济权力是资本主义社会中的主要权力，政治权力既是经济权力的衍生物，又是经济权力的仆人。
>
> ……
>
> 任何阶级或集团的经济力量，尽管在封建条件下曾经是，但现在已经不再是政治力量的标尺了。[1]

经济制度中所涉及的关系是建立在商品和服务的购买和销售活动基础上的。尤其是对购买和销售进行集中控制时，没有人会否认，权力可以是强制性的、抑制性的，或者可以对服从某种期望模式的行为进行奖励。然而，问题的关键不在于此。不管以什么方式，所有的权力都是强制性的。

任何国家均将政治参与限制在较为狭窄的范围内，如美国。产生政治权力的关系取决于获得不同部分的大众的同意——不是个人意见的集中，而是其成员具有交叉身份的组织化集团和潜在集团的同意。

① MacIver: *The Web of Government*, pp.91–92; 参阅 Charles E. Merriam: *Political Power* (New York: McGraw-Hill Book Company, Inc.,1934)。

即使当权力的拥有者拥有的两种权力在某种程度上是重合的，但经济领域和政治领域的权力关系还是不同。这些关系的不同既体现在领导者使用的领导技巧，也体现在这些制度的参与者的期望和要求中。我们不可能期望美国政府与美国钢铁公司具有一样的行为。当一个领域的权力拥有者进入另一个领域时，他们必须按照后者的规定来行动，按照后者的技术和期望来行动。

因此，经济权力只有打了折扣（在折扣的程度上有不同）才可能被转变成政治权力，这可以为过去二十年中许多公司董事会会议上的某些热情和焦虑提供说明。默顿指出：“影响一个大集团的经
259 济生命周期的权力者，在其他领域中可能几乎毫无影响；取消人们工作的权力可能不会直接影响到他们的政治行为、结社行为或宗教行为。”[①] 全国制造商协会（以及其他经济集团）在试图控制政治决策时，必须按照在政治领域中从事政治活动所要求的那样进行谈判和妥协。他们这样做并不仅仅是因为被领导者的期望，也是因为许多要求是商人们同样强烈要求的。尤其在政治技术领域——整个选举过程——这种要求依赖于广泛分散的价值，其力量不应该被低估。侵犯这些要求将遭到美国制造商协会所支持的集团的抗议。职业忠诚在这里与社会中的其他领域一样，并不是该协会独有的。那些不愿或不能接受权力转换过程中权力受到削弱这一事实，而且也不愿意进行调整的人们，必然会遭到失败。美国制造商协会的历

① Robert K.Merton: “Patterns of Influence: A Study of Interpersonal Influence and of Communications Behavior in a Local Community,” in Paul F. Lazarsfeld and Frank N. Stanton (eds.): *Communications Research, 1948–1949* (New York: Harper and Brothers, 1949), p.217.

史在过去的十五年中基本上是从事一系列防御活动的历史：无力反对社会保障法案、证券交易法案、互惠贸易协定、公用事业控股公司法等。[①]这种权力折扣或折扣的意义，进一步由其宣传活动得到说明，即对“商业”领导活动的限制主要是公众“忽视”或“错误的宣传所致”，这只需要“矫正”即可得到扭转。

因此，尽管可以说美国的“商业”集团在运用宣传活动和进行其他的政治活动时享有一定的优势，但这并不意味着这些集团必然一成不变地独占统治地位。可能会如此，但不可以盲目断言：

> 就像权力的行使者面对日益增加的许多人及其利益一样，一家大公司将某个事件当作在自己成长过程中具有重要政治意义的事情，因而，不可避免的是，美国制造商协会随着其成长和扩张，在很大程度上转变为一种更具有政治能力和政治意识的社会力量。[②]

260

这些集团的政治要求打上折扣，可能使它们处于一种较为局限的地位。

结　　论

在集团政治的过程中，任何有组织的集团都不能对公共舆论漠

① Seldes: *One Thousand Americans*, pp.243–244，据称，受控制的媒体在许多场合都未能“误导人民”。

② Brady: *Business as a System of Power*, p.217.

不关心。而且，导致美国组织化利益集团快速增长的因素，同样也引起了人们对公共舆论的更大关注。这种关注不可避免地反映在集团通过宣传活动来引导和控制舆论的努力上。从这个意义上，公共舆论不是集体性和理性的事务，而是由某个问题上构成“公众”的个人观点的集合。除了从合理性的角度，许多其他“角度”也可以充分描述公共舆论。

宣传活动被视为一种在道德上中立的影响态度和行为的过程。任何一种宣传活动，包括政治利益集团的宣传活动，都不能独立于其他政治技术发挥作用。由于各种原因，利益集团的宣传活动往往是不可靠的。在特定情况下，宣传活动无效的其他主要原因是：目标人口无法按照宣传者期望的那样接受集团的信息；集团无力激发起合适的态度；宣传活动没有产生它所希望的行动。当然，利益集团可以使用许多技术克服这些障碍。

不是所有成功宣传的障碍都能够被集团控制，因为宣传活动必须依靠和利用现有的态度，特定的集团才能够获得宣传优势。许多事件的模糊性或缺乏稳定的“意义”制造了这种优势。支持集团的地位和声望也具有类似的作用。在美国的制度下，“商业”集团长
261 期享有优越地位，并享有其他的权力。由于这一原因，人们有时会认为这些集团在宣传活动中肯定处于主导地位，并总是按照他们自己的意愿操纵政治制度。尽管垄断和集中的过程使经济权力集中到一起，当垄断者把这种经济权力转化为政治影响时，特别是通过宣传活动进行转化时，这种影响还必须在不同程度上打折扣。宣传优势并不稳定，各种形式的权力之间也不能完全不受限制地转换。

第九章 利益集团与政党

马克斯·韦伯认为，“政治……意味着在国家之间或在不同集 262
团之间努力分享权力或影响权力的分配”。[①] 如果我们要理解集团策略如何影响政府机构和通过政府机构发挥作用，这种对政治过程的理解是很有益的。它表明了把这些制度视作权力关系的重要性，而超越了形式的、法律的解释。

坚持认为政治制度事实上是一种权力关系或许并没有必要，因为大多数博学的读者都承认，法律和宪制结构对政治过程的理解是不完全的。然而，我们对政治过程的规范化的、正式的一面的认识如此强烈，尤其对我们自己的政府，以致常常落入简单化思维的僵化过程：立法机关制定政策、行政机关执行政策、法院对政策执行过程中的争议进行仲裁，只有这些活动，并总是按照这样的顺序，构成了政治过程，这就是政府应该的活动。尽管这样的描述过于简单，但阅读任何一本关于美国政府的教科书都会发现这并不是歪曲。这种描述的标准程序是将法律形式作为主旋律，而将所有的其他方面作为变奏。

---

① Max Weber: “Politics as a Vocation,” in H. H. Gerth and C. Wright Mills: *From Max Weber: Essays in Sociology* (New York: Oxford University Press, Inc., 1946), p.78.

现实的解释也不可能仅仅凭借推翻这一标准程序，从而“揭露其形式的虚假性”。宪制结构提供了一种方便的解释框架，正如这
263 一部分各章的安排所假定的，此外，正式的政府关系是政治生活的重要部分，尽管不是全部。因此，如果记住在“主旋律”和“变奏”中具有的共同因素，即人们之间的交往，我们就可能更加确切地了解政治过程。这些因素，用本特利的话讲，在我们谈论政党、立法机关、行政机关、法院或利益集团时，构成了“原始材料”。[①]

正如第二章所表明的，制度是一种互动模式，它与社会中其他的集团模式只有程度上的区别。制度包括了较高程度的形式和稳定性（这里我们只提到它的两个特性），但其基本的成分即人们之间的互动，在类型方面与其他集团并无差异。宪法和其他法律赋予了政治制度以形式和稳定性，它们可以在一定程度上确切地描述政治。然而，在更多情况下，它们只是提供了部分或者只是在形式方面提供了一种解释，也许这只是涉及期望发生的而不是现实中确实发生的那样。在任何情况下，对制度的正确描述仅仅从正式法律的角度是不够的，必须进一步观察人们之间的互动。本特利指出：“讨论一个州的立法活动及其缺陷，仅仅考察立法机关，即一群讨论和通过法律的人们所构成的实体，是没有任何意义的。”[②]

林肯·斯蒂芬斯（Lincoln Steffens）在20世纪前十年对美国州和城市的“揭丑”研究的价值在于，他一直坚持上述这种观点。他

① Bentley: *The Process of Government*, chap.6.

② Ibid., p.163.

的文章，虽然没有对政治过程进行系统研究，却几乎完全建立在对政治活动中人们的直接观察基础上。从观察中他得出了关于州和地方政治的模式，他的观察与州和地方政府的正式组织规定的“形式”很少或几乎没有什么关系。[①] 我们不必赞同他的结论，“政府形式并不很重要，宪法和规定并不实质性地影响政府的活动”。[②] 然 264
而，不可否认的是，政府结构的现实是建立在人们持久互动的基础上的。

基本目标：接触政府

在讨论本章的主题前，我们还需要说明第二个介绍性的观点。韦伯认为：“积极寻求权力者把权力要么当作实现理想或自我的目的，要么纯粹是为了获得权力，即为了享受权力所带来的威望。”[③] 在利益集团参与政府活动中，这两种动机都可能存在，但前一个动机往往起主导作用。然而，不管哪一种动机在起作用，如果没有接触政府的重要决策过程，政治利益集团或其领导者就不可能得到任何权力。因此，接触政府就成为政治利益集团的间接目标。增加接触政府的活动成为所有集团共同的策略，并往往导致排除其他竞争性集团同样接触或提出新的被特定集团垄断了的决策问题。我们

① 例如，参见 the diagram of Greenwich, Connecticut, at p.596 of *The Autobiography of Lincoln Steffens* (single volume edition, New York: Harcourt, Brace & Company, Inc., 1931)。

② Ibid., p.409.

③ Gerth and Mills: *From Max Weber*, p.78.

可以观察到，无论在何种政府机构下，利益集团都在活动，它们活动的共同特征是有效地影响决策过程。

重要的决策问题可能由政府的正式法律框架明确规定，也有可能处于正式结构的间隙之中，受到习惯的保护或半隐蔽性的保护。一个重要的决策问题是总统的国情咨文，另一个重要问题可能在一个烟雾缭绕的提名大会上提出，第三个问题可能放在立法机关委员会主席的口袋里，旨在防止该议案通过国会审议。描述不同集团接触决策问题的相对容易程度，并分析如何随着时间的推移利用这种接触活动，是另一种描述政治制度的方式。

265 接触政府机器的重要性得到了宪法本身的认可。宪法第一修正案规定：“国会不能剥夺人们和平集会的权利，不能剥夺人民向政府提出申诉、请愿的权利。”这一规定，尽管作为一种重要的安全阀门，却是一种最低的保证，从本质上讲是消极的。尽管国会没有在形式上限制接触政府，社会结构的现实，包括既定的程序、集团内部政治等，提供了相对较为容易接触政府的机会。这些是我们下文主要研究的内容，但首先探讨它们的一般方面。

可能影响接触政府的一个最基本因素是集团或其代言人在社会结构中的地位。在前文讨论宣传活动的相对优势时我们遇到过这一问题。由于同样的原因，这一问题在这里也很重要。地位较高集团获得的尊重不仅推动了其宣传活动被接受，而且使它容易接近政府。它的请愿和要求有时显得不像是要求和申请，更多地像是对它所要求给予好处的官员的一种吹捧，这是可能的。当某家大公司例如美国商会或美国律师协会的立法代表接近立法机关的一个低级成员或一个一心想向上爬的行政官员时，情况可能就是这样。即使一位官员与某一个竞争性集团持有共同的态度，也可能因受到吹捧转而支持某个地位较高的集团。即便吹捧没有发挥作用，地位较高的集团也可能受到立法、行政、司法机关重要官员的支持，他们的阶级背景使得他们与地位较高集团的成员具有类似的价值、态度和先入为主的观念。

由于地位方面的原因而难以接近政府的情况很多。只是在最近几年，劳工组织才有希望让大部分政府官员倾听它们的呼声，但它们的对手并没有因此被迫减少对政府的接触。从 1913 年建立劳工部以来，工会在总统内阁中名义上的发言人往往不受劳工组织的欢迎，甚至对劳工组织表达的利益怀有敌意。一个微妙的例子是谢茨施耐德对 1930 年关税法的听证会上对进口商地位的研究。民族态度在占主导地位的保护主义的气氛中盛行，这意味着进口商不再 266
受“保护主义制度在逻辑上和心理上的影响”。针对进口商所处的地位，谢茨施耐德的结论是：“进口商是外国利益的代理人，在法庭上没有地位；被允许做生意全靠别人的宽容，一旦受到挑战马上就得停止。他们的反对是理所当然的，但作用不大，人们如果听到反对意见，就会被激怒。”[①]

地位在接触政府过程中的重要性被概括为一种通俗的说法，重要的是“认识合适的人”。但是，接触政府似乎涉及很多的关系。个人或集团在社会的事实结构或形式结构中的地位，可能决定其是否能够找到“合适的人”，当这些人被找到后，是否有机会采取办法接近他们。

① E. E. Schattschneider: *Politics, Pressures and the Tariff*, pp.161–162.

成功接触并非不可能，它不只是请愿者主动的事情。怀特在研究“街区人们”时多次有效地说明了这一点。例如，他指出，随着新政早期联邦救济组织的建立，“地方政治家在处理救济问题上权力逐渐被削弱”。然而，这并不意味着救济工作“脱离了政治”，而是“压力必须来自政治等级的更高层”。怀特所研究的有“小意大利”之称的选区的某州参议员的夫人在政治上十分活跃，她能连续地使支持她丈夫的选民进入公共事业振兴署（Works Progress Administration, W. P. A.）担任职务，只是因为她能够直接与美国参议员打交道。“如果她没有这些联系，就可能不会取得什么成果。”[1] 在这里我们发现了谁是“合适的人”。而且，这个人也是可以接触的。

一个更复杂的例子将表明未能接近“合适的人”所带来的结果。一群“街区孩子”在一个小公园里打球，打碎了附近一家大银行的玻璃。该银行的一名官员告知城市的公园管理者，后者判定不能在该公园玩球。落实这一命令不但阻止了这一场比赛，而且损害了一
267 个由 16 支球队组成的垒球联合会。他们先后四次提出要求，向当局提出在公园外建立一道篱笆，并取消原来的判定。前三次，要求失败了，因为申请者的地位使他们无法有效接触政府。第一次，垒球联合会的街区组织者和一个过去曾见过公园主管人员的朋友去拜访了这个官员，但遭到了拒绝。第二次，当地社会协调机构的一名负责人找到银行负责财产事务的官员交谈，也没有成功。第三次，同一名负责人找到了一位与公园管理委员会有接触的地方政治

① Whyte: *Street Corner Society*, pp.196–197.

家，公园管理者照样没有接受该政治家的意见。最后，社会协调机构的负责人找到了一位市议员和市长的一位秘书。虽然开始时的接触没有任何结果，但紧接着，协调机构的负责人和16支球队的队长亲自拜访了市议员，最终取得了成功。市议员和市长秘书是由代表选举产生的，他们对棒球队的选票印象深刻，指示公园管理委员会建造一道篱笆。怀特谈道：

> 在这个案例中，街区少年们无法直接接触公园的管理者。他们之间的地位相差太远。（当地政治家）能够与公园管理者交谈，但他不能对后者发布命令。（市议员）对（社会协调机构负责人）要求的行动并不感兴趣，直到他意识到自己是一个有机组织中的一部分，这里包括……16个街区少年领导者、所有的街区人员……（市议员）通过（市长秘书）进行了联系。两人都在立法等级结构中处于较高的地位，可以施加压力。因此，（街区组织者）提出的行动要求最终成功实现。①

可见，接近政府并不仅仅局限于最初提出要求者的主动性。

证据表明，街区少年的地位问题和接近政府代表了微观层面的政治过程，尽管材料并不很多。这一问题也是谢茨施耐德在关税听证会上对“内部人”（insider）和“外部人”（outsider）进行区分时集 268
中关注的。他注意到，听证会和提案在不同政治利益集团（协会和公司）的要求中分布很不均衡，并描述了这种结果：

① Whyte: *Street Corner Society*, pp.247–250.

> 一些集团没有收到关于不利于自己的提案的警告，而另一些集团具有更好的战略规划，能够说服委员会采纳它们的建议而不会遭到反对或批评。实际上，在了解情况的“内部人”和不了解情况的“外部人”之间形成明显对比……了解情况的集团也知道从哪里得到信息，如何得到信息。[①]

接触政府与集团地位之间的关系，通过国会成员对许多“有影响力的”集团予以分类而得以揭示。许多国会成员十分关注其家乡地区的集团的利益，除了提供消息外还在许多其他方面提供帮助。参议院听证委员会主席、参议员斯穆特，一般被认为是甜菜糖集团的指定代表。康涅狄格州的参议员宾汉姆任命康涅狄格州制造商协会的一名官员担任自己的秘书。这些情况并不是例外。[②] 集团在接近政府的活动中具有重要意义，其作用依赖于集团在结构中的重要地位。

立法讨论活动中“内部人”所享有的特权表明了接近政府的第二个重要方面。除了地位以外，利益被有效组织起来的程度也是一个重要的变量。例如，不习惯与政府接触的某个商业公司，除了定期纳税等事务外，很少与政府发生关系，不知道如关税立法这样的活动。相比之下，一家一直与政府有关系的公共设备公司，知道立法机关将讨论何种立法议案，并有效地采取了行动。该公司与政府的既定关系可能包括接近政府的途径。该商业公司属于某个协会

① E. E. Schattschneider: *Politics, Pressures and the Tariff*, pp.165–166.

② Ibid., pp.175–184.

或其他的同业协会，比起不属于某个协会的集团有着更大的好处。协会在维持成员与其他集团关系平衡的活动中将提供有关平衡受 269
到威胁的信息，采取某种措施来保护这种平衡。1929—1930 年的关税修改再次表明了这一点：

> 在立法机关中有自己代理人的集团组织长期驻扎在华盛顿，有关税修改活动的经历，能够通过行业的出版物和信件传播信息，比那些缺乏这些优势的集团更有效、更迅速地对特定情况（一般由媒体提供）作出反应。①

集团组织与接触政府形成的关系，并不只是一种组织关系，也是组织起来合理解决问题的方法。“组织”这一术语不应该狭窄地去理解，它应该包括确切地知道即将发生变革的手段。使集团能够有效提出要求的集团的凝聚力同样很重要，正如怀特关于社会协调机构负责人与 16 支球队队长的例子。甚至集团成员在地理上的分布也很重要。进口商们在反对《斯穆特–霍利关税法》的不利因素之一就是他们集中居住在纽约市。②

最后，集团领导者和代理人的技能和其他条件也是一个关键变量。这种组织因素解释了政治利益集团的代表在处理与政府关系时所需要的特殊条件。在这些代理人中，有相当比例的国会成员经常被立法大厅内外的评论家注意。国会成员对利益集团有着重要

① E. E. Schattschneider: *Politics, Pressures and the Tariff*, p.165.

② Ibid., pp.160–161.

作用，但主要不是因为他们有权参加众议院或参议院的活动。即使这种待遇被取消，正如有时会发生那样，它也不会威胁这些所谓代理人的地位。作为众议员或参议员在议会中发言是一种优势，但并不是他们服务的主要价值。权力只是这些人在政府机构中地位的象征、关系的象征，以及他们了解立法机关和其他政府机构中发生
270 的复杂活动的象征。他们的影响方式就是接触政府。因此，并不奇怪，美国劳联在 1948 年寻找一名政治活动的负责人时，找到了前参议员伯顿・惠勒。[①]

许多华盛顿的报纸通讯员、驻扎在各州首府的记者们的行动进一步表明成功的集团代理人的技能的重要性。在报道政府机构在一段时间内的活动中，记者们获得了相关的知识，发展了与政府机构的关系。行政机构的前官员和雇员们包括独立委员会，同样是集团代理人的重要来源。在行政机构中曾经的领导者或曾经重要的决策者或技术专家，通常也可以获得接近政府机构的途径，尤其是在自己原先工作过的地方。[②]

当然，这些条件并不保证完全有效，它们也不是接近政府的唯一途径。任何技术与地位的结合都是有价值的。例如，一个众所周知的事实是，许多公司和法律事务所发现，它们的管理人员最好是来自两个政党的某位有声望的人物，以便能够接近政府的领导者，而不管是哪个政党掌权。

---

① The *New York Herald Tribune*, February 5,6, 1948.

② 这类关系的事例，参见 Herring: *Group Representation Before Congress*, pp.53–59; Crawford: *The Pressure Boys*, chap.2。

“政党”的含义

政党被认为是一种工具，通过它可以在竞逐公职的人中挑选合适者。因此，接近政党对一个政治利益集团而言可能很重要，尽管它不是接触政府的唯一的或最重要的途径。集团与政党的关系和集团与政府机器的关系一样，后者可以是集团与政党接触的补充，甚至可以替代这种关系。[①]

不管如何，美国政党在通常情况下是一种动员投票（最好情况 271
下也不过是多数选票）的工具（这里使用“通常”是因为在许多所谓的一党制下，弱党通常小心地避免获得多数选票，以享有特权地位，这种地位来自其持续处于少数地位而受保护的特权[②]）。作为一种投票动员工具，用赫林的话说，[③]政党必须是一种“利益联盟”。因此，如果我们把利益的概念等同于态度的话，赢得选票明显取决于成功获得主导性态度的支持。

有一个例子可以解释这一点。在谢斯叛乱后的 1787 年马萨诸塞州的州长选举中，民众最早认可了不同利益集团的活动。在那次选举中，获胜者约翰·汉考克（John Hancock），即发起谢斯叛乱的债务人的领袖，他以微弱优势击败前州长鲍多（他是比较“殷实阶层”的候选人），两人均向马萨诸塞州选举委员会呈交了对选举结

① 参阅 Bentley: *The Process of Government*, p.400。

② 参阅 Key: *Southern Politics*, chap.13。这种情况不限于南部。

③ Pendleton Herring: *The Politics of Democracy* (New York: Rinehart & Company, 1940), p.55.

果的分析报告。在不同的划分中，人们接受了起源于利益分歧的选举行为差异。在鲍多看来，他已经赢得了医生、牧师、律师、独立绅士、商人、印刷业者的支持。他还宣称，一半以上的店主支持他，尽管他也承认汉考克的支持也主要来自“店主、劳工和仆人等”。汉考克对选举的分析在鲍多呈交之后三天提出，认为他的对手获得了“放高利贷者、债券投机者、持股票者、银行负责人、受英国影响的人”以及他称之为“巫师”的某些人的支持。他断言，他的所有支持者来自“商人、店主以及其他‘有价值’的公民”——其中有许多支持鲍多——和“美国革命的朋友”。[①]

前文已经指出，支持某个候选人的利益可能由潜在的而不是真实的利益集团来代表。政党或政府机器的其他部分可能反映这种
272 利益，即使后者还没有形成正式的组织。在一个小规模的、选民相对同质的简单社会中，政党可以毫无困难地发挥这一功能。实际上，这一情况反映了 18 世纪英国学者爱德蒙·柏克对“政党”所下的定义——“一群人，**基于他们一致同意的原则**，通过共同的努力来促进国家的利益”。在过去的一百多年中，不管是从绝对数量上还是从成年人口中所占的比例上来说，选民的规模都在急剧扩大，利益的急剧增加及其增长前后发生的各种干扰，使政党的任务变得越来越困难。部分是因为许多利益不再由政党得到反映，而更多地是由事实集团而非潜在集团得到反映。也就是说，为了通过政府机构或向政府机构施加压力，包括通过政党，更多的利益被

① 转引自 Peter H.Odegard and E. Allen Helms: *American Politics: A Study in Political Dynamics* (1st edition; New York: Harper and Brothers, 1938), pp.24–25。

组织起来。

一些观察者把有组织的政治利益集团的增加解释为美国政党的失败或衰落的证据。[①]然而，实际情况或许并不如此。很明显，的确发生了变革，即组成政党的互动和组成政治利益集团的互动均发生了变化。提出某项政策创议更多地是由后者完成，尽管证据并不很充分。但除少数例外，政党与政治利益集团之间的功能关系未变，下文将予以讨论，利益集团或利益集团的联盟并没有取代政党作为动员民众的工具。这两类集团仍然互相依存。因此，理解这两类集团必须更多地集中在这些集团内部互动的性质，集中在它们之间互相依存的特点上。

在分析政党与利益集团之间关系时，我们将遇到一定的困难，因为“政党”这一概念有着诸多不同的含义。这里的“含义”当然是指政党所产生的行为活动。即使只考察两个重要的政党，它们的 273
行为模式也是变化的、不一致的。政党在全国、州、地方政府层次上有着不同的含义，即使在两个州或两个地方政府，政党的含义也不一样。最后，在一个国家、一个州或一个城市内，政党的含义在不同时期、不同选举年也会发生变化。在选举运动中政党的含义与立法机关活动中政党的含义有时很不同。关于政党的这些方面很少能够研究清楚，关于政治利益集团与“政党”之间的关系更难以理清，因为这种关系根据构成政党的活动因不同地点、不同时间的差异而发生变化。

---

① 例如，参见Rice: *Farmers and Workers in American Politics*, chap I; E. E. Schattschneider: *Party Government* (New York: Farrar & Rinehart, Inc., 1942), chap.8。

如果把主要的政党作为全国性集团来检视的话，其多变的特征是很明显的。赫林指出，“在全国范围内的政党组织更确切地应该被视为一种人们的关系网络。”① 他并不是简单地重复这一明显的事实，即所有的组织都是人际关系的模式。正相反，他的意思是，如果不考虑那些在正式结构中占据职位者，所谓的全国性政党组织在模式上并不具有连续性。在特定时期，政党组织是由一个人或一群人在全国或部分地区与他人建立的一种临时的、变动的关系。这种正式的、由文字规定的结构表明了一种等级制的委员会结构：从全国或州在地方的选区、参众两院的选举委员会到全国性的委员会。然而，实际的职权范围与书面上的并不一一对应，全国性政党中的关键性人物甚至可能不是这些委员会的成员。然而即使他们中的一部分或全部是委员会的成员，在某一层次上的委员会通常无法按照正式规定控制下一层次的某个委员会，这些委员会在很大程度上是自治的、平行的，而不是处于等级制，它们只是为了选举活动而临时合作。

全国性政党的主要功能是选举美国总统。政党组织的核心是
274 由那些负责提名总统候选人的政党领导人构成，此外还包括许多州和地方的政党领导人以及委员会。1932 年罗斯福竞选时，政党的核心放在芝加哥总统候选人提名大会上，由法利和其他试图确保获得支持的政党领导人组成。根据提名者的选择和传统的惯例，法利成为全国政党委员会的主席，但是选举委员会成员进行的选举运动，只是在他们与罗斯福的支持者之间建立了一种有效的关系。从

① Herring: *The Politics of Dmocracy*, p.204.

另外的角度看，这种关系可以在委员会之外的投票者和地方领导人中发展出大量的追随者。这并不新奇，特别是当全国委员会的成员反对总统的纲领时。1949 年媒体报道阿肯色州的一名全国委员会成员（也是一名医生）反对杜鲁门总统的医疗保险提案时，媒体对全国委员会的角色做出了一种极端错误的描述。[①]

与此相反，在 1948 年共和党总统选举中，全国选举委员会的主席，尽管是由杜威指定，却不是候选人内部圈子的成员，而且也与杜威的竞选活动没有或几乎没有关系。基于这种变动的人际关系，两党每隔四年都要进行政党组织的重建，即使当总统连任时也是如此。当总统候选人谋求第一届任期时，重建政党组织是大规模的、不可避免的。

全国性政党的性质在 1948 年民主党选举运动中体现得尤其明显。几个"迪克斯"党（"Dixiecrat" Party）的领导人也是民主党全国委员会的成员，包括南卡罗莱纳州州长 J. 斯特罗姆 · 特蒙德（J. Strom Thurmond），他是"迪克斯"党的总统提名候选人。一些人从全国政党委员会中辞职，但瑟蒙德在南卡罗莱纳民主党委员会的支持下，拒绝辞职。只是当全国委员会的主席任命了该州新的委员会后，他才被取代。[②] 而且，南部的四个州（南卡罗莱纳、阿拉巴马、 275
密西西比和路易斯安那）"迪克斯"党的候选人作为民主党的提名者被列在选票上。在阿拉巴马州，总统杜鲁门和参议员巴克利的名

① The *New York Herald Tribune*, April 6, 1949.

② Ibid., September 3, 10 and October 30, 1948; The *New York Times*, September 19, 1948.

字甚至没有在选票上出现。[①] 重组全国性政党通常不包括这些重大变化，1948 年的情况只是在程度上有所不同而已。

全国性政党千变万化模式的一个共同结果是，一个州或地方选举总统的投票很大程度上不同于选举参议员和众议员的投票，更不用说选举州长了。在这种情况下，可以说这两类官员的选民是不同的，甚至互相冲突，支持他们的政治利益集团也相应不同。这种情况对总统与国会在立法事情上维持和谐关系的影响也是明显的，这一点在下一章予以讨论。事实上，正是这种情况解释了本特利和其他人指出的为何利益集团在国会和总统府遇到不同程度的反对阻力，以及为何它们主要通过这两种渠道之一进行活动，而不管哪一种渠道更容易被接受。[②]

如果在州层次上检查其活动，“政党”一词的含义更加难以理解。在州的选民与全国官员之间缺少联系只是事情的一方面。在特定的州，某一时期联系可能很紧密，但在另一时期可能根本就没有联系。在大多数州，贴上“政党”标签的活动涉及确保大多数投票者在某个政党的旗帜下支持竞选公职的候选人，但有时候，这种功能绝不像这一概念字面上的含义那样。在州层次，主要政党有时候只是作为全国性政党的分支起作用，其他时候则可能独立行动，通常它们是自主的。有时候，这些政党合作起来谋求州的每一个重要的选举职位，而另一些时候，被提名者在完全没有政党帮助的条件下独立参加选举。

① 相关讨论见 Key: *Southern Politics*, pp.329–344。

② Bentley: *The Process of Government Process*, pp.344ff.

为了控制州政党而进行的派系斗争并不是毫无实质性内容的小型宗派斗争。根据哪个派别占据主导地位以及占据主导地位的程度，政党可能在它承担的功能和代表的利益上有所变化。例如，最近几年，宾夕法尼亚州共和党中所谓的格兰迪派主要由农村和小 276
城镇的人员组成，而不是那些来自费城和匹兹堡这些大城市的人构成。当该派占据主导地位，其成员获得州公职的提名时，该派在选举中获得的来自大城市的支持可能是很特定的、暂时的，或者是投票者在政党这一标签下的一种习惯性反应。州选举中不属于这一派别的被提名者需要发展自己的组织支持，因为占据主导地位的派别不会给予帮助，甚至可能支持反对党的候选人。而且，当州的政党组织的控制落入格兰迪派时，州政党代表的利益可能很大程度上不同于来自城市的利益。[①]

在政党标签下人们从事有效活动来支持所有的本党候选人，这种团结的州政党有时确实存在，但州政党的其他“含义”更为典型。V. O. 基对南部地区政治的研究提供了丰富的实证。他指出，在许多州，政党组织主要是一种确保在民主党的全国委员会中获得代表席位的工具。它很少进行选举运动，组织控制既不是选举的主要武器，也不是目标。用基的话说，官方党是“中立的、非党派性的”。另一方面，某个派别——如弗吉尼亚州的布莱德派(Byrd machine in Virginia)、田纳西州的克拉普派(Crump faction in Tennessee)或路易斯安那州的休伊·朗派(Huey Long’s machine in

① 例如，参见 W. H. 劳伦斯(W. H. Lawrence)在《纽约时报》(The *New York Times*, February 12, 1950)上发表的文章。

Louisiana）——控制了该州时，对州的党组织的指挥是很重要的。在这种情况下，政党或它的主要派别可能发动一场旨在获得州全部选票的选举运动。然而，从整体上看，南部地区的选举运动往往是单独、分散地进行。竞选联邦、州和地方公职的运动避免各派互相之间发生正式联系。因此，大多数候选人在选举运动中必须从头开始建立自己的个人组织，因为在选举运动之后政党组织只是松散地连接在一起，支持者很容易从一个派别转向另一个派别。而且，独立的寻求如州或联邦立法机关席位的候选人，不可能指望从州政党的指挥部获得组织上或经济上的帮助，他只能依靠自己。为了寻求经济上和其他的帮助，候选人从利益集团那里，尤其是那些有着充
277 足资金的利益集团那里更容易获得帮助，因而也就比那些参加政党竞选的候选人更容易接近。[1]

除了南部地区对州政党的少量比较研究以外，有限的证据表明，在其他地区的州，州政党显示出与南部地区类似的模式，但所有的州政党的作用有着广泛差异。这一情况似乎是提名候选人的方法的一种逻辑结果。政党大会、公开的初选、秘密的初选、非党派初选以及“多次选举”都表明了各州在围绕“政党”活动中所反映出来的广泛差异。这些行为在纽约州和加利福尼亚州至多也只是大致相像：在纽约，所有州的候选人在政党大会上被选出；在加利福尼亚州，初选制度使得候选人能够获得两个主要政党的提名。因此，1946 年，厄尔·沃伦（Earl Warren）州长——1948 年美国副总统的共和党候选人——在加利福尼亚州同时被共和党和民主党

---

① Key: *Southern Politics*, pp.387–392, 395–405, 477.

提名为州长候选人。谁或在什么条件下是“共和党人”或“民主党人”，在这种安排下难以分清。[①]

美国政党的异质性在地方——城市、县、立法选区或其他选区——达到了顶峰。在这个层次上，政党变成一个能够对所有公职进行合作性选举的团结组织。可能在更多情况下，每一个地方选区中的候选人必须组织一个纯属于自己的追随者队伍，在该选区成立政党组织。当没有候选人的时候，当地的政党组织也就不存在。这一情况在国会选举的区域更为普遍，但并不是这些地方所特有的。

不同时期的地方党组织可能与州甚至全国的党组织有效联系起来。然而，正如前文表明的，地方党组织并不由此成为附属性组织。事实上，它可能成为州政党的控制因素，在特定的州中代替全国性政党发挥作用。因此，在伊利诺伊州，库克县（位于芝加哥）民主党（Cook County Democratic）组织长期以来一直占据该州党的主导地位，通常在全国的委员会中代表该州。然而，有时候它的霸权也受到来自州长或联邦参议员的挑战，后者的个人追随者可能更为广泛，甚至可能包括名义上属于库克县民主党的一些人员。 278

地方的政党组织几乎是完全自治的。例如，戈斯内尔在芝加哥的研究表明，选区领导人十分容易鼓动其支持者不仅从政党的一个

① 关于这类变化的详尽佐证见 Clarence A. Berdahl: “Party Membership in the United States,” *American Political Science Review*, Vol.36, nos.1–2 (February, April, 1942), pp.16–50, 241–262。另见他的文章 “Some Notes on Party Membership in Congress,” *American Political Science Review*, Vol.43, nos.2–4 (April, June, August, 1949), pp.309–321, 492–508, 721–734。

派系转变到另一个派系，甚至从一个政党转变到另一个政党。[①] 任何来自选区的纪律严明的派别均显示出相当的独立性。这些集团可能是更具有包容性组织的组成部分，但它们通常具有宗派性，且难以控制。此外，被选举为州和联邦政府的官员与这些地方的选举组织有着直接联系，不管是这些官员组织了这些选区的党，还是被这些选区的党推选出来。这些官员与更广泛的集合体只有薄弱的联系。1944 年 11 月议会选举中弗吉尼亚州第八选区中地方党的活动，显示了较大的独立性，但除此之外并无什么特别之处。这些政党的选举人员鼓动投票者“支持民主党的霍华德・史密斯为议员，选举杜威为总统”。谨慎一些的则要求投票者“选举史密斯为议员，自己决定选谁为总统”。

地方政党独立的原因是多元的、复杂的。对这些原因的分析超出了本书的范围，我们主要关心的是政党与利益集团之间的关系所造成的对政党结构的影响。当然，明显的是，这些关系大大加强了政党内部的地方主义和宗派独立，即使最终并没有导致政党控制的弱化。联邦体制、单独的总统选举以及选举制的实施严格按照规定
279 的时间（在这种制度下，国会议员必须在特定的日子会见选民，通常不会有全国性的问题使他完全服从地方选民的要求）——这些要求都是政党内部地方主义的原因。

正如人们所预料的那样，州和地方的独立倾向在立法过程中得到支持。因此，1939 年和 1940 年的《哈奇法》，不管它是否能够被

① Harold F. Gosnell: *Machine Politics: Chicago Model* (Chicago: University of Chicago Press, 1937), chaps.2–4.

称作“廉洁政治”（“clean politics”）法案，都明显地具有弱化政党全国性倾向的效果。这一法案中第一条是禁止联邦雇员的党派活动，行政部门的副职领导人和较高级的官员除外。这一禁止条款在1940年的立法中延伸到主要从事全部或部分由联邦资金支持活动的州级官员。这些法律实施的结果是，削弱了围绕从总统和内阁行政的关系到议会选举过程中政党选举关系的形成。但这些法案对那些与州和地方政党组织有关系的州官员的影响力要弱于联邦官员，尽管前者的薪水也来自联邦。也就是说，这些法案削弱了全国性政党的向心力，却没有打击其离心力。

1940年的《哈奇法》也对全国性政治委员会可以花费的支出以及个人和集团捐献给它们的款项进行了严格的但又不现实的限制。尽管这些限制对总的支出影响不大，但它们还是减少了州和地方党组织对挂名的全国性党组织的经济依赖。[1]

政党组织中地方的忠诚可以进一步追溯到地方单位的利益集团特征。参加选举的动机，尤其在地方层次，基本上不具有意识形态或政策的内容。就像社会中其他的利益集团一样，参与选举本身就是一种目的。想成为“其中一员”、属于某个集团或认同某个戏剧性的领导者等，几乎完全不用管这个集团是干什么的，都能在某种程度上满足一个人的深层心理需要。虽然这一因素不是地方党的唯一特征，但这一特征十分重要。“归属”的激励通常得到政党所提供的庇护和肥缺的补充和加强。对于许多参与者而言，肥缺可 280

① 参阅 Louise Overacker: *Presidential Campaign Funds* (Boston: Boston University Press, 1946), chap.2。

能是更重要的因素，但“社交”因素也不能完全被忽视。[①]

在对费城共和党（Philadelphia Republican）的研究中，库兹曼认为：

> 党的大部分委员对事实或真相并不感兴趣，他们想知道的是选区领导者的指示，并把它们传递给选民。在费城的一个选区，执行委员会的主席认为，向委员们解释即将在市和州进行表决的州宪法第十二修正案是一个好主意。这样，委员们理解了修正案并进一步向选民进行解释。一名律师委员自愿做这种准确的解释工作……当他解释完后，一些委员开始提问。一名委员发言：“我认为当我们还不知道支持或反对哪些修正案时，讨论这些修正案的内容是浪费时间。我们对这些修正案的条款不感兴趣，我们想知道的是我们如何通过这些修正案。”[②]

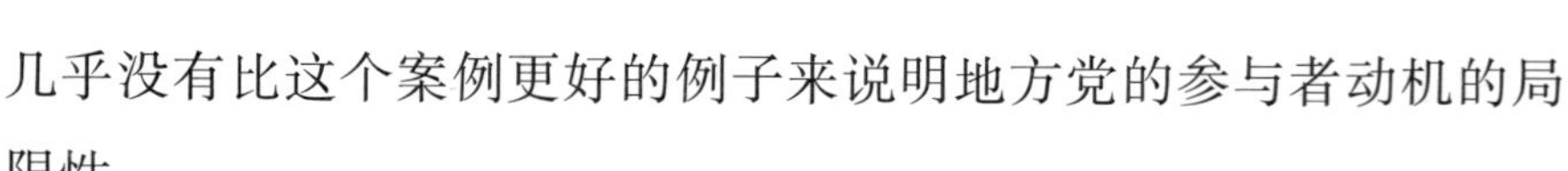

几乎没有比这个案例更好的例子来说明地方党的参与者动机的局限性。

地方上的社交和庇护关系是既定的社会模式，围绕这些社会模

---

① 参阅 Harold D. Lasswell: *Psychopathology and Politics* (Chicago: University of Chicago Press, 1930), esp.chap.5; Roy V. Peel: *The Political Clubs of New York City* (New York: G. P. Putnam’s Sons, 1935) 这本书表明了在这些组织中“社会”活动的相对重要性。尤其见第 166—177、179—190 页。参阅 Georg Simmel: “The Sociology of Sociability,” translated by Everett C.Hughes, *American Journal of Sociology*,Vol.55, no.3 (November, 1949), pp.254–256。

② David H. Kurtzman: *Methods of Controlling Votes in Philadelphia* (Philadelphia, 1935), p.35.

式形成了特定的期望。因此，这些交际和庇护关系得到了参与者的维护，反对任何外来的干扰。这种特性是地方党组织作为政治利益集团的核心特征。政党提供各种类型的庇护和肥缺，控制了选举机器，并可以阻止威胁其团结的干扰和约束，不管是来自全国性的政党领导者还是来自改革运动。换言之，州或地方的政党组织不仅 281
是利益集团的工具，而且从某种意义上讲，与其他试图改变其行为模式的政党组织处于竞争状态，例如直接攻击其主张，或者是迫使其服从全国性的计划和纲领。在这一方面，地方政党与其他集团一样，均遭到内部政治的困扰和来自外部的影响。

利益集团和政党之间复杂关系的一个例子可以从美国的小党或"第三党"（"third" party）中得到证明，前文的讨论在这方面有所省略。这些小党，在全国和地方有十余个，代表了那些未能与大党建立或维持充分关系的力量。有时候，有些小党因大党没有代表部分人的利益而从大党中分裂出来。纽约的美国劳动党就属于这一类，它于 1936 年从纽约市的民主党中分裂出来，分裂的原因包括坦慕尼协会未能帮助罗斯福总统连任。[①] 另外，一些小党也由大党所未能代表的那部分人组成，社会党和共产党就属于这种情况。[②]

小党常常为其候选人或一批候选人获得多数选票付出了艰辛的努力。一旦获得成功，它们就成为某种地方利益或宗派利益的集

① 参见 Hugh A.Bone: "Political Parties in New York City," *American Political Science Review*, Vol.40, no.2 (April, 1946), pp.272–282。

② 一般可见 Nathan Fine: *Labor and Farmer Parties in the United States,1828–1928* (New York: Rand School, 1928); William B. Hesseltine: *The Rise and Fall of Third Parties: From Anti-Masonry to Wallace* (Washington, D.C.: American Council on Public Affairs, 1948)。

中领导者。实际上，在这种情况下，小党往往在两个大党之间制造权力平衡，或者变成在全国具有一定影响力的主要的地方党。1890年代的平民党就属于这种情况。[①]

在地方投票中获得成功通常导致小党被大党吸纳。也就是说，当小党寻求广泛支持时，大党发现自己很容易满足这些要求。许多小党不可能获得这种影响力，在选举中也无所作为，但使用候选人的提名作为一种宣传手段，使它们最终或者被大党吸纳，或者能够
282 接近政府。例如，1948年选举期间的一个晚上，社会党长期的总统候选人诺曼·托马斯（Norman Thomas）在一次电台采访中打趣说，选举结果将在“早期版本的《世界年鉴》”中公布。采用这种方式的“党”实质上是一种很弱的政治利益集团，因为它们没有其他途径接近政府。

因此，“政党”一词所蕴涵的意义相当丰富。政党包含的活动在不同的时间、地点，不同的国家、政府有所不同。从全国来看，所谓的政党制度给人留下了一种缺乏组织的印象，如果不是混乱的话。这种印象并不十分正确，但很明显，全国性政党在特定时刻具有流动性和不稳定性，更多地是由临时的个人联盟组成，而不是由持续的制度化关系组成。这意味着政党和其他政治利益集团之间的关系同样是变化的。因此，政党作为集团接近政府的工具的适当性，不仅取决于该集团，还取决于特定时刻、地点以及有关政府的层次性特征。在这一领域一概而论是危险的。

---

① 参见 John D.Hicks: *The Populist Revolt* (Minneapolis, Minn.: University of Minnesota Press,1931)。

政党的政策宣言

鉴于美国政党多变的特征，很难分析政治利益集团活动的正式“政策宣言”的重要性。由于政党多变的联合模式、地方主义和宗派独立，尤其是全国范围内，任何政策宣言，不管如何“正式”，是否就可以被当作其未来的活动指向？如果不能如此解释政策宣言，那么这些政策又有什么意义？

当然，最熟悉的政策宣言是全国性的政党纲领。可能关于党纲最通常的一种看法是，党纲就像列车的站台一样，它是用来停靠的地方而不是用来站立的地方。毫无意义，党纲通常被视作一种既不表明什么、又没有约束力的文件，一旦被采纳后，政客很快就把它 283
们忘记了。诚然，有许多证据可以表明这一点。作为对未来行动的保证，党纲几乎是没有意义的，投票者也是持如此看法。而且，如果党纲只是为了迎合大众口味，那它不可能有广泛的听众。美国民意研究中心在 1948 年选举运动中的研究较为典型。大约有三分之一的成年人声称读过共和党的党纲，只有不到十分之一的人说他们读过全部内容。民主党党纲的阅读情况相似。三分之二没有读过两个政党党纲的人，均不愿承认自己在履行公民义务方面的不足。[①]因此，党纲不是重要的竞选文件，那它又有什么作用？

如果所有的政党突然停止编制和发布党纲，政党体系也不会由此受到明显影响，因为党纲不是所有政党的基石，但它确实也发挥

① *Public Opinion Quarterly*, Vol.12, no.3 (Fall, 1948), pp.559–560.

着一些作用。相关的一个事实是，职业政客和政治利益集团更多地关注全国性政党大会上提出的纲领，在大多数情况下，在政党初选候选人提名后要通过政党的纲领。

对选民关心的是政策还是候选人这一实质上是错误的问题进行讨论，无助于探讨党纲的意义。选民不可能在完全不顾政策的情况下选择官员，也不可能只考虑政策而不顾执行政策的人员。即使表面上存在一种“无争议”政治的地方，如V. O. 基对阿肯色州的观察，选民通常具有高度的同质性，主要关心选择“最合适”的人来执行已达成共识的政策。[①]

正是政策与党员之间的互相依存表明全国性党纲的重要性。然而，党纲的作用并不在于文件的表面价值，而在于这些文件
284 所要达到的目的及其过程。[②]这一目的可以从两个方面观察，即政党作为选举工具和作为政治利益集团（当然，这种分法比较武断，因为在选举大会上许多领导者和代表也是利益集团的成员或代表）。

从政党作为一种赢得选票的机制的角度看，撰写党纲是为了在领导者与各派之间形成一个联盟，以提名候选人，并组织全国范围内的选举运动。这些派别直接代表了不同的利益，如果某个派别要赢得选举并获得政党的领导地位，它们的需要就必须得到满足。由于主要的全国性政党松散的联合性质，提出党纲是必要的。一个联盟如果要足够强大，能够提名总统候选人，那么，没有某种记

① Key: *Southern Politics*, pp.184–195; 参阅 Bentley: *The Process of Government*, pp.424–425。

② Herring: *The Politics of Democracy*, pp.230ff.

录和测试自己力量的手段，没有各派系和各次级联盟的和谐共存，是不可能构造的。这样，在全党大会召开几个月前，政党就要考虑纲领问题。各个派别可能主要关心政党的候选人提名，或者它们的主要努力是形成一个次级联盟，通过支持某个候选人而使政策具有连续性，或者继续获得庇护。这种派别之间的融合、发展以及解散发生在全党大会之前、会议之中以及大会之后，并通过大会一直进行到宣布提名为止。结成某个集团可以从大会的投票过程中以及选举决议委员会主席的活动中反映出来，可以从决议委员会的主要派别修改党纲的活动中反映出来，也可以从大会关于党纲的争论和对党纲草案的投票中反映出来。在随后的候选人提名过程中，更重要的联盟和重组发生了，被提名者可能代表某个在决议委员会中不占据主导地位的派别。可以理解，被提名者试图从党纲中突出自己的地位。1928 年被提名者阿尔·史密斯（Al Smith）成功地否决了党纲草案。然而，构造一个联盟在其早期阶段是很重要的，可以测量、展示、增强或削弱主要派别的力量。当这种情况发生时，表明了持不同意见的派别并没有获得其成员在选择提 285
名者时所要求的影响及采取相应的政策。党纲是一种外在的标志，在这种明显模棱两可的标志下，人们能够看到主导提名过程中的派系因素。

当在位的总统寻求再次提名时，这一过程就相当不同了。总统的影响力往往能够组织政党大会，决定政党的纲领草案。然而，党纲草案的修改还是能够表明支持总统的力量的变化。由于总统有能力组织政党大会，如果有新的候选人当选，反对派就不太可能起草自己新的党纲。在这种情况下，政党联盟已经存在，起草党纲的

过程可以加强这一联盟，而不必创造新的联盟。[①]提出党纲的过程在州选举过程中是没有重要意义的，因为它不需要影响争取选票的组织。

从政治利益集团的角度来看，准备党纲的意义主要在于，达成党纲过程中的协调可以有助于各类集团接近全国性的政党组织。利益集团通常要求党纲的内容尽可能地明确。党纲内容的模糊本身不会引起利益集团的关注，只有模糊或沉默削弱或阻碍了集团的联合和提名活动时，这些集团才会变得警觉起来。

利益集团的领导者们意识到，他们所关注的问题，即使在党内，也只能在未来才能得到真正解决。而在党纲中，他们试图寻求初步保证。为了使这种确定性最大化，政治利益集团在两大政党的党纲中都寻求认可。这表明了一个事实，即主要的全国性政党基本上是选举总统的工具，而不是运作政权的工具。大多数立法提案需要得到来自两党的立法者的投票，如果这些议案要获得通过，尤其是投票需要得到绝对多数选票时，例如国际条约和宪法修正案。利益集团的党派活动也是它们关注自己要求的结果；它们向政府提出要
286 求，并利用各种边缘性集团或制度来实现自己的要求。

在制定党纲过程中集团活动也具有一定的宣传功能。出现在大会决议委员会面前和在党纲中认可某集团的要求，对于政党的内外部宣传均有意义。尤其是在竞选宣传和候选人的演讲活动中，党纲的内容如果包括了某个集团的要求，这些内容就会提升该集团的地位。最后，党纲中关于立法活动和总统活动的内容在选举后对该

① Herring: *The Politics of Democracy*, pp.234–237.

集团的活动也具有一定的价值，只要该集团组织有效、保持团结，与其他利益集团的联合也比较有效。因此，政治利益集团关注党纲的内容类似于，甚至等同于政党派别对党纲内容的关注，但是往往涉及不同类型的其他考虑。

当然，在制定党纲过程中集团活动最明显的是发生在决议委员会的听证会上，或发生在全党大会上关于少数人报告的争论中，但这并不意味着这些活动是最重要的。由于种种原因，一些利益集团包括潜在的利益集团，不一定以这种正式的形式获得承认。在一些国际性危机如1940年民主党全党大会召开时，主要的利益集团不管是有组织还是缺乏组织的，均明显努力避免自己在党纲中遭到忽视。在另外一些情况下，重要的集团在全党大会召开前参与不同党派起草党纲的工作。如果某派别成功地组织了全党大会，受益的集团也就没有必要在决议委员会面前出现了。例如，早在1932年全党大会前，罗斯福的支持力量就与美国农业局联合会等有影响的农业集团保持联系，这些集团得到保证，不管它们是否出现在决议委员会面前，它们均可以获得提名。[①] 而且，在正常情况下，许多大会领导者和代表也是重要政治利益集团的领导者或“成员”。这些领导者在政党委员会中的地位越重要，他们的集团也就越不需要正式出席决议委员会会议。例如，目前尚不清楚已故的西德尼·希尔曼 287
(Sidney Hilman)在1944年民主党大会上扮演的角色。虽然他不是代表，但很明显，他一直是大会的重要人物，同时也是产联政治行动委员会(C. I. O. Political Action Committee)的领导者。宾夕法尼

① Kile: *The Farm Bureau Through Three Decades*, pp.185ff.

亚州制造商协会很少需要在1924年共和党大会的决议委员会上出现，以支持大会关于关税的内容，因为该协会的主席约瑟夫·R.戈兰迪(Joseph R. Grundy)是宾夕法尼亚州党的代表。实际上，看来可能的是，如果利益集团只依赖于通过政党大会决议委员会的活动确保自己在党纲中得到承认，那么这些集团反而可能显得弱小，缺乏影响力。

党纲通常是政党“政策”最直接的宣言，但是其他方面也应该得到关注。集团为了确保特定候选人和政党委员会的许诺而进行的活动就属于这类，但此处不需要仔细分析。近年来，两大政党在四年一度的大会之间举行一些讨论党纲内容的会议。1937年共和党建立了一个计划委员会，并于1940年初发布了该委员会的报告。[①]1949年夏天两党均在艾奥瓦州召开了关于新的农业发展的大会，民主党6月在得梅因召开，共和党9月在苏城召开。这些大会和其他同类会议，类似于在提名大会前举行的不事声张的党派会议，具有类似的意义。在上述大会中，民主党的活动是为了“推销”政府的农业计划，即所谓的布兰南计划(Brannan Plan)。该计划遭到了美国农业局联合会和全国农业保护者协会的领导者的强烈抵制。这些集团以及全国农业协会，在共和党的会议上就得到了充分代表。[②]尤其是“在野”的政党，其会议和宣言在党纲和大会前的党派活动中可能合理地得到反映。

---

① 参见Ronald Bridges: “The Republican Program Committee,” *Public Opinion Quarterly*, Vol.3, no.2 (April, 1939), pp.299–306。

② *The Washington Post*, September 2, 1949.

第十章　利益集团与选举

由于接近政府机构基本上是接近占据政府职位的个人的关系 288
问题，政治利益集团不可避免地与那些它们所关注的政府人员产生利害关系。虽然这种关系不完全限于选举职位，但选举是决策过程和填补重要任命性职位过程中主要考虑的因素。由于提名过程通常将大量人选减少为少数几个，因此不管是正式大会还是预选，利益集团同样予以重点关注。

集团与提名

虽然提名过程具有重要意义，但令人惊奇的是，对于提名过程如何进行以及集团在其中扮演的角色，我们严重缺乏系统了解。当然，提名的正式过程在教科书中可以见到。但关于提名之前发生什么，则几乎没有相关的材料。[1] 此处我们所能做的就是从对政治利益集团的一般了解中，根据媒体、回忆录、传记等文件中出现的一点资料进行推论。除非进行系统的研究，否则我们所能做的只有提出假设。

---

① 参见 C. H. Wooddy: *The Chicago Primary of 1926* (Chicago: University of Chicago Press, 1926), esp. chap.2。

289 影响总统候选人提名的集团活动，在讨论党派为全国性政党大会召开前的准备活动中已经提到过。类似的活动也不同程度地影响到各级政府选举职位的提名过程。诚然，在地方，一些公职对除政党外的非组织化的政治利益集团具有重要意义。但事实上，有些职位也可能缺乏吸引力，如新英格兰某个镇上的边界巡视员职位可能通过征召来填补，否则就只好空缺。然而，这些属于例外，即使最缺乏吸引力的职位有时也具有一定作用——例如，在与公共设施有关的边界争端中，边界巡视员就可能成为有争议且重要的人。

利益集团影响提名过程的特定活动可以分为两类，其中一类不一定能取代另一类。第一类，集团通过政党机器的预选、干部会议或大会形式获得政党的组织支持，或者至少通过政党标签促使某个要求的实现。如果存在一两个组织有效的政党的地区，这种策略就类似于竞争性派别之间的活动，或者类似于在党纲形成过程中与一个主导党派进行协商的活动。当政党关系处于松散的、临时的状态时，利益集团本身为提名活动提供了组织和经济上的支持。在南部地区不稳定的党派活动中，这种情况十分普遍，[①]但在其他地方不多，在一些(可能是许多)北方的选区政党组织中几乎不存在，以致没人试图寻求提名，除非他有信心建立一个个人组织或可以利用某个利益集团，不管是在预选或正式选举中。[②]在这些情况下，利益集团实际上变成了政党。

其次，集团在预选中可以通过说服其成员投票选择那些记录、

① Key: *Southern Politics*, p.416.

② 参见 E.E.Schattschneider: “Party Government and Employment Policy,” *American Political Science Review*, Vol.39, no.6 (December, 1945), pp.1152–1154。

背景或承诺最符合集团要求的人，从而影响提名。在这种情况下，集团可以不参加候选人的初选活动，而仅仅是推动那些最可被接受 290
的人当选。这些活动可能是公开的，即需要特别的认可，也可能很隐蔽。典型的隐蔽活动是仅仅列出候选人的资格、记录以及承诺，并依靠集团成员根据集团政策而不需要集团公开表示同意后进行投票。同样的努力用于影响预选过程中的登记或投票。当某个劳工集团或公民组织进行竞选运动以推动选民登记或预选投票时，我们通常假定它主要在那些最符合集团利益的人中间发生。当然，这种动机可能不明显，即使是那些选举的参加者。

集团是否从事公开的提名活动取决于各种内外部因素。例如，如果一个集团追随者可能是其他一些政党派别集团和个人宗派集团的成员，那么公开表示支持将是危险的，这种支持将导致集团内部的分裂。不管是否已经加入联盟，一个全国性或州的集团都不可能支持一个想在国会或州的立法机关中获得议席的竞选者，除非该竞选者所在的地方集团“同样这么做”。这样，反对一个敌对的候选人比积极支持一个友好的候选人更加可行。一项明显敌视某候选人的记录很容易变成对一个候选人的反对意见，如工会的历史所表明的那样。但是，模糊的立场又会引起困难，因为地方集团的依附和活动可能会发挥超越州或全国性战略的作用。[①]

① 在州一级上的事例可见 Eugene Staley: *History of the Illinois State Federation of Labor* (Chicago: University of Chicago Press,1930), pp.413–425 and *passim*。参见 Sidney YIillman 关于产联政治行动委员会在 1944 年美国众议院预选中的声明，Committee to Investigate Campaign Expenditures: *Hearings*, 78th Cong., 2d Sess. (1944), part Ⅰ, pp.8ff.。

提名活动是否公开，除了上面讨论的内部影响因素外，还取决于外部因素。如果集团的声望在当地不是很高，公开的选举活动将有损而不是有助于候选人。例如，在许多州，赛马和赌博集团十分关心提名过程，但它们的活动主要在幕后。类似地，如果某集团在政治上处于孤立地位，它的提名活动很可能遭到失败，该集团往往
291 就保持沉默，不采取任何行动。只有当某集团没有任何接近政府的希望时，才会冒险公开支持一个可能失败的候选人。

集团活动影响提名过程的特定形式是一种策略。看一下政治利益集团的普遍特征，我们可以肯定所有的这些活动具有共同的目标。例如，几年前，人寿保险总裁协会中来自佐治亚州的代表写信给其上级："方法就是使我们自己对一些关键人物感兴趣，帮助他们竞选，一旦当选后，他们就欠我们人情，而不是我们欠他们。这就是所有的秘密。"[①] 一旦确定目标，接触候选人是肯定的。

并不是所有场合都适合利益集团成功地影响提名过程，也不是所有的利益集团都能够同样成功地从事这种活动，正如前面章节中已表明的。当政党组织足够强大，接近候选人不需要通过其他方式时，影响候选人提名的资源就相当丰富。一个大规模的、有凝聚力的投票者群体就是一种资源。禁酒联盟又是一个例子。这一集团的团结力量使任何政党在提名过程中都不敢忽视其影响力。偶尔，当两党提名的候选人都不符合其要求时，它也会自己提出独立的候选人。如果这种做法会促使其中一个政党改变或重新考虑其政策主张的话，禁酒联盟的候选人就会退出竞选。1924 年新泽西州竞

① U. S. Temporary National Economic Committee: *Hearings*, part 10, p.4403.

选参议员时就发生过这类情况。[①]

竞选捐助是一种替代或另外一种附加性的要求。当地方党组织影响较小，集团代言人和拉选票的人就可能变得相当重要。这就是为什么近年来劳工组织在提名过程中有较大发言权。

作为一种替代方式，利益集团还可能从一种特定的为某集团所关注或受到某集团保护的主张中获得影响力。在许多州和地方有选举仲裁制度，律师协会有权就提名候选人的情况发言，也有权对 292
政党提名的候选人的资格进行审议。这种权力不一定很大，也并非没有受到过挑战，特别是当法庭在仲裁政策争议时，如 20 世纪初劳工争议中的情况。法官运用政治权力时，他们个人的忠诚是所有利益集团均关心的对象。然而，法官与律师之间的特殊关系赋予了后者在法官提名过程以一定的优势（如果他们具有相当的凝聚力的话）。[②]

提名程序的法定的正式结构，可能会大大影响利益集团在提名过程中的角色。在公开进行初选的地方，如在加利福尼亚，政党组织和派别相对遭到削弱，候选人的提名就直接成为利益集团的活动内容和这些集团之间联合的原因。这些集团承担了提名活动的全部过程如宣传、拉选票以及初选和大选的动员。提名过程几乎完全成为利益集团的事务，政党几乎完全被挤到一边。

像集团的其他活动一样，参与提名过程深受集团在社会结构中

① Odegard: *Pressure Politics*, p.88.

② 参见 Rutherford: *The Influence of the American Bar Association*, pp.155–161; E. M. Martin: *The Role of the Bar in Electing the Bench in Chicago* (Chicago: University of Chicago Press,1936)。

所占据地位的影响。在讨论宣传活动时，集团地位的重要性已经被提及，而且在整个集团接近政府的活动中发挥作用。此处的意义在于，处于有利地位的集团不需要参与提名活动来接近立法、行政和司法的政策制定者。这些集团的“成员”在任何关于候选人的名单上几乎都处于突出地位。换言之，这些集团代表了社会的主流态度，任何想获得成功的提名者均会接受这些态度。[①]大部分城市商
293 业集团就处于这种有利地位，玉米地带（Corn Belt）及具有相似特征的地区的农业局联合会，在一些选区的联盟如矿工联合会，还有许多其他或大或小的集团在某些地区都占据着这样的位置。一些包容性的集团采取主动接近的方式，如美国商会，甚至是特定的公司或家族，如林德对美国中部城市中“X”家族及其企业的研究所表明的那样。这种情况实际上在很大程度上解释了这些集团倾向于一种公正的方式同时向两党捐献资金的趋势。

无论是从政党还是利益集团的立场来看，接近政党的提名者都不是唯一的考虑因素，被提名者的能力同样重要。集团并不希望接触某个人，而是希望获得某个掌握制度化权力的职位。除非被提名者当选，否则他对此集团毫无用处。在一些选区，如果按照占主导地位的政党政策参加竞选，几乎任何人都可以当选。在其他选区，有时候一个候选人具有较大的影响力，以至于能带动本党的候选人名单上的其他人一同获胜，而几乎不论他们的资格条件如何。用通俗的话说，后者是“沾”了前者的“光”而当选的。有时候，被提名

---

① 参阅 Key: *Southern Politics*, p.416; Stephen K. Bailey: *Congress Makes a Law: The Story Behind the Employment Act of 1946* (New York: Columbia University Press, 1950), pp.148–149, 185–192。

者几乎完全依靠自己的影响力以及追随者，超越于政党组织的影响，并排斥其他的候选人。[①]在上述几种情况中，被提名者个人的力量是不可忽视的，往往相当重要。

一旦被提名者的作用建立在个人影响力基础上，集团对他的控制就十分有限了。然而，几乎没有实证材料来证明这一点。第七章的讨论已经指出，关于领导的一般理论体系正在发展中，但对人际影响的仔细的、系统的研究还很少，在严格的政治领域就更少了。
其中最具启发性的是默顿关于社区的影响模式调查。[②]他发现，所 294
有具有“影响”的个人基本上都属于正式的组织，其领导活动明显包括了参加集团的活动。那些主要兴趣集中在社区的有“影响”人物，一般属于某个提供大量人际互动的集团，这些领导者的追随者建立在系统的人际关系基础上。最重要的是，这些“地方上的有影响人物”比那些关心社区之外事务的“城市里的有影响人物”更容易当选政治职位，后者对社区之外的世界感兴趣，主要依靠他们广泛的经历和技能赢得追随者。

如果个人的地方归属是地方官员（同样是全国、州和市官员）当选的支持基础，这一假定对利益集团和政党的意义是什么？利益集团领导以何种方式、在何种程度上依靠这种“地方的影响”，我们还不清楚。似乎接近这些有影响人物的重要基础依赖于集团领导者

---

① 尽管对这种情况的集中调查主要体现在 V. O. Key: *Southern Politics* 一书中，但就像其他被讨论的模式一样，在南方以外的地区也存在普遍情况。

② Robert K. Merton: “Patterns of Infuence: A Study of Interpersonal Influence and of Communications Behavior in a Local Community,” in Lazarsfeld and Stanton (eds): *Communications Research*, 1948–1949, pp.180–219; 参阅 Whyte: *Street Corner Society*, pp.263ff.。

是否有能力适应地方上的人际关系，甚至成为其中的一员。一旦建立这种关系，就有助于解释全国性的，尤其是联盟型的组织在转变地方分支组织的政治归属过程中遇到的抵制。在政党内部，情况可能类似。一个被提名者在地方获得支持的能力使他实际上独立于全国性和州的政党组织，同样也独立于全国性或州的利益集团。因此，对于较高层次的政党和利益集团的领导者而言，就需要寻找一种不经过提名或选举程序的替代性控制方法。这些方法包括取消庇护关系和撤消对地方反叛者政策建议的支持。其他途径包括通过派别、朋友圈子或工作集团，使得地方的官员（不管是属于立法、行政还是司法机关）能够接触当地的顽固派。可以通过这些方式驱逐那些持不同意见的地方领导者，但如果他们的继任者具有同样的支持基础，那这一解决方法就只能是临时性的。

尽管我们关于提名过程的了解十分有限，但从利益集团的角度
来看，提名过程被视为确保接近政府的诸多方式之一。是否参与提
295 名过程对一个利益集团是很重要的，该集团如何参与则取决于该集
团的内部政治、该集团在选民中的地位、政党组织的特点、该集团
在选民中的影响模式以及关于提名和选举过程的正式的法律程序。

“置身政治之外”

当我们转向考察实际的选举运动时，关于政治利益集团角色的材料就比较丰富了，这可能是因为选举活动必须处于公开状态，且比提名过程更多地得到媒体的报道。同样，官方或非官方对选举活动的调查也更多。这些情况表明，与早期相比，更多的利益集团参与选举活动，或者至少它们参与选举的活动更加公开。大量的因素可以对此作出解释，但一个明显的、基本的原因是，选举过程提供的选择比提名过程更少。在两个竞争者中选择比在三个或四个甚至多达二十个候选人中选择，其风险要小得多。支持一个能够获得成功的提名者将付出很高的成本，但支持一个失败者更可能导致孤立地位。

尽管利益集团普遍参与选举活动，但通常它们都羞于承认。实际上，大多数利益集团均提倡“置身政治之外”口号。例如，美国退伍军人协会就坚持其章程规定是“绝对非政治性的”。然而，该联合会对政治活动施加了许多影响，尤其是在地方。[1] 大多数集团声称“置身政治之外”，明显是一种特殊情况。这一口号并不意味着这些集团对政府官员采取中立的态度，也不意味着它们不关心立法机关的法规、行政决定或司法仲裁。这些机关的活动在很大程度上影响和反映了利益集团的要求和其反诉，正如第四章表明的那 296
样，几乎所有的集团都不可避免地在某种程度上卷入“政治”。

“置身政治之外”主要意味着避免完全认同某个政党组织或派别。有时，它意味着不需要认同任何政党，但并不是说不关心所有的政府事务。国际妇女服装工人工会的负责人戴维·杜宾斯基在描述劳工集团的政治活动时指出：“劳工组织应该是一个社会压力集团，提出它对社会问题的主张，游说立法机关，保持我们的社会平衡。劳工组织应当从事社会政治性的活动，而不应当从事政党政治。”[2]

① 参阅 A. A. Berle, Jr: “American Legion,” *Encyclopaedia of the Social Sciences*。

② 转引自 Mills: *The New Men of Power*, p.163。

避免任何承诺，尤其是公开或长期向某个政党或派别的承诺，是利益集团政治的普遍特征。其中的原因很复杂。最常见的解释是，美国宪法的规定，尤其是联邦制度下的权力分工——立法、行政、司法——形成了三种政府结构，对党派政治不太有利[①]（此处进一步解释了正式结构的影响，不管是对集团内部还是对政府本身）。

联邦制度的存在意味着一个全国性的集团不得不关注 49 个不同的司法体系，甚至更多，因为还有一些城市在宪法的规定下行使重要权力实行“内部自治”。如果在全国层级上某集团认同一个全国性的政党，那么当反对党在华盛顿执政时，该集团不仅会遭遇不利，且会在州层级上处于不利地位。政党是松散的组织，但在支持国会议员的力量与支持州长和州议员的力量之间通常存在着关联。公开和长期认同某个力量往往会得不偿失。此外，在国家层级上，以及在不同层级的州立法机构中，由于政党纪律几乎不存在，因此很少有立法决定是严格按照党派路线作出的。大多数利益集团最
297 关心的是那些不考虑政党背景的友好立法者，这些立法者不会因为政党身份而得到什么或失去什么。一个关心宪法修改的利益集团很少需要表明政党立场，因为宪法修改需要的大多数一般不可能在一个政党中产生。一个政党不可能控制国会三分之二的多数以及州立法机关中四分之三的多数。[②]

① 参阅 A. N.Holcombe: *The Political Parties of To-day* (New York: Harper and Brothers, 1924), chap.2; Herring: *Group Representation Before Congress*, pp.47–50。

② 在第 81 届国会，参议院对由共和党参议员劳奇提出的改变州选举投票方法的修正案进行了投票。同意这一修正案的有 64 名参议员（超过三分之二的人数，还多出了 3 人），其中包括 46 名民主党人和 18 名共和党人。反对派有 4 名民主党人和 23 名共和党人。见 *Congressional Record*, 81st Cong., 2d Sess., February 1, 1950, p.1307。

联邦制的离心力可能正在逐步得到改变。1930 年代后联邦政府权威的增强，以及联邦最高法院有效但缓慢的作用，使得州的权力逐步转移到联邦，使集团的党派认同在全国层次上更加有效。然而，基本的困难仍然存在，因为州的支出和税收权力仍然具有充分的必要性，足以引起全国性、州和地方的利益集团的关注。

州政府的分权具有类似的作用。当政党指定的州行政官员没有获得立法机关的大多数认可时，某个集团从大的政党那里就不会得到多少好处。即使一个政党名义上控制了立法机关和行政机关，由于其纪律的松散，认同某个多数党的集团也可能不会带来特别的好处。

利益集团“远离”政党政治更复杂的原因，可以从特定集团内部的政治活动和它们在政治生活中的战略地位得到说明。这些原因分为三类：首先，集团成员对选举过程持有的观念；其次，政党身份与政党团结之间的关系；最后，党派政治中政治孤立的风险。

在某种程度上，所有这三个原因都受到集团成员（因而也包括作为整体的集团）对集团从事党派活动的心理倾向的影响，尤其是第一个。他们在何种程度上认为集团和选举过程中的党派活动是“正当”的？是应该由集团的领导者告诉成员支持某个政党或某个候选人？这些政治活动就是集团所“为之努力”的？认为集团具有某种权利是否“适当”？对这些问题的回答表明了集团成员对集团参加政治活动的心理准备程度。不同的集团在不同时期，其成员的心理准备是不同的，但也有一些间接的证据表明反对党派的活动。最能说明问题的是，许多人口头承诺属于独立投票者而不是按照党派投票。据调查，有五分之一到三分之一的投票人不论其地位如何，都认为自己是独立投票者。[①] 但我们发现，大多数所谓的独立投票者实际上还是按照党派的旗帜进行投票。[②]

事实上，尽管大部分投票者具有党派倾向，但是他们自己还是不愿承认，因为集团在候选人的偏好方面取得了高度的一致性，这一情况与第二章所指出的倾向并不矛盾，这也是集团通过非正式的过程对某候选人或某政党达成相当一致的偏好的原因。与之完全不同的是，集团的领导者公开宣布支持某政党而反对另一个政党。

集团参加竞选运动的效果随后体现出来。此处我们感兴趣的是各种鼓励或阻止这种活动的影响。虽然实证的研究相对较少，但是可以从许多集团的行为中推导出一些假设，如工会的活动。一般观察的结果是，工会在罢工时期可能接受一定的领导，纪律也较严格，但是在选举活动中缺乏这种团结。对大部分人而言，集体谈判过程中的纪律很自然，因为集体谈判是"劳工组织获得某些结果的方式"。确实，不仅外部，工会成员自身也将集体谈判和罢工看作工会活动的适当内容，而选举，尤其是党派性质的选举，则在其活动范围之外。在美国产联和美国劳联中，这种态度自然地形成了，
299 根据特定的经济形势和工资理论，提高工薪阶层地位的最好方式就是通过罢工活动中的集体谈判来获得。[③]

党派政治活动在工会的工资理论中占有重要地位后，工会纪律

① 例如，参见 *Public Opinion Quarterly*, Vol.12, no.3 (Fall, 1948), p.564。

② 参阅 Hadley Cantril and John Harding: "The 1942 Elections: A Case Study in Political Psychology," *Public Opinion Quarterly*, Vol.7, no.2 (Summer, 1943), pp.222–241。

③ 这一点还没有被劳动经济学家充分探讨，但可参见 Millis and Montgomery: *Organized Labor*, p.317。

可以决定工人们何时罢工，但不能决定他们如何投票。米尔斯观察指出“工会组织的引导作用只是在经济领域”。他进一步评论道：

> 如果一名工会领导者为与经济目的没有直接和明显关系的政治活动工作，他马上就会被指责为了个人荣誉和自私权力而工作。如果他长期采取某种政治立场，他和他的同仁可能会遇到眼前的经济上的麻烦……[①]

而且，米尔斯的研究还表明：工会有限作用的观点并不局限于普通的工会成员。根据他的发现，工会的领导者并没有把政党归属视为获得政策优惠的方式。[②] 除非集团把选举过程和党派活动视为其合法活动范围，否则它将倾向于“置身政治之外”。

集团内部的凝聚力是集团愿意参加党派活动的一个原因，同时也是其结果。团结程度限制了集团的党派活动，而集团参加政党政治也可能影响内聚力。这里，我们也可以看到集团成员身份交叉的影响。个人的政治党派认同一旦在其生活早期形成，不仅可能持续一生，而且会代代相传。[③] 除非党派倾向只是被当作一种简单的策略，否则在政党内部按照政治路线产生的分裂是一个持久的威胁。因此，即使是简单地支持一位候选人而不是支持一个政党，集团的领导者即便在确信得到集团成员的有力支持时，仍然会谨慎行动。西德尼·希尔曼在 1944 年对众议院竞选支出委员会的调查很能说

① Mills: *The New Men of Power*, p.236.

② Ibid., p.174.

③ 参阅 Cantril and Harding: “The 1942 Elections,” pp.222–241。

300 明问题。在对产联政治行动委员会的活动研究中，他指出，这一全国性的组织不仅“没有支持参议院、众议院、州或地方的候选人”，而且直到“所有产联的国际组织以及大多数州的委员会都行动起来”，该协会才支持罗斯福总统，而“我们的委员会仅仅记录了它们的一致观点”。[①] 类似地，美国劳联唯一一次公开支持总统候选人是 1924 年支持独立候选人拉福莱特，是在其普通成员的支持下以及两党中的主要派别均拒绝了其要求后作出的。更通常的模式是，按照洛温的说法，党派倾向是“掩饰政治分裂的一种方式”。[②]

在内聚力更低的联盟型集团中，如美国劳联，全国层次或国际工会领导中的超党派，通常源于地方党派依附的多样化。禁酒联盟中的这种多样化使全国性组织在立法机关中的权力最大化，即使这意味着支持那些在政治上“信得过”而素质“平平的”候选人。[③] 在美国劳联中，这种多样性同样意味着奇怪的联合，它们的作用几乎局限在地方，通常对地方政党组织更加有用，而对全国性工会反而作用不大。[④] 这种地方性和特定的依附，对来自上面的变革产生了巨大阻力。V. O. 基研究了田纳西州依附于克伦普核心的孟菲斯劳工联合会，在 1948 年时就发生过类似的抵抗。当时田纳西政治教育联盟支持州长候选人戈登·布朗宁（Gordon Browning），孟菲斯

---

① U. S. House of Representatives, Committee to Investigate Campaign Expenditures: *Hearings*, 78th Cong., 2d Sess. (1944), part Ⅰ, p.8.

② Lorwin: *The American Federation of Labor*, p.425.

③ Odegard: *Pressure Politics*, p.87.

④ 参阅 Millis and Montgomery: *Organized Labor*, pp.304–305; Key: *Southern Politics*, pp.73, 100, 658。

劳工委员会的负责人声称该行动“与孟菲斯没有任何关系”。[①] 其他类似的事件在 1948 年其他地方同样发生。美国劳联的主席威廉·格林（William Green）在 1948 年 6 月宣布，该联合会不会支持杜威，卡车司机工会的负责人也立即宣布，格林不是该集团的发言人，美国劳联没有支持杜鲁门；但是，一些领导人组成劳工执行委 301
员会以支持杜鲁门。当美国产联政治行动委员会执行董事会在 8 月以 35 票对 12 票通过决议支持杜鲁门时，菲利普·默里（Phillip Murray）指出：“在美国产联的章程中没有规定是否可以作出这种决定。任何协会均可以运用其权力行事。”[②] 西德尼·希尔曼在 1944 年进行的观察得出了类似的结论。[③]

在这些情况下，可以发现，劳工领导者追随大多数重要的候选人和所有主要政党就毫不奇怪了，正如米尔斯在 1946 年对美国劳联和产联的全国工会领导人以及州和城市的委员会研究得出的结论。尽管在他的例子中大多数领导人宣称自己是民主党人，但有相当一部分，尤其是全国性领导人，声称自己是超党派的。在很大程度上，他指出集团的内聚力影响了这些领导人的主张：

> 因为下级领导人的党派关系混杂，普遍成员更是如此，这通常给负责团结工会的高层领导人提供了一种参考，使他们也

① Key: *Southern Politics*, p.73, n.25.

② The *New York Times*, June 27, 1948; *The New York Herald Tribune*, August 26, September, 1948.

③ U. S. House of Representatives, Committee to Investigate Campaign Expenditures: *Hearings*, 78th Cong., 2d Sess. (1944), part 1, p.23.

> 趋向超党派。这样他们就可以成为在地方支持力量与不同组织的复杂的、保护性关系的纽带之间的调解媒介。[①]

政党对集团内聚力产生的威胁不只是利益集团和政党之间相互交叉的结果，原因可能更加微妙。正如我们在前文谈到的，例如，医疗集团内外部对医疗职业的广泛态度——表明了一种潜在的异质集团的态度——可能不支持医疗集团公开表明其党派身份或公开参加选举活动。人们不希望医生参加那种活动。如果立法机关的政治活动已经威胁到医疗集团的内聚力和影响力，参与选举活动就显得很重要了。

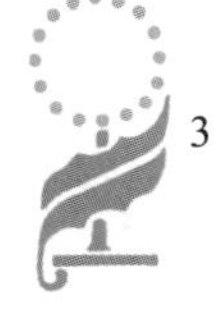

302 政治上孤立的危险来自党派关系，而不是来自“置身政治之外”。谢茨施耐德指出：“孤立是一种任何利益集团不惜代价要避免的极端危险……”[②] 这里的危险来自两个方面。首先，公开认同某个竞选失败的政党必然影响集团接近当选官员，于是保持超党派的身份就显得更为保险。与两党都有某种接近机会，比或全有或全无的做法更可取。持这种做法的例子不限于我们所熟悉的利益集团。V. O. 基指出，在南卡罗莱纳，次国家级的派系或“圈子”由于不清楚哪个候选人会在州的竞选中获胜，利益集团往往正式支持某候选人，同时又指派其成员支持另一个候选人，结果是“如果他们重点支持的候选人未当选，地方集团中还是有人支持获胜者，仍然可以在地方事务中受益”。[③]

---

① Mills: *The New Men of Power*, pp.171–173.

② Schattschneider: *Party Government*, p.86.

③ Key: *Southern Politics*, p.139, n.6.

只有当政党路线在决策过程中很重要时，公开支持失败者所导致的孤立才有一定的作用（相反，党派倾向这时有一定有利之处）。尽管在一些州的立法机关中，议会投票会按照党派路线进行投票，但国会中并不如此。实际上，一个全国性政党的主要意义在于选举总统。因此，在全国层次上，党派诱惑和政治孤立的危险主要发生在总统选举活动中。这些危险通常较大，以致集团难以选择立场，除非该集团明确支持一位候选人会遭到拒绝，而支持另一位竞争对手也不会有任何损失。

另一个很好的例子是1928年美国农业局联合会遇到的困境。柯立芝在1927年和1928年两次投票支持《麦克纳利-豪根农田救济法案》，并得到农业管理局的支持。在提名大会之前，该集团的许多成员想公开支持同意这一法案的政党。在共和党大会上，农业管理局并没有得到满意的结果，在那次大会上，共和党提名赫伯特·胡佛为候选人，农业管理局则更愿意接受柯立芝。而在民主党的纲领中，体现了该集团所希望实现的承诺，问题就很清楚了。“但是”，凯尔指出，“领导者们如何在中西部有效活动，同时又避免‘将自己陷入政治活动的旋涡’？”他继续指出： 303

> 最终的解决办法是，在不让州官员过度参与的情况下，利用该集团的县级组织，尽可能在中西部的各个州以及各个县建立独立的农民竞选运动委员会，这些委员会被称作“农业独立联盟”，其口号是“以农民身份，而不是以政党身份投票”。
>
> 民主党全国委员会将组织工作交给了乔治·佩克（George Peek），并筹集了必要的经费。

> 为了进一步保护农业管理局免受积极的政党政治活动的不利影响，州农业管理局的成员集中谈论政策和纲领，而不是光谈论政党政治……
>
> 必须承认，这种情况很棘手且一点也不令人愉快，而该集团的主席汤普逊和许多其他董事会的成员都全然不觉。[①]

正如人们所预料的，这一策略导致了一些州农业管理局的动荡。然而虽然如此，选举的结果也表明，政党归属比集团的要求更强，集团的内聚力还是没有遭到严重破坏。1932 年，当形势变得有利时，农业管理局并没有重复其 1928 年的活动：

> 农民们强烈反对胡佛先生，而赞成其计划有利于农业的罗斯福，因此免不了直接支持民主党候选人。但“投票战争”是建立在非党派基础上的，农业管理局应当“远离政治”。[②]

政治孤立的第二个“危险”是，政党倾向将阻碍集团在影响立
304 法活动和宣传活动中寻求联盟。力求避免党派倾向的集团往往与那些公开表明党派倾向的集团结成联盟时十分谨慎。在向立法机关施加要求时，这种联盟是很重要的，但有时这种联盟中的结合十分奇怪。一旦联盟可能在集团内部制造分裂或减少集团独立接近政治领导人的机会时，结成联盟的可能性就大大减少。在党派的标

---

① 这一论述引自 Kile: *The Farm Bureau Through Three Decades*, pp.147–151。

② Kile: *The Farm Bureau Through Three Decades*, p.188.

签下活动会产生这些威胁。

美国的宪法安排、政党特征和个人对政党的归属、集团内部凝聚力问题以及集团在立法活动中的战略，均削弱了政治利益集团公开认同特定政党的可能。在全国层次上，这一点是很明显的，在州层次上程度则有所不同。

选举运动中的集团

战略上的考虑不仅使集团不愿意公开认同特定的政党，同时也使一些集团完全远离选举活动，即使是以非党派的身份出现也是如此。此外，那些成员不多或者其成员较为分散，再或者其所代表的利益属于边缘性利益的集团，它们将发现参加选举活动受益不大。最后，那些享受免税待遇的非赢利集团或“教育性”集团，通常不愿意在选举活动中破坏自己的特权地位，尽管有时它们也不是十分谨慎。[①]

不管一个人如何定义参选，可以肯定的是，许多集团的确参加了选举活动。由于大部分党派活动只限于总统选举，其目的也就很简单，即当选官员包括行政首长掌权，使他们能够满足集团提出的要求。不管这些活动是否从候选人提名时就已经开始，集团的活动通常分为三种类型：(1) 向集团成员提供候选人的有关记录和承诺方面的信息，明确或不明确地表示对这个候选人的支持；(2) 以各种 305

① 例如参见美国众议院选举开支调查委员会对宪制政府、宪法和自由企业基金会的质询：U.S.House of Representatives, Committee to Investigate Campaign Expenditures: *Hearings*, 78th Cong.,2d Sess.(1944), part 2, pp.377–556。

方式向候选人提供捐助；(3)在成员和支持者中间拉选票。

可能集团参加选举活动最简单和最普通的方式是向成员和支持者公开在任候选人的政治记录。如果候选人是一位议员，就列举他对集团领袖们认为重要的议案的投票记录。尽管这一方式是美国劳联和其他劳工组织的传统参与方式，它同样也是全国制造商协会、禁酒联盟、妇女选民联盟经常使用的方式。

第一次竞选公职的提名者有时候也包括那些寻求连任者，他们都被要求对集团所感兴趣的政策作出承诺，作为对他们政治记录的替代和补充。这些候选人可能接受书面的调查或个人采访，其结果通常被集团在其成员中予以公开。集团往往提出一到两个问题，如禁酒联盟所做的那样，或者提出一系列复杂且有争议的问题。例如，1946年伊利诺伊州产业组织协会（即州产联）给所有参加州议员选举的候选人发了一份调查表，其中包括了许多问题：州的工资和劳动时间法案、州劳资关系法案、州的公平就业法案、州反强制令法案、工人赔偿和失业赔偿修正案、住房立法、州宪法大会案、预选法的修改、选区重新划分、退伍军人津贴提案、公共教育、老年人和残疾儿童的资助、公务员修改法案等。当这些结果公开后，这些问题对于提名者造成了尴尬局面，尤其对那些支持者中间存在较大分歧的候选人：没有回答问题以及含糊的回答被视为敌视，具体的承诺则可能激起竞争对手的不满。

除了试图获得候选人的政策承诺以及公开在任者的政治记录外，集团也可能支持或不支持特定的候选人。它是否如此做，意义
306 并不大，因为如果成员知道集团的要求，他们通常能够根据这些要求选择候选人。在大多数情况下，避免支持某一候选人很可能意味

着人们更关注“置身政治之外”和集团的内聚力。

尽管相关的证据不多，但至少公开支持与私下支持的结果有着很大不同。集团在选民中的规模、集团的凝聚程度以及在投票时说服选民支持的能力是决定性的因素。公开支持或私下支持的结果也取决于选举活动中其他参与形式的作用。例如，1946 年产联政治行动委员会支持国会的一些候选人，但在选举日没有进行有效的投票动员，由此酿成政治上的一场“死亡之吻”。这种支持反而给了对手以力量，激发了对手的支持者，从而抵消了己方支持的效果。[①] 这种情况表明，仅有该候选人的政治记录和作出的承诺而没有其他的参与活动，基本上是缺乏政治效果的。只坚持这一做法在投票活动中其效果会大打折扣，对于接近当选者而言是远远不够的。

集团参与候选人选举的第二种类型，即向候选人进行捐助，其形式较为复杂。不仅捐助活动的形式多样，而且候选人与集团之间的关系不容易为人察觉。最明显的活动形式是集团或集团成员向候选人赠送礼物或贷款。对于部分依赖政府资助的选举制度，政治捐助不可避免。选举活动，尤其是大规模的选举，需要大量的资金投入。除非某候选人是一个“政治怪物”，即从自己口袋里掏钱用于选举，一般地，候选人均欢迎来自集团或任何其他来源的资助。

利益集团在什么时候提供、提供多少资助给候选人尚不清楚。307
关于选举开支的公开或非公开的报道，甚至是在总统选举活动中的

① 参阅 Hugh A. Bone: *American Politics and the Party System* (New York: McGraw-Hill Book Company, Inc., 1949), pp.146–149; *The New Republic*, November 8, 1946, pp.656–657。

开支，也是随意的、不完整的。[1]在政治选举活动和集团竞争活动中，调查委员会偶尔披露一些令人尴尬但较为完整的证据。这些证据的暴露使得立法机关不时地正式限制某些集团的活动。大量的调查最终在20世纪初产生了一个改革委员会，即全国选举公开委员会，其代表公正“游戏规则”的活动，部分地导致了1907年国会禁止公司和全国性银行捐助总统选举和国会选举。四分之三的州法律也规定了类似条款。1943年战时反罢工法案，即史密斯–康奈利法案（Smith-Connally Anti-Strike Act），禁止工会在选举活动中向候选人提供捐助。这一禁止在1947年《塔夫脱–哈特莱法》关于全国性选举活动中劳工组织“捐助或开支”的规定中得到了延续。1937年一个国会委员会提议禁止“所有旨在推进集团、阶级或特殊利益的组织、联合会和公司化或未公司化的企业”提供政治捐助。[2]

向总统竞选委员会提供捐助是很具有代表性的。但在名义上，大多数的捐助是以个人的名义而不是以集团的名义。[3]然而，我们知道，诸如禁酒联盟、州制造商协会、同业协会、工会等组织经常性地提供选举资金。而且，许多名义上来自个人的捐助实际上代表他们所属的集团，尤其是公司和劳工组织。有时候，捐助经过几个

---

① 关于选举开支这一问题，见 James K. Pollock: *Party Campaign Funds* (New York: Alfred A. Knopf, Inc,1926); Earl R. Sikes: *State and Federal Corrupt Practices Legislation* (Durham, N.C.: Duke University Press, 1928); Louise Overacker: *Money in Elections* (New York: The Macmillan Company, 1932)。另见 Miss Overacker 在政治科学期刊上关于此主题的文章以及她所著的 *Presidential Campaign Funds* 一书。

② *House Report No.151*, 75th Cong. 1st Sess. (1937), p.135.

③ 参阅 Overacker: *Presidential Campaign Funds*, chap.1。

人传递后才到达候选人或选举委员会手中，结果已经不知道资金最
初来自哪里。宾夕法尼亚州的约瑟夫·R. 冈迪（Joseph R. Grundy） 308
曾经从事的活动是这种复杂关系的典型例子。他不仅是共和党中某重要派别的关键人物，也是宾夕法尼亚州制造商协会的官员和毛纺织品制造商。毛纺织品在1920年代得到高关税的保护，这一事实反映了他积极参与一系列关税修改活动的原因。当冈迪作为宾夕法尼亚州共和党资金的募集人时，他既代表全国的共和党，又代表国会中的候选人，此时他作为中间人的重要角色到底代表何种利益已经不清楚了。

尽管资金的来源不明确，但研究选举资金的学者都认为，不管在哪个选区，来自选民的选举资金比例很小。普通的投票者不会捐助很多钱，也不愿意这样做。[①] 因此，尤其重要的是要了解这些捐助中候选人与捐助者之间的关系。

简单的假设是，这涉及立法或政府政策中的交易。情况往往如此，许多关于选举活动中资金使用材料的揭露也支持了这一假设。[②]1929年负责调查游说活动的卡拉维委员会（The Caraway Committee）向参议院报告了约瑟夫·R. 冈迪在1928年共和党国会选举和总统选举中募集资金的情况：

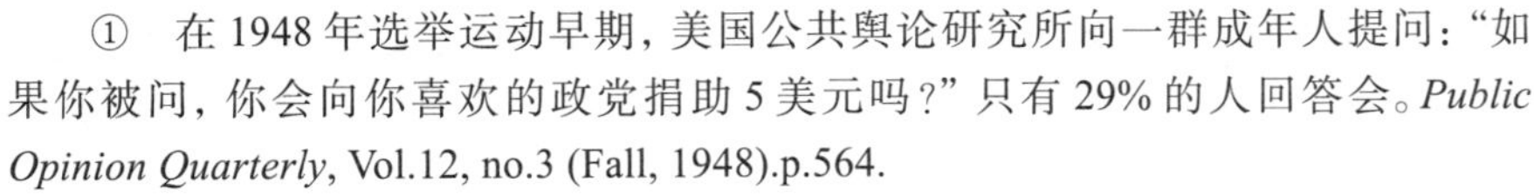

① 在1948年选举运动早期，美国公共舆论研究所向一群成年人提问："如果你被问，你会向你喜欢的政党捐助5美元吗？"只有29%的人回答会。*Public Opinion Quarterly*, Vol.12, no.3 (Fall, 1948).p.564.

② 例如，参见C. H.Wooddy: *The Chicago Primary of 1926* and *The Case of Frank L.Smith* (Chicago: University of Chicago Press, 1931)；另见U. S. Senate, Subcommittee of the Committee on the Judiciary: *Hearings on Lobby Investigation*, 71st Cong., 1st, 2d, and 3d Sess., 72d Cong., 1st Sess. (1929–1932)。

> 无须多说，在参众两院中从事的活动使他与其同事相比具有十分突出的地位，这一点在研究影响立法机关的活动中是不能忽视的，更不用说在政府部门的活动中了。[①]

309 从这个意义上讲，捐助本质上是一种贿赂。尽管是不合法的，但贿赂是一种古老的和被承认的政治技巧。有时候贿赂比其他方法更加流行，也许它在社会生活中几乎就从未退出过。[②] 它是有钱人为了保护自己而寻求特权的方式。然而，尽管我们不否认这些事实，但这种关于选举捐助的假设过于简单且不确切。

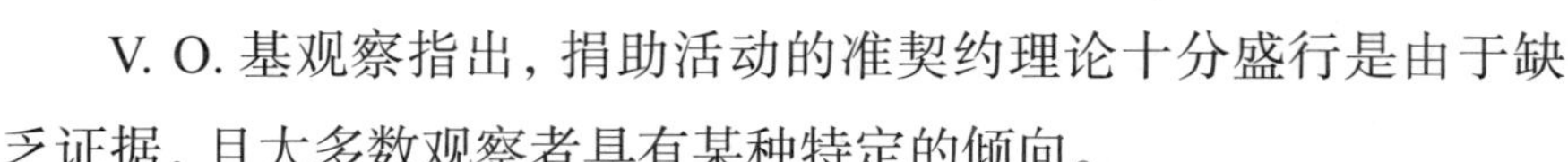

V. O. 基观察指出，捐助活动的准契约理论十分盛行是由于缺乏证据，且大多数观察者具有某种特定的倾向。

> 在这一领域中的观察大多来自学者和记者，对于他们而言，25 美元就是一笔可观的款子。但是，如果有人爽快地拿出 5000 美元帮助竞选者、大学同学、酒友和会员同伴，而自己并未因此变穷，那么这些学者和记者就会怀疑该人的动机、态度和期望。[③]

无疑，大量的捐助建立在纯粹个人考虑的基础上。即使是一些明显的期望也是建立在一定的假设之上，即认为特定的候选人由于其社

① *Senate Report No. 43*, part 3, *Congressional Record*, 71st Cong., 2d Sess., December 10, 1929, p.352.

② 参见 H. D. Lasswell: "Bribery," *Encyclopaedia of the Social Sciences*。

③ Key: *Southern Politics*, pp.470–471.

会背景和地位与捐助者很可能具有共同的态度，是一位“可靠”的人，他“将按照我们的方式行事”。

除了捐助纯粹属于个人友谊以外，其主要目的就是接近当选的官员的权力。这种接近可能仅仅意味着在立法机关和行政机关中得到代表，在政府政策中得到体现，或者意味着“通过内部途径”获得利润丰厚的合同或工作。它可能仅仅意味着获得一个辩论特定观点的机会，或者有效支持或反对行政机关或立法机关关于税收、管制和公共支出的政策。它也可能意味着接受捐助者作为受捐者的代理人或者捐助者，有希望进入竞选获胜者的圈子。

即使明显存在交易，捐助的意义并不总是明确的。公共事业、 310
保险公司、铁路和具有类似性质的企业可能会从候选人和竞选委员会那里收到近乎勒索的捐款请求。在其他情况下，要求资金的呼吁可能只不过是一个富有同情心的候选人的行为，他眼下拥有的资源不足以满足竞选的预期花费。凯塞尔曼曾报道，一个相对穷困而欲争取实施公平就业常设委员会支持的全国委员会，就曾经收到了大量募捐申请，其中之一是来自参议员查维斯，他是该委员会在参议院中的主要领导人。[①]

因为大多数经济捐助来自少数有钱人，因此，所有的利益集团在提供捐助上是不平等的。公司和其他制度化的经济集团可能是最重要的直接或间接的资金来源，代表它们的是一小群富裕家族。相对少数的联盟型的利益集团也是重要的捐助者。在一些情况下，捐助可能像支持政党和候选人一样，威胁到集团的内聚力。除了专

① Kesselman: *The Social Politics of FEPC*, p.81.

门为选举准备以外，联合会通常不会设立为了其主要功能以外的经济开支项目。

不可否认，选举活动的标准模式阻碍了资金较少的集团的政治活动。此外，大多数州和地方政府的官员薪水较低，使得一些与弱小集团共情的候选人不太可能当选。实际上，美国劳联最近据说正在考虑对该集团支持的州议员提供资助，以使他们能够正常从事立法活动。[①] 这一建议大概是模仿了英国工会最近的实践。

然而，经济上的阻碍不应当被夸大。两位候选人或许都接触过很多无法对其提供帮助的集团。而且，捐助也不是接近候选人的唯一方式，资金支持亦非捐助的唯一可行之道。在讨论间接影响提名过程时，我们谈到过支持候选人的其他方式。公开候选人的记录和
311 承诺也是具有重要价值的一种帮助，而不论它是否包含公开的支持。[②] 如果一个集团正在从事内部的宣传活动，如大多数联合会所做的那样，可能没有额外的支出用于影响投票者的偏好。即便有，也不可能广泛用于广大选民。对于这种类型的活动，只有大的集团可能将直接的捐钱作为重要方式。不管法律如何界定，这些活动事实上就是捐助。[③]

当两位候选人分别支持完全不同的政策时，那种在表面上看与争论的问题完全相关的宣传，就可能大大有助于在这些争论问题上与宣传者的立场一致的某位候选人的成功。美国的许多选举活动

---

① The *New York Times*, February 13, 1949.

② Kesselman: *The Social Politics of FEPC*, pp.200–201.

③ 在美国政府诉产业组织协会案中，最高法院或多或少模糊地认为，劳工组织的这种活动不是在《塔夫脱–哈特莱法》的约束下的“捐助或开支”。

涉及这类问题，例如 1896 年和 1928 年总统竞选，以及由于新政的来临，在州、地方以及全国性的选举活动出现的情况。在这种情况下，利益集团有着很强的向宣传活动提供捐助的愿望。这种宣传的不足之处是，它不会公开支持认同某集团政策的候选人，因为只有坚持“非党派、非政治”的面目，集团才可以避免内部的凝聚力受到威胁，才可以使在犹豫未决的投票者面前支持某一方的不利局面减少到最小程度。一些劳工组织如产联政治行动委员会就是这种类型。[①] 美国商会 1936 年进行的“支持产业就是支持你自己”的运动就是一个极好的例子。[②] 全国制造商协会的许多宣传活动和许多州和地方的商业集团也符合这种情况。1940 年，宪政委员会发起一场反对总统两届以上任期的运动。在国会委员会对此提案进行审议时，该集团明确这场运动是“非政治”的，因为他们“没有针对
任何特定的候选人”。捐助的明显目的可以从该集团一名官员的话 312
中看到：“如果我们在候选人的选举或立法机关的选举中没有任何政治结果，那我们不妨放弃。”[③]

宣传活动并不是除了金钱捐助以外的唯一方法。例如，集团提供给候选人某个较高的集团职位，或者以其他方式帮助其募集资金和赢得选票。集团将其会议变成候选人宣传自己的重要机会，不仅让他们为会议参加者了解，也为阅读报纸新闻的人了解。集团可以

① 见宣传册 “This is Your America”，另可见 Joseph Gaer: *The First Round* (New York: Duell, Sloan & Pearce, 1944), pp.17–44。

② 参阅 John W. O. Leary: “The ‘What Helps Business, Campaign,” *Public Opinion Quarterly*, Vol.2, no.3 (Fall,1938), pp.645–650。

③ U. S. House of Representatives, Committee to Investigate Campaign Expenditures: *Hearings*, 78th Cong., 2d Sess. (1944), part 7, pp.388, 406.

免费提供会议场所，提供技术专家。这些措施表明，捐钱不是唯一的举措，甚至也不是最重要的集团影响选举活动的方式。

各种各样的捐助结合在一起，形成了除了投票以外集团参与选举活动的第三种类型，即拉票。为了简化起见，这种类型被作为单独的一种，但它并不能完全与另外两种类型明显区分开来。所有这些活动的内在目的就是使候选人或政党的投票最大化。然而，不是所有的辛苦努力和时间花费都能够得到投票者的积极反应。

现有的证据表明，集团是否得到投票者的支持主要取决于集团的规模、成员在地理上的分布以及集团的内聚力。经济资助也许是很重要的，但不一定具有决定作用。就像许多地方党的委员会一样，利益集团发现，有效动员投票者的支持不一定依赖金钱。例如，即使全国制造商协会希望去从事这种活动，它也不可能去做。该协会不到 2 万的会员人数太少，分布过于分散而无法有效行动，即使集团内部具有高度的凝聚力（也许应加上一句，该集团成员在社会中扮演的角色也不允许他们从事这样的活动）。全国制造商协会更多地利用了捐钱的方式向政党委员会及类似的卫星组织提供资助。

313　过去的禁酒联盟可能是具有动员能力的联合会的原型。该联盟的成员众多，分布广泛，也较为团结（如果不是狂热的话）。由于其活动主要是围绕投票者展开的，因此它通过地方投票者委员会进行活动。它不仅模仿而且在某些情况下几乎取代了大多数有效的党组织。奥德加认为，该集团“具有其他集团很少具有的高效率”。[①]

① Odegard: *Pressure Politics*, p.94.

近年来在全国范围内进行活动以获得投票者支持的集团是劳工组织，尤其是产联的政治行动委员会，包括美国劳联的对应组织，最近的是1947年成立的劳工政治教育联盟。这些集团活动有效的时候，他们的成员众多、分布广泛且较为团结，主要以志愿者为基础形成许多地方委员会。在最近的选举活动中，它们不仅参加选举登记，而且吸引了大量选民，给投票者提供交通工具，给幼童母亲提供“临时保姆”，以及其他重要的服务。在一些地区，尤其是1944年选举中，它们比正式的政党组织为民主党拉来了更多的选票。该组织成员大约有1200万—1500万人，仅仅集中数量这么巨大的人员就是一项很重大的政治任务。重要的是，美国劳联的最大分支之一国际妇女服装工人工会，已经宣布将建立一种“政治商店服务员”制度，其主要任务是帮助工会成员进行登记和投票。①

许多集团努力动员投票者在地方和州举行选举时予以支持。美国退伍军人协会也曾从事这样的活动，尤其是在关于退伍军人的补助问题上。有时，如前文指出的，在讨论特定农业问题方面，县农业管理局就会参与类似的影响活动。V. O. 基在关于阿拉巴马州农业管理局的报告中谈到了该联合会与州农业扩展示范服务项目紧密合作，从事影响选举过程的活动。② 酒业零售商协会也是一种传统的影响选举活动的组织。在加利福尼亚州，政党组织的力量尤其弱小，记者们称之为“加利福尼亚的秘密老板”——史密斯——

① The *New York Times*, June 12, 1949.

② Key: *Southern Politics*, pp.55–56.

314 的影响力据传源自州内约 4 万零售酒业老板的支持。据说，他的活动不是向选举提供捐助，而是操纵选举过程。[①] 酒业经销商的数量和他们的凝聚力，尤其是在酒类销售许可存疑时，使该组织成为影响决策投票的理想工具。

选举结果

关于有组织的政治利益集团的作用，普遍流行的说法是，由于它们组成了高度富有纪律性的投票者集团，按照集团领导人的要求进行投票，因而他们能够促使当选官员满足他们的意愿。这种集团的重要武器据说是在选举时提出反对意见，谋求连任的候选人将被吓倒，而寻求当选的候选人则不得不作出让步。

我们暂时不讨论利益集团与在任者之间的关系，但此处我们将研究利益集团在投票过程中的影响效果。它们能够实现它们的威胁和承诺么？在什么条件下，这些威胁和承诺将发挥效应？

民主政治的一般理论假定每个投票者的行为是独立的，根据自己立场和中立原则，投票者应该不受任何影响地进行投票。任何相反的行为都被认为越轨或不正常。这一假设认为，投票者就像古典经济学家那样，是一个独立的个体。他的投票就像古典经济理论中的市场决策一样，是独立且理性的，类似于一个商人的决策不能控制价格和生产方式一样，投票者也不能控制大多数人和权力分配。

① Lester Velie: "The Secret Boss of California," *Collier's Magazine*, August 13, 1949, pp.11ff.; August 20,1949, pp.12ff.

这种过于简化的民主政治理论和古典经济学家的理论，均将市场中和选举过程中的集团归属和集团行为简单化。只有这种原子主义的个人是常规，所有的其他行为都是例外。

这里不需要回顾拉扎斯菲尔德和其他人在第二章中提出的证据，从本质上说，这种证据与原子主义的个人行为假设相反。实际
上，这种证据表明，地位类似的人以及互相交往的人，他们在对候 315
选人的偏好上具有一定的同质性。直接集团如家庭和稍弱一些的如工会在这方面的同质性更强。[①] 这些数据，如同前文所述，有效地挑战了个人主义关于投票的假设。然而，它们既没有揭示利益集团组织的效应，也没有告诉我们集团成员在多大程度上能够“让渡”选票，即能够达成一致。观察到通过非正式过程实现高度的政治同质性是一回事，而集团领导者能够控制成员们的选择又是另一回事。这些证据肯定是有意义的，但在什么时候发生、其意义又有多大？

在第六章中，我们已经看到，政治偏好的不一致性以及交叉成员身份的结果阻碍了一个集团在投票活动中偏好的一致性。因此，集团在投票活动中的有效性是集团内聚力的体现。集团凝聚程度是否充分取决于集团成员在多大程度上认同集团的要求，以及受到选举结果影响的程度。竞争性集团、政党以及特定政治家的追随者队伍中的多重成员身份并不是很重要。此外，集团内聚力也可以减

---

① 见上文第二章第 22、23 页。Helen Dinerman:“1948 Votes in the Making—A Preview,” *Public Opinion Quarterly*, Vol.12, no.4 (Winter, 1948–1949), pp.585–598. 参阅 Frederick Mosteller *et al*.: *The Pre-Election Polls of 1948* (New York: Social Science Research Council, Bulletin 60, 1949), pp.227–237。

少集团内部不投票者的人数。

一些假设性的证据也表明，集团在投票活动中的团结程度取决于其成员的看法。然而，就像许多研究数据一样，这里的证据并不充分。1948 年关于产联政治行动委员会在国会选举中的粗略分析具有一定的指导意义。①1947 年《塔夫脱–哈特莱法》是这次选举中涉及的重要问题之一。这一提案的主要目的是针对工会组织而不是直接提高工人的最低工资、缩短工时等，该法案的提出使工会选
316 票的“可让渡性”经受了考验。在 1948 年的选举中，产联政治行动委员会支持 215 名众议院的候选人，其中有 144 名最后当选。当选者中，64 人是前一届国会的议员，只有 7 人曾经反对过《塔夫脱–哈特莱法》。在当选的另外 80 人中，74 人支持内容相反的劳工法案。下面的表格收集了这些成功候选人的资料。

1948 年产联政治行动委员会支持的美国众议院中成功当选的候选人 *

总人数	被支持的候选人（赢得原属于另一党的席位）		
	前一届	前三届	1946 年赢得 55% 或 55% 以上的大党投票者
144	61**	26***	22

* 资料来源：Frederick Mosteller, *et al.*, *The Presidential Polls of 1948* (New York: Social Science Research Council, 1949), pp.233–234.

** 不包括伊利诺伊州的 15 个议席，这 15 个议席在 1948 年重新划分选区中作了调整。

*** 其中，在 1942 年后选区重新作了调整，前两届任期中纽约州占了 4 席，宾夕法尼亚州占了 2 席。

这些数据并没有考虑该集团在预选中的努力，也没有表明该集团对

① Mosteller *et al.*: *The Pre-Election Polls of 1948*, pp.231–236.

变化起到多大作用。尽管存在种种不足，这些数据尤其是从一个党到另一个党转变的数据，证明了集团的活动是相当有效的。在两次世界大战以及战后第一次选举期间竞选失败，政党所在选区发生变化，以及 1946 年大党获得 55% 以上选票但在 1948 年遭到失败的这些情况表明，1948 年的变化具有重要意义。产联政治行动委员会的活动与这些变化之间存在一定的关联。

1940 年约翰 · L. 路易斯（John L. lewis）支持威尔基成为产联政治行动委员会主席。这一事件是检验领导力量的案例，更为早期，也更富有戏剧性，它得出了不同的结论。有关证据表明，这一事件几乎完全失败。那时，产联政治行动委员会是一个相对年轻的组织，但它的几个分会包括路易斯的联合矿工工人组织是高度统一的。然而，对工会组织的忠诚和集体谈判条件下建立的纪律并没有影响政治领域。路易斯的领导地位并不牢固，主要局限于下级和普通成员认为"正确的"组织活动领域。在工会和政党之间的交叉身份以及工会与罗斯福的支持者之间的交叉身份是很明显的。而且，许多工人追随产联政治行动委员会的下级官员，这些官员中又有许多支持罗斯福。尽管有许多证据显示 1940 年产联政治行动委员会中不少人放弃投票，表明人们在忠诚方面的分歧，但路易斯在这些地区的政治影响，即使在矿工集中的地区，也不是很理想。[①] 米尔斯指出："即使最有能力的劳工领导者也无法要求工会成员支持他对政治候选人的选择。工会不是按照那种方式建立起来的；加入工

317

① Irving Bernstein: "John L. Lewis and the Voting Behavior of the C.I.O.," *Public Opinion Quarterly*, Vol.5, no.2 (Summer, 1941), pp.233–249. 参阅 H. F. Gosnell: *Grass Roots Politics* (Washington, D.C.:American Council on Public Aflairs,1942), pp.29–32。

会和成为一名好的会员的动机主要不是政治上的。”[①] 为了一个目的而结合起来并不意味着在另一件事情上同样能够团结起来。

V. O. 基也分析了国会对美国退伍军人协会要求提高津贴的敌视所产生的结果。他分别比较了 1922 年、1924 年、1928 年、1930 年、1934 年以及 1936 年选举前，那些否决总统议案的众议院议员与那些无视这些议案的议员。[②] 他的发现表明，最重要的变量是一个国会议员是否带有反对当时政党的标记，而退伍军人协会的活动效果几乎完全可以忽略不计。

尽管内聚力是集团在投票活动中具有决定性影响的因素，但特定的外部因素也不应被忽视。其中一个因素是我们国家定期的选

318 举制度，这一制度并没有考虑投票者是通过投票来反映自己偏好的特点，尤其是在非总统的选举活动中，国会议员可能面对着主要关心地方事务的选民。一个高度整合的、地理上集中的政治利益集团在这种条件下具有一定的优势，尤其当政党组织较弱时。[③] 第二个外部因素是在总统选举时可能会发挥作用的选举团制度。在这种制度下，一个州的所有投票都归属于赢得多数票的候选人，这一制度给了少数团结的投票者一个机会，使他们能够对选举结果施加非凡的影响。在大的、重要的州，这种影响可能对全国选举结果产生

---

① Mills: *The New Men of Power*, p.180.

② V.O.Key,Jr: “The Veterans and the House of Representatives: A Study of a Pressure Group and Electoral Mortality,” *Journal of Politics*, Vol.5, no.1 (February, 1943), pp.27–40.

③ 参见 W. Y. 埃利奥特（W. Y. Elliott）在国会两院联席委员会上的证词：*Hearings*, 79th Cong., 1st Sess. (1945), part 4, pp.951–973。

重要意义，这一点正是选举团制度的改革者们所强调的。[①]

利益集团活动对选举结果的影响是多变的，而且很容易扩大。获得集团在投票中施加影响的证据的困难，加剧了这种过高估计集团活动效果的倾向。实际上，关于集团在选举活动中的影响是很难下定论的。在集团接近当选官员时，利益集团面临着政治家和学者均面临的困难，集团在投票时显示出来的表面团结也许实际上并非如此，而且，在选举前和选举后可能都一样。一个对选举结果作出贡献的集团是不可能被新近当选的官员拒之门外的。在选举前，一个政治家对自己当选机会的估计，就像股市中的投资者对收益的估计，可能对未来的走势以及自己决定的后果难以正确估计。他的信息总是不够充分，这些信息越是不充分，他对能够影响选举结果的集团要求越是敏感。政治家对自己机会的不可估量性绝不是唯一的决定因素，而只是影响因素。在这种意义上，缺乏证据也为集团在选举中的 319
活动提供了依据，至于其作用究竟如何几乎可以存而不论。[②]

结　　论

利益集团在选举过程的不同阶段——提名、政策宣布以及选举——中的活动是这些集团经常使用的政治技巧。它是一种有效

① 参见 *Senate Report No.* 602 on S. J. Res. 2, 81st Cong., 1st Sess.(1949), pp.13–14。

② 基（Key）描述了集团从敷衍性的选举活动中获得的谈判优势。一位竞选参议员、来自阿拉斯加的代表支持农业保障管理机构——一个旨在保护农民利益并反对农业管理局的机构。该代表支持农业保障管理机构的行为是“能够在那些白人农民超过 50% 的州赢得选票。然而，农业管理局的官员称，他后来的失败则来自人们对他的农业保障计划的投票”。Key: *Southern Politics*, p.86, n.4.

影响政治决策的重要方法，但绝不是唯一的手段。作为一种技巧，集团在选举中的活动对于通过政府实现集团要求而言，并非必不可少。正如后文将论述的，这一方法本身不能保证集团有效接近政府。

关于集团活动的令人满意的数据很少，且很零散，但它们相当清楚地表明，集团在选举活动中的优势取决于许多变量。一些变量存在于集团内部，另一些变量来自集团外部。集团成员的内聚力在若干方面是很重要的，不同的集团其团结程度不同，关键要看是否能够唤起集团成员对集团的最大忠诚，以及成员是否将选举活动视为实现集团要求的合适途径。在外部因素中，集团在社会中的地位既影响集团参与选举过程的形式，也影响集团参与选举的有效性。联邦制对集团参与选举活动以实现特定要求的结果也产生重要影响。其他的法定制度安排——例如，法律制度所规定的提名流程以及政党运作的机制，也同样重要。

320 政党在不同时候、不同地点具有的特征大大限制了利益集团所参加的选举活动的类型。政党组织的完整性、地方主义的发生、地方党组织中利益集团特性的差异以及政党作为统治工具和选举工具的特征，都可能影响集团参与选举活动的形式和程度。在作出关于利益集团参与选举活动的一般结论之前，有必要了解关于这种活动的更多信息。

第十一章　接触立法过程：动态考察

霍尔姆斯法官在观察他的一位重要反对者时指出，“每一个观 321
点都有变成一条法律的倾向”。[①] 在对立法过程的理解上，霍尔姆斯指出了现代代议制政府的一个重要特征。尤其在美国，与司法机关和行政机关相比，立法机关是影响法律变革的主要工具。因此，立法机关历来是政治利益集团关注的焦点。尽管对立法机关的关注不是唯一的，但集团在立法过程中的重要性可以通过政治利益集团的一个代名词得以体现，即**游说**。尽管出于战术考虑，许多集团不承认自己从事游说活动，但即使对外行而言，参与立法活动也是政治利益集团的突出特征。

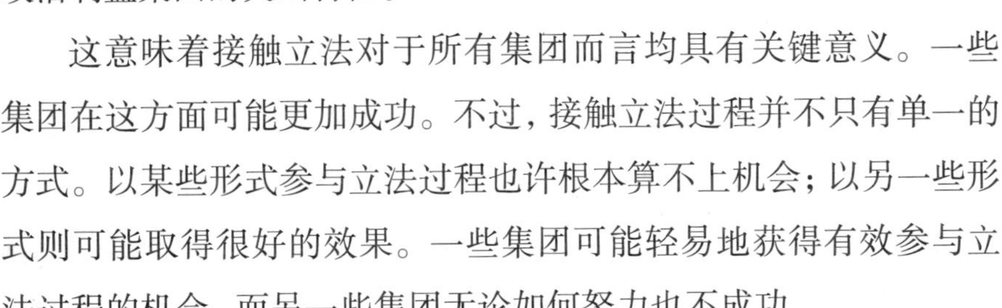

这意味着接触立法对于所有集团而言均具有关键意义。一些集团在这方面可能更加成功。不过，接触立法过程并不只有单一的方式。以某些形式参与立法过程也许根本算不上机会；以另一些形式则可能取得很好的效果。一些集团可能轻易地获得有效参与立法过程的机会，而另一些集团无论如何努力也不成功。

因此，在这里有必要探讨影响利益集团参与立法活动的因素。322
为了更好地研究集团在立法过程中的作用，这些因素可以归为两

---

① Lochner v. New York, 198 U. S. 45 (1905).

类：一种是正式的结构性因素，它们的重要性非常明显；另一种是非正式的决定因素，它们的作用更加微妙，但至少具有同等的重要性。

政府结构与不同的接触途径

美国政府的正式结构并不能揭示美国政治过程的迂回曲折。但是，正式结构确实规定了一些边界，使得政治生活在这些边界中沿着一定的方向前进。这就是正式组织的特点，如第五章指出的那样。尽管正式结构安排的结果并不一定完全按照设计者的要求，但其很少是中立的。它们有利于某些活动，而阻碍另一些活动。例如，关于取消选举团程序的建议表明，尽管没有人确切了解选举团制度被取消或修改的结果，但这一做法必然对社会的不同部分产生不同的影响。这就是正式结构的作用。[①]

参与政府活动就是由正式结构不平等分配带来的结果，即由于我们政府结构方面的特殊性所产生的结果，一些集团比其他集团有更好、更多的机会来影响重要决策。以美国参议院中州的代表为例，在许多人口稀少的州，占主导地位的农业利益集团比人口集中在城市的集团有更多参与政府活动的机会。如果没有这种结构性规定，美国就不会长期关心制糖利益集团或银矿利益集团。而且，很明显，诸如美国农业局联合会这样的利益集团，在许多农业州均

① 参阅 Pendleton Herring: “The Politics of Fiscal Policy,” *Yale Law Journal*, Vol.47, no.5 (March, 1938), pp.724–745。

有这种联合会，在许多问题上都更加容易接近政府。虽然不太明 323 显，但更重要的是，某城市集团由于利益相似而与农业局联合会结盟，从而比其他城市集团获得了更多接近政府的机会。全国制造商协会和其他同业协会，都是这种结盟的受益者。

从议会选区的划分或其他选区划分的方式中体现出来的类似优势，可以在整个政府机构中发现。可以明显看到，在众议院的许多选区，甚至在城市人口较多的州如伊利诺伊州，农业集团也占据了主导地位。州立法机关当然也就体现了类似的模式。[①]

联邦制的存在本身就表明一种不平等参与政府活动的形式。在联邦体系中地位较弱的集团可能在州政府中占据有利地位，从而可以有力地维护州与联邦的关系中现存的权力分配格局。随着时间的推移，集团的优势地位发生变化，集团可能从现存平衡格局的保护者变成批评者。例如，在世纪之交，保险公司在华盛顿十分活跃，这些公司的目的是说服联邦政府推翻对保险的管制规定，尽管存在着最高法院在内战后有关裁定的障碍。由于1944年最高法院改变了立场，保险公司又获得了新的力量，至少从《谢尔曼反托拉斯法》中获得了豁免。[②] 一种多少类似的复杂情况在1937年关于《泰丁斯-米勒法》(Tydings-Miller Act)的争论及其立法活动中得到体现。这一主要得到全国零售药商协会支持的法案，废除了《谢尔曼

① 参阅 McKean: *Pressures on the Legislature of New Jersey*, chap.2 and p.112; C.E.Merriam, S.D. Parratt, and A. Lepawsky: *The Government of the Metropolitan Region of Chicago* (Chicago: University of Chicago Press, 1933), chap.28。

② Paul v. Virginia, 8 Wallace 168 (1869). 参见 Edward B. Logan: “Lobbying,” supplement to the *Annals*,Vol.144 (July,1929), p.6. U. S. v. South-Eastern Underwriters Association, 322 U. S. 533 (1944)。

324 法》关于州际贸易中货物销售固定价格的有关条款，规定零售商在实行该条款的州可以销售。这一法案的支持者认为，这只是一种允许个别州管理自己事务的措施。然而，当该法案被通过时，全国零售药商协会建立了一个非正式的全国性委员会，旨在使制造商与零售商之间达成统一。这一政策是全国性的，但是，一旦联邦反托拉斯法案被废除，零售商影响州政府的活动将更加有效。[1]

权力分立尤其是立法机关和行政机关之间的分立，以及相应的权力制衡机制，意味着集团有效接近政府的某个机构例如国会，但并不能保证它同样在接近另一个政府机构如总统时同样有效。因为行政机关的构成和立法机关的成员不一致，即使这两个机构的人员来自同一个政党。之所以不同，不仅仅因为总统是从全国选举中产生，而不是从特定的州或议会选区中产生，尽管这一事实在政党纪律松散的政党制下有一定的意义；而是因为，在特定的州或选区，负责选举参议员或众议员的组织不一定是支持总统候选人那个组织。这种情况在全国层次上由于参议员、众议员和总统任期的不同而得到加强。与总统同时当选的参议员必须在“非选举年”重新参加选举，反过来也一样。众议员必须至少每四年换届一次。结果，正如赫林所说：“大多数国会议员仍然是独立的政治企业家。”[2] 众议员、参议员和总统都必须注意倾听被其他两种政治群体所忽视的集团的声音。

---

① 参见 U. S. Federal Trade Commission: *Report on Resale Price Mainten-ance* (Washington, D.C.: Government Printing Office, 1945), pp.62, 145–146, 149。

② Pendleton Herring: *Presidential Leadership* (New York: Farrar & Rinehart,1940), p.27.

这种情况的明显例子是，连续四位总统——哈丁、柯立芝、胡佛和富兰克林·罗斯福——都发现自己可以否决由国会通过的退伍军人补贴法案，尽管每次都有大约五分之四的众议员选择推翻否决。类似的情况如许多集团定期要求互惠贸易协定应该得到参议院批准而成为正式条约，这一要求意味着说服 33 名参议员比说服 325
政府否决一项条约要容易。

正如前文所示，参与政府决策受到政党结构和政党内聚力程度的影响，这些政党不仅作为竞选的工具，而且也是控制立法机关的工具。一个经常在行政首长选举中获胜以及在立法机关中占据多数的政党，将形成一种参与政府活动的特定模式。参与渠道主要存在于政党领导层内部，且参与模式相对稳定、井然有序。如果政党只是一些相对独立的派别的简单组合，参与政府活动的模式就大不一样了。接近政府的渠道就会多样化，立法机关内部的影响模式众多、不断变化，且会发生公开的冲突。政党纪律提供了一种管理力量，因为纪律可以稳定地控制政党影响政府决策的方式。

并不奇怪，在美国，政党尤其是全国性政党更倾向于分散的政府结构，而不是纪律严明的政府。因为议员的任期并不取决于政党组织，议员对自己选区中任何重要的事件作出反应，而不是考虑能否满足更多人的要求。不管属于多数党还是少数党，议员常常发现自己在议会投票活动中有时处于多数地位，有时则处于少数地位。在一系列的问题上，多数并不是始终由同一批人构成。多数中的成员可能来自两党，也可能来自非党派力量。

我们可以从一位来自得克萨斯州的众议员回答关于其提议取消对人造奶油征收联邦税的动机看出美国政治制度中对政府活动

的主要影响模式："如果我来自南方，对我的人民关心的市场不感兴趣，那么我就不配代表我的人民。当然，我对棉花种植主出售种子的权利感兴趣……"[①]参与政府的方式有更多的分散的渠道。在1924—1928年围绕《麦克纳利-豪根农田救济法案》的斗争中，柯立芝总统既反对该法案，也敌视该法案的主要支持集团——美国农
326 业局联合会。副总统道威斯却给予了"支持和帮助"。引用集团主席的话讲，这是"最重要的"。[②]

参与政府活动的机会属于能够强调并善于利用立法者对地方事务的关注的利益集团。许多公司和同业协会长期运用这一策略。铁路公司对受雇于州和县的律师和医生做工作，因其是那些州和全国议员的重要支持者，其他公司亦如此。美国铁路协会的前身铁路执行联合会（the Association of Railway Executives）形成了一套相当完备的方法。其官员概括了这一方法：

> 我的想法是实施一个计划，来了解谁是国会议员后面的影响人物，进一步的考虑是我们能够通过私下接触或分发文件来以一种恰当的方式影响这些人物的判断，因为国会议员依靠他们的支持，听取他们的意见。[③]

---

① U. S. House of Representatives, Committee on Agriculture: *Hearings on Repeal of the Oleomargarine Tax*, 80th Cong., 2d Sess.(1948), p.36.

② Kile: *The Farm Bureau Through Three Decades*, p.146.

③ U. S. Senate, Committee on Interstate Commerce: *Senate Report No.26*, 77th Cong., 1st Sess. (1941), part 2, pp.51–53. 参阅 Danielian: *A. T.&T: The Story of Industrial Conquest*, pp.321–325。

这样一种机制从来没有像艾奥瓦州农业局联合会那样完整地进行组织。尽管该集团没有公开支持哪位候选人，但在选举后，却在每一个选区成立了一个五人委员会，其目的就是获得最大程度的地方支持。根据凯尔总结，这些委员会的成员资格有四个条件：(1)他们“必须愿意把农业管理局的政策置于任何个人利益之上”；(2)他们必须同候选人一样来自同一个政党；(3)他们必须“独自地帮助当选的候选人”；(4)他们必须在“当地选区具有政治影响力”。[①] 全国零售药商协会也采用了相似的组织计划，来施加地方影响。联邦贸易委员会曾经将此描述为该协会推动特定立法活动的“最重要的工具”。[②] 327

这就是松散的全国性政党参与政治活动的方式。尽管一些观察者相信，松散的政党结构正在日益加强集中控制，[③] 但这种转变的证据还不充分。然而，我们可以肯定的是，从集团参与国会活动的模式的变化中可以看到政党结构的变化。

政党结构对集团影响州立法机关活动所起的作用，类似于它对集团影响国会所起的作用。不同集团影响国会的途径有许多，除了政党领导人或政党派别对普通成员施加严格的纪律外。在博斯·普拉特(Boss Platt)个人事业发展的全盛时期，影响纽约州立法机关的活动主要是通过他个人进行，但通常要付出一定的代价。[④] 1935 年佛罗里达州的州长确立其对州立法机关的临时控制时，人

---

① Kile: *The Farm Bureau Through Three Decades*, pp.381–382.

② U.S. Federal Trade Commission: *Report on Resale Price Maintenance*, pp.64–66.

③ 参阅 E. E. Schattschneider: *The Struggle for Party Government* (College Park, Md.: University of Maryland,1948), pp.28–29。

④ 参阅 Logan: “Lobbying,” p.5。

寿保险总裁协会发现，如果不说服州长，它就不可能参加立法委员会的听证会。[①] 其他州如纽约和新泽西，一贯表现出与全国层次的政党政府截然不同的模式。[②] 当政党结构相对集中，立法者遵守纪律时，政党而不是单个立法者所依靠的集团影响政府的渠道更多。

一旦获得影响政府活动的渠道，不管采用什么方式，集团将竭力维护使其处于有利地位的结构安排。一个明显的例子是围绕旨在废除第十八修正案而支持第二十一修正案的斗争。当这条限制
328 性的修正案被提出时，禁酒联盟支持州立法机关批准该法案，因为这一修正案使大多数禁酒联盟能够影响政府，并可以获得大多数州的支持。然而，1933 年废除第十八修正案的提议在国会通过时，通过的方法却在联邦宪法修正案历史上第一次被要求施加特别规定。这一新方法的使用是为了限制禁酒联盟影响政府的活动。

关于政府结构在影响利益集团参与政府活动中造成的机会分配不均在此不做详述。然而，我们还是要再讨论一种与政党制度紧密相关的类型——立法机关本身的结构，包括立法程序和委员会制度。立法的结构和程序规则绝不是获取机会的中立因素。正如谢茨施耐德在观察 1930 年《斯穆特–霍利关税法》时指出：“理解立法活动不能脱离其构成方式。”[③]

---

① U. S. Temporary National Economic Committee: *Hearings*, part 10, pp.4380 and 4758.

② 参阅 McKean: *Pressures on the Legislature of New Jersey*, chap.2; Warren Moscow: *Politics in the Empire State* (New York: Alfred A. Knopf, Inc., 1948), *passim*。

③ E. E. Schattschneider: *Politics, Pressures and the Tariff*, p.13.

当然，不管规模大小，立法大会的活动如果不进行内部的分工、没有处理内部事务的方法或者没有规定大会讨论的规则，就不可能开展活动。例如，选择大会领导者的程序直接影响了不同集团接近立法机关的方式。在国会和大多数州中按照资历指定立法委员会成员及其主席的活动，给频繁接触这些成员的某些集团一定的有利地位，而立法委员会成员可能对另一些集团的要求持反对意见。在其成员相对集中、情况复杂且要求不断变化的集团，往往不太容易接触立法委员会的主席。

谁制定立法机关活动的时间表和决定议案讨论时间，谁就对集团影响立法活动产生重要控制。当然，这种权力也是英国政府内阁领导下议院的主要方法之一。在美国州立法机关中，一个比较团结的集团的政党领袖，在立法机关和行政机关中，均可能获得类似的主导地位，而通过这种领导可以有效接近政府。在国会，以及往往在所有的州立法机关中，控制立法机关活动的时间表掌握 329
在一群属于多数党的人们手中，这群人有时也会咨询少数党的领导人。在参议院中，制定时间表的功能由议会党团领袖及其助手、立法常设委员会的主席承担。党的筹划指导委员会及其政策委员会名义上是这种机制的组成部分，但它们的作用很小。在众议院，这一功能由规则委员会、议会党团领袖、议长以及常设委员会的主席承担。党的筹划指导委员会在众议院如同在参议院中一样，作用不大。根据立法的内容以及依靠领导者的能力，决定时间表的立法者可能会采取一致行动，也可能互相不开展合作。在众议院中，立法活动时间表是妥协的结果，或者是不同力量较量后达成的结果，其中，总统如果也来自同一政党的话，也可能会扮演重要角

色。[1] 能够接近这一机制的集团对立法活动就会产生较有利的影响，尤其是当它们的目的是阻止而不是推动某个法案的通过时。

限制和不限制议会辩论时间的权力，对集团影响议会的活动产生一定的作用。在众议院，限制辩论时间是一种惯例，通常由规则委员会提出一种特定的规则。实际上，众议院所有的立法活动均受到这种规则的约束，按照特定的条件和时间限制进行辩论。委员会要么阻止一项立法、要么促进一项立法的通过，由此，成为其成员就具有关键意义。这种机会很可能在主导选民的集团中非均衡地分配，因为委员会的所有成员资历都很高。例如，在 1940 年选举的第七十七届国会中，规则委员会中的成员至少连任过四届议员，委员会成员的平均任期接近七届。大多数成员在新政以后一直连任议员，甚至他们的选区都没有变化。类似的情况同样在参议院中发生。由于在参议院中辩论不受限制，少数党利用冗长的发言阻挠
330 会议，“讨论一项法案，至死方休”，从而大大影响参议院的整体活动。有时，这种结果由一个参议员就可以达到。尽管从 1917 年参议院制定一项规则允许终止辩论，但很少被使用，参议院少数党有效的否决权事实上仍然不受挑战。

最后，关于立法活动辩论的极其复杂的技术规则对集团参与产生了重要影响。首先，规则本身并不是中立的，经常可以看到试图改变这些规则的努力。1949 年 1 月第八十一届国会成功修改了众议院的活动规则，使得委员会主席可以调集规则委员会未能提交的

---

① 参阅 Floyd M. Riddick: *The United States Congress: Organization and Procedure* (Manassas, Va.: National Capitol Publishers, Inc., 1949), chap.6。

法案。这一修改的意义可见于众议院的活动以及媒体对这一修改的报道，[①]但集团获得的优势不仅来自这种程序规则的修改。不管是在立法大厅内外，如果集团的代表能够控制议会议事程序的制定，那么它们将享有更大的优势。就像法庭上的法律程序一样，程序安排通常被用于阻碍或推动立法活动。因此，掌握其安排策略的能力可能对于有效接触立法机关是很关键的。

接下来我们将讨论立法委员会的功能。然而有必要指出，委员会在一个立法机构的地位对不同集团的参与程度产生重要影响。约 75 年前，伍德罗・威尔逊（Woodrow Wilson）出版了经典著作《国会政治》（*Congressional Government*），指出尽管国会在形式上进行立法活动，但真正的决策发生在常务委员会中。[②]由于现代立法机关面临众多且复杂的问题，以及议会本身的规模，议会不得不将最重要的决定权留给一些更小的单位。在英国，这种功能主要由
内阁承担，严格来讲，内阁是立法机关的一个委员会，议会常设委 331
员会行使其他较小的权力。在美国国会中，立法活动主要属于委员会，尤其是常设委员会。几乎无例外的是，两院均不接受没有提前经由这些委员会讨论通过的议案。拒绝接受来自委员会的法案，通常意味着该法案的失败。但议会制度最重要的特征可能是，尽管许多重要的法案在委员会提交两院后被修改，但两院通常能够听取委员会的建议。很少有在实质内容上不同于委员会的意见的

① *Congressional Record*, 81st Cong., 1st Sess., January 3, 1949, pp.10–11, A.3–4, A.6, A.7 (daily edition).

② Woodrow Wilson: *Congressional Government* (Boston: Houghton Mifflin Company, 1885), p.56 and *passim*.

法案得以通过。[①]

委员会制度对于集团接近政府活动机会的影响，不仅来自其行动的相对最终性，还来自委员会享有的相对独立地位。这些委员会很少或甚至根本不受来自任何方面的协调性影响。委员会中的多数人，或甚至主席一人，也可以构成一个小型的立法机关，尤其是在阻止一项立法议案通过时。因此，接近一个委员会的多数人或主席，就可以使集团在立法机关中处于有利地位，从实际上排除竞争者。

州立法机关中的委员会角色变化很大。在一些州，它们的地位大体上类似于国会委员会的地位，在其他州则大不相同。通常的差异是，由于州立法会议时间较短且会议次数较少，以及许多州议员是兼职立法工作，因而委员会进行长时间审议的机会通常较少。在一些州，如新泽西州，除了成为议案的墓地外，委员会几乎没有发挥多少作用，因为政党领导人的控制无所不在。在这种情况下接近委员会几乎是没有任何意义的。[②]在其他州，委员会的作用类似于
332 国会委员会。对马里兰州和宾夕法尼亚州的几次立法会议的研究显示，80% 以上的委员会报告被立法机关完全接受。[③]

这一证据表明，马里兰州和宾夕法尼亚州的议会委员会的确是“小立法机关”，接触这些委员会是很重要的。虽然在有些情况下事

---

① 参阅 Riddick: *The United States Congress*, pp.3, 153; Herring: *Group Representation Before Congress*, pp.250–251; Paul D. Hasbrouck: *Party Government in the House of Representatives* (New York: The Macmillan Company, 1927), pp.74–75。

② 参阅 McKean: *Pressures on the Legislature of New Jersey*, pp.47–49。

③ C. I. Winslow: *State Legislative Committees: A Study in Procedure* (Baltimore: The Johns Hopkins Press, 1931), pp.7, 112ff., 139.

情无疑是这样的，但这两个州在接受委员会报告的背后还有其他的规则在发挥作用。立法机关听从委员会的意见，而后者往往由主席把持，主席又同州长和其他的立法机关领导人密切合作。[①] 纽约州的类似情况还表明，州的议会委员会及其主席的行动自由比它们的议会同事少得多。立法领导人之间的非正式会议这样一种政治安排决定了主要议案的内容，而不是由单个委员会独立决定。[②] 在此情况下，通过与单个委员会成员或主席建立关系，不能确保有效地影响立法活动。结果，接近立法机关的途径就不得不相对集中，避免分散。集团的策略及各种接近渠道的相对优势，体现出不同于国会活动的特征。

因此，形式结构的各个方面是影响集团接近国家立法机关和州立法机关的重要因素。这些结构对某些集团形成了有利条件，同时也阻碍了另一些集团影响立法的活动。形式结构既反映也维持权力分配的差异格局，它从来就不是中立的。

知识的作用与多重成员身份的影响

政府结构不是制造集团接近重要立法决策优势的唯一因素。政府结构是最明显的因素，但可能不是最重要的因素。政治生活的立法者不是弹珠游戏中的钢球，从斜面上被动地从一根柱子撞向另

① Ibid, pp.118–121, 137; 参阅 Robert Luce: *Legislative Procedure* (Boston: Houghton Mifflin Company, 1922), pp.493–494。

② Joseph P. Chamberlain: *Legislative Processes, National and State* (New York: D. Appleton-Century Company, 1936), p.90.

333 一根。他是一个与其他人有着诸多关系的人。作为一名立法者，议员接受不同集团的影响来自他作为一个人所形成的诸多关系。[①] 然而，大多数关系无法从法律书籍对立法者角色的定位中发现。我们也不需要去研究这些关系背后隐藏的复杂动机，只需知道，这些关系的稳定性在理解立法者的行为时，就像理解任何人生活中的预期关系一样重要。

在影响接近立法机关机会的非正式因素中，一种重要因素是立法者–政治家对信息的需要以及集团提供信息的能力。任何政治家，不管是立法者、行政人员还是法官，不管是选举产生的还是任命的，必须根据自己所掌握的相关知识作决策。然而，在这一决策过程中，就像已故的凯恩斯勋爵所描述的股票交易投资者那样，政治家对于未来预期投资收益的知识必然是片面的，甚至是微不足道的。[②] 他们也必须依赖对各种趋势的通常判断，并根据有关事实的新的信息来进行纠正。

政治家不断需要新的信息，因为他总是受制于社会中的变革。就像大学校长一样，政治家尤其是选举产生的政治家，必须对所有问题做出判断，其范围从当地牲畜传染性疾病的发生原因到克里姆林宫的最新战略。他必须对这些问题作出决定，决定公开演说的内容，决定自己所领导的事业和人员，决定如何进行投票。

无知或忽视相关信息的后果是破坏政治家原有的关系。这种破坏可以是微小的和临时的，也可以是严重的和持久的。破坏可能

① 参见 Newcomb: *Social Psychology*, chap.10 and *passim*。

② Keynes: *The General Theory*, pp.149ff.

是“名誉”的丧失或在政党、派别中领导地位受到威胁。最后，也可能导致选举的失败，造成一种无人愿意接受的后果。为了作出选择，使自己的关系遭受的破坏最小化，立法者不断地需要相关的信息，而集团多少可以满足这种需要。 334

为了便于讨论，政治家需要的知识被分为两类：界定政策问题的技术知识、平衡不同要求的政治知识以及关于决策替代方案的后果的政治知识。任何集团都可以直接或间接地提供这些知识。

第一种知识的典型是同业协会向立法者或行政者提供的有关产业情况的专门信息。几乎任何集团都可能把这种知识当作其重要的利益砝码。实际上，那些主要关心集团政治道德因素的人们，把这些信息的提供视为“合法”的集团活动。接触立法活动不可避免地会提升提供这类信息的能力。当不存在竞争性要求时，当关于政治结果的可用知识表明立法者不会受到他所作的任何决定的影响时，技术性信息就可能左右他的决定。来自“安全”选区的政治家，面对着对于自己选民无关紧要的问题，就可以按照自己的优势判断来进行活动，就像被选民们称为“政客”那样。当官方的信息来源不足时，掌握大量技术知识就可以为集团提供接近政治家的机会，尤其当其他的影响不能发挥作用时。[①] 麦基恩指出，缺乏立法机关所需要的专门的参考图书馆，立法者的薪水不足以留住技术参谋人员，以及州政府不能提供关于即将通过的法案的信息服务，给了准备提供这些功能的新泽西州一些集团接近政府的机会。[②]

① 参阅 V. O. Key, Jr.: “The Veterans and the House of Representatives,” *Journal of Politics*, Vol.5, no.1 (February, 1943), pp.39–40。

② McKean: *Pressures on the Legislature of New Jersey*, pp.203–205.

第二种类型即政治信息，至少与第一种具有同等重要性。许多人熟悉的说法，如“隔墙有耳”和“修补篱笆”，证实了这一点。任何人都知道，立法者有时对政治了解得很少，知识总是不够。在
335 他们后面的是谁？他们的团结程度如何？如果创议者的要求被满足，选民中存在的情绪会不会被激发出来？有没有机会平息这种情绪？这些问题很少有最终的答案，但是立法者必须对此作出回答。当情势并不明朗时，立法者的行为也可能是模棱两可的。因此，他可能否决一项议案，或者将议案退回委员会；而当议案撤回时，他可能又改变立场，转而支持该议案的通过。为这种明显的摇摆立场进行辩护比为一种明确立场进行辩护更加容易。

在政治上模棱两可的情况下，通常能够给立法者提供关于支持或反对一项提案的启示的集团，至少在某种程度上赢得倾听的机会。当然，这种“信息”很少被人们当真，因为大多数集团发现，夸大它们的影响以及集团普通成员的团结程度对自己是有利的。对此，应该由立法者进行鉴别。在有些情况下，立法者对于其选民的了解使他能够立即知道如何评价选民提出的要求。在其他情况下，他必须要得到值得信任的建议者的帮助，但结果是，这些提出建议者本身也变成了利益集团的目标。评价集团提出的要求本身就是一件困难的事情，尽管政治家通常能够看穿那些虚假的要求。然而，由于虚假和夸大现象十分普遍，集团的要求如果由一位享有正直名声的代理人来提出的话，通常能够处于有利地位。很少有哪位当选的政治家不想获得可靠的政治知识。

渴望获得信息也许不是导致立法者接受特定利益集团的唯一非正式因素。立法者不是简单的计算利益的机器并按照最有利的

方式行动。当他获得公职时，他并没有与以前的关系断绝，也没有放弃自己在这之前积累起来的态度。流行的观点认为他应该这样做或那样做，但接受这种观点实际上陷入了制度论的谬误，只看到规范而忽视了关系。正如约翰·杜威(John Dewey)指出："那些在政府中的官员仍然是人类。他们保留着人类本质的普遍特征，他们有着私人利益和特殊集团的利益，如他们所属的家庭、宗派或阶级利益。"[①] 这种观点在麦迪逊的《联邦党人文集》第十篇中也可以看到：

> 任何一个人都不应该成为他自己的法官，因为他的利益肯 336
> 定会使他的判断发生偏差，而且也可能败坏他的正直。由于同样的理由，不，由于更充分的理由，人们不适宜同时既做法官又做当事人。然而，许多最重要的立法活动，以及如此多的司法判决，**难道不是不仅同个人的权利有关，又同庞大的公民集团有关？不同阶级的立法者，难道不是他们所决定的法案的倡导者和当事人？**

麦迪逊的结论是，立法者不可避免地具有利益倾向，我们也可以经常找到关于国会议员利益倾向的有关证据。1929 年，参议院负责调查关税游说活动的委员会批评"空头"协会的负责人，这些人假装具有重要的影响力，而实际上却没有。在指出这些负责人不具有技术方面的资格后，委员会进一步指出其不具备负责人资格的证

① Dewey: *The Public and Its Problems*, p.76.

据："他们与国会议员之间并没有紧密的良好关系。"[①]

因为当选的代表不可能放弃他原有的态度和关系，立法机关与不同政治利益集团的成员之间就不可避免地产生了交叉，在立法机关中拥有成员的利益集团就享有了一定的优势。其他的影响姑且不论，这种方式的价值随着集团在立法机关中的成员数量的不同，以及随着集团对这些成员的依赖不同而有所区别。例如，众所周知，律师协会由于当选为州议员和国会议员的律师众多而在影响立法活动中享有一定的优势。几乎有三分之一到一半左右的国会议员属于美国退伍军人协会，还不包括内阁成员甚至总统。尽管不是所有的政府机关均同样受到退伍军人协会的重要影响，但至少其中的许多人乐意这样做。类似地，一位研究者指出，美国商会凭借其在国会中的一些会员，从而构成了"联邦立法机关中一个非正式的选民集团"。[②]

337 当集团的要求被其在立法机关中的成员有效集中起来时，这些成员就结成了一个"议员集团"，在集团所关注的许多问题上尽可能地以一个单位行动。例如，在 1921 年到 1922 年"农业集团"发展的鼎盛时期，该集团的成员中包括了四分之一的参议员（14 名共和党人和 10 名民主党人），在众议院中的情况类似。尽管在两院中仍然处于少数地位，但在随后的四年中，该集团维持了一种权

① *Senate Report 43*, 72d Cong., 1st Sess., *Congressional Record*, December 20, 1929, p.994.

② 参阅 Gray: *The Inside Story of the Legion*, p.99; Paul Studenski: "Chambers of Commerce," *Encyclopaedia of the Social Sciences*。

力均衡。[①]

全国河流和港口大会（The National Rivers and Harbors Congress）的许多成员也属于其他集团，包括国会，在实现其要求的过程中获得了同样重要的影响力。该大会由承包商、州和地方官员、国会议员、前政府官员、陆军工程兵团的官员组成。整合该集团的忠诚在许多场合下展示了其巨大力量。当全国河流和港口大会宣布，反对胡佛委员会建议将工程部队对洪水的控制和河流与港口的管理转为由内务部管理时，实际上是宣布一个“议员集团”对这一建议的反对。1945 年来自密苏里的代表威廉·M. 惠廷顿（William M. Whittington）在参议院委员会面前反对建立密苏里河流域管理局（Missouri Valley Authority）的提议时，他不仅作为国会议员和众议院河流治理委员会（Flood Control Committee）的主席发言，而且也作为全国河流和港口大会的副主席和密西西比河流域洪水控制协会（Mississippi Valley Flood Control Association）的副主席进行发言。[②]

关于利用交叉成员身份的例子不胜枚数。属于某个活跃政治

① E. Pendleton Herring: “Farm Bloc,” *Encyclopaedia of the Social Sciences*, and *Group Representation Before Congress,* pp.122–124; Kile: *The Farm Bureau Movement*, pp.188ff. 在担任利益集团要职后再进入立法机关的情况并不少见。在成为州长和参议员之前，斯泰尔斯·布里奇斯（Styles Bridges）是新罕布什尔州农业局联合会的秘书 (Kile: *The Farm Bureau Through Three Decades*, p.386)。

② The *New York Times*, April 10, 1949. 参见 U. S. Commission on Organization of the Executive Branch of the Government: *Task Force Report on Natural Resources* (Washington, D.C.: Government Printing Ofice, 1949), esp.79–88, 98–99, 149–182; Robert de Roos and Arthur Maass: “The Lobby That Can’t Be Licked,” *Harper's Magazine* (August, 1949), pp.21–30。关于密西西比河流域洪水控制协会的听证会在如下一书中得以很好地讨论：James M. Burns: *Congress on Trial* (New York: Harper and Brothers, 1949), pp.94–97。

利益集团的立法者，比在立法机关外的任何人能够更好地观察和报告立法机关及其委员会内部的活动情况。他可以作为该集团在议
338 会中的发言人，可以试图说服委员会的重要成员，可以利用其特权减少集团花费的邮资等。当零售杂货店主和他们的联盟在 1930 年代试图确保价格维持法案的通过时，根据全国零售药商协会的手册记录，当时就充分利用了立法者中零售药店店主的作用。在艾奥瓦州，作为州议员的零售药店店主组成一个集团，选举产生支持该法案通过的代表。在华盛顿州，该法案由一群立法者提出，“其中一些人现在或曾经从事零售业，知道大幅度价格削减的意义。当围绕该法案产生争论时，这些人不需要动员就团结起来”。[①] 同样的活动发生在退伍军人组织中。美国退伍军人协会要求其在国会中的会员支持它的措施，并监督这些会员的行动策略。在 1930 年代的政府退伍军人津贴运动中，国会中对外战争退伍军人委员会（the Veterans of Foreign Wars）的重要成员是来自得克萨斯州的代表赖特·帕特曼（Wright Patman）。他领导对外战争退伍军人委员会，以确保向退伍军人及时发放津贴。[②] 当 1929—1930 年关税修改案正在进行讨论时，来自康涅狄格州的参议员宾汉姆将康涅狄格州制造商协会主席的助手吸纳为参议院的工作人员。后者不仅给宾汉姆提供建议，且陪同他参加参议院财政委员会的会议，该委员会作

① U. S. Federal Trade Commission: *Report on Resale Price Maintenance*, pp.52ff.

② 参阅 Herring: *Group Representation Before Congress*, p.222。Veterans of Foreign Wars, 35th National Encampment: *Proceedings*, House Document 45, 74th Cong., 1st Sess. (1935); U.S. Senate, Finance Committee: *Hearings on Payment of Adjusted Compensation Certificates*, 74th Cong., 1st Sess.(1935).

为关税问题的“专家”组织处理关税修改法案。[1]

必须指出的是，立法者的集团成员身份对于其接受集团的影响在于，立法者愿意帮助某集团实现其要求，但不一定涉及任何公开有利于该集团的行动，或者涉及对立法者“施加压力”，立法者也不一定是该集团的正式会员。作为议员的政治家，如我们在第二章中指出的，同其他人一样生活在一系列具有集团背景的环境中。这些环境赋予其态度、参照系、观点，使他比其他人对某些建议更容易接受。作为一名政治活动专家，他可能拥有一定的信息，使他在作 339
为一名成功的中上层阶级律师的偏好与自己选区一群工人的要求中间作出选择。但是，如果没有这些选择冲突，或者即使面对这些选择，与那些他所属的集团相比，其他集团可能更加容易接近这名立法者，因为这些集团与这名议员的态度具有类似的来源。许多立法者，如果不是全部的话，坚持认为他们的投票是出于自己的良心。他们甚至痛斥任何其他的集团迫使他们作出某种特殊决定。然而，的确，不管他们是“自由主义者”还是“保守主义者”，是来自城市还是来自乡村，他们的“良心”都是他们所生活的特定环境以及他们所属集团的创造物。

在这种情况下，集团“压力”的观念的价值是有限的。贝利在讨论 1946 年最终通过的《就业法》中身为两院联席委员会成员的国会议员的态度时，极好地指出了这一点。在解释来自德勒维尔的参议员巴克持强烈的反对立场时，贝利提到巴克与杜邦家族有着紧

① *Senate Report 43*, part 1,71st Cong., 1st Sess., *Congressional Record*, October 26, 1929, p.4922.

密的关系，包括他与T.科尔曼·杜邦的女儿的婚姻。很明显，不需要集团公开的行动来敦促巴克反对该法案，因为，贝利指出，“不是杜邦家族给巴克施加压力，而是在巴克心中杜邦家族的存在发挥了作用”。[①] 同样，利益集团也不需要在来自南部的国会议员中采取公开的行动，以促使他们投票反对公平就业实施委员会提出的法案。从这个角度来看，在大多数情况下，不需要通过劝说，南部立法者自身的态度就已经发挥了作用。

此处，我们又遇到的一个事实是，利益集团的活动往往按照声望高低来组织。一些集团享有较高的声望，因而不需要积极参与选举活动。这些较高地位的集团出于同样的原因在接触立法机关方面具有优势。一位政治家不必是美国商会的会员，就可以倾听商业领导人关于议案的辩词。立法者可能从普通的选民那里形成态度，有些态度可能涉及对那些在全国享有较高地位的集团的尊重。立
340 法过程就像其他的政治活动一样，集团受到它们在社会中的地位的影响。

在这方面，有必要谈论一下被称为“社交性游说”（“social lobby”）的现象。作为一种影响政治活动的非正式方式，游说使立法活动变得耸人听闻，经常成为报纸的头条新闻。大众对此的印象正好相反，但也没有理由去修正“赫林认为游说的作用是‘很次要的’”这一观点。[②] 不管如何，游说的作用还是不能被忽略，它能够对参与政府活动的非正式因素提供富有意义的解释。

---

① Bailey: *Congress Makes a Law*, p.192.

② Herring: *Group Representation Before Congress*, p.40.

“社交性游说”与其说是一种集团现象，不如说作为一种活动方式通过与立法者个人或家庭的交往建立社会关系，从而使其产生义务感。它利用社会交往方式来发展多种成员身份，其假设认为，在发生冲突的情况下，游说活动中的面对面关系是具有“决定性的”。[①] 当一个人对你很友好时，相比一个陌生人，你通常更难拒绝他。

如果这一推断成立的话，那么，这种效果在一位新当选、刚来到陌生社区居住的立法者身上体现得最为明显。[②] 就像一个小池塘里的大青蛙一样，立法者突然感到情况发生了变化。原来熟悉的社会关系突然中断，一下子很不适应，需要某种替代活动。这些替代活动可能就是某个“社交圈”举行晚餐会、打高尔夫球、打牌或其他由某个利益集团提供的活动。如果存在严重的政见分歧，立法者受到的惩罚就是被集团驱除，但是只要顺从，就会在不经意中避免受到这种惩罚。而促使立法者这样做的动力可能来自他的妻子或儿女，他们也需要在社区中获得满意的社交关系。这些社交关系要求立法者不应与之冲突，如果发生冲突，将会很不愉快。尤其立法者的夫人们如果“热衷社会活动”，那么被排除在“重要”的社会活动之外则是很痛苦的。人寿保险总裁协会中来自佐治亚的代表，在 341
1933 年该州立法会议中提出的一份报告揭示了这一现象。在解释他们的支出时，这些代表谈道：“这些钱被我们用于结交朋友，并使他们的妻子和孩子得到很好的照顾和对待……”[③] 最露骨的“社交性

① 参阅 Lazarsfeld *et al.*: *The People's Choice*, chap.6, esp.,pp.153–155。

② McKean 发现，“社交性游说”在新泽西州几乎不存在，因为大多数立法者不断地往返于首都与他们的寓所（*Pressures on the Legislature of New Jersey*, p.192）。

③ U. S. Temporary National Economic Committee: *Hearings*, part 10, p.4770.

游说”活动就是贿赂，正如下面的事例所示。曾经有一位新当选的众议员被任命进入某个审查电力法案的委员会，在一次宴会上经人介绍与某“报社记者”结成了朋友。他不知道这一介绍是预先安排的，对于他与记者之间以及他们的妻子之间发展的紧密关系也没有产生怀疑，他们经常共进晚餐，出去郊游，真诚的“记者”把这位议员和议员的妻子也拉入了一个新的朋友圈。“记者”和他的妻子甚至帮助该议员装修公寓。这些事情过去一段时间后，有一天，“记者”造访该国会议员的办公室，表明了其对电力法案的态度，他假定该议员会反对该法案。当该议员宣布他支持该法案时，这两对夫妇之间形成的友好关系也就随之结束了。①

形式上，这种技巧十分微妙，用一位前州议员的话来说：

> 那些高高在上的立法者会发现，即使他们自己没有被完全排斥，至少也不属于“某一圈子”，而且他们往往惊讶于大多数同事们在支持或反对某一议案时保持高度一致。如果他知道在前一晚市区的某个宾馆举行的宴会上，这些议员都参加了，虽然议案的内容并未被提及，但是在场者以一种微妙的方式达成了一致，这时候，该议员的惊讶才会消失。②

342 这一案例中的微妙之处，在于立法机构本身内部的派别结构，后文将对此予以论述。

---

① Logan: “Lobbying,” p.53.

② Henry Parkman, Jr.: “Lobbies and Pressure Groups:A Legislator’s Point of View,” *The Annals*,Vol.195 (January, 1938), p.97.

尽管“社交性游说”活动揭示了一种非正式的多重成员身份关系，但其意义不是很大。首先，成功政治家像其他领导者一样，其人际关系可能是很灵活的，不会轻易受到被驱逐出原有关系圈子的影响。其次，通常立法机关中的权力职位是由资深议员而不是新议员占有，“社交性游说”活动对他们的作用效果不大，他们不需要为了个人利益而通过“游说者”来获得好处。因此，除了少数议员和一些新议员外，“游说”活动最多也就是加强议员们已有的偏好。即使是这样，这一方式也不一定能够发挥作用。

议员们的多重成员身份的一个重要意义在于，他们与利益集团之间的关系不仅是单向关系。一般认为，政治利益集团利用议员来实现自己的目的，说服他们成为自己的代言人，按照自己的意愿投票。但我们已经知道，这一观点并不正确，主要是不充分。在上文谈到的大多数例子中，议员并未完全屈服于“压力”。他们不一定按照利益集团的要求行动，而是按照职位的要求行动，他们关于议案的观点有时恰好接近利益集团的观点。当某议员在一项涉及某些利益集团的议案中鼓动这些集团时，或者他需要这些利益集团支持某项议案时，议员与利益集团之间的关系就是互惠的。即使在某一法案从构想到颁布的过程中，主动权也可能由立法者和团体轮流掌握。

贝利的研究揭示，1946 年的《就业法》很好地体现了这种互惠关系。[1] 因为这一法案很少涉及具体的利益剥夺或放任不管，

① Bailey: *Congress Makes a Law*, chaps.3, 5, 7, and *passim*. 恰当的例子见 Burns: *Congress on Trial*, pp.19–23。

343 因而，它不是那种典型的争议很大的立法活动，该法案涉及的许多国会议员属于不同的利益集团。肯定的是，支持这一法案的动力主要来自全国农民协会。然而，这一法案背后最主要的支持力量却是参众两院的议员及其助手。这些议员吸引了许多集团的支持，并将它们组成贝利所称的“劳工解放游说活动集团”（“Lib-Lab Lobby”），其中的一些利益集团反过来又去说服国会的其他成员和政府成员，因此很难确定谁在影响谁。当然，这里就不单纯是利益集团说服议员的单向关系。同样，在反对该法案的一方，反对该法案的证据也是由国会议员提出来的，尤其是来自阿拉巴马州的议员卡特·马纳斯科，他也是众议院行政支出委员会主席，正是他动员了反对该法案的力量。

因此，议员的多重身份赋予了某些利益集团特权地位，不管议员们是正式利益集团的成员还是其支持者。这一身份并不意味着议员受到利益集团单方面的、条件反射似的“利用”，议员们同样可以作为利益集团的引领者而发挥引导性的作用。

立法机关内部的集团活动

我们已经看到，正式的政府结构和利益集团与议员之间的非正式关系使某些集团接触立法机关时具有一定的优势，这些优势对立法决议产生了特定的影响。第三个要讨论的因素是，立法机关内部本身的关系模式。这里我们更加关心的不是议员个人，而是作为整体的立法机关。这一机构不应被视为简单的议员个人的无组织、缺乏凝聚力的集合。关于立法机关的正式的、法定的结构也不能完全对它进行解释。立法机关内部有自己的集团活动，有时作为一个集团，更多情况下是作为一些小集团或派别的集合。它有自己的行动结构，可能类似、也可能完全不同于正式的议会组织。当一个人最初加入这种集团时，他进入了一个新集团。像其他集团一样，它也 344 有自己的惯例和标准、不成文的权利和义务。新进入者必须遵守这些惯例和标准，至少在某种程度上遵守，如果他要想好好待在自己职位上的话。新进入者必须放弃属于其他集团的要求，适应新的标准和规范。这种一致性由于新集团要求具有一些正式集团之外的标准而得到加强，新议员必须认同这些标准。这种适应也由于立法机关的士气或精神而进一步加强。

立法集团的士气通常很显著，即使议员们的互相信任没有产生最广泛一致的结果。正如一名杰出的研究立法活动的学者指出："总体上，立法机关展示出来的集团精神，尤其是较小的立法机关，可能是任何其他正式的、自治的组织无法匹敌的。立法活动中内在的因素似乎有助于这种良好士气的产生。"[①] 产生立法机关士气的因素根植于议员们的人际关系中，根植于他们在竞选或任职中共同的经历。不同观点或不同政党的政治家可能理解和尊重其同事的成功与失败，就像军队的老战友或大学运动队的老校友一样，他们说着一种外人无法理解的语言。他们类似的经历把他们与其他人区别开来。这些一致性有助于立法集团产生统一的影响力。"在烟雾

① Garland C. Routt: "Interpersonal Relationships and the Legislative Process," *Annals*, Vol.195 (January, 1938), p.130. 这篇特别的文章报道了伊利诺伊州的情况。参阅 Harold F. Gosnell: *Democracy: The Threshold of Freedom* (New York: The Ronald Press, 1948), p.233; Luce: *Legislative Assemblies*, chaps.14, 8, 24, and *passim*。

缭绕的休息室或酒吧，议员与他的同事坐在一起，他们知道在那里该干什么，这就是产生一致性的条件。”[①] 议员和他的同事之间的关系很大程度上缓和了他们在立法活动中的冲突，有助于互相适应，否则立法活动难以进行。而且，如何处理立法活动中的关系，在议
345 会中领导者与追随者的关系模式中得到体现。立法活动的技能，往往在积累了大量的立法实践后才能获得，立法活动也吸引了追随者。在投票时，缺乏经验或事务繁忙的议员往往在有经验的议员指导下进行投票，他们的选票不能从简单的政党归属或投票交易的角度来解释。

立法机关中的人际关系模式非常接近于议会党团领导者、政党干事和委员会主席的形式结构。不管这种人际关系是否发挥作用，在经过激烈竞争后才进入国会的新议员发现，如果不与同事们处理好关系，自己几乎不可能有所作为。立法机关的领导者，不管是正式的还是非正式的，在互相承诺义务的前提下可能会帮助新议员实现其计划。承诺一定的义务，涉及必须接受这样的观念，即新议员所提出的一些要求，如果不经修改的话，将无法代表该议员所在集团的要求。新议员提出要求必然会影响到其他议员以及立法机关整体，他就会多少意识到不应该“打扰别人”。由于未能洞悉立法机关内部的活动方式，新议员与其同事“玩游戏”，必然会遭到失败，尤其是像美国众议院，必然会阻碍新议员感兴趣的议案通过，并挫败其积极性。[②] 因此，立法机关的这种集团活动模式肯定会妨碍一些利益集团

① Gosnell: *Democracy*, p.234.

② 参阅 Riddick: *The United States Congress*, pp.89, 102; Routt: “Interpersonal Relationships and the Legislative Process,” p.131。

实现其要求，立法机关的发言人必然会通过自己的力量来协调这些要求。即使是富有经验的资深领导者也极少轻视他的同事。

如果政治利益集团的发言人是议员，且是“有一定议会经验的议员”，那么，该利益集团在接近立法机关时就享有了一定的优势，尤其当该成员还是议会的领导者之一时。如果利益集团与议会的唯一联系只有新议员，那么该集团就可能处于不利地位。某种意义上，议员属于某个利益集团甚至处于某个权力位置上，但这仍然不够，他还必须同时“真正属于”立法机关。

尽管立法机关内部的关系模式影响了利益集团参与立法活动 346
的结果，但我们还是不能认为这些关系产生了一种统一的、等级化的结构。就像其他集团的活动一样，立法机关的活动是一种各个派别之间的松散联合。某一时候达成的一项协议，同样这一批人在另一个时候则无法达成另一项协议。立法机关的集团活动很少具有类似政党政府的整合性，伍德罗·威尔逊在谈到1911年议会叛乱前规则委员会的权力和众议院议长的权力时指出：“规则委员会只统一了众议院……没有在政策上统一两院……议长部分类似于政党领导者。”[①] 在美国，政党政府是立法机关集团活动的一种形式，但它不是唯一的或最重要的形式。

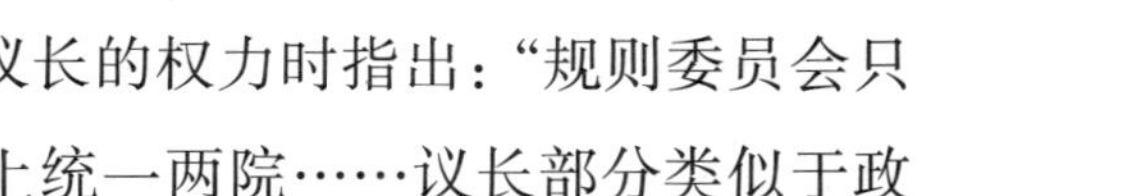

公职的影响

前述讨论的内容主要解释了利益集团接近立法机关的活动，但

① Wilson: *Congressional Government*, preface to the 15th edition, p. ix.

这些论述远未充分。政府的形式结构、议员具有不同的利益集团“身份”，以及我们所称的立法机关的集团活动，并没有完全揭示整个政府过程。此外，拥有公职本身对于利益集团接近立法机关也具有重要影响。因此，有必要对此予以专门讨论。

在第二章中，我们谈到了个人在社会中占据的位置，以及从其经验中形成的行为规范意识，这些观念解释并指导个人在社会中的行为。为了仔细研究这些社会地位，我们可以将整个社会想象成人们社会地位的系统，每个人均占据一定的位置。每一个位置均具有一定的规范，规定了该位置的占据者与其他人之间如何交往，规定如何交往的方式被称为角色。因此，一名在社会中居于母亲地位的妇女扮演着特定的角色，即她按照被指定的方式来对待她的孩子、

347 她的丈夫、孩子的祖父母、孩子的老师、孩子的朋友以及其他人。[①]

公职包括议员的职位，也是一种位置。不强调这一点，它的意义也许就会被忽略。当一个人进入立法机关，他就承担了一种社会所赋予的新角色。该议员的事业成功很大程度上取决于他如何扮演议员这一角色。

从幼年开始，一个人就逐步了解政府官员的部分角色，因为任何一个年轻人都模糊地知道政府官员“意味着”什么。当他成年以后，他对议员行为的了解已经清楚。如果他想成为一名议员，他就会尝试在自己的岗位上从事一些类似于议员的活动。在参加选举活动中，他知道了议员应具备的条件。直到他自己成为议员后，才

① 关于这一点的全面讨论见Newcomb: *Social Psychology*, chap.8 and *passim*。这一部分的内容主要源于此。

会去了解其他的条件。

规定一个角色的规范并没有限定该角色占据者的所有行为。这些规范允许某些行为，禁止另一些行为。其他的行为规范则是职位占据者自主决定的，即这些规范在合适的情况下是被允许的，但不是必要的。必须记住的是，这些被要求和被禁止的行为是由社会决定的规范，人们也可以称之为对特定位置的标准期望。当然，这些行为中的一些是在法律中明确规定的，例如禁止腐败的行为以及宪法规定的请愿权利。

这些正式的、法律的规定表明，行为规范并不是中立的，不管是否体现在法规或宪法中，这些都是人们深切感受到的行为，即这些规范与特定的价值联系在一起。一旦这些价值被侵犯，就会引起一定程度的干扰，并遭到不同形式的惩罚——控告、监禁、处决、嘲讽、选举失败、侮辱、私刑等。

并不是所有的行为规范都是明确的。立法者并不总是知道在特定情况下“如何行动”，因为在他的选区，除非在所有方面这些
选民具有高度的同质性，否则不同的集团对其行为的理解都是不同 348
的。对一部分人重要的事，对于另一部分人则并不重要。对一个人而言属于贿赂，对另一个人而言则属于怜悯。一些人可以在“正当得利和不正当的受贿”之间作出区分，而另一些人则不会区别。一些人具有较强的组织能力，能够很长时间内“固定”自己的行为，而另一些人则不会。如果一名议员想从一个小选区上升到更大的、更复杂的选区——从州议员到州长，或者从众议员到参议员，他所做的某些事情在现在选区的选民看来是正确的，而在大选区的选民看来则可能属于很狭隘的地方主义。这里我们可以看到在前文所

谈到的知识形式和知识来源的重要性了。

但是，许多限定议员角色的规范相对明确，我们对这些规范很感兴趣，这些规范包括我们在第六章中谈到的“游戏规则”。一般地，议员通常被认为在对待少数人的不同要求方面不会偏私，他至少表面上显得关心选民的要求，但有时又被期望超越其选民的要求。他必须有步骤地解决政治问题，必须在一场公正的审判、诉讼、演讲、媒体或集会中维护政治自由和公民自由。这些要求不仅限定了他的角色，也代表了社会主导性的价值，没有这些价值，政治体系就不会存在。正如克拉克林指出的：“一套信仰体系，无疑是任何社会存在下去所必需的……”[①]

当然，很明显的是，“游戏规则”不可能始终不变，这些规则也不是普遍适用的，或者在任何时候对社会所有成员均有效。但也不是意味着它们就没有效力。实际上，那些谴责“政府”的失误和偏差的人们的抗议，也证实了这些“规则”的作用。一个小集团在为这些价值辩护时，如果其影响力超出了该集团的规模，也具有同样的作用。这些规范、价值、期望、“游戏规则”——随便怎么称呼——界定了政府机构以及其他的社会制度。对立法者而言，这些
349 规范规定了合适行为的边界，在边界以内，立法者可以自主活动。在解释其观察到的“总体上，立法机关比立法者作为独立主体活动时更加平等”这一现象时，缪尔达尔将我们称之为民主的规范与制度联系了起来：“在这些制度中，他们对比平时指导他们行为的思想投入了更多的关注。在这些制度中，他们建构了一个理想世界的

① Kluckhohn: *Mirror for Man*, p.248.

逻辑。这些理想因此得到了社会中的权力和影响的推动。”[①] 当一个人获得了广泛认可的地位，如议员或其他公职，这些规范就通常集中在这些职位的宣誓仪式或就职仪式上，这些仪式围绕着个人以及他进入新角色所应享有的权利和义务。这些规范得到大量的情势和情境的重申和加强，包括此人一直参加立法集团的情况。隆重的致辞仪式、公开典礼、议会仪式以及庄严肃穆的公共建筑均具有这种功能，不仅巩固了被统治者的忠诚，也强化了统治者的角色。[②]

因此，对拥有公职者的期望标准、对议员的角色期望，在相当程度上影响了政治利益集团参与政治决策的作用，但这并不意味着议员在所有的决策中均会受到他所扮演角色的影响。实际上，我们完全有理由认为，在日常的决策活动中，一些公认的规范很少被考虑到。这些决策完全是议员个人自主决定的结果，而且自主决定的范围相当宽泛。然而，允许或禁止角色行动的规范的存在，意味着按照或不按照这些规范行动的利益集团，在影响立法活动时将分别处于有利或不利地位。例如，偶尔忽视个人的权利对议员的职位几乎没有什么影响。但是，相当程度以及经常的忽视就可能遭到滥用规则的指责，将使议员处于不利状况。在大多数情况下，成功的议
员很了解利益集团的要求，知道哪些行为是被禁止的，因而不会接 350
受这些行为。正是在这些限制范围内，不同政治利益集团的要求展开着竞争。

① Myrdal: *An American Dilemma*, p.80.

② 参见 Charles E. Merriam: *The Making of Citizens* (Chicago: University of Chicago Press, 1931)。

结 论

特定利益集团在某一时候影响立法机关的程度受到许多因素的综合作用。这些因素包括正式的政府结构、作为立法工具的政党的特性，以及非正式利益集团的信息提供、议员的集团归属、立法集团的正式和非正式结构、社会对立法机关成员行为的标准期望等。根据不同的情况下这些因素的相对重要性，一些利益集团在影响立法机关的活动时相对有效，而另一些利益集团则较为困难。随着条件发生变化，有些影响因素增强，而另一些因素变弱，不同利益集团在立法过程中实现其要求的可能性也发生着变化。

利益集团影响立法机关活动时受到多种因素的作用，最重要的一点是立法机关并不仅仅是政治利益集团实现其要求的坚实跳板或被动反映。作为政府组成部分的立法机关，虽然不是全部，但还是受到社会关于政府如何活动的普遍期望、理解和价值的影响。这些期望有时范围较宽，有时则较窄，有时明显，有时则相对模糊。尽管议员的角色部分是由选民们对其期望以及他所认同的利益集团的规范所限定的，但同样也是由更广泛的社会规范所规定的。部分由于作为立法者的特殊经历使议员知道其行为的限制，部分也因为他作为社会一员了解这些规范，他不可能简单和完全地按照利益集团的要求活动。

在本章中，不能得出结论认为，存在着针对立法机关的普遍期
351 望，就可以全部解释不同利益集团影响立法活动的所有情况。发现
社会期望被忽略的例子很容易。官员的行为规范也必然地影响立

法活动，影响公认的价值观念。同时，这些价值在某种程度上也影响所有的立法行为的运作价值，限定了利益集团向立法机关提出要求的方式及其内容。在一个稳定的政治体系中，不同利益集团提出的各种要求，除非在这些规范中被审视，否则是毫无意义的。[①]

关于利益集团受多种因素的作用影响立法机关活动的第二点启示是，以不同形式如贿赂或强制活动出现的“压力”，在立法活动中几乎不是利益集团的显著特征。当然，这种强制手段经常被使用，而且往往会产生明显的效果。然而，利益集团向议员施加的“压力”，在最好的情况下也只是一种技巧，是立法机关中存在的许多关系中的一种。正如我们前文指出的，认为利益集团与立法者之间只存在单向的、强制性的关系并不能充分解释议员们的活动。如后文将揭示的，政府机构在立法活动中并不是被动的，不可简单地理解。

① 这是本特利的核心观点之一（参见 *The Process of Government*, pp.361 and 372），尽管这一观点经常被忽略。例如，MacIver 声称，“对于本特利而言……一项法案总是压力集团之间斗争的结果，而不是取决于对立的国家福利观念中的一种”。（*The Web of Government*, p.220）这似乎是对本特利立场的不准确且不公正的表述。

第十二章　立法过程中利益集团的影响技巧

352　尽管影响立法活动是利益集团活动的基本目标，但在某种意义上，这只是最低目标。一旦成功，利益集团就可以运用策略，运用已有的关系和立法机关的活动程序来实现本集团的要求。但是，必须有效接触立法机关，因此利益集团获得成功的一个重要因素就是利益集团及其在立法机关中的“成员”能够利用他们的地位，这就是一种技巧。

利益集团在影响立法活动时不存在一种简单的模式，也没有统一的流程可以仿照。影响立法活动程度不同，也就意味着影响立法机关活动的策略是各种各样的，因为没有两个利益集团的地位是一样的，任何一个利益集团均因为存在着另一个利益集团，其所能利用的资源就会受到影响，在某一时刻使用的方法可能在另一时刻就不再适用。而且，全国、州、地方的立法机关，其正式和非正式的立法活动特点有着较大差异，并不断发生变化。因此，提出一种利益集团如何进行影响立法活动的普适操作，也许是很鼓舞人的，但是，立法过程的复杂性使之不可能。我们将研究不同的立法程序，主要是国会中的程序，去发现这些程序对不同利益集团活动的意义。

防御性优势和公众的规模

最普遍的看法认为，利益集团在立法活动中的目的，无非是促 353
进某些事务，诸如得到资助、增加政府服务的拨款、保护性的许可证颁发。在许多情况下，这一看法是正确的。谢茨施耐德对1929年和1930年关税立法活动的研究得出的结论认为，实际上利益集团最积极推动的是关税保护政策，要求直接提高关税。[①]有时，高关税要求是利益集团向国会提出的唯一要求。

然而，利益集团的推进活动，不应使我们忽略这样一个事实，即利益集团活动的很大一部分仅仅是防御性或阻止性的。不管通过政府活动是为了重新分配税负、改变市场活动、限制自然资源的使用、促使公共教育平等化还是达到其他种种目标，很明显极大一部分活动是为了改变组织现状。只要有哪个集团主张改变现状，就肯定会有相应的集团极力维持现状，这种现象本身并不令人奇怪，其意义主要在于这些防御性集团在立法过程中往往享有特殊的机会。

防御性优势主要来自两个方面。首先，在社会中既有关系的力量；其次，现有立法程序提供的搁置或阻碍法案的机会。先来看第一个方面，很明显，政府政策的任何一种变化必然涉及现存社会中关系的变化，变化的轻微或剧烈取决于所涉及的政策内容。在劳动争议中限制强制令使用的决策改变了劳资双方的力量和互相关系。

① Schattschneider: *Politics, Pressure and the Tariff,* pp.106ff.

一项旨在改变税收结构的提案将改变收入分配的模式并由此导致纳税人行为的变化。一项调整自然资源私人利用的计划，实际上将
354 修正拥有这些资源的财产结构；一项在拥挤不堪的贫民区建造公园的计划，将改变房东、贫民区居住者以及计划实施后附近社区居住者的行为及其互动。一项旨在使政府监管下的赌博活动合法化的提案将威胁那些从事非法赌博者、“与赌博业合作”的政府管理人员、其他商业娱乐业主，以及不同的教会集团之间的原有关系。

不管是来自政府行动还是其他因素的外部干扰，既有的关系对此进行了不同程度的抵制。特别是在制度化集团内部，如我们在第二章提到的，既有的关系模式可能抵制各种干扰。这不仅是因为许多个人已经习惯了既有的行为模式，也因为这些模式中包含的角色得到社会的高度评价。商业公司在美国就享有这样的地位，因而在正常情况下具有防御性的优势。相反，工会就没能够享有这种地位。

防御性集团的第二个优势来自美国立法结构和程序的某些特点。美国立法的两院体制以及宪法确定的权力分立，更多地起到了阻止和制衡作用，而不是促进作用。对绝对多数的要求和对辩论时间的不限制，以及国会议事规则的许多技术细节，都具有类似的效果。最后，领导权的分散性，以及各个委员会及其主席的权力和独立性，不仅提供了接受外部影响的诸多途径，而且如第十一章揭示的，同样提供了大量阻止和搁置议案的机会，这巩固了防御性集团的地位。反映这些机会的一个例子是 1935 年佐治亚州保险商协会立法委员会给人寿保险总裁协会的一封信，这封信保证“我们将消除任何有害的事情，如果不能阻止这些事情发生，那只是因为我们

所采取的方式无效，或采取的方法不正确”。该信进一步提出了一些方法。

> 我们几年来的做法是：
>
> 1. 努力说服提案者，要么在提出议案前，要么在提出后送 355
> 交议会委员会时，使其撤回议案。这种做法的效果要比预计得好。
>
> 2. 我们尝试事先在议会委员会中结交一些朋友，并在适当时候和合适环境中举行会谈。这往往效果不错。
>
> 3. 如果我们不能推翻法案，就努力提出一项新法案，希望事情有所转机。在这次议会会议上发生了作用，我们就要求我们中的某个人……站起来说他根本不相信人寿保险的缴税条件，要求提出一项相反的法案。

> 4. 如果一项法案在一个院通过后而被另一个院讨论时，我们就重复上述策略。
>
> 5. 尤其是在这次会议上，我们非常有信心，因为州长的讲话表明他将否决任何增税计划。[①]

特定利益集团享有的防御性优势并不是固定不变的。谈论一个利益集团由于防御性地位而享有优势，就是在谈论该集团在政治生活中的策略或战略资源。既定社会关系的力量以及立法结构和程序的特点，正如我们所看到的，就属于这样一种背景因素。另

① U.S. Temporary National Economic Committee: *Hearings*, part 10, p.4767.

外一种可以补充或限制这两个因素的影响变量，就是了解关注重要问题的公众的规模和喜好。换言之，防御性利益集团是否能够利用既定的关系和阻碍程序将取决于反对力量的规模和反对强度。公众的反对程度将随着问题性质、公众受到干扰或干扰威胁的强度而变化。

一个明显但人们不太愿意承认的事实是，个人和集团在政府事务中不是平等地、持续地活跃参与，更不用说个人在所属的利益集团中的活动，参与的程度也是不一样的、不平衡的。将某种“利益”归属于某个人或集团通常不能成为预测政治活动的基础。[①] 在解释
356 立法活动或其他政府活动时不承认这一事实，那么这种解释将是不充分的。整个国家到处在召开有着极高出席率的市镇会议，这是一种对公民权的神化。我们可以简单地接受这一事实。当然，由于“每个人都应该对政府感兴趣”的观念，有助于提高那些其要求和抗议被忽视的个人或集团增强其政治基础，这一事实还是有相当意义的。

提议者在抗议那些试图将普遍参与的神话变成一个“我们今晚将挑选谁?”的事实时，问道：“在一个健康国家中的健康公民不可能不了解其政府，就像一个健康人不可能不知道自己的身体状况一样?”[②] 不必从文字上来深究其意，我们可以较为容易地得到关于这一问题的重要启示。可以想象，不可能通过政府的活动来同时、公

① 关于这一点的证据，见 Schattschneider: *Politics, Pressures and the Tariff*, chap.3。

② Joseph Wood Krutch: “Whom Do We Picket Tonight?”, *Harper's Magazine*, March, 1950, p.67.

开地对所有的公民之间的关系作出调整，否则政治体系经受不住这种巨大的张力。谢茨施耐德观察关税立法过程中不同集团的活动时指出："如果所有与立法有关的集团均对国会施加影响，法案的每一点都发生巨大争议，产生的混乱就会十分可怕，整个立法活动也就不可想象。确实，我们的政治生活需要隔离在无端的争论之外。"①

在任何立法会议期间，尤其是国会会议期间，可能有两到三个甚至六个议案经受长时间的辩论，并在大众传媒上被连篇累牍地报道，而公众是媒体的最大受众。对于其他国会的数百项会议活动，以及许多法案的具体条款，公众的关注程度则很小。的确，许多立法活动只直接影响一小部分人口。但是，大多数法案在制定后，比在立法期间直接影响到更多的公民。例如，国会对政府保证住房贷款条件的规定、反托拉斯法案条款中免除对铁路票价的限制以及建立从古巴进口糖的配额制，可能只有少数人知道，但受到这些法案 357
影响的人要多得多。许多法案由于其技术复杂性，不为大部分公众所了解，但在其他情况下，包括集团活动，甚至是最复杂的立法活动，也能够吸引大量公众关注。同样的影响因素也可能引起不了公众关注。防御性集团能否利用其地位优势，部分取决于当时关心该问题的公众的规模。

组织良好、团结且领导有方的集团不可能脱离公众，即使是技术性最强的立法问题也不例外。尤其是集团内部的少数积极分子所具备的这种意识，是政治利益集团有效组织和持续存在的结果之

① E. E. Schattschneider: *Politics, Pressurs and the Tariff*, pp.122–123.

一。受到管制法规约束的集团，如同业协会和公司，一般一直会详细了解影响它们的政策建议，这些集团包括公共交通、电力、保险等类似行业的公司和协会。

确保被公众接纳是组织试图获得的一种回报，也是集团组织比潜在的集团具有的一种优势。这不仅能够实质性地影响立法活动，也能够纯粹地影响立法活动的程序。它能够为立法的一些小的活动，例如为取消无记名投票的匿名性创造一批受众。1921 年，美国农业局联合会是要求立法准许在阿拉巴马州姆斯尔沙斯的政府工厂生产廉价化肥的集团之一。这一提案在众议院提案过程中就被否决，而不是在投票时被否决，因此就不可能分辨出国会中谁支持该法案、谁反对该法案。然而，在众议院投票日以后，该联盟的官员给每一位议员致函，传达了化肥生产商的威胁性要求，谈到了该联盟在姆斯尔沙斯立法机关中的利益。在信的最后一段写道：“我们为昨天的投票感到很遗憾。从对国会代表和我们成员的公正角度出发，您应该注意到我们的国会代表——宾夕法尼亚大街 1411

358 号的格雷·西弗尔先生，不管您是赞成还是反对这一提案。”[①] 利益集团活动的有效性主要体现在公众关注法案的程度，以及该集团“清晰表达立法活动细节”的能力上。[②]

一个集团的领导活动，无论是否处于劣势，总是试图在一定尺度上控制公众的规模，以使公众尽可能有利于自己。当然，最明显的控制手段就是宣传，其目的不仅是为了动员公众，也是为了在集

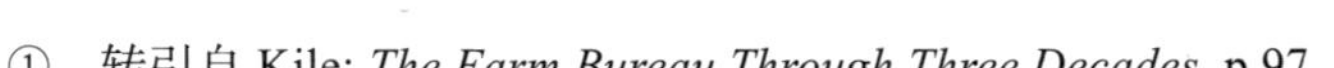

① 转引自 Kile: *The Farm Bureau Through Three Decades*, p.97。

② Bailey: *Congress Makes a Law*, p.182.

团外部扩大公众的支持，第八章已经对此做过详细论述。然而，此处还需要指出几个事实。只要存在着争取公众的任何可能性，利益集团就会认同一些更为宽泛的目标，尽管正在讨论的立法法案不可能马上带来益处。当然，一些提案的通过或否决需要足够的人数，从而需要公众的规模相当庞大。当出现这种情况时，以“公共利益”的名义发言的能力就变得十分重要。例如，代表美国海上商人的利益集团，在寻求政府资助时通常试图将它们的活动纳入国防计划的一部分。[①]1946 年在辩论是否继续维持战时价格管制的议案时，辩论双方均坚持它们是从“公共利益”出发。[②] 如果一方发现无法以“国家利益”的名义辩论，反对派则可以通过宣传争取更多的公众。这一方法均可以被防御性集团和进攻性集团使用，但防御性集团使用时更加得心应手，尤其当它们以一个庞大却较弱的潜在利益集团的名义发言时。

防御性利益集团争取公众的一个例子是，1947 年和 1948 年畜 359
牧业集团通过美国国家畜牧业协会和全国毛纺织业协会，要求在使用公共土地时获得特权的活动。问题源于美国林业局的一项管理政策，对这一政策的攻击要求削弱联邦对于公共土地的控制，减少政府在西部的土地持有。这两个畜牧业协会及其在州的附属集团有很好的渠道接触国会。众议院公共土地使用委员会中的一些重

① Paul M. Zeis: *American Shipping Policy* (Princeton, N.J.: Princeton University Press, 1938), p.207 and *passim*. 参阅 Pendleton Herring: “The Politics of Fiscal Policy,” *Yale Law Journal*, Vol.47, no.5 (March, 1938), p.725。

② 参见 U.S. Senate, Committee on Banking and Currency: *Hearings on Extension of the Price Control and Stabilization Acts*, 79th Cong.,2d Sess. (1946)。

要人士将主持该问题的听证会，他们不仅代表那些政府拥有大量土地的州，而且自己本身也是畜牧业主。此外，在一些听证会上，来自怀俄明州的参议员罗伯逊，他本人就是一位畜牧业主，明显地站在众议院土地使用委员会一边。在林业局一方，包括艾萨克·沃尔顿联盟（Izaak Walton League）、杜德农场主协会（Dude Ranchers' Association）、矿业公司以及其他一些关注水资源的集团。后者力量强大到明显可以击败畜牧业集团，尤其是一些地方的畜牧业集团也公开反对改变政策。然而，从一开始，几家全国性杂志简单报道了两个畜牧业集团的计划，但随后，杂志和报纸均补充了关于众议院公共土地使用委员会举行的听证会报道。这一报道通过批评对方违反“游戏规则”，吸引了公众的关注，并加强了防御性集团的地位。首先，畜牧业集团的要求实际上纵容了一个有限的集团，而排除了大量更能够代表公众的集团；其次，众议院公共土地使用委员会和畜牧业集团使用的方法被认为是偏私、狭隘和不公平的。这些努力争取了公众，形成了交叉的成员身份，加强了人们对政府官员角色的广泛的特定期望。[①]

另一个吸引公众的例子是进攻性集团的例子，是扩大公众支持
360 胡佛政府行政机构委员会提出建议的情况。在过去，由于技术原

① Bernard DeVoto: “The West Against Itself,” *Harper's Magazine* (January, 1947), pp.1–13, “Sacred Cows and Public Lands” and “The Easy Chair,” *Harper's Magazine* (July, 1948), pp.44–45, 108–112; Lester Velie: “They Kicked Us Off Our Land,” *Collier's Magazine*, July 26, August 9, 1947, pp.20–21, 72–73. U.S. House of Representatives, Subcommittee of the Committee on Public Lands: *Hearings on H. Res. 93*, 80th Cong., 1st Sess. (1947).

因，公众中关心这些建议的人很少，而且，许多利益集团反对它们与政府部门之间的关系发生任何变化。为了确保建议能够成功，一个新的集团成立了，即胡佛报告公民委员会（Citizens Committee for the Hoover Report），该委员会努力争取公众，以提供更多的支持。尽管该公民委员会不可能击败一些老牌集团，例如全国河流和港口大会，但是它持久的宣传活动吸引了大量公众，增加了委员会提议的支持率，这是在早期的政府重组计划中所未见的。[①]

前述的例子表明，通过限制方法来控制公众的规模也是集团使用的方法之一。避免公开和审查大众传媒是达到这一目的的一种技术。1930 年，在促使州制定零售价格维持法案的活动中，全国零售药店州委员会避免在媒体上露面，以免被指责为支持“价格冻结”，其宣传活动只是针对那些同情这一法案计划的人们。到 1937 年，15 个州中没有一个州通过这一法案，主要由于反对这一法案的阻力太大。至少有一个州以取消广告为理由审查敌视的报纸文章。[②] 糖业生产商和加工商在确保保护性立法方面取得成功的主要原因之一是，他们争取了一群数量有限的公众，并在很大程度上有效地避免了公众规模大幅扩大。一位分析者指出，这些集团一直坚持认为，“种植几百亩甜菜，有一到两个工厂进行加工，就事实而 361
论，可以使任何一个州成为‘糖业州’，自然而然地在国会中出现糖

① 美国民意研究中心在 1950 年 3 月宣布，在全国范围内的采样显示，39% 的人听说或读过胡佛委员会的报告，31% 的人明确表示理解委员会的目的。如果从表面上看，这一比例很高。(*Public Opinion Quarterly*, Vol.14, no.2 [Summer, 1950], pp.376–377.)

② U. S. Federal Trade Commission: *Report on Resale Price Maintenance*, pp.57–59.

业集团的代表"。[1]

但是，避免公开并不是通过限制方式来控制公众规模的唯一的或最重要的方法。我们早已注意到许多立法条款由于其复杂性，而将公众限制在一些专业人士和直接受影响的利益集团中，这种限制是不可避免的。然而，有时候，利益集团故意在一些技术性很强的问题上创造大规模的公众，来限制另外那些关心其防御性活动或促进性活动的公众，这种限制即使是在实质性的立法活动中也是有效的。我们在前文已经指出，在1947年《塔夫脱-哈特莱法》制定过程中的提案既限制了公众的规模，也限定了公众的构成。该法案不是集中在工资、工时和工作条件方面，而是集中在"工会的制度特权"方面，这项立法使内外部的劳工反对力量减少到最小。[2]

在所有运用细节限制公众规模的技巧中，最常用的莫过于拨款法案和税收立法。这些技巧肯定是技术性的。在大多数情况下，这些法案不可能吸引大量公众，即使是作为政府过程核心的、以实现再分配目的的财政政策。而且，如果政府要行使其功能，就必须以某种形式通过这些法案，这导致一些利益集团的要求被纳入这些法案，它们就有可能借助特别机会得到通过。行政首长，例如大多数州的州长，在一项法案中有权力否决单个条款（所谓的条款否决权），但是美国总统没有这种权力。即使利益集团的要求没有变成税收法案或拨款法案，它们也被当作财政立法的附加条款。大多数

① William H. Baldwin: "Pressure Politics and Consumer Interests: The Sugar Issue," *Public Opinion Quarterly,* Vol.5, no.1 (Spring, 1941), pp.102–110 at p.105.

② Ross: *Trade Union Wage Policy*, p.24.

立法机关的规则禁止这些活动，但往往得不到遵守。[①] 面对着拨款法案的附加条款，总统不愿意签署否决令，担心延误政府机构使用 362
资金。

由于技术原因以及由此导致吸引的公众规模小，拨款法案往往被作为集团防御的第二道防线。公众很少关注拨款法案是否得以通过，而且和那些支持其他可行法案的公众也不属于同一集团。一场尽可能吸引公众及集团联盟的运动，可能因急剧的危机或灾难而发起，如 1880—1890 年代促使反托拉斯法通过的运动，或 1930 年代促使保留地法案通过的运动，往往能够成功地使一些可行的法案得到批准。随后，公众群体就会解体。在剩下的公众中，因其活动受到法令约束的一部分公众则构成了相对更大、更活跃的一群人。在这种情况下，除非拨款计划可能由于数额被削减而无力实施，或是法案执行的解释能够满足其余积极公众的要求，否则不得不被禁止。值得一提的是，前文提到的畜牧业集团通过修改拨款法案而削弱了 1934 年《泰勒放牧法》(Taylor Grazing Act of 1934) 的作用，并使用同样的策略对付林业局。

因此，在一定程度上，公众的规模和偏好影响了集团所享有的相对优势。如果利益集团属于防御性集团，那么这一事实本身就使利益集团获得了一定的优势。公众的特性加强了利益集团的优势，或者有利于敌对集团。随着情况发生变化，如在拨款过程中，主动性可能又回到了防御性集团手中。

① Chamberlain: *Legislative Processes*, pp.167–169.

联盟与投票交易

尽管利益集团可能很容易地获得地位优势，赢得大量公众的偏好，但很少有利益集团能够在没有其他利益集团的支持下实现其立法的目的。可以肯定的是，如果利益集团成功接触到一群立法者，一项提案又没有多大争议的话，那么除了极特殊情况，该提案一般不会遇到阻碍，即该提案的公众具有同质性，公众规模的扩大也不
363 可能不利于提案。然而，即使利益集团处于有利地位，但除非人们对实现要求具有强烈愿望，否则也有可能遭到失败。虽然提案没有遭到反对，但如果缺少其他支持的话，也可能被忽视。

在任何立法体系中均存在不同集团之间或多或少的合作，尤其如美国国会，虽然美国国会中领导分散、不够团结，且议员频繁更替，利益集团之间的互相支持仍能够构成一种政党所无法构造的领导结构。

利益集团之间互相支持的两种形式是联盟和投票交易。这两种形式不是完全独立的，名义上还可以互相补充，但在立法过程中显示出不同的倾向。不管是正式还是非正式的联合，必然涉及几个利益集团之间在追求与各自利益有着实质性关系上达成共同战略。工会、美国退伍军人协会、美国有色人种协进会、全国农民协会、全国律师协会等，在 1946 年《就业法》的通过中，多少进行了协作，并结成了联盟。[①] 另一方面，投票交易涉及一个利益集团支持一项

① Bailey: *Congress Makes a Law*, chap.5.

与自己的目的没有关联或只有最低关联的提案；作为回报，它也受到它所主张的法案来自其他集团的类似支持。投票交易的最熟悉形式是与给地方拨款如抗洪设施和港口设施相关的活动，但并不仅限于这些。其他场合运用这一形式的证据很少，但假设性证据很普遍，如农业组织连续资助美国远洋运输。互相投票实际上就是一种交易形式。

很少有利益集团认为自己不需要互相帮助，即使强大的禁酒联盟也需要联合。如果没有和清教徒教会的联合，它就不会获得现在的力量。虽然它集中宣传酒吧的坏处，但还是在其他与禁酒有关的事情例如妇女选举权问题上与其他集团结成联盟。该联盟的整个权力平衡战略就是高度发展的互相交易的典型。[1]

联盟可能是连续的、相对正式的安排，也有可能是临时的、非 364
正式的，同一个利益集团均可能运用这两种形式。早在 1916 年，全国零售药商协会就是美国公平贸易联盟的领导力量，该联盟以维护零售价格为使命。其中一个例子是，1938 年全国零售药商协会的总负责人写给柯达公司的一封信，表示支持对外国胶卷实行高关税，以使柯达公司继续按照原来的价格销售。[2] 有时，这些联盟一开始是正式的安排，例如永久公平就业实施委员会全国委员会（National Council for a Permanent FEPC）。另一些时候，它们从松散的联盟发展为连续的合作战略的共同立法委员会，例如纽约州农业组织委员

① Odegard: *Pressure Politics*, pp.85–90.

② U.S. Federal Trade Commission: *Report on Resale Price Maintenance*, pp.44ff., 135–137.

会(New York State Conference Board of Farm Organizations)。[①]

有时，在一些传统上对立或表面上没有什么共同点的利益集团之间也会结成最不可能的联盟。1949 年，经济合作署的负责人保罗·霍夫曼(Paul Hoffman)以及海事委员会的主席海军中将威廉·史密斯(William Smith)，建议放松要求一半以上的由经济合作署资助的货物只使用美国船只运输的立法规定，结果促成了一个联盟对手。产联和劳联的海事委员会与美国航运联合会合作起来以共同反对该提案。[②] 历史上，农业萧条往往导致推动银价上升的集团与支持货币膨胀政策的农业集团之间的联合。[③] 麦基恩提到许多
365 例子，在新泽西州，许多冲突的利益集团之间形成联盟。1935 年新泽西州采纳或废止销售税过程中产生了许多这类联盟，对机动车进行征税和管理的提案导致了铁路工会和铁路公司的联合。尽管州的各种利益集团之间存在着“广泛而深刻”的冲突，但在州颁发许可证和检查委员会问题上维护“独立”的共同观点使这些集团结成了职业协会大会(Conference of Professional Societies)。[④]

---

① Kesselman: *The Social Politics of FEPC*, chap.2. 一个类似的例子见 Fred W. Riggs: *Pressures on Congress: A Study of the Repeal of Chinese Exclusion* (New York: Kings Crown Press, 1950)。参阅 Zeller: *Pressure Politics in New York*, pp.123–128。Herring: *Group Representation Before Congress*, pp.97, 168, 178, 188ff., 208f., 217ff., 231–234，本书列举了大量临时的和可持续性的联盟的例子。例如行业协会之间的合作联盟，见 U. S. Temporary National Economic Committee: *Trade Association Survey*, pp.40–42。

② The *New York Herald Tribune*, February 9, 1949.

③ Allan S. Everest: *Morgenthau, the New Deal, and Silver: A Story of Pressure Politics* (New York: Kings Crown Press, 1950), pp.3, 38–39, and *passim*. Everest 在第 56 页指出，第一部《农业调整法》通过减轻农民的经济负担削弱了银矿业的内聚力。

④ McKean: *Pressures on the Legislature of New Jersey*, chaps.3 and 6.

尽管一些情况促使在立法问题上持不同意见的利益集团结成联盟，但有关联盟的证据并不总是清楚。所谓的1943年和1944年联邦通讯委员会考克斯调查小组就是一个典型，下面还将对其进行详述。众议院成立这一调查小组的最初原因是，联邦通讯委员会将来自佐治亚州众议员考克斯的渎职行为的材料转交给司法部，决定授权该调查小组的充分原因是考虑到考克斯是众议院规则委员会民主党二号人物，以及与立法机关内部的活动的相关因素。然而，真正在背后起作用的是来自没有明确归属的广播网络的力量（最近由于同电台的合同关系而受到联邦通讯委员会的审查），以及电话和电报公司，它们正在接受联邦通讯委员会的调查。此外，还受到没有申请到广播许可证的人们的影响。[①]

通常，互不相容的团体结盟是有局限的，即使是以非正式的形式。正如我们在第八章中讨论由于共同的宣传目的而结成的联盟，不同集团在社会中的声望或地位影响到这种联合的紧密程度。美国医学会在反对义务医疗保险问题上与美国退伍军人协会、农业集团和其他集团结成合作关系是没有什么困难的。[②]美国铁路协会应商会的要求向国会提出议案而与许多商会结成联盟，但实际上这些 366
议案是该协会自己准备的；在运输商组织身上也发生过类似情况。1945年铁路发起一场运动，确保通过一项立法，旨在推翻最高法院的决定，废除由州际商务委员会批准的反托拉斯法案中关于铁路的

① Robert D.Leigh: “Politicians vs. Bureaucrats,” *Harper’s Magazine* (January, 1945), pp.97–105.

② The *New York Times*, February 6, 1949; The *New York Herald Tribune,* April 4, December 9, 1949.

一些条款。在听证会上，铁路协会用十五页纸列出了支持其要求的组织的名单。[①] 如果一个利益集团缺少或失去“受尊重”的地位，它得到支持的机会就很少，就会被孤立。大多数具备资格的集团以及投票被当作解决诉求争端的方式，在立法活动中，无法结成同盟是一个严重的劣势。

基于在立法活动中联盟的重要性，一个富有技能的集团或领导者将避免起草或阐释有利于反对派的法案。1942 年《紧急物价控制法》（Emergency Price Control Act）中没有规定最高工资的一个主要原因是，这种提案将促进农业集团与大多数工会之间结成联盟。前者对该法案持敌视态度，加上工会的反对将可能阻碍该法案的通过。[②] 几乎可以肯定，1945 年和 1946 年战时价格控制的取消是由于全国制造商协会、全国零售纺织品协会、全国汽车经销商协会以及反对制订皮棉最高价格的集团之间形成了有效的联盟。

结成联盟的必要性和联盟内部协调的过程在政治活动中还有着其他重要意义。首先，寻求支持的需要可能会导致取消或修改阻碍达成一致的集团要求。如果这种调整在政府的正式机构外部
367 发生，政治制度的稳定性就会提高。其次，即使不完全成功，结成联盟的努力也能够使一个集团以一种可能引起反对或对抗的方式向另一个集团的领导者传递可能遭到反对和敌视的信息。最后，结

① U.S. Senate, Committee on Interstate Commerce: *Senate Report No. 26*, 77th Cong., 1st Sess.(1941), part 2, pp.54–59. U.S. House of Representatives, Subcommittee of the Committee on Interstate and Foreign Commerce: *Hearings on H.R.* 2536, 79th Cong., 1st Sess.(1945). 参阅 Key: *Politics, Parties, and Pressure Groups*, pp.110–112。

② 参阅 Burns: *Congress on Trial*, pp.82–90，其中讨论了这一法案的立法历史。当然，在战时经济动员的这个阶段，没有对工资进行全面控制，有其特殊经济原因。

成联盟的过程可能对扩大利益集团的注意力具有重要的政治影响。许多大的政治利益集团例如美国农业局联合会、商会、劳联等的立场涉及的范围之广泛令人印象深刻。例如，结成联盟可能是推动劳联–产联围绕马歇尔计划展开广泛讨论的唯一因素。就结成联盟要求拓宽集团关注的范围而言，它对政治体系具有重要的“教育”和整合功能。[①] 一个需要联合的集团就像政党一样会适应许多不同的要求。

互相投票通常不被视为集团合作的方式，而仅仅是议员们采取的议会活动策略。前文已经指出，人们不可能忽视集团对其成员的要求来看待立法机关。尽管互相投票是议员们的一种技巧，其被使用是为了集团利益，它也得到立法机关中利益集团结构的支持。毕竟，互相投票是有效接近立法机关必须付出的行动。这种交易往往是确保议会委员会在申请书上签名同意，而不再考虑搁置法案的一种方法，或者是一个议会委员会的主席要求作为投票的交换，而将某一个法案递交审议。一个利益集团接近许多议员，它要求获得这些议员的忠诚，就必须进行某种交易以取得议会的多数。互相投票对小利益集团具有重要的影响。这一方法的积极效果是，无法完全忽视任何小的但有办法的利益集团的要求。一个不具有全国性选举力量的利益集团可以通过立法投票的交易来保护自己。

互相投票的一个很好的例子，是发生在 1940 年对失业救济和
农业收支平衡问题进行拨款的法案。在那届会议中，国会中农业管 368

① 关于这一点参见 Almond: *The American People and Foreign Policy*, pp.150–151, 235–236。

理局的支持者在几个法案上反对一些来自东部地区的代表，在众议院中双方均无法获得必需的多数。在纽约市长拉瓜迪亚和农业管理局主席奥尼尔的领导下，在众议院关于农业收支平衡法案投票上最终达成了一致。作为交换，许多来自城市的国会议员在救济拨款问题上支持了来自农业地区的代表。[①]

本特利指出，"'滚球'本来是一个骂人的词，主要在更粗俗的意义上被使用"。[②]这种粗俗的形式不时地导致大多数州议会和宪制大会将它们视作犯罪或可以予以免职的惩罚。例如，1890年的密西西比州宪法要求议员宣誓，保证不会将选票用于交易。然而，现实结果是交换支持成为实际上利益调适的方法，这些利益必须以某种方式进行调整。这些利益并不抽象，也很少是暂时的。如果这些利益不能通过互相投票和其他方法得到满足，它们可能会以不那么有序的方法或通过多数规则的神话来裁定。从这个角度讲，当我们提到利益时，并不仅仅意味着利益集团组织，而是所有在立法活动中得到代表的利益。就像来自艾奥瓦州谷物种植地带的代表不会像其来自渔业地区的同行那样，对新英格兰渔民的命运强烈关注。结果，在特定时候，其他集团的要求和并不显著的利益——来自政党、立法集团以及界定议员角色的期望——并没有被所有的议员同等地感受到，包括宽泛的、相对缺少组织的利益集团，所有的利益集团必须通过投票交易和其他方法作出调整。立法过程的关键，就是要看是否愿意接受这种交易作为一种手段。

① Kile: *The Farm Bureau Through Three Decades*, pp.275–276.

② Bentley: *The Process of Government*, p.37.

利用常设委员会

通常，立法委员会被视为将整个立法活动的法案起草、筛选进 369
行分工的有效手段。这确实是委员会功能的特征，正如我们已经看到的那样，它是大型讨论大会以及这些大会讨论复杂性事务的必然结果。前文已经指出，根据它们在议会中的重要性，这些委员会对不同利益集团接近立法机关的机会产生巨大的影响。当委员会很强大且独立时，例如在美国国会中，有效接近这些委员会就等同于在议会中获得特殊影响。在这种情况下，利用委员会的影响成为利益集团的一种重要方法。我们将对利益集团利用委员会影响立法活动进行研究。

在解释立法委员会的运作作为集团活动的反映时，我们必须谨慎作出结论。原因有二：首先，这一方法很少在实证研究中作为对“小立法机关”的研究重点，尽管常常受到一定的注意，因此，下文的许多观察是假设，而非既定概括。其次，利用议会委员会在不同的时候有所不同。我们已经看到，接近立法机关或其次级单位是高度复杂和多变的。类似地，委员会对利益集团要求的敏感性随着委员会成员、立法机关的正式和非正式结构以及处理立法提案的政治情势的变化而变化。因此，关于议会委员会的结论，必须考虑这些限制条件。

当谈到议会委员会时，人们通常想到的是常设委员会，尽管至少还有其他两种委员会，但常设委员会及其功能在政治活动中作用最大。当谈到“小立法机关”时，我们就是在谈论常设委员会，因

为这些委员会承担着最困难和最重要的政治任务。尤其当法案将
370 产生广泛、深入的影响时，如果常设委员会不能有效地完成其工作，立法建议就不可能落实。在搁置一项议案和准备提交一项议案时，委员会必须判断与议案有关的立法机关的乃至国家的“品性”。[①] 换言之，不管其多数是否支持一项法案，委员会必须估计涉及的利益集团的相对力量，判断该法案的政治影响。在作出这些判断时，委员会将运用现代立法活动所涉及的大多数技术。

在从委员会讨论到立法大会辩论过程中，关于法案的争议可能会产生。这可能仅仅是因为少数人坚持进行最后一搏——尽管可能毫无希望。也有可能是委员会内部缺少政治技巧而引发争议，又或者未能有效接近常设委员会的利益集团可以通过其他途径更好地接近立法机关，并在更大范围有力地提出其要求。然而，我们在前文看到的情况是，常设委员会往往设定了整个立法机关的运作政策。在这种情况下，常设委员会掌握的政治力量往往是充分的。

委员会的关键决策通常在议会上作出，这是公民和媒体通常接触不到的。在这一阶段，委员会起草了反映不同要求的法案，并对其进行修改、调整，大多数法案的命运也在这一阶段得到决定。在一些情况下，这一阶段委员会的活动仅仅是同意由一位强有力的主席作出的决定。主席可能经常自行作出这样的决策，尤其在一项法案被搁置时。这种情况下，主席本身就承担了名义上应由委员会承担的评估利益集团相对力量的政治功能。当然，尽管由主席一人决策的背后还是有多种因素在影响，但主席并不是一个被动的反映工

① 参阅 Chamberlain: *Legislative Processes*, pp.63f.。

具：他的偏好和技巧在政策结果中发挥着作用。不管立法活动是由 371
委员会全体还是主席一人承担，技术人员还是扮演了一定角色，有时候还是很关键性的角色。贝利对 1946 年《就业法》这一案例进行研究后所得出的结论是，“在立法过程中，技术人员成为了动员广泛分散的知识界，以及承受公共压力和私人压力联合的核心机制”。[①]

由于委员会的重要活动（不管是主席独自一人还是整个委员会进行的）发生在议会开会期间，这一阶段就成为检验利益集团是否有效接近立法活动的一个环节。除非某利益集团在一院或两院的委员会开会期间能够确保其利益得到一定的代表，否则该集团的活动效果就十分有限。利益集团可能直接接触委员会主席、普通委员甚至技术人员，特别是当它试图阻止一项提案时。另一方面，如果它寻求修改或限制一项法案的条款，间接接触议会的其他重要成员可能也同样有效。常设委员会在提出一项政治上可行的议案时的任务之一，是考虑由重要议员所表达出来的要求。在两院制，例如美国国会，常设委员会不仅要注意利益集团所提交的报告对一个议院的影响，还必须注意利益集团的报告对另一议院的影响。此外，由于总统的否决权赋予其在立法活动中的重要影响力，委员会还必须注意传递总统的利益要求，其目的也许是避免法案遭到总统否决或在立法机构中做出妥协，以求在立法机关中形成足够多数来推翻总统的否决案。

为了更有效地影响立法活动，在讨论法案开始之前利益集团就必须直接或间接地接近委员会，而且，要直接接触而不是敷衍了事。

---

① Bailey: *Congress Makes a Law*, p.78.

我们在前文讲过，委员会的多数成员或主席必须考虑，如果一项可行的法案被正式起草，那么就可以假设，委员会的支持者希望通过这一法案，而且利益集团接近立法机关就应当是密切的。缺少这种紧密性，一项法案无法在议院中通过，尽管看上去好像是由于委员会或其主席缺乏技巧，但实际上是因为利益集团的私下活动，委员会则无须为此承担责任。就像公开的反对者修改一项法案，以使其
372 不再被该法案的提出者接受那样；就像一位议员满怀希望和信心支持一项将会被否决的法案那样，一位名义上的支持者由于对法案的完善缺乏热情，因而逃避了施加于自己身上的冲突要求。一个利益集团除非与某委员会或其主席的关系十分紧密，否则不可能利用它们，而这种紧密关系是很难形成的，正如我们在第十一章中指出的。

利用委员会的公开听证会

如果一个常设委员会的关键决策是在议会开会期间作出的，如果利益集团的活动使重要的委员会成员在开会之前就已经作出了自己的决定，那么公开听证会扮演了什么功能？公开听证会对于利益集团或政治过程究竟有什么意义？首先，它没有悠久的历史，这一事实表明公开听证会并不是一个毫无意义的摆设。除了拨款法案外，国会的大多数重要立法均举行听证会，这一实践可以溯源到二十世纪初期。出席听证会的权利只是习惯形成的，并无正式的法律或宪法保障。[①]

---

① Herring: *Group Representation Before Congress*, p.41; Luce: *Legislative Procedure*, p.143.

公开听证会的功能或其利用可以分为三类。[①] 首先，听证会是一种在技术上和政治上不同的利益集团向议会委员会传递信息的媒介，这是人们最熟悉的、但可能是最不重要的功能。从利益集团或议会委员会成员的角度看，正如我们将在后文中更多地看到的那样，听证会通常是一种随意的、并不令人满意的发布和接收信息的途径。这仅仅是听证会的一种功能，但仅有这种功能不能说明其具有持久活力。第二种功能是作为一种宣传的渠道，通过它可以扩大公众的规模，且一定程度上得以巩固和加强。第三种功能是为调整集团间的冲突提供一种半正式的手段，为受到干扰的利益集团提供一种安全阀。我们将对后两种功能予以具体分析。

在分析公开听证会作为一种宣传渠道之前，值得一提的是，听证会已经成为被国会接受的一种事实。越来越多的利益集团尤其是协会，在听证会期间试图影响政府，尤其是影响立法机关。我们在第八章简单提到过听证会只是作为利益集团扩大其影响、作为利益集团挑战既得利益的一种结果。公开举行的听证会满足了民主对“游戏规则”的要求，即使它们并没有立即真正发挥作用。

作为一种宣传渠道的听证会的价值在于它是一种事件，一种新闻，尤其当参加者是著名人士或听证会的证词披露惊人的消息或尖锐冲突时，听证会就可能得到新闻媒体的大量报道。即使“表演”没有充分吸引闪光灯和摄影镜头的关注，它也可能得到新闻发布会的注意。为了“引起媒体注意”和得到更广泛的、非成员的公众的

① 参阅 Bailey: *Congress Makes a Law*, pp.109–110; Chamberlain: *Legislative Processes*, pp.79–80; Luce: *Legislative Procedure*, pp.142–148; Winslow: *State Legislative Committees*, p. 84。

关注，在利益集团眼中，听证会具有重要价值。实际上，在一项法案的审议过程中，听证会的主要目的在于宣传。例如，当关于义务医疗保险法案的听证会在第七十九届国会（1945—1946 年）上首次举行时，参议员默里和其他支持者希望马上将法案递交给参议院大会讨论。这些听证作为一种试验气球，揭示了反对和支持的力量，并扩大关注该问题的公众规模。

在任何一份报纸上均可以找到议会法案听证会发挥其宣传功能的报道，举出一些例子是有用的。在 1945 年和 1946 年价格管理办公室即将关闭的时期，众议院小企业委员会在来自得克萨斯州的议员帕特曼领导下，成为那些想击败价格控制法案的利益集团联盟的论坛和基础。[①] 农业组织尤其是农业管理组织，往往对“属于它们”的委员会举行的听证会表现出密切关注。农业利益集团与众参两院之间的关系，长期以来一直十分紧密，以至于公开反对某个主要农业集团的人不可能被任何一党安排进入这些委员会。1920 年代农业集团利用这些听证会要求政府资助，对听证会寄予较高的期望。例如，1939 年至 1940 年冬天，一项修改农业信用法案的动议，却不给农会和农业管理组织充分的表达反对意见的机会，导致众议
374 院农业委员会举行的听证会被迫重新举行，据说是在这两个组织的坚持下举行的。[②]

大多数听证会也被作为说服议会委员会或从议会委员会中获

① U.S. House of Representatives, Select Committee on the National Defense Program and its Relation to Small Business: *Hearings*, 79th Cong., 1st Sess.(1945), part 5.

② Kile : *The Farm Bureau Through Three Decades*, p.259.

得信息的渠道，利益集团利用这些机会来使自己“扬名”。当美国商会或其他重要贸易组织想有效利用听证会时，听证人往往不是那些技术人员，尽管他们很了解问题，而是更加著名的人物。这些技术人员可能也经常向大人物提供一些简报，然而，制造新闻的是大人物，而不是技术人员。同样的情况也发生在劳动组织和其他利益集团身上。实际上，从听证会听证人身上可以看出利益集团对一项法案是全力以赴还是象征性的参与。例如，产联仅仅递交一份文件或派出一名小人物，听证会对它们就没有任何价值。如果该协会的主席亲自出面，可能因为该协会认为菲利普·默里的名字可以抓住读者的视线，可以出现在报纸的头版。

利益集团接近议会委员会的一般特征也可以从听证会的活动中看到。一位同情某利益集团的议会委员会的成员，可以通过强调该利益集团的观点来提供帮助，相反，敌视该利益集团的成员则可以通过打断和提出阻挠性问题来设置障碍。听证会主持人的偏袒和他所支持的利益集团，与主持人仅仅让其提供证词的那些利益集团相比，差别可见一斑。然而，议会委员会成员的敌视不可能阻碍听证会的宣传功能，与利益集团听证人发生的尖锐冲突正是媒体所关注的新闻热点，这一现象并不是当代才发生的。1836 年马萨诸塞州废奴主义者在高等法院委员会面前遇到的情况就属于此。委员会应州长爱德华·埃弗里特(Edward Everett)要求废除奴 375
隶制度而举行听证会，根据英国批评家哈丽雅特·马蒂诺(Harriet Martineau)的记录：

主席和五人中的某一位明显是事先安排好的。他们并没

有刻意掩饰这一点，曲解申请者表达的意思，记下任何可用来反对申请者的观点，在提问过程中不时讽刺和攻击几句

……

废奴主义者举行了一场咨询会，讨论是否向立法机关抱怨他们的主张遭到的不公正对待，以及在他们申诉时遇到的种种阻挠。他们决定让这件事平息下来，相信他们的证据足以让公众理解他们的立场。一名议员宣布从他自己的角度陈述主席对废奴主义者的态度，提议应重选该委员会。然而，由于遭受不公待遇的人没有提出正式诉讼，此事也就不了了之了。废奴主义者的信心得到加强。公众也了解了他们的主张，在下一轮选举中，许多废奴主义者当选，他们最先采取的行动就是以 378 票对 16 票的多数通过了一系列废奴决议。[1]

几乎无须考虑在议会开会期间或之后将发生什么，召开公开听证会本身就缓解了利益集团之间的冲突，并缓和了利益集团内部遇到的干扰。在一个议会委员会面前出席听证会是一种具有重要补偿性价值的活动。由于其发言人出现在委员会面前，即使没有什么具体效果，一个利益集团内部的顽固派可能就会解散。我们已经指出，公开听证会适合民主的“游戏规则”，它与社会对程序的期望相一致。对于普通成员来说，尤其对于那些在利益集团中要求有限

① 转引自 Luce: *Legislative Procedure*, pp.147–148。引自 Harriet Martineau: *Retrospect of Western Travel* (1838)。

或者他们的交叉利益与“民主”有关的人们，公开听证会几乎可以推动任何一项立法活动，因为这些法案是“以正确的方式”产生的，因为“每一个人”的意见均有机会得到倾听。

尽管缺少关于公开听证会的准仪式功能的重要性的直接证据，但有关材料可以通过推断得到。作为多年马萨诸塞州议员和国会 376
议员，罗伯特·卢斯写道：“按照我的观点，公开听证会不能说不重要，其最大的优点反而可能在于它们作为安全阀的作用。”[①] 许多议员漫不经心的态度和议会委员会成员参加这些听证会的随意，进一步表明这种安全阀只是发挥了重要的宣泄功能。在听证会上还可以看到一些超出法律要求的东西，如一位州议员对于听证会不能满足法定人数而产生抱怨时指出：“你不必要求法定人数，这只是一次听证会。”[②]

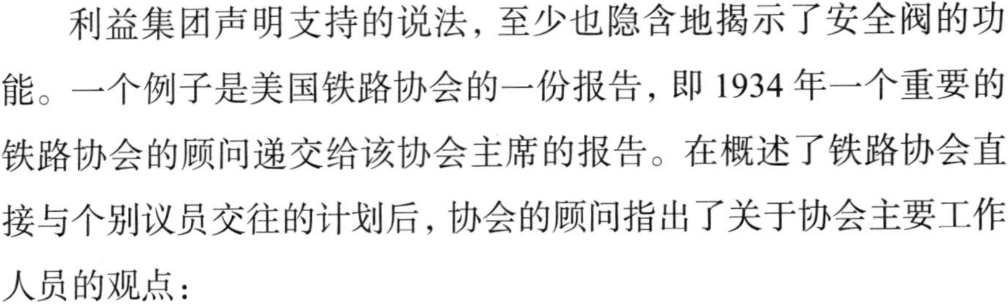

利益集团声明支持的说法，至少也隐含地揭示了安全阀的功能。一个例子是美国铁路协会的一份报告，即 1934 年一个重要的铁路协会的顾问递交给该协会主席的报告。在概述了铁路协会直接与个别议员交往的计划后，协会的顾问指出了关于协会主要工作人员的观点：

> 议会委员会举行听证会主要是为了满足公众和……在听证会中仅派出工作人员参加无法取得有效的结果。在他的判断中，反对对铁路界不利的法案的工作，只能通过与国会议员

① Luce: *Legislative Procedure*, p.146.

② Winslow: *State Legislative Committees*, p.85.

> 的个人访问来进行，在与国会议员交往中，这些国会议员感受到一种尊重和自信。[①]

尽管这一评论部分反映了对阻止法案通过的活动感兴趣的利益集团的立场，但它还是具有一定的典型性。

当然，听证会在缓解紧张关系方面的仪式性功能的重要性，并不意味着委员会成员从不根据听证会的证言作决定。公开听证会作为议员获得信息的方式并不是不起作用，但可能不发挥主要作用。对于有效接近立法机关的利益集团而言，听证会并不是进行
377 说服工作的最好途径。人寿保险总裁协会的一名代表在给他的上级的一封信中表达了这一观点：“与一、两个人打交道比与一个委员会打交道更容易，而与整个议会争论则是不可能的。”[②]

利用会议委员会

从利益集团的角度来看，国会中的会议委员会也是一种重要的机制，利用会议委员会的方式与利用议会常设委员会类似。这些旨在消除两院分别通过的法案之间分歧的机构，反映了国会中领导权的分散。在州立法机关中，如果存在高度统一的政党领导，那么除了较小的立法活动外，会议委员会很少被使用，因为在政党领导者

---

① U. S. Senate, Committee on Interstate Commerce: *Senate Report No.26*, 77th Cong., 1st Sess.(1941), part 2, p.63.

② U. S. Temporary National Economic Committee: *Hearings,* part 10, p.4401.

之间关于重要法案的条款已经达成了一致。[①] 在国会中，只有一小部分法案由会议委员会通过，但包括了许多极为重要的法案。会议委员会和常设委员会之间的关系在于，两院可以指定处理法案的常设委员会的主席和成员为会议委员会的成员。

利益集团利用会议委员会是它们的一种权力和特权，同样也取决于它们与常设委员会的关系。管理者在技术上只负责处理分歧，有时还根据相当明确的指导行事，但他们往往越权删除或改变法案的某些内容，甚至加入一些新的条款。他们能够这样做的一个原因是，他们的主要功能就是达成一个可以被接受的妥协协议，这就必然要求对未经正式争论的各种观点进行协调。这些管理者在考虑问题时必须要认识到一个同样重要的事实是，会议委员会的报告享有高度特权，它们随时可以被拿到两院作为投票案。而且，这些报 378

告不能在议会大会上作修改，要么完全被接受，要么完全被否决。

考虑到这些报告都是仓促地送交的，很少有议员知道法案所作修改的内容，在接受遭受异议的修改与不通过法案之间，一般倾向都是接受大会的报告。

尽管规则与此相反，但大会的主持人具有许多自主权。两院分别通过的法案的差异越大，这种自主权也就越大。实际上，在很多情况下，常设委员会的主要成员和接近他们的利益集团一起制订计划，利用大会报告提供的最后的调整机会。这些机会主要被那些试图修改法案的利益集团利用，但不限于此。例如，1938 年关于工资

① 参阅 Chamberlain: *Legislative Processes*, p.252; Ada C.McCown: *The Congressional Conference Committee* (New York: Columbia University Press, 1527), p.20。

和工时标准的法案分别在两院获得通过，而大会最后通过的《公平劳动标准法》(Fair Labor Standards Act)已经显著不同于两院分别通过的法案内容。[①]

利益集团试图影响会议委员会的努力，可能充分调动了各种影响立法活动的有用因素。利益集团很少有正式的途径接触会议委员会，一个明显的例外是，1941 年农业管理联盟在议会中的代表被允许出席会议委员会，当时会议委员会正在讨论关于延长商品信贷公司的法案。[②] 这一例外情况强调，在议会大会上唯一有发言权的利益集团，是那些事前与会议委员会成员建立了良好关系的利益集团。然而，由于会议委员会会议的相对秘密性以及达成妥协法案的任务，立法机关内部的派别模式和关于立法作用的认识使许多利益集团，不管有没有组织起来，均试图有效地影响立法机关。

委员会调查

379 从利益集团研究的角度来看，委员会最富戏剧性和最重要的工作就是公开调查。当然，大多数委员会的工作就是从事一定数量的调查，但我们这里提到的是为公开听证会进行的重大调查。当常设委员会或委员会小组进行调查时，它们是公开听证会活动的延伸，

① Burns: *Congress on Trial*, pp.80–81; 参阅 McCown: *The Congressional Conference Committee*, p.16。

② 他主张平价补贴扩大到非基础农作物。见 Kile: *The Farm Bureau Through Three Decades*, pp.280–281。

尽管在调查的时候，常设委员会不需要在它面前放一份法案。调查委员会的原型是一院特别委员会或两院联合委员会建立的、为了调查社会中的某个问题或某个领域的机构。（调查委员会由知名人士、行政部门的官员以及国会议员组成，承担的功能类似于特别调查委员会，但不能单独进行活动。1938 年成立的全国临时经济委员会由国会议员和政府官员组成，就是一个例子。国会授权的联邦贸易委员会的调查，如 1928 年和 1934 年联邦贸易委员会调查公共设施，是另外一个例子。重要的是，联邦贸易委员会对公共设施的调查一定程度上替代了参议院特别委员会的部分功能。）

调查委员会的一个突出功能——就像公开听证会对立法的功能一样——是促使或吸引公众对所调查的问题或领域的关注。偶尔，调查委员会向国会委员会及其成员传递信息，尤其是关于某个利益集团始终坚持特定要求背后的影响因素。有时，这甚至是其主要的作用，就像 1945 年和 1946 年国会两院联席委员会那样。调查委员会也具有缓解来自某个灾难性事件或其他类似事件造成的干扰影响的功能，在这种情况下，调查可能导致某项立法，或者仅仅是构成一种要求国会“采取一定的措施”的普遍期望。然而，更通常的是，调查委员会被用来作为一种被研究者称为“社会调节机制”。[1] 一位资深的委员会调查者罗伯特 · K. 兰姆（Robert K. 380

① M. Nelson McGeary: *The Developments of Congressional Investigative Power* (New York: Columbia University Press, 1940), p.31. 另一个重要参考文献见 Ernest J. Eberling: *Congressional Investigations* (New York: Columbia University Press, 1928) and Marshall E. Dimock: *Congressional Investigating Committees* (Baltimore: The Johns Hopkins Press, 1929)。参阅 Hurst: *The Growth of American Law*, pp.79–81。

Lamb）曾经指出：“根据我的经验，国会调查委员会在今天美国政府中承担着最重要的一项职责，对于美国国会和美国人民而言，它是首屈一指的教育机构。”①

不可避免的是，调查委员会已经成为利益集团进攻和防御的有力武器，尽管利益集团不一定组织起来。利益集团定期地发起、引导和利用这些调查，即使人们不一定能够意识到这一点。不管一个人是否在自己利益集团归属的基础上对“建设性”与“破坏性”的调查作出区分，各种利益之间的竞争是不可避免的，这种区分本身反映了集团的活动过程。兰姆所概括的“破坏性”调查同样可以客观地运用于“推进性”调查，尽管涉及利益集团的利益不一样。下面的文字实际上揭示了所有调查的实质，只要我们记住这一事实：“压力”不是议员与利益集团之间唯一的关系：

> 不同利益集团施加的压力创造了……特别委员会……在国会有限数量的议员中引起了特定的反应。一旦调查委员会建立，压力并不会立即降低。相反，马上有一股力量支持和引导特别委员会的行动，一位观察这些过程的有经验人士通常可以从特定的文件中预见到这些国会委员会马上将采取的活动。②

国会调查有两个基本特征。首先，这些调查试图处理或解决危

① U. S. Joint Committee on the Organization of Congress: *Hearings*, 79th Cong., 1st Sess.(1945), part 4, p.1018.

② Ibid., p.1017.

机或半危机导致的干扰。其次，它们通过特定的集团活动处理这些危机，但绝大多数公众不支持这些利益集团的活动，因为它们明显 381
违反了“游戏规则”。调查委员会的目的是为了查清或揭示社会失衡与受到指责的利益集团之间的关联。不管这种社会失衡是捏造的还是偶然的，不管被攻击的利益集团是社会失衡的替罪羊还是导致社会失衡的原因，这一过程是一样的。正如梅迪尔·麦科米克（Medill McCormick）在 1920 年罢工运动中向参议院宣布支持一项旨在调查铁路工会的决议时指出的：“我们所需要的是……一群能让事实引起公众注意的人。没有其他利用公共舆论的方式可以动员工人们回去工作。”[1] 这一决议的目的不是进行公正的调查，而是要定罪。

对行政机构的国会调查与这一模式不一样。事实上，在 19 世纪，大多数国会调查是针对行政机关的。[2] 几乎很少有例外，调查一般是直接或间接攻击行政部门及其利益，以解决某种失衡。一个例子是众议院公共土地委员会的一个小组对林业局的调查。尽管调查活动缺少技巧，但它旨在通过对公共土地使用的调查，以及利用人们对林业局的不满，来证明该机构存在的舞弊、歧视和无能。[3] 这种调查多少直接将矛头指向总统和支持他的一些集团。这类性质的调查在遇到紧急情况时大大增加，反映了紧急情况本身以及行

① 转引自 McGeary: *The Developments of Congressional Investigative Power*, p.30。

② George B.Galloway: “The Investigative Function of Congress,” *American Political Science Review*, Vol.21, no.1 (February, 1927), pp.47–70.

③ 见上文，note 10。

政活动关系和权力变化所引起的混乱。

对行政机构进行调查的一个具体例子是 1943 年和 1944 年众议院特别委员会对联邦通讯委员会（考克斯委员会）的调查。如同前文指出的，最初的影响针对的是个人（针对考克斯递交给司法部的报告），这样委员会就必须“大海捞针”，以寻找到可以公开的罪状。这些指控最终包括从无能、浪费公款到破坏战争和违法审查广
382 播通信设施。[①] 其后举行的听证会，旨在使这些指控罪名能够被登载在报纸的头版头条。这一战略被一份描述有效听证程序的备忘录揭示了出来，该备忘录当时被分发给委员会的成员。文件的部分内容是：

> 决定什么是报纸最感兴趣的，然后使每一次听证会的主要内容成为争议的热点。一旦形成了热点，接下来……
>
> 不要让干扰发生，例如一些无关的言辞，它们可能会制造某些掩盖你所需要的证言的新闻。
>
> 在一个有争议的话题上，不要让听证会间隔超过 24 小时或 48 小时，否则给对手太多的机会提出各种反指控，并使他们向报纸散布各种观点。
>
> 不要害怕在听证会上休会，哪怕只有五分钟，这样就可以完全控制听证会，制造新闻。[②]

---

① U.S. House of Representatives, Select Committee to Investigate the Federal Communications Commission: *Hearings*, 78th Cong., 1st and 2d Sess. (1943, 1944).

② 转引自 Leigh: “Politicians vs.Bureaucrats,” p.102。

这些话语十分真实，其中描述的策略在其他听证会中也具有代表性。[①] 在这个案例中，运用的手段是如此笨拙，以至于调查产生了适得其反的效果，导致调查委员会而不是联邦通讯委员会失去信誉，但它的目的是显而易见的。

调查委员会的最简单和最直接的例子可能是所谓的议会游说活动调查。尽管这些调查是很普通的调查，但实际上像其他类型的调查一样具体。20 世纪四次大规模的对议会游说的调查活动发生在国会，尽管许多其他委员会也处理过这类事情。四次调查中的每一次，调查委员会均被授权广泛调查与立法活动有关的利益集团的活动，但这些调查活动的发起和目标较为有限。1913 年，两院的调查是针对与当年《安德伍德关税法》有关的利益集团的活动。每一

次调查都是由于利益集团试图提高关税率的活动，主要的调查对象 383
是全国制造商协会。[②] 另一次针对关税的调查是 1930 年签订的《斯穆特–霍利关税法》，是参议院于 1930 年和 1932 年进行的调查，由来自阿肯色州的参议员卡拉维领导的小组负责，调查从指控在康涅狄格州制造商协会和参议员希拉姆·宾汉姆与推动关税提高的利益集团之间的复杂关系开始。[③]

第三次游说调查始于 1935 年，当时是围绕《公用事业控股公司

---

① 参阅罗伯特·K. 兰姆在国会两院联席委员会上的证词。转引自 note 45。

② U. S. Senate, Committee on the Judiciary: *Hearings on Maintenance of a Lobby to Influence Legislation*, 63d Cong., 1st Sess.(1913); U. S. House of Representatives, Select Committee on Lobby Investigation: *Hearings*, 63d Cong., 1st Sess.(1913).

③ U.S.Senate, Subcommittee of the Committee on the Judiciary:*Lobby Investigation Hearings,* 71st Cong., 1st, 2d, and 3d Sess., 72d Cong., 1st Sess. (1929–1931).

法》(Public Utility Holding Company Act)而展开的斗争的一部分，由参众两院各自的委员会推进。两个调查多少反映了冲突着的利益，尽管调查的是同一事件。在众议院击败了控股公司法中所谓的“死刑”条款后的一个星期，众议院通过了一个决议，授权规则委员会调查反对和支持这一法案的活动。由敌视总统的人员领导的规则委员会，花费了大部分时间调查政府发言人的活动，尽管后来规则委员会将注意力转向公用事业法案调查上。[①] 众议院通过决议的三天后，参议院也成立了一个由雨果 · L. 布莱克(Hugo L. Black)领导的特别委员会。该委员会被授权调查所有与该法案有关的游说活动，但一开始，它只局限于控股公司和相关集团的活动。[②] 该委员会负责调查《公用事业控股公司法》及其“死刑”条款的通过中发生的问题。

议会游说调查活动的最后一次是众议院特别委员会在1949年
384 后期进行的调查。该委员会名义上负责调查1946年的《联邦游说管理法》是否有必要修改，但调查的推动力主要来自试图推翻公共住房立法的努力，房地产集团和私人住房集团是最初接受调查的对象。对调查产生重要影响的是，在规则委员会加入了一个新的条款，从而指示特别委员会调查行政机关的游说活动后，众议院通过了授权决议。[③]

---

① U. S. House of Representatives, Committee on Rules: *Hearings on Investigation of Lobbying on Utility Holding Company Bills,* 74th Cong., 1st Sess. (1935).

② U. S. Senate, Special Committee to Investigate Lobbying Activities: *Hearings*, 74th Cong., 1st and 2d Sess., 75th Cong., 3d Sess. (1935–1938).

③ U.S. House of Representatives, Select Committee to Investigate Lobbying Activities: *Hearings*, 81st Cong., 2d Sess. (1950). The *New York Herald Tribune*, May 19, 1949.

在某种情况下，每一次调查的目的和效果，都是为了发现特定利益集团如何试图通过表面上违反“游戏规则”的方法来影响立法活动。委员会使用的方法很明确，它没有调查所有与特定失衡有关的利益集团，尽管 1949 年授权众议院调查的决议修正案反映了对这种失衡不同的解释。从一般的角度讲，这些调查往往引人关注。调查的期望者们并不希望这些调查成为客观的调查，而是作为一种演示。这些调查并不被希望去调查议会代表，而是去调查特定利益集团。

将对议会游说活动的调查作为武器的观点，排除了那种认为调查的意义只在于立法活动的看法。[①] 议会游说调查和大多数其他调查委员会的调查，首先是改变利益集团权力地位的方式。如果成功的话，通过调查将重新分配宣传优势，限制特定利益集团的活动，并改变其“成员身份”。例如，拉福莱特委员会（The La Follette committee）从 1936 年到 1938 年负责调查各种违反“劳工权利”的情况，无疑增加了工会的“成员”数量，提高了工会的宣传地位，而
对反对派集团则起到相反的效果。[②] 不管是发布一份正式的报告 385
还是成为立法活动的来源，这些活动调查委员会都能够做到。实际上，也许仅仅威胁要求进行国会调查，这些目的就至少部分可以实现。

---

① 参阅 Edgar Lane: “Lessons from Past Congressional Investigations of Lobbying,” *Public Opinion Quarterly*, Vol.14, no. I (Spring, 1950), pp.14–32, 尽管作者认为主要的“教训”是这些努力应该有助于建立“完善的监管体系”，但仍认为这是一篇很好的评论。

② U. S. Senate, Subcommittee of the Committee on Education and Labor: *Hearings*, 74th Cong. ,2d Sess., 75th Cong., 1st, 2d, 3d Sess.(1936–1938).

尽管调查委员会是利益集团进行斗争的武器，但它们不一定是来自特定集团“压力”的结果，受益者也不一定只包括特定的利益集团，它们的支持者可能“属于”受益集团，或者从调查结果中得益的政党派别，可能还有更多集团。利益集团在立法机关中的频繁活动往往引起议员们个人关系的改变，以及议员们所扮演角色的变化。调查也可能对立法机关内部议员们的行为模式起到修正的作用。

此外，记住这样一点是有益的，大多数立法调查都使用这样的策略：他们以广泛存在但在很大程度上又未经组织的利益的名义来谴责利益集团及其行为，这些未经组织的利益表现在对官员行为和“游戏规则”的期望之中。公开调查的影响程度虽然各不相同，但都加强了这些期望，重申了其中包括的价值，这或许比形成正式的立法和管理制度更加重要。

不管是常设委员会还是特别委员会举行的公开听证会，都是利益集团实现其在政治生活中有效团结的场合。利益集团有多少合格的成员并不重要，重要的是它应该包括所有坚持一个目标的积极成员。这些听证会通常有利于调查的一方，而持敌对意见的委员会成员则尽可能对听证人设置障碍，但这些障碍无论如何也比不上利益集团内部少数派派遣的听证人的反对。我们已经指出美国医学会曾经的内部分裂，尽管这些分裂不是致命的。即使是农业管理局，也不时地受到来自内部反对派的困扰。1937 年，当听证会第一次举行时（后来于 1938 年出台了《农业调整法》），当时法案初稿即农业管理草案并未得到农业保护者协会、农会和其他农业组织的支持。出于这一原因，参众两院农业委员会的主席均决定在那次会议

上不提交该法案。正如众议院农业委员会的主席所言:“鉴于新农 386
业法案的条款涉及各农业利益集团之间的观点差异,委员会认为在提交农业法案之前有必要作进一步研究。”[①]当农业管理局和农业保护者协会于1942年共同反对对农产品施加最高价格限制,而不对工业产品和其他工资方面规定最高限制时,农民协会关于反对价格限制公开持不同意见便显得十分尴尬。研究农业管理局的历史学家O. M.凯尔对此的描述是:

> 与农业管理局和农业保护者协会相比,农民协会的成员人数相对较少,影响也弱,但它对国会议员和媒体而言是最令人困惑的,由于其在农业组织中往往持有明显的观点冲突,对大的农业组织而言,也令其颇为难堪。[②]

在公开听证会上不团结的现象通常引人关注。

委员会任命与法案提交

由于在国会这样的立法机构中各种委员会非常重要,利益集团不可避免地关注这些委员会的成员人选及其工作。由此,利益集团的关注延伸到委员会的所有成员,尤其是委员会主席。委员会主席

① 转引自 Kile: *The Farm Bureau Through Three Decades*, p.239。

② Ibid., p.293.

对立法的影响可能是很关键的，因为他几乎可以随意阻止一个法案，安排委员会的议程，通过不合理安排听证会时间使一方处于不利地位，通过自己作为会议委员会两个主要主持者之一，采取手段影响法案被通过。主席在大多数委员会中的领导地位进一步表明，如果想要利用公共听证会来攻击或限制受委员会监督的行政机关，那么委员会主席的帮助是必要的。

387　如果某利益集团有充分的机会接近政党领导者，它就有可能影响委员会空缺人员的遴选，特别是如果该利益集团已经具有否决任命的影响力时，例如农业管理局通常对国会农业委员会的任命产生影响。然而，由于国会委员会的主席几乎毫无例外地按照资历来产生，利益集团几乎无法影响委员会主席的人选，除非介入委员会所有人选的任命，或威胁在投票时提出一位反对派的主席人选。在州议会中，按照资历产生主席的规则并不十分严格，接近立法机关的领导者对控制委员会主席人选具有较大的作用。[①] 因为国会常设委员会人事安排的重要性，利益集团很积极地影响委员会主席的人选。例如，铁路管理协会（美国铁路协会的前身）在 1933 年时非常积极地确保众议院河流和港口委员会委员的人选，以使这些委员反对内河交通的发展。这一集团同时努力阻止伯顿·惠勒接任参议院州际商务委员会主席的职务，但没有成功。[②]

① 参阅 Chamberlain: *Legislative Processes*, pp.85–88。关于指定州委员会成员及其主席的一些例子，见 U. S. Temporary National Economic Committee: *Hearings*, part 10, pp.4415, 4774。

② U. S. Senate, Committee on Interstate Commerce: *Senate Report No.* 26, 77th Cong., 1st Sess. (1941), part 2, pp.62–63.

不应忽略的是，作为立法者同时又是利益集团“成员”的国会议员，他们自己也很关注委员会的任命。依靠他们在立法机构中的地位，议员们谋求在其“所属”的利益集团中感兴趣的委员会担任委员。利益集团的支持、接近议会的领导者以及在立法集团中的地位，这些因素的结合使委员会人选得以被高效掌控。

前文已经指出，很少有利益集团在两院中只关注某一个委员会，即使该利益集团只涉及某个专门委员会的裁定（这种情况是很
少的），它也至少会受到另一院的委员会的影响。不管拨款委员会 388
是需要增加还是减少开支，利益集团几乎不可能忽视拨款委员会的存在。拨款委员会的小组委员会处理大部分的拨款工作，这些小组委员会的人选就同专门委员会的人选一样重要。在众议院中，由于规则委员会占据重要位置，这使得情况更加复杂。由于规则委员会在促进或阻止立法方面具有几乎不受限制的权力，它就成为防御型利益集团和进攻型利益集团共同关注的对象。在何种规则下，一项法案才能被提交表决，这可能至关重要。此外，规则委员会提交的法案，而不是专门委员会提交的法案，可能涉及增加某个修正案，规则委员会的作用就更加重要了。

不管利益集团是否会对一个委员会产生有效影响，决定向哪个委员会提交法案至关重要。国会法案的提交，形式上是由两院的议员在其议长的领导和监督下进行的，是否提交则由两院投票决定。在这些决定中的自主因素，受到来自委员会裁决所具有的不可避免的模糊性的影响。许多法案尤其是涉及内容广泛和有争议的法案，可能被提交到至少两个常设委员会之一进行讨论。如果某个利益集团能够接触其中的一个委员会，其他利益集团则能够接触另一个

委员会，在这两个委员会中进行选择，其意义就很重要。由于提交法案需要诉诸裁定，尽管议长的自主裁定并不完全，但却是很重要的。接触议长，不管是通过该领导人所属的利益集团，还是通过立法机关的内部结构，能够在很大程度上影响利益集团是否可以实现其利益和要求。

1946年《就业法》的立法过程是关于委员会在提交法案中的重要性的一个很好的例子。在参议院，该法案不是银行与通货委员会“偶然提交”的，该委员会由参议员罗伯特·F. 瓦格纳领导，他很确信委员会的大多数成员将追随他支持该法案。在该委员会中，法案受到了同情和友好对待。然而，在众议院，该法案的支持者由于疏忽，使法案提交给了行政部门支出委员会。由于支出委员会坚
389 决反对该法案中的建议，《就业法》在众议院经受了重重阻挠。如果该法案被提交给众议院另外两个委员会，“其境遇可能会截然不同”。[1]

雪片般飞来的信件

利益集团在立法活动中最广泛接受的一种方式，是通过大量信件、明信片、请愿书和电报的形式来打动国会议员。利益集团频繁地敦促其成员参与这些活动，提供众议员和参议员的名单，并提供信件、电报的内容格式。媒体不断地报道关于一些有着高度争议的法案在讨论过程中收到的大量信件，暗示了这些交流对议员的决定

① Bailey: *Congress Makes a Law*, p.151.

产生重要影响。

在议员的邮箱中塞满信件基本还属于笨拙的做法，其效果有限，但这并不意味着国会议员不注意这些信件，大多数议员还是会仔细阅读这些信件。正如我们前文所说的，他们在这些信件中寻找技术方面的信息，尤其是政治性信息。如果议员没有什么偏好，也不了解他的选民中的一些重要要求，这些信件就可能产生决定性作用。有时候，议员甚至会计算“支持”和“反对”的数量，并以此按照大多数人的意见作出决定。但是，当议员如此行事时，一个事实很清楚：接触该议员的一般渠道或缺乏或不畅；该议员在立法机关内部和外部名义上的关系结构并没有给他带来多少指导。

即使邮件、电报、请愿书确实影响了国会议员在有争议的法案上的投票，这种影响也是补充性的。其他影响因素可能是稳定的，且具有更大的政治力量。换言之，这些信件的影响被打了折扣。1939年对众议院96名议员关于废除武器禁运法案的投票研究表明，这些投票与国会信件之间存在的关联性很弱。研究的结论是，一半 390
以上的国会议员投票反对这些信件所表达的偏好。[①] 国会议员收到的邮件作用降低可能来自两个因素。首先，这些“特别授意”的交流包括请愿书，被认为要求议员忽视那些非个人化的、并不强烈的观点；其次，议员的经历告诉他，写信、发电报的人在选民中并不具有代表性。

① Lewis E. Gleeck: “96 Congressmen Make Up Their Minds,” *Public Opinion Quarterly*, Vol.4, no.1 (Spring, 1940), pp.3–24.

关于利用信件和电报进行“授意”的线索有许多。文字中传达的信息是最容易分辨的，这些信息可以通过许多与某个利益集团有关的选民集团以决议的方式表达。或者，这些信件也可能是来自许多个人，但是明显来自单一源头（利益集团以这种方式扩大影响力，因为有时人们不愿意坐下来用自己的话写一封信，胆怯者甚至不知道如何给议员写信，但这样做就失去了真诚的表现）。或者，个人的或标准化的信件一连几天从不同的城市源源不断寄来，表明其背后有一股引导力量。这种信件交流如果不是来自议员所在的选区，则显然是无用的。贝利列举了一个明显的例子，即 1946 年《就业法》对其进行了证明。众议院开支委员会并不友好的主席、来自阿拉巴马州的卡特·马纳斯科，收到了数百封明信片，写信者指出，如果他领导的委员会不提交一项强有力的法案，他们将投票反对他。然而，所有的卡片均盖上了纽约州布鲁克林的邮戳！①这种“授意”的情况也包括大多数请愿书，因为几乎所有的政治家都知道让人们签署这样的文件很容易，让他们忘记也不难。

现有的客观资料似乎证实了议员们的看法，写信者是一个特殊的群体。②最重要的是，通常写信者写一封信可能是为了反对而不
391 是支持某个议案。而且，使用这种方式进行交流者对此有瘾，因为

① Bailey: *Congress Makes a Law*, pp.95–96.

② 参阅 Gleeck: “96 Congressmen Make Up Their Minds,” pp.3–24；另见 Rowena Wyant and Herta Herzog: “Voting Via the Senate Mailbag,” *Public Opinion Quarterly*, Vol.5, nos.3 and 4 (Fall and Winter, 1941), pp.359–382, 590–624。后者分析了 14 名参议员对有关 1940 年《兵役登记法》的 3 万封信件的处理。

舆论调查表明，只有不到10%的选民曾经写信给国会议员。最后，议员如果发现在他收到的信件中表达的观点，与他认为具有重要政治意义的选民的观点之间几乎没有什么关联，他就可能会忽视前者的要求。正如已故的来自田纳西州的参议员基弗指出的那样，真正重要的信件是“那些来自重要人物的信件”。[①]

因此，掌握了技巧的利益集团有限地使用信件、电报和请愿书。全国零售药商协会很早就认为，来自一两位私人朋友或政治上的朋友的信件交流，“比来自不认识的人的一百封信或电报价值更大”。[②]大量的信件作为内部宣传是很有效的，对于利益集团的成员而言，它们表明了人们“正在采取行动”，这些信件甚至还向议员表明，利益集团至少具有充分的内聚力才可能发起一场写信运动。但作为影响议员投票的方式，写信的作用被过分夸大了。

结　论

利益集团和它们在立法机关中的“成员”，为了提高和利用接近机会而使用的技巧相当复杂且形式多样。成功地确保利益集团的要求在立法机关中实现的关系的多样化，令人印象深刻，不仅包括利益集团内部的关系，而且也包括利益集团之间的关系、利益集团与议员、议会委员会及其成员以及与行政机关之间的关系。每一项法案的立法过程均代表了一种独特的上述多个因素的结合。

① Kefauver and Levin: *A Twentieth-Century Congress*, p.182. 本书第十三章提供了大量来自选民信件的事例并分析了其影响。

② U. S. Temporary National Economic Committee: *Trade Association Survey*, p.337.

像国会这种机构的复杂运作程序和社会内部既定关系，可能对立法活动中处于防御性地位的利益集团有利。然而，在一项特定的
392 议案上，偶然情况或故意操纵可能会扩大或缩小公众的规模，并改变其构成，利益集团的有利地位就会增强或减弱。利益集团能够确保与其要求有关的公众的支持，能够利用自己的政治影响力参与立法决策活动。

在国会以及其他立法机关中，立法过程复杂的主要原因是缺乏统一的、连续的领导。立法机构中权力分散、接近立法机关的渠道众多，影响方式不同，这使本来复杂的立法活动更加复杂。在这种情况下，利益集团之间的互相利用和联合——依靠多数规则解决争端过程中不可避免的结果——成为权力分散的补充机制。类似地，立法机构中的重要委员会制度为利益集团活动提供了有力渠道。在我们的议会两院制中发展出来的两院常设委员会和调查委员会，以及会议委员会，都是权力机关，必须受到重视和密切关注，以推进和保护政治利益集团的要求。这种手段以及涉及接近立法机关内外决策机构的手段，比那些令人关注但简单的如写信、发电报和写请愿书的行动，要重要得多。

贯彻上文对立法过程介绍的一个主题以及利益集团在立法过程中扮演的角色，假定了一个相对可行的立法决策过程，通常涉及不同利益之间的协调和妥协。即使在立法机关中一致性意见占据上风，协调冲突的利益过程还是会发生——尽管在初期完全或部分地在立法机关和政府的正式机构外部发生。当这种情况发生时，立法机关仅仅作出其决定，如珍珠港事件发生后国会宣战那样。但是有争议的立法议程——因为这一议程就是使立法活动“有争

议”——不能以这种方式处理，因为这些立法活动不仅涉及细节的概括。结果，立法妥协的过程更加表面化，也更为直接。

然而，立法活动中的妥协本身不是一种目的，而是调整对政府活动有着重要期望的利益冲突的方式，一些期望通过宪法和法令被 393
写下来，更多的则没有诉诸文字，但这些期望不会遭到压制。这些关于“游戏规则”的期望本身就是利益，很大程度上没有被组织起来，但却是以更明显的形式或多或少持久地得到反映。这些期望构成了任何可行的立法过程的有机组成部分。这些期望之间的关系并不一定总是紧密的，特定的期望组合也不一定是稳定的，但如果制度要生存下去，这些期望之间的关系必须更紧密。

调和利益集团之间的要求以及广泛期望之间的努力，可能形成一种缺乏理性的政策模式。这些努力可能产生一种本质上自我冲突的财政政策或其他经济政策，例如，在通货膨胀时期推动膨胀，萧条时期加剧萧条。罗斯福新政初期的农业政策限制了生产，同时放宽农业信贷的条件，发展提高农作物亩产量的技术，就涉及这种冲突。但是，无论以何种粗暴手段对待经济学家的抽象公式，这些政策自有其道理。对相当一部分有组织的人群而言，这些调和努力是政府政策与对政治过程的深切期望之间达成更紧密一致的方式。

利益集团之间、利益集团要求与“游戏规则”之间强制性地达成妥协，解释了本章没有明显揭示的立法过程之不同方面，其中之一是立法程序的模糊性。那些变成法律文字的话以及政府官员的活动，往往遭到那些将他们自己的利益寄托于整个政府机构的人的曲解和利用。但是，这种模糊和口头妥协也许是一个成功的政治过程的核心，尤其是当人们认识到妥协的必要性，但又难以明确达成妥协时更是这样。模糊性也许延迟或加速了摊牌的必要性，因此具有重要的政治功能。[①]

立法活动中的辩论也经常被嘲笑为毫无意义。诚然，它们在议会策略中具有一定的作用，如长篇大论，但那是不是它的唯一作用？说服很少被作为一种策略，因为国会中的任何一次演讲很少
394 能够改变投票结果，尽管会赢得少数支持者。辩论的主要功能是作为立法调整过程的一部分。就像公开听证会的仪式和立法过程中的模糊性，正式的辩论推动了最终决策的接受，但这不一定是指被那些直接的参与者接受，而是指被那些边缘人士接受。最高法院解释一个被指控的谋杀犯接受一次公平审讯的原因，对被告并没有什么好处，但它可以平息那些为该疑犯进行辩护的人们的情绪。

将立法机关如国会比作请愿者寻求赦免和申诉冤情的法院，并不是完全没有道理的。作为一种权力机关，议会是由于受到社会中的干扰，或法院的不公判决和行政机关的错误处理而寻求申诉的众多机关之一。尤其是在一个制度松散的国家如美国，立法过程提供了利益集团有效实现其要求的替代途径。长期以来，作为公布法律的形式，立法过程远胜过普通法法院。近几年，随着利益集团之间的关系及其关系调整的复杂性，以及行政权力的增长，立法过程受到了一定的限制。然而，任何行政官员都知道，立法机关仍然是作

① 在有关1946年《就业法》的会议委员会上口头达成了模棱两可的折中方案，可见 Bailey: *Congress Makes a Law*, pp.223–225。

出决策的主要机构，是利益集团有效接近立法集团以提出诉求的方式之一。由于立法活动具有的特定结果，实际上，很少有行政机关能够脱离立法机关。与它们的上级相比，许多行政机关与立法机关及其委员会更紧密地联系在一起。这些关系的实质以及利益集团在这些关系中扮演的角色，是下文所要分析的。

第十三章 行政机关的考验

如同其他国家的政府一样，20 世纪美国政府最典型的特征是行政机构规模的扩张及其日益增加的重要性。当我们考虑政府的活动时，我们最先想到的是行政机关的职能：收税、保护生命和财产、办学校、建造高速公路、改善公共卫生、制订铁路票价、监管劳资关系、提供反对金融风险的失业保护和老年保护、管理公园和其他娱乐设施、管理邮政、建造大坝、保护市场、发放电台经营许可证，这些只是国家内部管理事务中的一小部分。

自 20 世纪初以来，政府承担的功能迅速增加。仅以联邦政府为例，政府雇员的增长指数大体上可以反映这一趋势。20 世纪前四十年，美国大陆人口增长了约 75%。同一时期，联邦政府行政部门雇用的人员人数上升了约 300%。①

行政机关职能的快速增加，更明显地从联邦政府历史上如 1900 年前没有进入的一些领域得到反映。这些领域包括：社会保障和相
396 关服务，管理贸易活动，控制电视、电台、电话和电报，拥有和管理电力设施，促进和管理商业航空运输，向农民提供信贷，控制农业

---

① U. S. Bureau of the Census: *Historical Statistics of the United States, 1789–1945* (Washington, D.C.: Government Printing Office, 1949), pp.25, 294.

生产和农业市场的其他方面，公共卫生活动，包裹邮递，管理和保护集体谈判，管理住房和住房抵押，规定工资水平和工作时间，管理股市交易和债券交易，提供银行存款保险及生产和使用原子能。

然而，行政机关的重要性并不是简单地源于它的规模及其活动的多样性。更重要的是，这些活动的开展需要在不同的方向之间作出选择，需要运用行政处置权。法律法规可以进行广泛引导，但不能确切规定所有或大部分行政官员的日常决定。这些自主决策的影响可能是很宽泛的，如宣布全国的紧急状态、同意数百万美元的出口贷款；也可能较为狭窄，如个人收入税返还的决定、严格规定使用联邦资金建造高速公路的条件。政府传统的和新的功能为大尺度的行政裁量权提供了必要性，明显的趋势是这些权力不断扩大而不是缩减。

行政部门自主权的扩大原因有许多，但这些原因均源于一个因素：技术复杂性。“今天的政府很大程度上是一个专家的政府”，[①]即使是相对常规性的活动也要求特定的较高层次的知识和技能。由于政府承担这些职能要求一定的技术，又由于政府职能是在一个快速变化和高度依存的社会中实施的，其实施要求不断适应变化了的环境和非一般的条件。基于社会发生的巨大变革，立法机关对这些变革进行法律调整不可能及时适应要求。即使拥有相关技术知识的立法机关也只能作出一部分的决策。因此，在授权法令的宽泛条件下，在政府涉及的领域中，行政部门的官员正式承担了作出重 397
要政策选择的职能。

---

① Herring: *From Public Administration and the Public Interest*, p.23.

对行政部门官员的知识和技能的要求也产生了一种重要的副产品。由于他们的资格以及这些官员只同特定领域发生具体联系，政府官员本身成为在立法机关中提出和改进议案的主要渠道。加强行政权力同样也赋予了政府官员在制定法令中的重要角色。今天的美国国会很少在未经一两个行政部门的讨论和建议下单独制定法令。在制定法令前，议会往往征询政府机关的意见。在州的立法活动中同样存在类似情况。[①]

前文提出的命题进一步得到证实，尽管不一定受到热烈欢迎。没有被广泛认识到的一个事实是：伴随着这些变化而来的是，利益集团在行政机关的立法活动中以及在行政机关内部的作用日益增加。政府职能的加强很大程度上是由于我们在第四章中指出的利益集团围绕政府展开的活动。除了极少数例外，利益集团通过政府机构实现其利益导致了行政活动的扩大。20世纪利益集团尤其是各种协会的迅速增加，推动了行政机关权力和职能的扩大。这些利益并不一定被组织起来，正如我们在第十一章中讨论议员与利益集团之间关系时指出的那样，利益集团与政府官员之间的交往并不是单向的、“压力型”的关系，如本特利指出：“这些利益集团的部分活动在明确形成之前就受到了政府的关注，通过政府主动行使裁量权而得以成功实施，当然，政府发挥了代表性的作用。”[②] 这些利益一直存在着，在成为交往的基础之前，往往受它们在政府中“成

① 参阅 Riddick: *The United States Congress,* p.420; Chamberlain: *Legislative Processes*, pp.276ff.。见 Elizabeth Scott and Belle Zeller: “State Agencies and Lawmaking,” *Public Administration Review*, Vol.2, no.3 (Summer,1942), pp.205–220。

② Bentley: *The Process of Government*, p.410.

员”的引导和调适。无论在哪种情况下，通常都会导致行政功能的 398
扩大。

不管是影响立法法案的通过还是自主地执行法令，行政活动必然会涉及重要的权力。利益集团集中关注那些能够影响利益集团所要达到的目标的权力。利益集团通过接近决策核心产生影响，这样就不可避免地利用行政机关的活动。因此，为了进一步理解政治过程，我们必须研究行政机关与利益集团之间的关系，探讨与此有关的利益集团（有组织的和潜在的）的行为。

行政首长的角色

美国总统无疑是政府机构中最重要、最复杂的职位，它体现了民族的神话、渗透着传统。但法律并不完善的规定以及在任者的个性因素，使总统具有明显的特性。总统角色更多地是由正式法律规定，而不像神话和传说中的那样。①

宪法规定：“行政权力主要由美国总统承担。”这使得总统成为处理国家行政事务的主要首长，使他与副总统成为全国人民的代表。通过赋予否决权，总统可以向“国会提交国情咨文，可以向国会提出他认为必要和有用的建议”，从而使总统成为领导立法活动的重要来源之一。除了这些权力外，社会快速的变革和复杂性以及围绕总统职位的惯例产生了一系列的期望，似乎这些期望是由法律

---

① 参阅 Louis Brownlow: *The President and the Presidency* (Chicago: Public Administration Service, 1949), pp.14–15 and *passim*。

规定的义务。这些期望在路易斯·布朗劳（Louis Brownlow）的著作《总统与总统职位》（*The President and the Presidency*）中表述为四个方面。首先，总统是“整个政府机构的总管理者”。其次，总统必须“管理让我们感到生活幸福的政府机构，使经济活动保持在合理均衡的状态”。再次，总统必须是全国人民的“忠实代表”，是一种象征，不仅是政治、经济方面的象征，而且在价值、希望和“游戏规则”方面，从《独立宣言》中的信仰到“社会福利的贡献”方面的象征。最后，总统被期望与其他国家之间“保持和平”，如果不可能维持和平的话，则“领导人民取得胜利”。[①]

对总统权力要求的一个共同点是，他必须在国家各种不同利益之间的协调中发挥领导作用，不仅是协调那些狭隘的利益，而且包括那些普遍的利益以及在利益集团中得到体现的“游戏规则”。总统必须不仅以“游戏规则”的名义行动，而且也必须满足它们的要求和荣誉。总统只能在有限的和宪法的范围内行事，而且他必须尽量显示出活力。他的任务很重，但这些任务的有效实现依靠的是说服，而不是强力和法律权威。

通过总统来影响利益集团关系过程的一个方面，在第九章研究全国性政党时讨论过。赢得政党提名和总统选举，往往依赖一个由大量政治利益集团所代表或补充的地方或州的集团组织。由于它们的公开或隐蔽的活动，候选人入主白宫后，这些政党集团获得了接触总统的特别机会。在任总统所属的其他利益集团也享有类似的特殊机会。由于总统的经历使他获得了比其他人更独特的态度，

① Brownlow: *The President and the Presidency*,pp.62–72.

能够反映这些利益和态度的利益集团自然就更容易得到倾听的机会。然而，总统必须小心地维护这些在其选举中发挥重要作用的支持因素。如果他希望谋求连任，这一做法就更加重要了。即使总统不追求连任，或不希望成为下一次政党的提名候选人，除非他能够维护宗派和政党对他的支持，否则无法满足人们对他的期望。如果 400
利益集团不满行政首长，他们就会寻求另一种政治行动路线，主要是通过国会来行动。如果利益集团寻求的替代路线越多，总统扮演的角色效力就越低。

然而，尽管需要维护帮助自己获得权力的支持因素，但总统的党派性和偏私必须限制在一定的范围内。总统被提名和当选的过程，必然给了一些利益集团更多的接触总统的机会。但是作为国家的主要象征，总统不可能只完全认同一小部分人。总统在“党派的政治斗争”中作出选择，正如布朗劳描述的那样，但显然矛盾的是，“我们称赞总统是所有人民的总统，但对总统所进行的党派活动十分厌恶”，[①] 总统在白宫的行为必须保证国家的团结。对公正的期望是利益集团接触总统的决定因素之一，在第十一章中我们称之为对公职的影响。对总统职位的期望在决定利益集团的活动中更为持久和有效。由于其地位的突出以及象征性，除了最高法院外，总统职位比国家中其他职位更重要和更传统。在社会中担任过任何职位的人一旦就任总统职位，就必须改变自己的全部人际关系。白宫的在任者必须满足人们对一种活的偶像的期望。

对于作为国家元首的总统职位，要求其中立不一定是一种障

① Brownlow: *The President and the Presidency*, p.49.

碍。要求总统对社会中所有合法利益保持一定的距离，能够使他具有一种独立性和说服权力，作为对其正式权威的补充。而且，这种补充性权力是很重要的，因为总统的正式权力和其在政党内部的地位，均不足以确保人们对总统职位的期望得以满足。

构成美国宪法的"一系列妥协"在总统权力中表现得最为明显。总统被赋予了很大的权力，但行政活动必须在国会的法令和授权下
401 运行；行政机关只能使用国会提供的资金，并按照国会规定的条件使用。参议院分享了总统的一部分任命权以及总统在外交事务中的部分权力。总统的活动以及总统下属行政部门的活动在任何时候均接受国会的调查。

宪法具有的模糊性（缺少这种模糊性，宪法就会失去其活力）使总统的正式权力不足以行使一些被期望的职能。不管是法律还是事实，均未明确规定究竟是总统还是国会中的大多数对行政机关施加了真正的控制。分权制度和制衡机制给政府活动留下了许多替代性的方法。许多重要决策并不是按照正式的、牢固的等级制作出的。非正式的、法律外的方式也提供了重要的决策基础，但是，利益集团通过国会或总统来排斥其他集团，从而破坏了脆弱的等级制安排，构造了一种替代物。这些模糊性在大众的态度中也得到反映，人们对总统的某个职能明显不是很清楚。"总统是国家名义上的元首，是主要的立法者和主要的代表，又是行政首长，但我们不必在所有方面同时支持他。"①

总统和国会多数之间的潜在分歧，由于选举日程和任期差异而

① Herring: *The Presidential Leadership*, p.3.

进一步加强。困难不仅在于国会多数或某一院所属的政党与总统所属的政党不同，而是总统和国会各自的选民构成不同，正如我们在第十一章中指出的，特定选区选举某一国会议员的选民可能不会选举某一总统候选人，即使他们来自同一个政党。在《美国宪法》实行的最初三十年，在选举议员的选民与选举总统的选民之间还存在着一定交叉，当时国会的组织委员会可以提名总统候选人。组织委员会赋予了总统在国会中持续地获得政党领袖的支持的机会，即
使事实上选举发生在众议院。在政党大会上提名总统候选人，这种 402
做法自杰克逊时代以来一直盛行，但并不能“为国会的行政领导人提供稳定的支持”。[①]

总统选民与国会议员选民之间的分离，因选择立法机关领导人的方法进一步加剧。根据资历条件选择委员会主席、主要官员以及议会领导人，意味着领导职位主要取决于那些获得“稳定”选民支持的利益集团。然而，总统选举中的支持力量，必定不均衡地建立在“悬而未决的”地区的力量之上。尽管支持总统的各种因素十分复杂，但总统与国会中新当选的议员之间最容易建立政治关系，因为这些议员在立法机关中的影响最小。因此，有特权接近国会的利益集团在相当程度上不同于那些被白宫接受的利益集团。这种差异同样被本特利观察到了：“总统制的历史……也就是利益集团发现，当它们表达利益的其他渠道受到阻碍时，总统是最好的利益表达的渠道。”[②] 根据集中在总统身上的期望，一位成功的总统不可或

① Herring: *The Presidential Leadership*, pp.5–6.

② Bentley: *The Government Process*, pp.344–345.

缺的条件就是能够领导国会。总统也需要其他的技能，缺乏这些能力，他几乎一事无成。除非他能够得到立法机关最低程度的接受，否则甚至无法管理行政部门。这个时代允许柯立芝总统这样的人悄然退位，但连他也发现与立法机关的领导者在白宫共进早餐有一定的好处。20世纪的一些重要时刻，往往需要一位积极进取的总统。由于影响国会的正式方式几乎没有任何增加，自西奥多·罗斯福以来，总统不得不利用各种方法与国会建立一种领导关系。在很大程度上，这些关系反映了总统的个人特征。①

403 总统领导国会的能力很大程度上取决于总统具有超党派的象征性地位。尽管总统不可能完全忽略党派的诉求，但总统必须扮演多重身份，如作为党员的身份以及为了获得支持而不得不扮演名义上的反对者。只要可能，总统会利用他的党员同伴，但他不可能依赖他们，因为支持国会中他的同伴的力量与支持他的民众力量之间几乎没有关系，他们的政党立场并不能够使该党成为政府统治的工具，更不用说总统的统治了。即使利益相同的议员也无法依靠，因为国会议员的再次当选主要依靠个人的力量，如果他是一名政治企业家，他就必须保持一定的独立性。②

总统领导国会的个性因素在政党中表现得最为明显。如果同一政党的议员在议会中属于多数派，他们就会把两院组织起来，控

---

① 参阅 Brownlow: *The President and the Presidency*, p.123ff.; Edward S. Corwin: *The President: Office and Powers* (New York: New York University Press, 1940), pp.264–281; Herring: *The Presidential Leadership*, p.10ff.。

② 关于行政决定与国会议员在选民中立场之间的关系的论述，参阅 Pendleton Herring: "Executive-Legislative Responsibilities," *American Political Science Review*, Vol.38, no.6 (December, 1944), p.1163。

制立法程序。尽管政党的纽带关系较弱，这种多数地位使总统有机会利用立法程序来促进或阻止某些立法议案。总统是否使用这一条件不是正式权力的问题，而是他在与立法机关领导者的个人关系中实现特定利益集团的利益的问题。如果总统不能利用立法机关中的多数席位所提供的对立法程序的控制机会，这些机会反而可能会产生不利影响。

1933 年第七十三届国会开会之初面临的危机，很大程度上与总统和国会之间的友好关系相关，总统和国会均认识到当时大多数人的要求。然而，富兰克林·罗斯福领导着国会应付一群民主党议员，这些民主党议员来自南方，代表着与罗斯福所关注的不同利益。这是自杰斐逊就任总统以来每一位总统成功领导国会所必需的技能，也是总统角色所要求的技能。如果利益集团对政府提出的要求达成一致，那么接触立法过程的各种方式就必须受到总统与立法机 404
构领导人之间的关系的引导和控制。

总统行政，还是国会行政？

通过分权而产生接触政府的不同路径，以及通常在总统和国会之间发生的冲突与矛盾，推动了总统与国会为了控制行政部门而展开竞争。这种斗争从分权政府形成之初就已经展开，[①] 但随着授予行政机关的自主权的增加，它的重要性日益增强。宪法的模糊性导致对行政决策的控制是直接通过立法机关的授权还是通过总统享

---

① W. E. Binkley: *The Powers of the President* (Garden City, N.Y.: Doubleday, Doran & Company, 1937), pp.296–298.

有的行政权力进行，一直存在着争议。

因为国会所欣赏的利益不一定是总统最关心的利益，行政机关就多少成为互相竞争的、意见分歧的利益集团所关注的重点。尽管从“字面上”总统被冠以种种巨大的权力，但他还是没有信心认为冲突将按照自己的意愿得到解决。[①] 结果，行政官员的地位就十分微妙。在一些制度中，行政官员是封闭的、高高在上的，但在美国尤其是在联邦层次上，行政官员就像选举产生的官员一样受到影响。而且，行政官员的地位更加脆弱。赫林所说的“总统与国会的行政行为责任理论”所导致的冲突可能并不经常公开，因为对双方而言，就各自角色的考虑意味着妥协的必要。然而，这两种理论之
405 间的差异“如同暗礁”，这是行政官员不可忽视的。[②]

围绕控制行政机关产生的斗争，通常很明显地反映在内阁中，虽然并不局限于内阁。尽管在内阁的构成上，总统提名由谁参加到这个“官方家庭”很少遭到否决，但总统的选择也不是完全自由的。总统选择大的“主顾”（“clientele”）机构的部长，如农业部、劳工部、商务部，必须被有关的主要利益集团接受，在有些情况下实际上就是由集团进行选择。参议院不一定否决一位利益集团不能接受的内阁提名者，但总统及其秘书均可能由于该提名者不受这些利益集团欢迎而遇到麻烦，除非他就是或变成那些集团受欢迎的人。

① V. O. Key, Jr.: “Legislative Control,” in Fritz Morstein Marx, editor: *Elements of Public Administration* (New York: Prentice-Hall, Inc., I946), pp.339, 349.

② Herring: “Executive-Legislative Responsibilities,” p.1157. 参阅 Norton E. Long: “Power and Administration,” *Public Administration Review*, Vol.9, no.4 (Autumn,1949), pp.257–264; Paul H.Appleby: *Policy and Administration* (University, Ala.: University of Alabama Press,1949)。

在内阁职位的任命上，总统必须满足那些提名和选举自己的派别联盟的要求。他必须认清楚国家内部不同地区中主导性的利益，因为行政机关在这些地区中行使着重要职能，如内务部之于贫瘠的西部地区。总统如果想强调自己作为全国团结的象征，就必须接纳反对党，如1940年罗斯福任命亨利·L.史汀生(Henry L. Stimson)为战争部长、弗兰克·瑙克斯(Frank knox)为海军部长。如果总统使内阁完全由他的个人支持者和同情者组成，他可能会拥有一群亲信，但会失去对国会和利益集团的影响。[①]

内阁成员将有意或无意地为选择他们上台的人"说话"，有些人就成为这些利益集团积极的"成员"，而另一些人则不愿成为总统的支持者。观点的分歧不仅被表达出来，而且在许多情况下，竞争性的要求和期望也能够得到实现。在这种情况下，内阁首先成为总统巩固政治力量的主要方式，其次才是为政策发展而形成的咨询委员会。希望实现人们对其职位期望的总统以及能够满足这些角色要求的总统，很少注意内阁作为咨询委员会的作用，它们也很少能够发挥作用。内阁会议往往被局限于一些琐碎事务以至于被认 406
为是浪费时间，当然还有其他原因，但控制内阁任命这一因素可能是最重要的。[②]

总统必须利用他的部长们，更确切地说利用他们与国会议员和利益集团的关系，正如林肯成功地在他的内阁中任用了两个曾经

① Herring: *Presidential Leadership*, p.100; 参阅Key: "Legislative Control," p.355。

② Herring: *Presidential Leadership*, pp.92ff.; 参阅 Henry L. Stimson and McGeorge Bundy: *On Active Service in Peace and War* (New York: Harper and Brothers, 1947), pp.44, 561–562, and *passim*; Arthur W. Macmahon and John D. Millett: *Federal Administrators* (New York:Columbia University Press, 1939)，pp.4–5。

是他的竞选对手的人。总统必须进行妥协、顺从以及领导，但他不能被内阁牵着鼻子走。就个人而言，内阁成员不得不接触总统，这种接触也是有重要意义的。不同利益集团努力使自己的人进入内阁的某个机构，这表明，这种获得总统注意的机会即使是形式上的也很重要。利益集团希望自己的代理人成为内阁成员，很大程度上希望与总统的计划保持一致，并希望总统在某种程度上保持独立性。国会或总统控制行政机关的模糊性通常给内阁成员更多的回旋余地。

关于领导行政机关的责任在国会还是总统这一未得到回答的问题，以及总统在内阁任命中遇到的障碍，使内阁各部的部长在不同程度上形成了政治对立。一个行政机关与支持它的利益集团和议员之间的制度化关系，甚至使个人支持者也成为总统“中立的敌人”。例如，艾珀比在谈到总统时指出：“总统往往按照与国会直接打交道和阻止国会反对总统权力的下属的意见行事。”[①]这种情况并不是新近才有的。当约翰·亚当斯（John Adams）保留了旧的一届内阁时，他被那些认为应当对总统的政治敌人亚历山大·汉密尔顿（当时还是普通公民）负责的人们包围。新近的例子更多，1921年，哈丁总统的农业部长亨利·C. 华莱士与农业管理局和“农业集
407 团”“积极合作”，一起对政府施加压力。1942年，农业部长克劳德·威卡德（Claude Wickard）暗中支持农业管理局对正在讨论中的价格控制法案提出修正案，尽管罗斯福反对该修正案。商务部长和复兴金融公司的负责人杰西·琼斯（Jesse Jones），因其在重要商业

① Appleby: *Policy and Administration*, pp.113–114.

圈中的影响，他在国会中来自得克萨斯的代表及其盟友的支持下，几乎完全独立于罗斯福而活动。[①]

宪法赋予总统的罢免权，与总统对内阁的控制几乎没有什么关系。法律对总统免去部长的权力几乎没有限制。但如果总统不能自由地选择谁作为部长，在免去他们的问题上也同样受到限制。任何在国会内外有利益集团强大支持的内阁成员以独立于总统的方式行动，可能以遭到免职为政治代价。官员所属的利益集团和议员的反对则使这种代价更高，除非总统通过其活动获得更多政治力量，或在采取行动之前总统削弱了该内阁成员的支持力量。直到有传言说商务部长杰西·琼斯在1944年的竞选运动中没有投支持票，罗斯福才免去他的职位。[②] 杜鲁门1946年要求商务部长亨利·华莱士辞职，这与他如果让国务卿伯纳斯因抗议华莱士的公开发言而辞职相比，在国会和利益集团中失去的支持更少一些。但换作一位受到利益集团以及国会议员极力支持的部长，实际上就有可能忽视总统的要求。

就像不能自由地行使免职权一样，总统也不可能在行政决策问题上对每一个重大的争议表明立场，不仅因为他的时间和精力有限，而且也因为他所处职位的要求。总统不可能在任何争端中采取立场而不冒犯他人。由于自己不作为而导致他的支持者受到威胁，总统就有可能采取干涉措施，通过充分利用其职位资源，甚

① Kile: *The Farm Bureau Through Three Decades*, pp.101–102; Herring: “Executive-Legislative Responsibilities,” pp.1159–1160.

② 例如，参见 *Business Week*, January 27, 1945, p.16, 及 I. F. Stone: “Wallace In, Jones Out,” *Nation*, Vol.160, no.4 (January 27, 1945), pp.89–90。

408 至采取极端措施增加自己的影响。但他这样大张旗鼓行动的次数不能过多，否则这种手腕就会为人们熟知，他的威信就会受到影响。总统有时不会关注一个行政问题，反而选择将其资源用于某一立法活动。因此，利益集团接近总统的有效性，总是服从于总统自己的安排或具体情况。总统必须保持一种宪法上的统治者的中立性。①

总统决定是否干涉行政政策问题中的冲突，反映了他在竞争性利益集团之间的选择，包括那些关于总统其他角色的广泛期望中反映出来的利益冲突，因此，罗斯福避免在"二战"期间在可能影响战略物资和军备物资生产的问题上站队，而是集中精力处理他作为军队总司令和国家元首的工作。罗斯福缩小自己的角色范围，部分原因是他的时间和能力有限，另一部分原因是他关于行政部门内部冲突的信息不充分，而且也可能源自他想"赢得战争"的心理。

总统必须从众多行政决策问题中脱身出来，这不可避免地与行政官员保持相当的独立性，不管这些官员个人是否赞成还是不热心于总统的政策。而且，它也促使利益集团将活动集中于行政机关，或是直接或是通过议员和国会委员会。行政官员必须处理与利益集团和国会发言人的关系，如果遇到困难，他们必须自己在得不到白宫帮助的情况下解决问题。反过来，内阁官员的地位使他们在许多跨部门问题上保持类似的独立性。这种独立性促使各个部门对

① Herring: *Presidential Leadership*, pp.111–112; Key: "Legislative Control," p.344.

总统的政策路线保持冷静，促使它们通过国会加强对行政活动的控制。对于任何有争议的问题，行政机关的首长，不管是在内阁、局甚至处级部门中，必须不断地在冒着对抗立法机关的利益集团的风
险“忠诚地遵循总统的政策路线”，有效地进入立法机构，与反对 409
总统以保持其与国会中重要力量之间的和谐关系，两者之间作出选择。[①]

行政部门官员之间的交往模式不一定显示出一种等级模式，在这种等级模式中总统职位位于最顶端。即使在一些没有争议的问题上，也不会出现等级制模式。缺少争议所反映出来的均衡不是建立在行政领导的基础上，而是建立在一种公认的做法上，即对利益集团的动议作出反应，或在利益集团有效接近立法机关时作出反应。在一定范围内，从任何角度来看，这种情况是代表性权威的一种不可避免的、可取的结果。例如，有理由认为在芝加哥贸易委员会与帮助制定农业地区贸易法规的美国农业部的地方雇员之间应存在紧密的、重要的关系。同样有理由认为，许多行政决策问题通常不需要通过行政部门正式的等级制来解决。[②]类似地，行政机关接受国会议员的指导也是合适的。这种关系能够“促进政策的稳定和连续”。[③]这种模式在美国以外也会发生，正如我们在第一章中指出的。

① Key: “Legislative Control,” pp.344–346. 参阅 Wayne Coy: “Basic Problems,” *American Political Science Review,* Vol.40, no.6 (December, 1946), p.1129。

② 参阅 David B.Truman: *Administrative Decentralization* (Chicago: University of Chicago Press, 1940), pp.175–177 and *passim*。

③ Key: “Legislative Control,” p.346.

在美国，当利益要求之间出现争议和冲突时，就会出现控制行政机关的特定机制。但不清楚的是，决策模式应该是通过政府官员与接近议会的利益集团之间的交往关系确定，还是从通常被认为是正式等级制的渠道中产生。有特定机会接近立法机关或行政机关“核心”的利益集团，试图使这些模式中的某一个成为主导模式。在一项政策中，代表利益集团的议员和政府官员试图加强他们在行政部门内部和外部的影响。一位部门首长或一位行政首长会发现，
410 与为了获得领导地位而使用全部资源相比，远离一些政策冲突可能使他处于更有利的地位。因此，一项政策争议的结果并不意味着是在检验双方的实力。在任何情况下，为了达成一项政策的活动既可能通过“横向的”立法机关进行，也可能通过“纵向的”行政机关进行。在许多情况下，决定性的关系将反映某种妥协，其细节甚至对细致的观察者都是模糊的。在美国，行政控制的连续模式是一种变化模式，是一种“错综复杂关系的混合”。[①]

总统与工程兵

可能形式上属于总统的“纵向”责任，但“横向”上属于国会实际控制的最显著例子是美国工程兵。这支军队不仅属于行政部门，服从作为军队总司令的总统，而且也直接对国会负责，它的运作机

① Herring: “Executive-Legislative Responsibilities,” p.1159. 关于这一问题，见 Herbert A. Simon, Donald W. Smithburg, and Victor A.Thompson: *Public Administration* (New York: Alfred A. Knopf, Inc., 1950), esp. chaps.18, 19。

制充分证实了这一点。[①] 这支军队的民用职能——河流和港口建设以及防洪工程建设——涉及在议会选民中有着重要利益的地方设施，这些就是两者之间紧密关系的基础。从美国建立之初，这支军队就承担了河流工程的建设任务，当时它是政府中受过训练的工程师的唯一来源。用胡佛委员会的报告讲，该军队在这一工程中积极活动的一个主要原因是它“与地方利益和国会有着极好的关系”。[②]

自 1920 年代开始修建水利项目，工程兵与其他政府机构越来越多地卷入与水资源有关的司法冲突，特别是内务部下属的开发 411
局。他们尝试了在政府机关内部许多调和冲突的措施，包括总统直接干涉，但都不是很成功。这种情况在胡佛委员会的《特别行动小组关于自然资源的使用报告》(*Task Force Report on Natural Resources*)中清楚地得到表述：“工程兵因其地位而直接对国会负责，而总统没有足够权力制定一项政策，提出一项关于联邦水资源发展的合作计划。”[③]

胡佛委员会建议将工程兵的工作转移给一个新的内务部下设的水利发展和利用机构。该报告针对可能产生的“强烈反对意见”提出了一个重要观点：“不需要强调地方和国会对该军队的支

① 关于美国陆军工程兵团的内容主要来自 U. S. Commission on Organization of the Executive Branch of the Government: *Task Force Report on Natural Resources* (Washington, D.C.: Government Printing Office, 1949), esp.appendices 1,2,5,7; 另见 Robert de Roos and Arthur A. Maass: “The Lobby that Can’t Be Licked,” *Harper’s Magazine* (August, 1949), pp.21–30。

② U. S. Commission on Organization of the Executive Branch of the Government: *Task Force Report on Natural Resources*, p. 66.

③ Ibid., p.83.

持。”[①] 反对意见后来并未形成。该建议本身以多数赞成而被采纳。来自阿肯色州的参议员麦克莱伦——一位国会中著名的全国河流和港口委员会的成员，以及来自阿拉巴马州的众议员卡特·马纳斯科，提出了充满激情的反对意见。值得一提的是，国防部长詹姆斯·福莱斯特尔感到有必要拒绝“参与这一建议的讨论和政策制定”。[②] 由此可见，总统或国会将执行这一政策是极不可能的。

工程兵与国会之间的牢固关系取决于许多因素。工程兵的目的似乎是得到从缅因州到加利福尼亚州国会选区的议员对其项目的支持。这些国会中的利益集团包括承包商和地方官员，集中组织起全国河流和港口大会，我们在第十一章曾经提到。工程兵在建造工程中的财政安排有利于一些利益集团，并确保了这些利益集团对它的支持。由于兴建水利工程，那些在土地增值中获益的大土地所有者和水源使用者，没有理由不支持工程兵。工程兵反对在其建造

412 的设施上收取过桥费，使它与利用这些设施的利益集团关系良好。最后，工程兵倡导私人拥有电力设施的主张，受到了私人电力设施集团的欢迎。

即使在战时，民用工程兵也几乎完全独立于武装力量总司令的指挥。这种事实上的独立导致了围绕加利福尼亚州金斯河工程（Kings River Project）的斗争。[③] 当这一有争议的工程开始兴建时，

① U. S. Commission on Organization of the Executive Branch of the Government: *Task Force Report on Natural Resources*, p.67.

② U. S. Commission on Organization of the Executive Branch of the Government: *Reorganization of the Department of the Interior* (Washington, D.C.: Government Printing Office, 1949), pp.10, 81–89.

③ U. S. Commission on Organization of the Executive Branch of the Government: *Task Force Report on Natural Resources*, appendix 7, pp.149–182.

开发局的计划是，部分地通过调动北部地区丰富的水资源，部分通过储蓄南部山区中的水资源，为南部山谷地区提供更多的水源用于灌溉和防止水灾。金斯河工程属于蓄水工程。1937 年，一个当地的水利组织要求民用工程兵和开发局调查金斯河流域的用水需要，其意图很明显，就是想为自己的成员争取最大的好处。1939—1940 年，行政机关内部进行了大量活动，两个机构都写出了调查报告，但罗斯福总统亲自出面阻止两个报告的出台，直到最后达成一致。不管是什么原因，到 1940 年 2 月，这些活动最后均失败了，国会分别收到了关于金斯河地区的两份调查报告。

为了吸引不同利益集团而制订的两份报告之间的差异在于，一份来自民用工程兵的报告主张用于防洪，而另一份来自开发局的报告主张用于整个中部峡谷地区的灌溉。开发局主张限制灌溉受益者的范围（在拥有许多大公司的地区，这具有重要意义），控制土地投机，金斯河工程由联邦政府负责建造电力设施，并通过政府建造的输电线向中部峡谷地区输电，由受益者承担建造成本。民用工程兵的计划是，对受益者不加限制，也不控制土地的投机，由地方建造，由私人来提供电力设施项目，灌溉受益者只负担部分成本。无 413
疑，大部分地方利益集团同意民用工程兵的报告。

1940 年初，总统做了一个决定，他在写给国防部长和内务部长的一封信中说，金斯河工程主要是一个灌溉工程，应由开发局建造。开发局和支持其的利益集团更容易接触罗斯福总统，它们与政府控制的多重目的的水利工程之间的关系是长期的。工程兵则有更好的机会接触国会。因此在 1940 年和 1941 年众议院防洪委员会的听证会上，工程兵提出了自己的计划，而没有提及总统的政策。不久，总统的政策在内阁会议，并在给国防部长和众议院委员会主席的信中再次提出。这一行动明显要挫败 1941 年防洪计划。由于战争爆发，1942 年和 1943 年计划没有再发生改变。

1944 年，总统的预算中包括了开发局的初期建造活动。这一预算计划被众议院拨款委员会取消，但得到参议院拨款委员会重新批准，最后还是被两院相关委员会取消了。同时，众议院防洪委员会再次授权工程兵进行建造。为了阻止这一行动，内务部长艾克写信给国防部长时重申了总统的政策，罗斯福也再次写信给众议院委员会主席惠廷顿。在听证会上，工程兵发言人出示了来自伊克斯部长的文件，但其余的证词与之前没有什么变化。防洪控制委员会的报告有利于工程兵的提议，众议院通过了该提案。然而，众议院委员会主席惠廷顿在给总统回信时压力倍增，并强调该工程主要是为了防洪。

在 1944 年前，防洪法案被参议院商务委员会采纳，罗斯福总统显然被工程兵的行为激怒了，给战争部长史汀生发了一份措辞严厉的备忘录，全文如下：

> 我要求开发局建造金斯河工程和科恩河工程，而不是由工
> 414 程兵建造。我同时要求内务部长处理工程兵建造的工程所生
> 产的电力。我希望河流、港口和防洪法案中涵盖这些内容。①

国防部长将总统的备忘录交给参议院委员会主席，并附了一份提

① U. S. Commission on Organization of the Executive Branch of the Government: *Task Force Report on Natural Resources*, appendix 7, pp.167–168.

示。他在提示中指出:“我随函附上即将由贵委员会讨论的总统关于河流、港口和防洪法案备忘录的复本。我建议贵委员会最认真地考虑备忘录中的要求。”[①] 然后他简短地指出，为了满足总统的要求进行必要的修改。工程兵的发言人不仅没有支持总统的主张，而且坚持认为该项目应该是一个防洪工程，众议院委员会和参议院附和了这一观点。

一年后见分晓。开发局和工程兵均被授权建造金斯河工程，前者由内务部长授权，后者由 1944 年的《防洪法案》授权。一开始，两方均没有获得拨款。1945 年提交的政府预算，为开发局申请了该工程的资金，而并未为工程兵申请。几个月后通过的预算法案则改变了这一局面。

没有发现明显的围绕控制行政机关而展开的冲突。尽管隶属于国防部，工程兵的地位实际上独立于行政首长。工程兵事实上的领导关系是“横向的”，在其顶端是众参两院的委员会，而不是“纵向”隶属于总统。然而，总统权力的影响因素是可以察觉的。这些因素不仅体现在给两院委员会主席的信件中，也体现在 1944 年《防洪法案》总统与支持他的利益集团作出的妥协中。进一步讲，假如罗斯福总统想使立法机关和利益集团中的反对意见付出代价，他就可能惩罚工程兵的负责人，就像杜鲁门总统曾经在国会的一次听证 415
会后将其解职，以此作为对海军上将登费尔德的惩罚一样。

金斯河案也表明了部长们所处的棘手地位。战争部长史汀生

① U. S. Senate, Commitee on Commerce: *Hearings on Flood Control*, 78th Cong., 2d Sess.(1944), p.11.

的行为是正确的，但显然没有大力支持总统。如果他更加积极地反对工程兵，也许付出的代价不会很高，就像他三十多年前在塔夫脱总统的内阁中担任国防部长时那样。在1912年，他将不服从命令的副手弗雷德·C. 安斯沃思(Fred C. Ainsworth)少将解职，并交由军事法庭处理。安斯沃思在国会中有坚强的后盾，部分原因就在于他曾经负责处理河流和港口工程。史汀生和邦迪以最明确的言辞提到了道德的因素："安斯沃思的解职不仅是因为他个人对他的国会朋友的不敬，也是因为他对整个国会政府观念的挑战……对于他们对国会权力攻击中的胆大妄为，史汀生和伍德将军付出的代价是不断的冲突。"[①] 在第二次世界大战期间，史汀生聪明地作出了选择，不再为争夺控制工程兵的权力而付出代价。

必须指出的事实是，管理工程兵的活动中形成的关系不是典型的，也不是唯一的。这种情况不限于军队。不管法令如何规定，总统不可能重组行政机关，并重新指定其功能。事实上权力不在总统手中。例如，农业部长比大多数内阁成员享有更多的法定权力以重组他的部门。但是，如果他想对他的一些部门作出重大改革，他将遇到巨大的阻碍，要想成功，就必须付出代价。[②]

---

① Stimson and Bundy: *On Active Service*, p.37.

② 参见 Gaus and Wolcott: *Public Administration and the United States Department of Agriculture*, pp.265–266。参阅 U.S. President's Committee on Administrative Management: *Report of the President's Committee* (Washington, D.C.: Government Printing Office, 1937), p.35; U. S. Commission on Organization of the Executive Branch of the Government: *General Management of the Executive Branch* (Washington, D.C.: Government Printing Office, 1949) pp.31ff.; *Task Force Report on Departmental Management*, pp.5ff.。

“独立”的管制机构

所谓的独立机构尤其是管制机构的关系，只是在程度上不同于 416
我们一直讨论的行政机关的关系。从此前讨论可以看出，即使法律上隶属于行政机关的一部分，管制机构完全服从行政首长的情况也是很少见的。另一方面，尽管宪法和法令对总统施加了限制，尤其是通过对总统的免职权的限制，但管制机构和其他委员会的“独立”仍是相对而不是绝对的，也不是只有管制委员会的成员实际上高度独立于总统。例如，在许多州，行政部门不是非常统一，许多官员也不像联邦政府那样是由总统任命的，而是由选举产生的，这些官员通常像“独立”委员会那样独立。[①] 使机构独立的方式，几乎不会受到有关条件的束缚。政党忠诚和个人忠诚可能会创造出一种高度依赖，立法机关的拨款法案和法令也可以被用于促进机构政策的改变。如果由同一个部门长期控制某委员会的多数职位，即使换届选举也没有什么意义。对总统罢免权的限制也可能无效，如果他和柯立芝一样，用在一封未注明日期的信里提出辞职威胁作为任命的条件。[②]

① 参见 James W. Fesler: *The Independence of State Regulatory Agencies* (Chicago: Public Administration Service, 1942)。

② Robert E. Cushman: *The Independent Regulatory Commissions* (New York: Oxford University Press, 1941), chap. 10 and *passim*; Herring: *Public Administration and the Public Interest*, p.96; James W. Fesler: “Independence of State Regulatory Agencies,” *American Political Science Review*, Vol.34, no.5 (October, 1940), pp.944–945.

由于所谓独立的管制机构在美国政府中已经十分普遍，允许这些机构独立的措施必然会产生一些政治意义。因此，考察一下这些机构在什么条件下“独立”，对于了解这些机构的重要性是有益的。作出关于这些条件的笼统概括是不合适的，但我们可以确定的是，
417 广泛使用管制机构的原因，就像解释任何其他政府现象一样，将在围绕关于“独立”机构的政策进行争斗的利益集团之间的权力分配中发现。

实际上，所有”独立”机构的出现，均反映了为了执行半裁量性的权力时，立法机关自己不合适承担而进行授权的活动。不管是涉及规定铁路和公共设施的收费、颁发美容业和广播业许可证，还是管理贸易活动，立法机关本身不能直接行使这些细枝末节的职能，它们也不可能由法院来实施。问题就变成了：为什么这些组织被选择承担这些职能？为什么这些问题不交由那些正式隶属于行政部门的机构管辖？这些问题与早在1870年代各州进行的“独立”委员会的实验几乎没有什么关系，因为这些委员会取代了立法机关笨拙、直接的管制手段而成为独立机构，州长几乎成了傀儡，州行政机关活动的统一性无法实现。实际上，最早的委员会不过是由立法机关指定的专门收集信息的特别委员会。[①] 有关铁路的政治活动为这些实验提供了机会，这些实验几乎总是含有政治爆炸性的内容。这种委员会就像早期所谓的永久型“弱”委员会，是立法机关同意限制铁路方面的过分要求而形成妥协的结果。当伊利诺伊州的农

① 关于州委员会的早期历史及其在联邦一级的发展，最好的单一资料来源是Cushman: *Independent Regulatory Commissions*, chap.2 and *passim*。

庄主在 1869 年开始说服政府建立“强”委员会时，他们正在建立一种执行机构，一个有实权的机构（伊利诺伊州委员会最早被要求向州长报告工作）。

后来“要求成立委员会”（尤其是独立委员会）的运动似乎采用了防御性战略。协调制定管制法令的集团更希望独立委员会成为最不具反对性的“工具”：与总统和常规部门关系良好的、有组织的和未组织起来的利益集团是显而易见的。但不清楚的是，哪些利益集团能够接触一个独立于法院而活动的新机构。然而经验表明，418
受管制的集团比管制机构更具有整合性，它们能够紧密地追踪管制委员会的工作，因此，管制委员会很少能够做一些受管制集团不接受的事。[①] 当集团寻求进行管制时，例如颁发职业许可证，委员会被认为是实现这一目的最合适的机构，因为它确保了利益集团有机会接触立法。

早在 1887 年，当州际商务委员会——第一个联邦委员会，除非将公务员委员会也算上——建立时，这种防御性的考虑很重要，尽管这一假定不能被证明。对铁路而言，尽管它们反对管制，但也学会了如何对付州委员会，尤其随着格兰其运动（Granger movement）的衰落，它们推动一些州的法令作出了修改。铁路接触这些委员会的机会进一步增加了。同时，州委员会似乎也满足了敌视铁路利益的一些利益集团的要求，以至于该委员会在支持联邦管制措施的国会议员中获得较高的声望。这时，这一行政机构还没有要求独立。实际上，州际商务委员会最初是在内务部长的决定下建立的。

① 参阅 Herring: *Public Administration and the Public Interest*, p.213。

随后委员会机构的扩大表明了这一特征，即接受这一形式赋予了受管制利益集团的防御性优势。在第二个委员会建立之前又经过了二十多年。从 1887—1914 年，州际商务委员会获得了广泛的声誉，虽然这种声誉并不完全是有根据的，它甚至获得了类似于最高法院那样不犯错误的声誉。实际上，这两个机构在关于管制政策的争论中有时被划分为一类。[①] 对州际商务委员会的接受，有助于在利益集团要求制定更多的管制法案时，利用该机构作为一种妥协的条件。

诸如州际商务委员会这样的管制机构，不能保证像法院一样不
419 偏不倚，尤其当支持它的利益集团的最初热情衰减后。除了所有人均同意的少数事情外，它们的每一个行动，如果重要的话，至少像推翻既定观念和实践的法院裁决一样具有爆炸性。即使在任期中有良好行为表现的法官，也知道这些决定将打破法院的宁静，使他们深深陷入政治旋涡。委员会——或由总统领导下的某个机构——进行的管制活动肯定将影响和激发利益集团，就像立法机关的活动一样。这种活动反映了利益集团之间的竞争，它是“立法过程的延续”。[②] 在“独立”机构与行政部门之间的重要区别是，前者可能更加容易地反映了在法令通过时各种利益集团之间的相对力量。

立法机关在通过一项法令时越是模糊、不确切，执行该法令的委员会管制各种集团的活动越为有效，联邦贸易委员会的历史就是这样一个例子。1914 年，为了消除“不公平竞争”而建立联邦贸易

① Cushman: *Independent Regulatory Commissions*, p.155.

② Herring: *Public Administration and the Public Interest*, p.128.

委员会，该机构“被希望在国会的一个模糊命令指导下解释未达成稳定一致的问题”。[①] 机构的一项重要活动是调查食品工业，1917年应威尔逊总统要求增加了对肉类加工业的调查。“这一调查的重要特征以及带来的变化对该委员会产生了几乎致命的影响。”[②] 这一情况导致了受管制集团要求由一个行政部门而不是独立委员会作出裁定。主要借助肉类加工商的努力，1921 年通过的《肉类加工业和家畜管理法案》(Packers and Stockyards Act) 赋予了农业部而不是联邦贸易委员会对这个行业的管理权。随着主导 1914 年立法活
动的集团力量的减弱，限制性法院裁决的出台，以及总统任命更少 420
具有进攻性的人担任委员会领导，联邦贸易委员会慢慢与公众中最强硬的势力达成一致，并试图“通过帮助商业从而实现帮助自己的目的”。[③] 一个明显的变化出现在 1938 年，当时广告集团和专利医药集团成功地使食品、药物和化妆品管理权归属该委员会，而不是农业部下属的食品和医药管理局。[④]

委员会形式的价值并不是由在这一机构中的人员是否“优秀”决定的。最好的意图也不能阻止执行官员在管理活动中面对利益集团的要求而制定、执行模糊性的政策。比起行政机关，一个正式独立于总统并被期望独立于司法机关的委员会，更加容易被受管制的集团组织接触。利用总统的资源来保护自己并不容易，对一些利

① Herring: *Public Administration and the Public Interest*, p.117.

② Ibid, p.119.

③ Herring: *Public Administration and the Public Interest*, chaps.7 and 8.

④ 参见 The New Food, “The New Food, Drug, and Cosmetic Legislation,” *Law and Contemporary Problems*, Vol.6, no.1 (Winter, 1939), 尤其见 Milton Handler: “The Control of False Advertising Under the Wheeler-Lea Act,” pp.91–110。

益集团而言，接触总统是较困难的。

没有总统的支持，监督机构不可能有效地制定一项有争议的法令。如果这个机构在行政部门内部，情况就可能有些不同。如果作为一个正式的独立部门，就更不可能有效制定法令。一个独立委员会的政治生命取决于它与受管制对象能否形成一种生存模式，因为其他的利益集团可能在行政机关中享有更大的发言权，而管制机构的“独立性”对受管制对象具有防御性优势。

在许多州为颁发职业许可证所建立的机构中，可以明显看到这种防御性优势。不管是给医生、理发师、律师还是企业家办理许可证，标准的模式是在特定行业中实行强制性的许可法令以允许一两个协会进入，而该许可法令由这些协会提名的官员所组成的独立委员会负责执行。执行法令的过程就是通过法令对进入该领域从业者施加限制，保护得到许可证的从业者免于竞争，保护行业标准不受侵犯。在新泽西州，这种委员会的开支完全由收费支持，州财政
421 并不负责，他们按照“小政府，但不对任何人负责”的原则活动。[1]
就像人们更加熟悉的管制委员会一样，当这些委员会处理非争议性的活动并且面对有限的、同质的公众时，它们实际上就“远离了政治”。

一旦管制机构与受管制者之间建立了特定的关系，就会充分利用“独立”资源来保护现存的管制模式，防止其遭到破坏。总统和

① McKean: *Pressures on the Legislature of New Jersey*, p.148. 参阅 Fesler: “Independence of State Regulatory Agencies,” pp.943–944; Leiserson: *Administrative Regulation*, pp.115–118。

立法机关任命一些人进入委员会，这些人能够很容易接触立法过程。任命活动可能会受到法令所规定的候选人必须拥有的背景和关系的影响，但不会受制于法令条款本身。管制机构和受管制者共同合作，以反对要求改变现存接近模式的提议。许多铁路公司欢迎所有政府放松管制，如果在政治上可行，但是他们也抵制任何可能扰乱与州际商务委员会已建立的现有关系模式的改变。因此，美国铁路协会宣布反对成立隶属于政府内阁的交通部，就不足为奇了。[①] 正如我们已经指出的，这些防御性活动不局限于独立机构。然而，这些机构的政治力量来自对“独立”观念的接受，以及最高法院支持它们的法令。从严格意义上讲，阻止将独立委员会的活动交给行政部门的行为是不符合宪法的，但这些行为反映了现存利益集团之间的均衡关系。[②]

立法影响的手段

在前文中，我们已经谈到了“国会控制”的问题，使用这个名词较为简便。但不应忘记的是，立法机关内部领导的分散性使“国会 422
控制”实际上为参议员、众议员、委员会以及有机会接近立法机关的利益集团共同控制。“在大多数情况下，国会的活动是由一个人、两个人或少数人提出议案，他们的同人只是表示同意或者提出反对

① The *New York Herald Tribune*, March 27, 1948.

② 参见萨特兰法官在“拉特恩对美国政府”的诉讼案中的观点，Mr.Justice Sutherland in Rathbun v. United States, 295 U.S. 602 (1935)。参阅 Cushman: *Independent Regulatory Commissions*, p.451。

意见。”[①]

而且，关于控制行政机关的问题，只有当接近立法机关的利益集团与接近行政机关的利益集团之间发生冲突时才会出现。这些利益集团也可能是两大党内部派别的冲突，但不太可能是反对总统及其政府的立法集团。这些利益集团也可能与总统或立法领导者的利益相一致，它们的利益要求可能涉及实质性的政策或对“游戏规则”的保护。最后，在许多情况下，这些冲突的力量可能是由组织化的利益集团，尤其是协会这类集团构成。

当一场冲突发生时，与立法机关内部的类似冲突一样，每一个参与者试图扩大所涉及的公众，希望支持自己的力量得到增强。此时，总统可以利用的力量名义上要比其对手可以利用的力量要大得多。20 世纪以后，总统权力最显著的变化是总统控制公众的能力的提升。[②] 在这种情况下，主要借助立法机关进行活动的利益集团，在那些总统很难处理的技术问题上，或总统无法轻易攻击的问题上，就具有了很大的优势。有一些例子可以表明这一点。

我们在第十二章中已经指出，拨款法案是一种影响政策而又不会扩大特定公众的特别有用的工具。这种法案，如税收法案，技术性较强，读起来又很乏味。然而，这种法案中的一段语言，可能比一个正式组织的章程更能说明政府的责任。尤其在联邦政府，因为
423 总统无权否决国会通过的法案中的特定条款，拨款法案就成为控

① Key: “Legislative Control,” p. 342. 参阅 Appleby: *Policy and Administration*, p.9。

② 参见 Brownlow: *The President and the Presidency*, chap.4, and Corwin: *The President*, chap.7。参阅 Harold J. Laski: *The American Democracy* (New York: Viking Press, Inc., 1948), pp.72ff.。

制行政活动的重要工具。例如，根据法律，内务部长可以依法授权开发局实施某个项目，表明这一机构具有较大的自主权。然而，制定关于开发局的详尽的、具体的拨款法案意味着基于该局的限制极大。[①] 拨款法案要求行政机构向国会委员会通报所有关于政府举办的医院的规模和所在位置的决策过程——其目的是要求国会否决这些决策。[②]1944 年拨款法案要求海军部长获得众参两院海军事务委员会关于所有土地交易的条件的认可。[③] 农业管理局试图利用农业部的拨款法案作为工具来撤销土壤保护管理机构，该机构被视为农业管理局在县代理机构的竞争对手。[④]

通过拨款委员会和其他机构来实现控制可能是非正式的，几乎无法被观察家们发现。拨款委员会递交给参众两院的报告可能包括对相关机构的指示，在听证会期间通常由拨款委员会主席向这些机构的代表提出告诫，这些告诫可能具有一定的约束力。即使是一次性拨款，也通常是在行政官员和议员之间关于行政政策问题上心照不宣地达成互相理解后制定的。[⑤]

① U. S. Commission on Organization of the Executive Branch of the Government: *Task Force Report on Natural Resources*, p.82.

② Appleby: *Policy and Administration*, pp.9–10.

③ Key: “Legislative Control,” p.342.

④ 参见 Edward O’Neal 在 U.S. House of Representatives, Subcommittee of the Committee on Appropriations 上的证词：*Hearings on the Agriculture Appropriation Bill for 1947*, 79th Cong., 2d Sess. (1946), pp.1627–1636。

⑤ 关于这一主题，参见 Arthur W. Macmahon: “Congressional Oversight of Administration: The Power of the Purse,” *Political Science Quarterly,* Vol.58, nos.2 and 3 (June and September, 1943), pp.161–190, 380–414。参阅 Arthur W. Macmahon, John D. Millett, and Gladys Ogden: *The Administration of Federal Work Relief* (Chicago: Public Administration Service, 1941), p.280。

这些方法使议员——尤其是委员会主席——以及行政官员与利益集团之间建立了连续性的接触。在与某个委员会达成谅解之
424 前，非正式的共识就已经形成。类似的关系同样发生在授权委员会。后者随时可以传唤某个行政官员，要求对其所做的决定进行解释，这种传唤同样可能影响他的行动。因此，在采取各种自主性行动之前，行政官员必须获得委员会重要成员的同意。

在第二次世界大战期间，来自佐治亚州的众议院海军事务委员会（House of Naval Affairs Committee）主席卡尔·文森（Carl Vinson），频繁地接受海军部的最高军事官员和技术官员的咨询，以至于在许多低级官员中享有“永久部长”之誉。他的影响不仅来自他的职位，也来自他与海军的长期关系和广泛的知识背景。自1920年代起，他就是海军事务委员会成员，从1931年后一直是该委员会的主席，因此他比海军将领和技术官员在该部门的重要问题上更有发言权。在听证会上，他的广博知识得到充分展现。委员会的成员可以向海军上将或海军部长办公室的官员提交一份事实报告，但往往在听证人从他的助手那里得到答案之前，他就已经回答了问题。第二次世界大战后武装力量机构实现了整合，文森作为众议院军事委员会主席，与陆军和空军建立了类似的关系。在评论文森参与作出的重要军事决策时，一名来自华盛顿的记者将其描述为“海军统帅、陆军统帅和空军统帅，无所不晓的军队总司令”。[①]

行政任命由立法机关批准，是利益集团通过立法机关实施暗中

① William S. White: “Carl Vinson Has Been Unified, Too,” The *New York Times Magazine*, September 10, 1950, p.12.

控制的又一种方法，在讨论总统的内阁成员时我们已经谈到过这一方法。行政任命由参议院批准的困难较大，而随着近几十年来联邦活动的扩大，这些困难又进一步加剧了。[①] 行政机关中新的功能以及行政机关创造的有力的自主权，成为利益集团关注的目标。425
不管是支持还是反对政府功能的扩大，利益集团均试图影响重要的人事安排，以确保有效地影响决策。这些利益集团通常得到州选区或国会选区中的政党或政党派别的补充，并往往代表后两者。政党不仅希望惠顾其成员，支持利益集团，而且也试图阻止行政机关的任命，尤其试图阻止那些在华盛顿之外的、能够形成竞争派别的任命。

这种控制方法中的微妙之处，不仅在于立法机关拒绝批准任命，而且也在于提名者不会提名那些可能遭到否决的人选。鉴于参议院的批准权力和出于"谦恭"的表现，总统将避免对行政任命所遭到的否决提出批评，他也不会对自己选择受到的限制表示反对。拒绝承认这些限制表明了政府中真正的控制所在。一个很好的例子发生在 1947 年的阿拉巴马州。州长福尔萨姆代表该州的小农，提名了一组官员进入监管农业服务机构的委员会。当该委员会通过一个决议，严厉批评农业服务机构未能帮助小农，以及批评该机构与州农业协会的关系时，农业服务机构的官员和农业协会一起说服立法机关，否决了州长对该委员会的任命。[②]

在其他类似的立法机关及其附属利益集团实现控制的方法中，

---

① 关于这一主题的深刻讨论，见 Arthur W. Macmahon: "Senatorial Confirmation," *Public Administration Review*, Vol.3, no.4 (Autumn, 1943), pp.281–296。

② Key: *Southern Politics*, pp.55–56.

立法机关调查不服从命令的行政机构又是一种。值得一提的是，这种调查利用对行政机关的分散控制权，使一个行政机构反对另一个行政机构。1943 年考克斯委员会对联邦通讯委员会进行的一项调查，是为了试图满足陆军和海军要求接管该委员会的部分职能，认为该委员会妨碍而不是推动了国家的战备。[1] 就像批准人事安排的权力一样，对行政机构的许多调查，反映了利益集团为了获得接近
426 新成立的行政机构官员的机会而进行的斗争。其他两种国会活动也属于这一类型：国会通过决议，保留不需要总统签名的条件下推翻行政决策的权力；[2] 制定法律限制任期，并要求国会对授权法案进行修改。在近些年，这两种方法使用的频次越来越高。

根据前文描述的情况，很明显，国会分配给行政机关的职能并没有消除我们在立法过程中看到的利益之争。利益之争并不表明议会在决策过程中职能的收缩，也不表明议会常设委员会在这方面权力的发展。议会中权力的分散性在行政部门中同样存在。在分权的正式规定及其模糊性引导下，利益集团制造了一种复杂的、但又不稳定的控制结构，在立法机关和总统机构中均得到频繁运用。正如阿瑟·麦克马洪及其合作者谈到这一结构时指出的："表面上，总统在不同行政层次上的任命权力得到提升，但由于必须获得参议

① 参见 U. S. House of Representatives, Select Committee to Investigate the Federal Communications Commission: *Hearings*, 78th Cong., 1st Sess. (1943) , part Ⅰ, pp.9–42 and *passim*。

② 参见 John D. Millett and Lindsay Rogers: "The Legislative Veto and the Reorganization Act of 1939," *Public Administration Review*, Vol. Ⅰ, no. Ⅰ (Winter, 1941), pp.176–189。

院的批准，实际上减少了总统的行政领导权。”[①] 利益集团进行控制的方式，按照连续的交往和个人责任的原则进行。行政部门的增加并不一定导致总统权力的相应扩大，这种假定误解了政府体制的基本特征。

行政影响的途径

很明显，在行政机关内部存在着许多离心力量，许多机构并不一定受到总统的控制。尽管行政部门不像正式说法和组织章程规定的那样仅仅是简单的等级制模式，但行政首长还是能够影响行政机构及其官员的行动。利益集团很少接近州长或总统只是因为缺 427
少习惯；行政首长手中的领导权是不能被忽视的。总统作为行政首长、首席立法者、国家元首和武装力量的总司令是有实权的，而不是名义上的。即使总统在政府内部不处于控制权力的顶峰，他也不会是边缘性或从属性的地位。

当我们分析对行政首长的影响方式时，必须记住，这些方式不能简单地划分为行政影响和立法影响。不管发生什么，行政首长权力的任何增强都会反映在整个政府中。行政首长对行政机关控制的增加，使他对行政决策有了更大的控制。行政首长对行政机构控制的增强既推进了对议会的影响，同时又依靠其对议会的影响。总统对立法领导权的扩大，或者对受到利益集团左右的议员的影响的扩大，在行政部门内部具有类似的、尽管不是同等的影响，这种影

① Macmahon, Millett, and Ogden: *The Administration of Federal Work Relief*, p.270.

响的不同在于不同的总统角色。换言之，国会接受总统在外交政策方面的领导并不影响国会对水利设施建造问题（“横向”）的控制。然而，由于总统是一个单一的职位且其角色是独立的，总统在一个领域具有的能力和信誉可以用于在另一个领域进行交易和妥协。类似地，在外交事务中名誉扫地的总统，会因为他的行政下属在其他各领域拥有更大“独立性”而受到困扰。

行政首长发挥影响的手段中最明显但不是最重要的是任免权。对这种权力的一些局限已经讨论过，此处不再重复。然而，应该指出的是，作为一种行政工具，庇护是重要的。在罗斯福第一任期内的最初几个月有效地运用任命权有利于他在国会中占据主导地位，往往使他能够忽略特定的利益集团关系。当1933年《经济法案》（Economy Act）递交到众议院时，退伍军人组织强大到足以有力阻止民主党人减少对退伍军人的支出的政策倡议。然而，它们无法阻
428 止民主党人的多数在投票上支持该条款。[①] 通常，退伍军人的支出由退伍军人管理机构、国会委员会以及例如美国退伍军人协会等组织来解决。在这个例子中，退伍军人管理机构不得不一定程度上放弃它对总统的独立。

总统难以控制其名义上的下属机构的一个原因是缺少信息。尽管总统享有巨大的正式权力，但往往不清楚行政部门中发生了什么，除非或直到争议问题爆发。如果他持续地有辅助机构来帮助获取有关信息并按照这些信息行动，问题就不会特别严重。在确保总统获得信息方面最大的发展是自1921年后预算管理局以及从1939

① 参阅 Chamberlain: *Legislative Processes*, p.268。

年后总统办公厅等其他单位的建立。[①]

在 1921 年《预算和统计法案》(Budget and Accounting Act) 通过之前，总统对拨款过程几乎一无所知。实际上，行政机关的财政关系直接与国会委员会发生，利益集团当然在各个阶段均会涉及。赋予总统准备预算的责任是一种重要的代理权，使这些关系进入了一种新模式。隶属于总统的预算管理局，其负责人的任命不需要参议院的批准，该局负责在总统将这些预算送交国会前对其进行评估和修改。原先关注这些预算的利益集团没有离开，国会拨款委员会的影响也没有消失，但两者不得不寻找其他的影响途径。这些机构 429
的独立权力及其利益集团联盟没有被取消，但不得不寻求更加有效地被总统接受的相关利益要求，并改进他们自己与总统的关系。结合预算管理局对拨款开支的控制，总统预算的增长意味着总统对行政部门控制的显著提高。而且，就拨款基本上能够满足总统的要求而言，总统在立法活动中的角色也得到了加强。[②]

有充分证据表明，行政机构与国会之间的“横向”关系并没有

① 参见 Fritz Morstein Marx: “The Bureau of the Budget: Its Evolution and Present Role,” *American Political Science Review*, Vol.39, nos.4 and 5 (August and October, 1945), pp.653–684, 869–898; Louis Brownlow and others: “The Executive Office of the President: A Symposium,” *Public Administration Review*, Vol. Ⅰ, no. 2 (Winter, 1941), pp.101–140; Don K Price: “Staffing the Presidency,” *American Political Science Review*, Vol.40, no.6 (December, 1946), pp.1154–1168; Herman Somers: *Presidential Agency: The Office of War Mobilization and Reconversion* (Cambridge, Mass.: Harvard University Press, 1950), chap.7 and *passim*。

② 参见 Robert H. Rawson: “The Formulation of the Federal Budget,” in Carl J.Friedrich and Edward S. Mason (eds.): *Public Policy* (Cambridge, Mass.: Harvard University Press, 1941), pp.78–135。

因为预算由行政部门编制而消失，尽管这种关系发生了变化。这些关系受到总统和预算官员期望的影响，如果预算遭到大幅度削减，行政官员就会寻求拨款委员会的帮助，给予同情的议员甚至会邀请有关官员在听证会上批评预算管理局的修改。该官员往往不顾事实，尽可能寻找理由表明他所说的只是“个人”的观点，然后为最初的要求辩护。由于拨款委员会与预算管理局和政府各部门打交道，官员的证词实际上代表了该官员所在部门的上级关于预算的决定。[①]

有时，总统指示行政官员不要试图从国会那里获得比预算建议更多的资金。[②]尽管大多数行政机构不会公开向国会要求比总统建议的更多的预算，[③]但能够接触议会的利益集团则不受这种限制。这些利益集团按照自己的意愿行动，因为在华盛顿，预算管理局的行动是一个公开的秘密，或者它们根据威胁预算调整的
430 政府官员的要求而行动。在许多情况下，行政官员公开要求利益集团进行活动。[④]行政预算制度提高了接触总统的必要性，加强了总统对行政机构的控制，即使影响预算过程的其他途径仍然很重要。

---

① 例如，参见 U.S .House of Representatives Subcommittee of the Committee on Appropriations: *Hearings on the Agriculture Department Appropriation Bill for 1946*, 79th Cong., 1st Sess.(1945), part 2, p.10; *Hearings on the Agriculture Department Appropriation Bill for 1947*, 79th Cong., 2d Sess. (1946), pp.6, 68, 1229。

② 参见 The *New York Herald Tribune*, January 9, 1947。

③ 参见 Macmahon: “Congressional Oversight of Administration,” pp. 408–411; Price: “Staffing the Presidency,” p.158。

④ The *New York Times*, August 27, 1947. 海军后勤作战部副部长在美国退伍军人协会国防委员会做证，要求后者支持下一财年的海军拨款申请。

预算管理局的另一个有意义但重要性略低的职能是整理行政机构递交给国会的所有建议案，不管这些建议案是这些机构自己提出的，还是国会委员会交给它的。预算管理局的报告审议必须在向国会的报告中表明，该建议是否与总统的计划一致。尽管这一程序是很重要的信息来源，但如果预算管理局忽视了总统的“计划”，这种审核工作就没有什么意义了。例如，工程兵不顾预算管理局的行动而经常提出有利于河流、港口和防洪工程的建议。[①] 当国会大多数议员以及委员会主席与总统不属于同一个政党，且某机构的预算法案与总统的计划不一致时，预算管理局不会阻止甚至会帮助该法案在议会中通过。尽管预算管理局的工作程序可以提供信息，引导某个机构接受总统的领导，但这种程序不能揭示或控制政府官员、议员与利益集团之间非正式的个人关系。[②] 行政机构提出和准备立法法案，表明了行政部门重要性的提高，但预算管理局最后受限的审核程序表明，这种活动还是缺乏统一性。

其他的总统辅助机构，例如按照 1946 年《就业法》建立的经济
顾问委员会，对于加强总统和行政部门的关系作出了一定的贡献， 431
此处不作具体讨论。[③] 这些辅助性机构的发展使有组织的集团对总

① U. S. Commission on Organization of the Executive Branch of the Government: *Task Force Report on Natural Resources*, pp.98–99.

② 关于这一主题，一般可见 Edwin E.Witte: “The Preparation of Proposed Legislative Measures by Administrative Departments,” in U.S. President’s Committee on Administrative Management: *Report With Special Studies* (Washington, D.C.: Government Printing Office, 1937), pp.361–377; U. S. House of Representatives, Select Committee on Lobbying Activities: *Hearings*, 81st Cong., 2d Sess.(1950), part Ⅰ, pp.129–151。

③ 对这些发展的评论，见 Somers: *Presidential Agency*, chap.7。

统职位的影响变得越发重要。

行政部门或特定行政机构内部职能的重组和再分配，是总统加强对下属控制的一种方式，而不是总统从行政重组中获得更多的正式权力，尽管他可以这样做。例如，一个独立的管制委员会被指定隶属于某个行政部门，或者独立性很强的审计长的权力被调整。然而，重组行政机构的基本原因在于：创造新的关系和改变旧机构的相对重要性——改变那些关系已经发生了变化的机构的自主权。一个行政部门的决策很大程度上受到其与利益集团、议员和其他行政机构的关系模式的影响。重组行政部门很大程度上改变了这些既有的相互关系。

这里可举一例，表明行政重组活动改变政府结构从而影响行政决策的过程。1906 年当《卫生食品和医药法案》（Pure Food and
498 Drug Act）通过时，该法令的执行被指配给农业部，主要是因为该法案在行政部门内的主要支持者是哈维·威利，是当时农业部化工业管理局的负责人（顺便一提，《卫生食品和医药法案》本身就是利益集团政治的很好的研究对象）。可以想见，农业部是食品制造商利益集团关注的对象，同样受到关注的是监管食品和医药管理局活动的国会授权委员会和拨款小组委员会，以及农业部的其他机构。结果，当食品和医药管理局试图阻止在州际商务活动中未经消除农药残留物的苹果销售时，苹果种植业者比较容易地找到了农业部和涉及农业部（以及食品和医药管理局）拨款的议会拨
432 款小组委员会。同时，食品和医药管理局特别关注农药和化肥的乱贴商标和掺假问题，这些做法遭到了该机构所管理的农业集团

的反对。[①]1940 年，食品和医药管理局的权力被转交给联邦保障局，其结果是原来的关系发生了变化。原先对该机构施加影响的利益集团并没有离去，但它们对食品和医药管理局的影响发生了变化，通过上一级机构和国会委员会来影响食品与医药管理局，这样，其他的竞争性利益集团就可能具有更好的接触机会。

总统的控制在食品与医药管理局案例中并不是很明显，尽管在政府重组活动中反映出不同集团对他的影响。然而，作为行政首长加强控制行政机关的方法的政府重组，其意义在于改变立法机关与行政机关之间的关系，也包括与利益集团的关系。这种改变使不同利益集团接近政府产生了差异，加强了这些利益集团通过总统发挥作用的影响。

行政重组产生了许多结果，但最基本的一个结果是改变了利益集团接近政府的机会。改变利益集团接近政府的方法是行政重组产生的一种持续结果，尤其是从 1932 年以后联邦政府重组产生的影响。这些利益集团不仅包括“压力型”利益集团，也包括公共行政专业的学生集团以及诸如“经济”“效率”这些词反映出来的未组织起来的集团。它们试图加强总统的地位，即改变与行政部门接触的渠道，以利于那些能够接近总统的利益集团。[②]在围绕立法机关授权行政重组或反对总统重组计划的斗争中，这种相对的接近机

① 参阅 Gaus and Wolcott: *Public Administration and the United States Department of Agriculture*, pp.176–177; Herring: *Public Administration and the Public Interest*, chap.14; Harvey W. Wiley: *The History of a Crime Against the Food Law* (Washington, D.C.: 1929)。

② 参见 Avery Leiserson: “Political Limitations on Executive Reorganization,” *American Political Science Review*, Vol.41, no.1(February, 1947), pp.68–84, esp. pp.69–70。

会是很重要的。

433 在本章开始时已经提到对总统或行政部门首长重组政府活动的限制。这些限制来自行政机关中既有的“横向”关系、国会的分散领导以及利益集团的影响，这些因素在政府重组过程中仍然保持。正如我们在之前谈到的，总统控制行政部门和他对立法机关的领导是互相依存的。工程兵、退伍军人管理委员会、州际商务委员会、林业局等机构“独立”，不太可能马上被政府重组改变。只有利益重叠和利益冲突的加强以及最接近这些机构的利益集团力量的削弱，才可能在这些机构中产生变化。尽管 1939 年、1945 年、1949 年通过的政府重组法案，表明了通过利用利益集团成员的交叉身份、扩大公众和改变关于行政部门的期望而产生变革的力量和可能性，但政府重组仍然是总统控制接近行政部门机会的有限渠道。①

围绕政府重组进行的斗争表明，政治过程很少涉及议会和行政机关作为两个独立的整体机构之间产生的冲突。在议会和行政机关中产生的冲突，只是两个机关中的一部分人之间的冲突，这些冲突实际上反映了有组织的和未组织的利益集团之间的争斗，并得到它们的支持。一些利益集团能够更容易地获得国会中的多数席位，从而以整个立法机关的名义发言，另一些利益集团则可能更加接近总统，以总统的名义讲话。从这个意义上，我们才可以讲议会与总统处于冲突状况。尽管可以使用“总统诉国会”来

---

① 国会委员会关于 1939 年、1945 年、1949 年重组法案的听证会，及其呈送的计划中有许多支持此处解释的内容。从这一点看，胡佛报告提及的公民委员会的活动值得仔细分析。

简单描述这种斗争，但是如果我们不了解深一层的意义，就无法理解这种冲突。

作为总统发挥影响方法的一个重要补充可以在总统拥有的巨
大公共资源中被发现。其中，行政领导权增加的一个标志是，总统 434
成为全国性新闻的主要来源。而且，由于总统可以不断地制造新闻，他被赋予了越来越多的机会去制造新闻。总统的新闻发布会已经成为各种媒体“必然发布”的内容，问题就变成总统有机会对政府的所有问题发表评论。新闻发布会、“炉边谈话”、“短暂访问”、总统在国会会议上的露面、各种仪式上的致辞以及其他各种机会，被用于支持总统关心的问题和利益。大多数情况下，这些活动被认为影响了即将进行的立法、选举和外交问题，而不是控制了行政部门。尽管这些情况是真实的，但从许多角度来看，在行政机关内部还是产生了一定的作用。正如我们在前文指出的，总统的角色不是完全可以分开的。而且，总统在立法问题上表明立场，至少对他的一些下级机构而言，并不是不相关的。

总统公开露面的宣传效果不仅扩大了受众范围，也利用了公众的多重身份，包括行政官员、议员和公民。总统对外交政策的发言可能削弱了反对总统政策的下属的活动，或者迫使他们“转入地下”。公开指责某“压力集团”或“说客”既可以警告行政官员，又可以对议会中的反对派构成挑战，即使“独立委员会”也会受到这些措施的影响。库什曼引用了胡佛总统两次宣布他认为州际商务委员会应该遵循，而委员会“不情愿地让步”的政策。库什曼指出，总统没有法定权力执行他的声明，但是“如果命令被公开，就可能

非常有效了”。[1]

在一些情况下，如果总统能够与别人分享公共资源，宣传效果可能会更好。如果总统巧妙地利用这些从显赫的、中立的社会名流那里获得的建议，他能够为自己主张的要求创造新闻并获得政治支持，这就是很少被研究的总统特别委员会的最重要作用之一。其
435 中，1942 年罗斯福总统任命的负责调查橡胶问题的委员会，就是一个很好的例子。[2]

1942 年，由于日本占领了橡胶生产地，这就要求不仅需要加快合成橡胶的制造，而且也需要增加现有的橡胶储备。这种利益冲突在立法机关和行政机关中均有反映，包括：大橡胶公司担心失去专利保护和市场份额；石油公司急于开发新的石油利用方法，但反对因节约橡胶实行汽油配额；农业集团对从谷物酒精中生产橡胶很感兴趣；威士忌生产商不愿失去谷物酒精的供应；另在橡胶储备公司、价格管理办公室、战时石油管理局、参议院农业委员会等机构中也有反映。当这些利益之间直接发生冲突时，总统原本可以直接压制，但是由于国会制定的不受欢迎的法令以及颇受非议的配额计划的实施，其影响力受到削弱。因此，总统任命由伯纳德·巴鲁克（Bernard Baruch）以及两位著名人士——素以公正著称的科学家卡尔·T. 康

① Cushman: *Independent Regulatory Commissions*, pp.680–682, 685–686.

② 较全面研究这些方法的著作见 Carl Marcy: *Presidential Commissions* (New York: Kings Crown Press, 1945)。尤其参见 pp.49–53, 67–69。关于富兰克林·罗斯福的社会保障咨询委员会的评论见 Herring: *Presidential Leadership*, pp.121–124。在州一级上的类似研究见 William T. R. Fox: “Will the Public Support a Merit System?” *Public Opinion Quarterly*, Vol.3, no.1 (Winter, 1939), pp.117–123。

普顿（Karl T. Compton）和大学校长詹姆斯·B. 科南特（James B. Conant）——领导调查委员会。正是这三个人的影响力和声望确保了总统制订一个可接受的橡胶计划，并使冲突的各种利益声音至少暂时地安静了下来。[①]

总统委员会的局限也内在于它的主要优点，即它是临时的。除了总统以外，委员会富有声望的成员不可能轻易地认同某种利益，因为它们不是常设性机构。然而，总统委员会是一种非同寻常的工具。就像其他总统利用的宣传机会一样，总统委员会也不可能用于解决每一位总统面临的控制问题，即使事情的发展需要这种机制发挥作用，但是如果使用过于频繁，也就失去了吸引力。只有头等大 436
事才能成为头条新闻，工程兵要想达到这个程度需要花时间，要等待机会。

最后，在紧急情况时期，不管是经济萧条还是战争时期，通常总统的权力会大大加强。只要危机持续且不崩溃，总统在行政活动和立法活动中的领导地位就会被广泛接受。没有更好的例子可以描述总统在这两个领域进行控制的互相依赖关系。如果总统被作为主要立法者和军队总司令而得到服从，那么总统在行政机关内部的控制是充分有效的，总统支持的利益就可能占据主导地位。这不是法律或宪法问题，正如赫林所指出的那样：“在紧急状态下，总统权力依赖于事件发生的紧迫性。考虑法律因素几乎是毫无意义

① 参见 Marcy: *Presidential Commissions*; U. S. Bureau of the Budget: *The United States at War* (Washington, D.C.: Government Printing Office, 1946) , pp.293–297; James W. Fesler *et al.*: *Industrial Mobilization for War* (Washington, D.C.: Government Printing Office, 1947), Vol. I, pp.377–379。

的。"[①] 紧急情况允许总统能够充分利用议员的多重身份和大量的公众，由此也就减少了利益集团影响政治的有效性。在和平时代，尽管行政首长的责任可能更为广泛，但不过是政府多极权力中的一极。

① Herring: *Presidential Leadership*, p.16.

第十四章　行政过程中的关系网络

与立法机关比较，美国政府中的行政机关展现了领导关系的分 437
散性，以及受外来因素影响的多样性。前一章已经揭示了这一点，
同时也表明了立法机关和行政机关的关系与其说是平行的，不如说
是相互依赖的。一个机关内部领导的分散性以及多元控制，反映并
加强了另一个机关中类似的控制模式。从两个机关内部现存的关
系模式中得出的结论，强调了不能简单地从文字所规定的议会与行
政之间权力分立角度来理解政治过程。

美国宪法的确试图严格划分立法权力与行政权力，这种正式的
划分对政治过程产生了持久的影响，但差不多两个世纪以来的政府
活动实践，产生了许多规避文字上教条的做法。这些规避的方法使
政府看起来像是不断变化的封建性的集合体，使其面对千变万化时
能够纵横捭阖。这些非正式制度中的一些控制方法在总统机构中
出现，一些方法则出现在立法机关中，而另一些则在政府“之外”
的个人和集团身上体现。许多方法被“下级”行政机关运用，更多
地涉及所有的利益集团，这些方法尽管非正式但被主要的参与者承 438
认。这些方法中的大多数至少存在着潜在争议。随着时间流逝和
社会变革，控制方法可能会发生变化，一些非正式制度可能得到扩

展壮大，另一些则慢慢萎缩衰退。这些变化可能是渐进、不为人注意的，也可能是突发性的、暴风骤雨式的。

在整个政治体系中，在任何时候，不管是哪一种控制模式占据主导地位，我们始终看到利益集团的活动。如果我们再次将目光集中在行政部门的正式职能，就会对这些利益集团的作用产生质疑。利益集团在行政机关决策和活动中扮演什么角色？在何种程度上，行政机关是利益集团直接或间接的代理人？换言之，是什么因素影响或控制了行政官员的自主判断？什么因素决定了有效接近行政机关？

接近行政机关，如同接近立法机关一样，并不是很简单。它是许多相互冲突、相互补充的影响因素的产物，这些影响因素不断地发生变化。[①] 一些影响因素多少为行政活动特有，其他因素对于所有的政府部门而言具有共同性。通常，这些影响因素反映并依赖于接近政府重要决策的环节，主要是立法机关。由于这些因素以及由于接近立法机关是一系列复杂因素作用的产物，在行政官员决策活动中利益集团的角色反映了授权该官员的立法活动中各种力量之间的较量。如果该官员的决策完全是非自主的，如果影响立法过程的因素相当稳定，那么该行政官员仅仅是被动地反映授权他作出决策的法令的要求。然而，由于导致行政机关扩大的条件也推动了行政自主权的扩大，同时由于立法机关授权的活动不可能最终只由法

① 关于这一问题，或可参考这篇发人深省的文章：Merle Fainsod: "Some Reflections on the Nature of the Regulatory Process," in C. J. Friedrich and Edward S. Mason (eds.): *Public Policy* (Cambridge, Mass.: Harvard University Press, 1940), pp.297–323。

令决定，利益集团对立法机关的有效影响不一定意味着利益集团同样能够有效地影响行政机关。

议会授权的特征

法令的实施，确切地讲，是立法过程的延伸。在研究利益集团 439
在法令实施过程中的角色时，我们需要分析执行者延伸出来的是什么？换言之，创造新职能的影响因素是什么？立法机关中多数议员“授权”行政人员的命令是什么？哪些利益集团与法令的通过有关？利益集团如何组织起来，且如何得到有效整合？何种联盟和何种交易有助于立法的通过？法令的制定在多大程度上是政党派别之间斗争的结果？对这些问题的回答，将界定行政机关在执行法令时面临的政治任务。

为了尽可能真实地揭示行政机关的任务，我们将指出在立法机关授权某行政机关过程中的另外两个因素。首先，为了简便起见，可以假定我们所分析的行政职能是一项新的职能，如果不是新的职能就必须分析影响最初法令的因素与影响法令修改的因素之间的关系。其次，不管这种职能是否是新职能，我们必须解释行政机关在授权过程中的作用，该提议是由行政单位提出还是由其协助提出？我们在前文谈到过的，执行者的技能和自主权名义上使他们成为与他们活动相关的立法过程的参与者。这种参与的特征对接近政府具有重要影响，因为提议一项法案意味着支持一项特定的政策。

可能界定执行者接受命令的性质的最基本影响因素，是授权立法过程中发生争议的程度以及各种竞争者的特征——它们各自的凝聚力、资源、接近其他政府机关的机会等。围绕一项法律引起的争议，通常涉及被提议的职能是一种管制性的职能还是为社会中的某个部分提供服务的职能。由农业部执行的大部分法案，至少直到
440 1920 年，是授权向农民提供服务——种子的分配、改进生产方法及其推广、天气预报、帮助销售等。类似地，退伍军人管理局的活动只是为退伍军人及其家属提供服务。然而其中重要的不是这些活动的服务特性，而在于它们的活动相对缺乏争议。大量的争议是围绕法令的制定，以及旨在为各种集团如工会、小农或佃农等那些在社会中地位不高，或者具有相当组织化程度的如商业农民、退伍军人那样的集团提供服务的计划所引起的争议。同样，管制性立法通常产生于冲突之中，但并不总是如此。正如前文指出，一项法令如职业许可证法名义上是管制性的，但可能是受管制的职业集团需要的，而且在制定过程中没有遇到多大的反对。或者，一项管制法令之所以被受管制者接受是其替代了一项更加不受欢迎的政策，如公有制。

争议的重要性在于，不管行政官员的偏好如何，一个可行的行政计划“要求在政治支持与政治反对之间达成积极的平衡”。[①] 一项缺少这种平衡的计划很少能够得到实施。证明这一点的例子有很多；1926 年在一次关于铁路劳动法案的听证会上，铁路兄弟会的发言人指出：“这部法案最有价值的特征是它代表了各党之间达成

① Simon, Smithburg, and Thompson: *Public Administration*, p.462. 关于行政机关的斗争及其相关主题的一般讨论，见该书第 18—22 章。

的协议，它们将在遵守义务的前提下确保这一协议实现，如果该法案被制定为法律，它们将证明该法律是一次成功。”[1] 当基本的争议不存在时，受影响的利益集团就有可能获得相对有效接近政府的机会，行政官员的任务就会变得容易，而不需要考虑是否涉及“道德义务”。

即使这项法令是在激烈的争议中产生的，在其他条件相同的情况下，竞争性利益集团相对接近行政机关的机会将是清楚的。如果
利益集团内部的整合相对稳定，可行的行政政策的出台将遇到些 441
微的困难。在这种情况下，行政官员与利益集团的关系可能多少是预先确定的了。其力量足以确保法案通过的利益集团，在法令的执行过程中能够占据主导地位。这是一种可能情况，但不是一成不变的。

然而，许多法令，尤其是管制性的措施，产生于立法斗争中，而立法斗争中竞争性利益集团的地位基本上是不稳定的。当行政机关和立法机关提出一项法案，代表了某个非组织的、潜在的利益集团或利益集团联盟，但该法案在后者看来并不是很重要，这种情况十分普遍。一旦这一法案被通过，政府官员——不仅包括那些提出法案的，而且也包括那些执行官员——实际上作为利益集团的领导者（积极的少数人）进行活动，如果反对派利益集团不能获得优势地位且没有机会接触行政机关的话。

代表一个不稳定的、非组织的利益集团，被本特利称为“煽动

---

① U. S. House of Representatives, Committee on Interstate and Foreign Commerce: *Hearings on H.R.7180*, 69th Cong., 1st Sess.(1925), p.21. 转引自 Chamberlain: *Legislative Processes*, p.66。

性领导”，这一名词的字面意思是形容一个受欢迎的领导者，而不是虚伪的操纵者。[①] 这种领导涉及与利益集团的“成员”发生的直接关系，他们之间基于利益而产生的交往不够频繁或稳定，不足以形成一种干预性组织。同样，他们的多重成员身份也对利益要求形成了持续的威胁。这种集团很容易解体，让位于更有内聚力的集团。

利益集团对行政机关施加不稳定影响的例子有许多。有时，这种情况可能在大多数与利益集团还没有形成稳定关系的新机关中得到体现。最引人注目的是1942年的《稳定法》（Stabilization Act），该法案是对同年制定的《紧急物价控制法》进行的修正，在罗斯福9月7日对国会发出了最后通牒后才颁布。该通牒指出：“国会如果不能采取行动或不能有效采取行动，我将承担责任，并采取行动。”[②] 这一修正条款后来未被纳入最后的法案，原因在于遇到了农业管理局和相关集团的抵制。总统可以利用农业管理局成员、国
442 会议员的多重身份以及将潜在的集团加入占据少数地位的支持集团，来消除这种反对意见。潜在的利益集团包括那些响应“赢得战争”呼吁以及反通货膨胀的集团。大多数新的支持来源依赖于煽动性的领导，依赖于人们对一位受欢迎的总统的支持。然而，对于法案制定而言，这是一种不稳定的基础。计划只有通过不断的努力才可行，而且主要通过执行官员在支持力量中维持一种团结，并与在行政活动中占据主导地位的利益集团组织相适应。实际上，当因战

① Bentley: *The Process of Government*, pp.231–234.

② *Congressional Record*, 77th Cong., 2d Sess., September 7, 1942, p.7044.

争结束和受欢迎的领导人的去世而破坏了集团内部的团结时，计划就变得无法执行。[①]

在更传统的监管立法活动方面，也常遇到类似的情况。当股市上的暴跌导致受损失的小投资者对大金融商的不信任时，一位煽动性的领导人就能够确保一项管制性法案的通过。然而，当执行官员实施政策时，原来并不稳定的支持力量开始失去其团结性，而反对派利益集团获得了更好的机会接近立法活动。这种接近可能是直接获得席位，也可能通过拨款立法过程或限制性的修正案制定过程获得。或者，要求制定修正案和削减拨款的威胁，也能够有效地促使行政机关改变政策。能够接近立法机关重要职位的少数利益集团，就使它们的利益在法案的执行中得到体现。通过一项法案需要多数人投赞成票，但是，我们也看到，在我们的制度下，少数派也有足够的力量妨碍政策执行。这时，国会常常会成立针对行政机关的调查小组或威胁要成立调查小组。

行政官员不可能只按照法令的授权或行政命令来执行政策。立法辩论、听证会、委员会的报告均无法告诉他如何去做，因为文件不可能具体规定重要的关系。文件记录可能描述了那些影响法案通过的因素，但如果这些因素不再占据主导地位，那么对行政官
员是不具有什么影响的。行政官员这时就会陷于“政治”的尴尬境 443
地。要么他将寻求维持支持性利益集团的力量，要么他将不得不接受反对派利益集团的要求。如果这两者均不能做到，该行政官员就

① 参见 Harvey C. Mansfield and associates: *A Short History of O P A* (Washington, D.C.: Government Printing Office, 1948), pp.315–318 and *passim*。

会被攻击为能力欠缺，这可能来自对他已经失望的原先的支持者，他的地位就会变得不再稳定。如果他提出辞职或被辞退，他的后继者可能更加愿意代表新的利益集团联盟，或者至少承认在立法过程以及他所面对的各种力量竞争中存在的差异性。[①]

如果行政官员接受的来自立法机关的命令较为模糊，则控制利益集团影响政策的执行就较为困难。正如我们在第十二章最后指出的，这种模糊性是立法机关中不可避免的冲突的结果。当立法活动能够达成妥协而不是失败，立法活动的参与者为了避免社会广泛持有的期望遭到挫折而接受妥协时，立法活动中最终形成的法律必然是模糊的。这种妥协具有拖延的性质，行政官员不得不解决立法机关难以解决的棘手问题，他必须面对立法机关中的各种力量来解决问题，尽管这些力量之间会发生变化。并不是法律中的模糊性造成了利益集团接近行政官员的困难。几乎所有公布的法案都具有一定的模糊性。真正起作用的是模糊性背后的原因。[②] 如果行政官员坚持认为这些模糊性条款本身不是一种妥协，利益集团就会指责他"独裁"和"越权"，或"出卖了公共利益"。

应该补充的是，这种模糊不只存在于立法机关的政治活动中，
444 行政首长所处的准立法地位也具有类似的情况。当 1941 年 11 月成立不久的国防协调委员会由于产联成员的辞职而解散，罗斯福总

① 参见 Appleby: *Policy and Administration*, *passim*; Avery Leiserson: "Interest Groups in Administration," in Marx (ed.): *Elements of Public Administration*, pp.315–316; Norton E. Long: "Power and Administration," *Public Administration Review,* Vol.9, no.4 (Autumn, 1949), pp.257–264。

② 参见 Herring: *Public Administration and the Public Interest*, chaps.7–13。

统就不得不面对这种情况。辞职原因是国防协调委员会拒绝授权给所谓“被拴住的”煤矿工人在一定期限内加入工会的待遇。当珍珠港事件在经济上和政治上使工资稳定措施变得十分迫切时，雇员和工会官员召开了一次大会。尽管在其他问题上达成了协议，但他们在这些工人加入工会问题上陷入僵局。总统“接受了”他们的建议，成立了战时劳工委员会，建立该组织的行政命令没有涉及棘手的话题。[①] 研究行政史的学者指出：“战时劳工委员会的活动就这样在没有任何明确指示的情况下开始运行。”只是劳工委员会采纳了“身份维持”条款中的妥协性内容，才使该组织得以生存，尽管妥协本身并非没有争议。[②]

行政官员寻求的是将有争议问题变成常规工作，这种转变可以通过上述谈到的方法实现外，还可以通过立法的方式达到。行政人员在他的权限范围内，从利益冲突中继承了一种协调各派利益的方法，即授权。只要在立法阶段各种力量保持着一定的关系，行政官员就不得不在法律条文内活动。因此，关于利益集团采取何种方式接近行政机关，也就不存在问题了。[③]

不管是在立法活动过程中还是在执行活动阶段，影响行政机关决策的利益集团活动并不一定体现在日常行政活动中。当围绕行政机关的利益关系变得常规化，确保利益要求的公开活动就消失

① Executive Order No. 9017, January 12, 1942, *Federal Register*, Vol.7, p.237.

② U. S. Bureau of the Budget: *The United States at War*, pp.194–196. 当然，从某种意义上说，总统在选择委员会“公共”成员时，就工会保障问题作出了决定。

③ 参阅 Leiserson: *Administrative Regulation*, p.14; Bentley: *The Process of Government*, pp. 293, 454。

445 了。当立法机关进行新的授权来扩大行政机关的活动时，授权决策大多在较低的层次上作出。然而，不能由此认为行政活动的常规化就使其失去了政治特点，因为它还是在有组织的和潜在的利益集团的活动背景下运行。①

行政活动在两种情况下可能会失去其常规的、为人们普遍接受的特征。首先，即使是一名普通官员的决定，也可能促使利益集团之间形成成文或不成文的协定，并导致整个问题公开。正常程序是这种决定应该按照行政等级制作出，或者，利益集团之间的协定通过选举、政党、立法机关以及行政机关重新达成。例如，一名法官或警察对赌博按照法令规定进行处置，但在有限的范围内，法律之外的协定可能容许赌博活动。严格执行法令则要求对问题重新进行协调。在1930年代，这种情况曾经影响一些州，当时，铁路执行协会通过一些地方官员，要求对原来散漫管理的高速公路货车超载问题进行严格管理。这一要求使货车公司和警方之间的关系失去原有均衡，将铁路运输与货车运输之间的矛盾问题予以公开。②

第二种可能打破行政机关与利益集团之间关系的情况是环境、技术、经济或政治的变革，这明显改变了利益集团之间的相对力量。在第八章中，我们已经指出，这种变革将使利益集团的宣传优势形

① Paul Appleby: "The Infuence of the Political Order," *American Political Science Review*, Vol.42, no.2 (April, 1948), pp.272–283, and his *Policy and Administration*, pp.10ff.

② U. S. Senate, Committee on Interstate Commerce: *Report No. 26*, 77th Cong., 1st Sess. (1941), part 2, pp.8–18.

成显著差异。[①] 环境变革如同宣传活动一样可能改善或削弱利益集团的力量来源。行政决定和环境变革（两者均可以打破常规）实际上可能紧密联系在一起。因此，打破既定利益集团之间平衡关系的 446
行政决定，可能是为了努力调整行政机关与其他集团的关系，而不需要诉诸行政首长、立法机关或选民。

行政机关日常活动中形成的既定关系遭到干扰的情况并不少见，尽管在新的政府活动中更容易看到这种情况。立法机关的法令在行政过程中的解释、法院裁决中的修正使法令从未稳定地体现。即使是一些明显不常见的领域如关于技术研究领域的立法活动，也可能带来很大的争议而对利益集团之间的关系形成干扰。“政策研究是在政治背景下进行的。”[②] 如果一项研究工作展开，就必须反映利益集团之间利益关系的调整。不管一个行政机关是否进行特定的政策研究，必然会在某种程度上反映利益集团对该机构的相对影响。这种诸如黄油和人造奶油营养价值的研究[③]、农业土地租赁制度的研究、工业产品定价问题、消费品的商标问题、普通人对利益集团的态度、工会内部的活动等方面的研究，均会引发争议。对这些领域进行简单研究的提议，更不用说提出研究结果了，很有可能

① 参阅 Fainsod: “Some Reflections on the Nature of the Regulatory Process,” pp.304–306。

② Charles M. Hardin: “Political Influence and Agricultural Research,” *American Political Science Review*, Vol.4, no.41 (August, 1947), p.67. 另见他的 “The Bureau of Agricultural Economics Under Fire: A Study in Valuation Conficts,” *Journal of Farm Economics*, Vol.28, no.3 (August, 1946), pp.635–668。参阅 Gaus and Wolcott: *Public Administration and the United States Department of Agriculture*, pp.50–51。

③ 参见 Wesley McCune: “The Oleomargarine Rebellion,” *Harper's Magazine* (December, 1943), pp.10–15。

打破既定利益集团接近决策的模式，并导致行政机关上级或议会中控制力量对议会法令的重新解释。

职位的影响

在研究利益集团与行政官员之间的关系时，很容易得出结论认为，行政官员在形成稳定的互动模式时遇到的困难，使他们成为主
447 要利益集团的工具。一些富有戏剧性的例子支持这种结论。然而，从这些例子中不能得出关于政治过程的正确结论。正如我们一再观察到的那样，行政官员本身就参与了政治过程，他们认同所谓的集团甚至成为其成员，而不是作出完全客观的分析。这种观点具有很高的政治意义，但并不客观。有许多其他因素修正和限制了利益集团对行政机关提出的要求。这些影响视时间场合变化，可能微不足道，也可能非常强大，不能先验地被排除。

在第十一章讨论影响利益集团接近立法机关的变量时，我们谈到了议员接受人们广泛持有的关于立法者的角色期望，称之为“职位影响”，政府中行政职位的占据者同样面对着这种期望。在进入职位之前，他就已经了解了一些关于该职位的情况，包括诸如对行政首长的“忠诚”。他也可能经过一些仪式程序后就任职位，这些仪式根据职位的高低有所不同，包括委任仪式、宣誓、按指纹以及最近的忠诚调查。所有这些表明，该官员开始进入一个对他有特殊要求的新角色。根据职位的重要性，他的角色由特定的行为构成，另有一些是被禁止的，还有一些是被准许的行为。

我们已经看到，行政官员不断地努力使有争议的活动变为可被

接受的活动，或者使其活动常规化。行政官员试图建立和维持的关系，以及他所运用的程序不是互相独立的体系。部分由于利益集团接近议会的活动受到议会职位不同程度的影响，行政官员接受的法令，不管是很明确还是比较模糊，涉及他在执行法令时对其职位行为的明显或隐含的期望。当然，一些期望是技术性的，例如要求他根据尽可能正确的数据作出判断，然而，其他的期望更加宽泛。例如，要求行政官员的活动与成文或不成文的“游戏规则”保持一致，448
要求他们符合法律和传统对“公正”的要求。人们还进一步假设，行政机关的活动将符合既定的，尽管是模糊的、部分冲突的且逐渐变化的理解或传统，这些理解或传统涉及各级政府部门以及整个机构的运行和程序。

显而易见，任何社会中政府的持续特征都是渐进演化的结果。然而，人们却不能很容易认识到，政府特征的发展和变化反映了影响政府活动的利益集团的要求。1787 年宪法，包括前十个修正案，不仅是一群富有智慧的人妥协的结果，而且更重要的是反映了社会对统治的要求和期望，一些要求是暂时的，一些是持久的；一些是狭隘的，一些则是广泛的。已经运行了两个世纪的宪法的诸多条款，反映了社会中强大的、持久的利益集团的要求。这些条款中最重要的是那些阻止权力独断和对言论自由和出版自由进行限制的条款。一些长期的实践证明了利益集团活动之于其中主要制度框架的有效性。成功的实践可能甚至使更尴尬的宪法条款获得了良好的声誉。

今天，政府机构的连续性特征像过去一样反映了利益集团的活动。支持“游戏规则”的普遍利益以及建立在此基础上的要求一直在发生变化，就像其他政治利益集团一样。这些持续的利益不一定始终占据主导地位，尽管它们在任何时刻都代表了许多人，但不是整个社会普遍持有的。公平竞争的观念主要由非组织的或潜在的利益集团秉持。它们对这些观念的接受并不要求以组织形式表达，除非当这些观念受到严重侵犯或者被改变。在某种意义
449 上，一个人可能使政府主要领导者——立法机关、行政机关或司法机关的领导者——担任非组织化集团的领导者。政府官员的部分任务，就是在政府活动中经常代表这些潜在的利益集团。如果政府官员不能充分这么做，政府内部或外部的替代性领导者就可能试图组织一群人，通过既定的政府过程或暴力方式充分表达这些利益。用本特利的话讲："当政府作为潜在的利益集团的代表，被较小的利益集团的集中压力扭曲到明显程度时……我们就可以看到利益集团的形成，它直接被激发起来，反对那些令人反感的权威。"①

不管有没有组织起来，广泛的普遍利益必定存在着接近行政机关决策的途径。行政机关活动的存亡既有赖于这些利益的调整，也有赖于对那些有组织的、与行政机关交往但受其支持更小的利益集团的调整。这并不意味着政府官员在制定决策时总是有意识地将自己考虑为美国人民和宪法的守护者。根据自己所处的位置，该官员可以这样做，也可以不这样做。然而，这些非组织化的利益更具有无意识的特征。正如保罗·艾普尔比（Paul Appleby）在描述预算局的秘密听证会关于预算的准备时指出："它不是在公共场合进行

① Bentley: *The Process of Government*, pp.454–455.

的，但很好地体现了公众利益，这就是政府现象最神秘的一面。”[①] 广泛的、非组织的利益集团对政府日常活动的影响可能是完全无意识的。在发生争议的情况下，行政官员知道他可以拒绝或修改与其职位冲突的、狭隘的但具有高度组织性的利益集团的要求。只要他找到直接或间接调动起那些受到威胁的利益集团的方法，他就可以这样做。不同的沟通方式有助于他的活动，他也可以从政府内部获得其他支持，包括法院、立法机关和行政机关的其他部门。是否依赖宣传方式还是政府结构中的上级机关，将取决于行政官员所在的 450
职位、技巧以及反对派利益集团的力量和凝聚力。

录用与行政官员的利益集团成员身份

当利益集团的要求与职位的要求不存在明显冲突时，或冲突主要存在于两个相对立的利益集团之间时，接触行政机关不仅反映了相对立的利益集团的相对力量，也反映了行政官员的利益集团成员身份。其中之一就是行政官员所在的机构。某个机构属于哪个集团是一个重要的因素，但不是唯一的因素。我们将在后文予以讨论。这里，我们可以看到，将行政官员视为中立的公务员而不存在动机冲突的观念，仅仅是一种幻觉。这种情况只有当行政活动几乎是完全常规化的，不需要进行利益调整时才存在。政府官员“不是一张组织能够随意书写的白纸”。[②] 作为一个人，政府官员带着自

① Appleby: “The Infuence of the Political Order,” p.281.

② Simon, Smithburg, and Thompson: *Public Administration*, p.78.

己的集团身份和偏好进入职位，并在自己的任期内形成其他集团身份或偏好。

这些“集团身份”就像立法者一样，不需要是正式的。可能类似于“同路人”，但同样能够发挥作用。在珍珠港事件中，西部海岸陆军总司令德威特将军仇视日本，他在 1942 年强制驱逐所有日侨以及日裔美国人的运动中发挥了重要影响。[①] 可能正是认识到这一因素，国会在 1943 年对价格管理办公室的拨款法案中加入一条，即决定价格政策的官员必须至少有五年的“商业”经验。这一条款
451 使那些在这个机构“混饭吃”的人比学院派经济学家更加共情受管制的集团。

行政官员录用的来源，特别是那些具有自主处置权的官员的录用来源，对不同利益集团接近行政机关产生了一定影响。我们已经看到利益集团对内阁成员录用的影响。在低一些层次上，公务员制度的非个人化程序已经消除了这种公开的影响。然而，即使是在公务员录用制度内部，一些非政治因素也往往在特定机构的人员构成中产生作用。许多观察者发现，在“农业集团”中有许多农业部的官员、国会成员和如农业管理局等组织的成员。农业管理局并不一定在农业部安排人员，尽管它可能为一些政府高层职位提供人选。选择性录用人员的活动通常以微妙的方式进行，例如，在农业部，相当比例的官员具有农业集团和国会“成员”背景。在许多情况下，这些官员都在农学院接受培训，这些大学成为农业部的一个有力的

① Morton Grodzins: *Americans Betrayed: Politics and the Japanese Evacuation* (Chicago: University of Chicago Press, 1949), pp.297–298,362, and *passim*.

利益集团，一些官员则来自这些大学。那些接受过农业经济学、土壤化学、农业、畜牧业或类似专业训练的人，农业部给他们提供了具有相当吸引力的职位。像这些来源的官员与农业集团具有较多的共识，比那些其他录用来源的官员更加支持这些农业集团。①

在一些机构中，官员正式的集团身份对利益集团接触政府具有重要影响。例如，美国退伍军人协会在退伍军人管理局中的良好声誉，部分源于退伍军人协会的成员在退伍军人管理机构中占据的重要职位。这种录用方式可能是特定政策的结果，尤其是在紧急状态下成立的机构。这些机构通常不仅录用一些与新职能有关的技术人员，也录用能够加强不同利益集团之间协作关系的人员。在1930年代大萧条和第二次世界大战期间，从接受管理的集团中录用 452
人员是很普遍的做法。短命的国家复兴管理局（National Recovery Administration）在建立过程中就是采用这种方式。在第二次世界大战期间，大多数战时机构没有利用同业协会和类似集团作为动员工具，但从公司和相关集团中录用人员很普遍。然而，两个机构——国防运输办公室和战时石油管理局——出于特定原因将相应的工业集团纳入政府，并依靠它们来管理经济部门。②

决策执行委员会在录用人员时通常会注意被录用者的集团身份。我们在第十三章中已经指出，这一政策可能是正式规定的，或多或少是为了限制录用特定的利益集团成员。③更普遍的是，这表

① 参阅 Gaus and Wolcott: *Public Administration and the United States Department of Agriculture*, pp.16–17。

② U. S. Bureau of the Budget: *The United States at War*, pp.127, 158–159, 284ff.

③ Leiserson: *Administrative Regulation*, chap.4.

明了利益集团接触录用机构的可能性。例如，1921—1925年，当时关税委员会有权调整进口税率，该委员会的一名成员在任期前后都是陶瓷协会的成员，他还属于其他的利益集团，例如羊毛业集团，这些集团明显不愿看到保护性关税税率降低。①

在利益集团的活动中，一些最重要的行政官员所属的集团是职业集团和技术集团。部分原因在于，行政官员，即使在联邦层次，也不能确定是否能够在政府中长期维持自己的职业生涯，因而与自己职业领域相关的集团维持良好关系，包括政府集团和私人集团。或者，在那些公共就业中发展出一定程度的连续性和专业性的地方，公共官员协会就会建立起来。这些集团中包括如公立学校教师协会（即著名的全国教育协会，National Education Association）、官
453 方农业化学家协会、美国市场管理人协会、国际城市市长协会等。②

这些集团的成员身份的作用有所不同。然而，除了官员负责管理职业集团的情况外，这些身份也反映了与那些直接受到行政机关活动影响的集团对政府官员的要求。从这个意义上讲，职业集团的成员身份类似于公职对政府官员的影响力。正如高斯和沃尔科特对农业部官员的集团身份研究后指出："对公共官员的一个重要影响是……从他的同事眼里按照职业标准来看，以及从对服务对象的

① *Senate Report 43*, part 2, *Congressional Record*, 71st Cong., 1st Sess., November Ⅱ, 1929, p.5394. 参阅 Herring: *Public Administration and the Public Interest*, chap.6。

② U. S. Department of Commerce: *National Associations of the United States*, p.561. 本书揭示出大约有75个全国性组织完全或主要由政府官员组成。Public Administration Clearing House: *Public Administration Organizations: A Directory* (Chicago, 1948)一书中列出了566个组织，其中有130个是由政府官员组成。

贡献角度来看，期望能够很好地体现职业精神。”①

然而，专业主义的竞争要求未必总能扩大到政府官员。政府官员的组织可能成为间接地防止官员权力被削弱的工具。或者，如果是雇员协会，它可能主要关注获得更多的报酬和工作条件的改进。然而，即使在这些情况下，对利益集团接近政府还是有重要的影响。当主顾机构声明在政府以外的集团工作，可以获得永久雇佣的机会和更好的收入时，它们可以更有效地接近政府机构。这样，政府部门通过提供更好的薪水和改善工作条件，不管通过何种方式，均可以加强政府雇员的客观性。②

对行政单位的认同

我们在第十一章已经指出，立法机关中议员的集团身份使议员
多少区别于那些没有此种经历的议员，也使他更可能受到立法集 454
团要求的影响，这些要求补充了对公职期望的影响。同样的现象也发生在行政机关。③任何一个稳定、连续的行政单位中均形成了

① Gaus and Wolcott: *Public Administration and the United States Department of Agriculture*, p.392. 参阅 Fritz Morstein Marx: “Administrative Ethics and the Rule of Law,” *American Political Science Review*, Vol.43, no.6 (December, 1949), pp.119–144。

② 关于对美国国税局中这类案件的讨论，见 Herring: *Public Administration and the Public Interest*, pp.61ff. and 22。

③ Simon, Smithburg, and Thompson: *Public Administration*. 尤其见第 3—5 章，及其中引用的文献，包括 Roethlisberger and Dickson: *Management and the Worker*, and Chester I. Barnard: *The Functions of the Executive* (Cambridge, Mass.: Harvard University Press, 1938)。

这种集团，或集团集合。这些集团和其他集团一样，作为被接纳的代价，需要在一定程度上达成某种一致。任何进入这类组织的个人，如果他愿意“属于”或领导这个组织，就或多或少要服从其要求。一旦被接受，他就会认同该行政单位的目标和要求，某种程度上就像认同自己的目标和要求那样。在这些要求中可能存在一些不成文的规则，指示成员如何正确处理来自外部不同集团的要求。认同某个行政机关及其目标，成为接近行政机关的一个调节器。

在第二次世界大战期间，华盛顿发生了一个有趣的故事。加入战时生产委员会或价格管理办公室的商人们经常攻击“政府官僚”及其工作。如果官员任职一段时间，他就会发现自己会为该机构进行辩护，反对来自外部的各种不利要求，在商业圈内向自己的朋友解释。他并没有“出卖”他们，而他们也不会理解该机构的活动。

这种行为上的变化是加入新集团的结果，也是被新集团接受的变化，但这种变化并不缺少积极的内容。行政单位并不因机构内部更加频繁的互动而与利益集团分离。构成这种互动的基础，与那些属于“外部”集团的官员们的经历不同。这种经历涉及不同的问题，包括行政机关中的等级关系、与法院的关系、与预算机构和人事机构的关系等，它也可能涉及不同的技能、更多的数据以及新的参照系。这些经历一定程度上提供了控制政治利益集团接近政府以及
455 改变它们提出要求的方式，这就是高斯和沃尔科特在研究美国农业部“分析具体问题对参与者的影响”过程中提到的认同某个行政机关。他们得出的结论是，“不管是关于平原地区土地使用、商品的销售还是农业与其他形式的信贷关系的问题，事实中都有一种内在

的逻辑，可以打破那些介入调查的人的观点”。[1]

在行政机关中，这些特殊的经历常常是在深刻洞察该单位所涉及领域的问题后形成的，这些洞见可能出现在新的政府行动计划之中。这类计划有的需要征得立法部门的同意，有的则不需要。在第八章讨论宣传优势时，我们指出，这种计划可能停留在立法提案的阶段，直到危机或行政变革创造出一种政治情势以确保该计划通过。艾普尔比在研究中谈到了这种情势：“一个自由的行政机关，与保守的行政机关相比，给了人们更多的想象、大胆创造的空间。它更多地关注一些新出现的事务。保守机关则更多支持一些它所熟悉的目标。”[2] 然而，不管一个行政机关的建议是否能够立即实施，这些发展的事实本身表明，一个行政单位的集团利益的存在，能够使它对利益集团接近政府产生积极的控制作用。提出这种建议在一定程度上也解释了一个重要事实，即行政机关并不是利益集团要求的消极的转换器。

在开始讨论行政机关（第十三章）时，我们提到过，复杂技术的行政裁量权的一个副产品是行政机关提出法令的倡议和修改意见。行政人员的特殊经历是发起这种倡议的基础，通常也是倡议的重要来源。当技术能力结合利益集团要求或受到有利的政治环境影响时，行政机关就会发现自己处于真正政治领导的地位。约翰·高斯简洁地说明了这种角色：“权威……就是成功地行使职能。行政官 456
员的作用就是在各种利益之间达成协调，通过积累正确的和相关的

① Gaus and Wolcott: *Public Administration and the United States Department of Agriculture*, p.285.

② Appleby: *Policy and Administration*, p.129.

知识来赢得支持。”[①]行政机关的政策倡议，不管是在州的行政部门、动物管理局还是公共卫生部门，均是专业技术和利益集团的要求相结合进行有效协调的结果。这种倡议依赖并来自使行政单位作为一个集团存在的诸多因素。

如果行政单位的关系已经很好地建立起来，利益集团可能会被置于申请人而不是提出要求者的地位。这种关系的例子即使不是很多，也有一些。例如，1935 年罗斯福要求联邦贸易委员会对刚被提交国会讨论的《泰丁斯-米勒法》中关于价格维持问题提出意见，全国零售药商协会花费巨大努力，使各州州长说服贸易委员会改变它的建议。[②]行政机关的领导地位进一步在国会委员会要求它们对有关行政活动的法案提出评论中体现。尽管议员不一定听取这些评论意见，但往往能够使利益集团试图说服这些行政机关，采取利益集团希望的立场。

行政机构内部的集团可能与正式的组织单位达成一致，也可能无法达成一致。认同某个行政单位也不一定扩展到更大的范围。几乎任何一名政府雇员都认为，自己是更大的行政机构乃至整个美国政府中的一员。行政首长娴熟的政治领导可以加强这些更广泛的忠诚，如在职培训、晋升政策等一样。然而，这些因素只是一种

① John M. Gaus: “The Responsibility of Public Administration,” in Gaus, White, and Dimock: *The Frontiers of Public Administration*, p.39. 参阅 Lane Lancaster: “Private Associations and Public Administration,” *Social Forces*, Vol.13, no.2 (December, 1934), pp.283–291, and Mary Parker Follett: *Creative Experience* (New York: Longmans, Green & Company, 1924)。

② U. S. Federal Trade Commission: *Report on Resale Price Maintenance*, pp.63–64.

可能，而不是确定的。在更小、更加包容的组织，忠诚存在冲突的 457
地方，不能肯定后者会占据优势。问题基本上源自身份重叠，这些身份冲突的结果是不确定的。

认同行政单位有助于巩固利益集团接近政府的既有途径，同时也使利益集团在政策制定过程中不只扮演消极的角色。由于法令、立法委员会的活动以及利益集团的要求，对行政单位的忠诚加强了一个机构的“独立”，我们在第十三章中提到过这个问题。当行政单位需要利用其上级的声望和影响时，它就可能不会寻求“独立”了。但如果下级单位与其上级具有同等声望，下级就会考虑“独立”。[①] 这一点可以由一个几年前在华盛顿流传的故事说明，这是关于司法部和联邦调查局的一个故事。当时，联邦雇员被要求在进入政府大楼时出示身份证件，在一个星期天司法部长来到司法部大楼前时，发现自己没有带身份证，于是守卫没有让其进入。在肯定了守卫后，司法部长表明了自己的身份，并要求通融一下让其进入。守卫回答道：“我不关心你是不是 J. 爱德加 · 胡佛，没有身份证就不能进去。”

集团调适的正式手段

前文已经表明，在行政活动中或多或少形成了一些正式的手段，通过这些手段，可以从行政机关内部或外部其他途径掌控行政

① 关于大型组织中忠诚冲突的问题，见 Simon, Smithburg, and Thompson: *Public Administration*, pp.96–102。

官员的决策。我们将简单解释其中一些手段的意义：(1)顾问委员会；(2)利益集团的管理机构；(3)行政机构的宣传活动。

458 基本上，顾问委员会的出现标志着对美国社会中“游戏规则”的认可，根据这些规则，在政府采取行动前应当同受到影响的个人和集团进行磋商。在大多数情况下，这种磋商是人们认为政策“公平”的前提，这也是我们社会司法制度受到认可的原因。法院极不愿意行政机构介入，因为它们不能为利益集团提供合适的建议和机会。行政机关为了获得最大程度的支持，可能主动提出磋商，此外，行政机关的责任往往被明确地写进特定的授权法令或法律，例如 1946 年的《联邦行政程序法》(Administrative Procedures Act)。部分由于司法程序的声望以及诸如州际商务委员会的裁定，后者将传统法院程序的要求延伸至行政机关的活动中。[①]

有关顾问委员会的正式磋商要求和规定已经写进许多法令，而且由于行政机关首长的命令成立了许多顾问委员会。第二次世界大战期间的价格管理办公室和战时生产委员会分别由法令授权和行政命令产生，这两个委员会而后成为工业和劳工领域的顾问委员会。1944 年，国会建立了战争动员和安置办公室(Office of War Mobilization and Reconversion)，同时设立一个由 12 人组成的顾问

① 参见 George Warren, editor: *The Federal Administrative Procedure Act and the Administrative Agencies* (New York: New York University Law School, 1947); Frederick F. Blachly and Miriam E. Oatman: “Sabotage of the Administrative Process,” *Public Administration Review*, Vol.6, no.3 (Summer, 1946), pp.213–227; Walter Gellhorn: *Federal Administrative Proceedings* (Baltimore: The Johns Hopkins Press, 1941)。

委员会，其中 3 人来自商界，3 人来自农业领域，另有 3 人是劳工，3 人是“公众”。①

很难对顾问委员会的特点作出概括。然而，当一个行政机关建议成立这种委员会时，其基本目的就是促进行政机关的活动被有关集团接受。有时，建立一个顾问委员会只是表明承认一种影响形式 459
的存在，并没有多少实质内容。缺少权力是许多“消费者”顾问委员会的特点，第二次世界大战期间许多紧急处理机构中的劳工顾问体系就具有这种特点。② 在这种情况下，顾问委员会只是承担类似于立法听证会那样的安全阀作用。另一些时候，顾问委员会则是将其代表的集团的专业知识运用于行政决策过程。更重要的是，顾问委员会可能会认可反对派的立场。顾问委员会通过修改政策，使集团处于防御地位或保持中立，最小化敌对力量。最后，在技巧娴熟的领导者领导下，顾问委员会引导利益集团影响立法机关的活动和公众。简言之，顾问委员会通过为利益集团接近行政机关建立正式途径以及限制争议问题的范围，从而使“行政机关远离政治的纷扰”。

如果顾问委员会是根据法律建立的，如战争动员和安置办公室

---

① 参见 Carl H.Monsees:*Industry-Government Cooperation: A Study of the Participation of Advisory Committees in Public Administration* (Washington, D.C.: Public Affairs Press, 1944); Edythe W. First: *Industry and Labor Advisory Committees in the National Defense Advisory Commission and the Office of Production Management* (Washington, D.C.: Civilian Production Administration, Special Study No.24, 1946); Somers: *Presidential Agency*, pp.102–108; Leiserson: *Administrative Regulation*, chap.6。

② 例如，参见 Persia Campbell: *Consumer Representation in the New Deal* (New York: Columbia University Press, 1940)。

的顾问委员会，那么该委员会的目的可能与我们前文提过的相似。但在许多情况下，顾问委员会的目的是确保利益集团有效影响政府活动。对任命产生的政府官员的限制越严格，顾问委员会的这一目的就越明显。有时，顾问委员会甚至给予其代表的利益集团政策否决权。1947 年《霍普-弗兰甘法案》（Hope-Flannagan Act）中有关农业研究的条款就体现了顾问委员会的这一目的。这些顾问委员会使行政机关的活动除了受那些与顾问委员会相关的利益集团的影响外，不受所有其他影响。[①]

当战时或大萧条时期，行政机关在新的领域获得巨大的自主权时，通过法律或行政命令建立的顾问委员会可能被一些较弱的利益集团利用，以保护自己的利益。这部分解释了第二次世界大战期间劳工顾问委员会的建立。这也对战争动员和安置办公室的建立产
460 生影响，因为其前身战争动员办公室（Office of War Mobilization）是于 1943 年通过行政命令建立的，但是该机构受到一些劳工集团的批评，因为它没有建立顾问委员会。而且，有时一些集团可能出于防御性的考虑坚持要求获得顾问的地位。通过认同对国家重要问题的处理，利益集团可能获得声望和宣传优势，就像许多工业组织在战时进行的宣传活动那样。这种认同可能是劳工集团所寻求的，也可能是那些为了寻求提高自己地位的集团试图获得的。这种声望是集团从认同中所获得的唯一好处，因为如战争动员和安置办公室的顾问委员会其实并没有获得参与决策的真正机会。[②]

① Hardin: "Political Influence and Agricultural Research," pp.67, 673–674.

② Somers: *Presidential Agency*, pp.102–108.

不管是通过法律还是通过行政命令建立的顾问委员会，如果限制特定集团接触政府机关，那么行政机关的活动自由就会大大减少。行政官员在有争议的条件下避免这一结果的唯一方法就是将顾问委员会限制在纯名义上的角色。然而，如果他这样做，顾问委员会所代表的集团就不太可能服从该机关的政策。在任何有争议的领域，利用顾问委员会都会遇到这一困境。如果顾问委员会推动行政机关的活动被接受，重要的集团就能够由他们所选择的高级政府官员或议员来代表他们。集团的官员为了维持自己在集团内部的地位，将坚决维护所在集团的要求。[①] 另一方面，当某个机关的活动不存在较大争议，且集团内部的政治活动允许，顾问委员会的代表就可能加入该集团。如果存在冲突，也仍然存在这种加入的可能性。如果利益集团的要求十分强烈，行政机关就可能无法使顾问委员会处于边缘地位。这就是第二次世界大战期间战争人力委员会（War Manpower Commission）及其下属的劳资政策分委员会（Management-Labor Policy Committee）的建立过程。该委员会有效"提高了自己作为主要政策论坛的地位"。1942 年，在该委员会主席保罗·麦克纳特（Paul McNutt）与全国服务立法有关的委员会之间的争议中，麦克纳特没有接受自己委员会的建议，并告知其成员，461
除了按照委员会主席决定行事外，他们没有法律支持的磋商权利。来自劳工集团的成员在随后有关该委员会的行政规定中加入了一个条款，要求委员会主席在采取行动前必须与委员会进行磋商。[②]

① Somers: *Presidential Agency*, p.104. 关于这一点也可见 Philip M. Selznick: *TVA and the Grass Roots* (Berkeley, Calif.: University of California Press, 1949)。

② U. S. Bureau of the Budget: *The United States at War*, pp.187–189.

对于那些能够有效接近行政首长或议会的利益集团，顾问委员会和类似的机构可能更多地是一种障碍而非帮助。如果顾问委员会的目的是推动行政机关的政策被接受，其结果便是对利益集团的行动自由及其领导者在集团中的地位构成了一种尴尬的限制，尤其当顾问委员会中包括了几个多少存在竞争关系的利益集团时，处于少数地位的集团被迫支持它们所反对的政策。由于这一原因，更具有攻击性的集团希望顾问委员会由相对同质的人员组成，这样它们处于少数地位的可能性就会减少。一个团结的顾问委员会可以使自己远离一项不受欢迎的行政决策，并可以自由地提出批评。[①] 巧妙地运用策略可以使接近政府决策的集团付出相对较低的成本。

利益集团利用行政机关作为接近政府决策渠道的重要性，反映了利益集团的数量众多及其互相冲突的特征。当两三个利益集团分享决策的责任时，这种决策模式只是在程度上不同于顾问委员会活动中的决策模式。

多元集团行政的一个典型是第二次世界大战期间的工业争端处理三边委员会，即国防协调委员会和全国战时劳工委员会(National War Labor Board)。这两个委员会在形态上大致一样，同样有来自资方、劳工集团以及“公众”的代表。这些委员会的活动最典型地体现了多重成员身份的冲突。只有来自“公众”的成员才会完全认同该机构或坚持关于他们角色的期望。而来自劳工和资方的成员，在对委员会的忠诚和对他们所属的利益集团的忠诚之间

① 参阅 Leiserson: *Administrative Regulation*, p.158; Simon, Smithburg, and Thompson: *Public Administration*, pp.464–465。

存在着冲突。在许多情况下，后者的影响来自代表与他们所属集团的内部政治活动的关系，以及代表们在解决劳动争端中的参照系。“公众”成员的作用是要加强其他两类代表在机构中的作用（如果劳联和产联发言人也卷入冲突，那么就不只有两类代表）。同时，还出现了要求解决眼前迫切问题和协调成员在利益集团中地位的问题。当1941年全国国防协调委员会活动失败，产联政治行动委员会的成员集体辞职时，该委员会的工作不得不停止。其后继者要幸运得多，但还是面临着许多不确定因素，前面章节中已经提到。集团的代表不时要容忍自己的集团不同意的决策，但总是有人不愿意这样做。这种三边模式既反映了委员会未能解决的争议问题，同时也使这些问题更加难以解决。[①]

当一个同质的利益集团直接或间接地承担起某项职责时，我们所看到的情况类似于第十三章中讨论的职业许可证颁发委员会以及其他类似“独立”机构所遇到的情况。在各级政府的管制法令中，这种情况越来越常见。在全国层面，不仅包括《全国工业复兴法》和《农业调整法》，还包括1935年和1937年的《烟煤法》（Bituminous Coal Acts）、1934年的《泰勒放牧法》、1937年的《农业市场协议法》（Agricultural Marketing Agreement Act）。[②]

---

① 参见U.S. Bureau of the Budget: *The United States at War*, pp.190–202。参阅 Leiserson: *Administrative Regulation*, pp.130–132; James M. Burns: “Maintenance of Membership: A Study in Administrative Statesmanship,” *Journal of Politics,* Vol.10, no.1 (February, 1947), pp.101–116。

② Leiserson: *Administrative Regulation*, chaps.7–9，讨论了一些这样的案例。关于法律方面的评论见 Louis L. Jaffe: “Law-Making by Private Groups,” *Harvard Law Review*, Vol.51, no.2 (December, 1937), pp.210–253。

所有这种由单一集团承担执行活动的基本特征是政府授权给利益集团，尤其是制定规则的权力，通过授权以达到完全控制执行活动的目的。在大多数情况下，这些集团在立法机关的同意下，可
463 以没有立法权威的帮助而有效执行某些职能。由于对集团授权的限制大多是正式的，因而只要行政活动不侵犯“游戏规则”，或不至于导致其他利益在政策安排中发生变化，利益集团影响政策的活动就是充分的。然而，如果某个由利益集团操纵的行政机构与它们发生冲突，这些变化就由于利益集团和执行这些职能的政府机关而发生。

战时石油管理局成立于第二次世界大战期间，是一个由利益集团控制的机构。该机构的主要特征是使石油工业受到政府管理，或者说使其成为政府的一部分。战时石油管理局的存在以及石油工业组织内部的团结，均要求战时的政策旨在减少现有的石油工业竞争格局的变化。当这一要求涉及通过战时折旧补贴的资助为每一个主要的炼油公司建设一个现代的催化工厂时，几乎没有遇到任何困难。当战前燃油和汽油的供应模式与配给制在国内发生冲突时，东部沿海地区的供应出现了短缺，战时石油管理局就遇到了麻烦。在该局与价格管理办公室、国防运输办公室之间的长期冲突中，由于后者受到东部地区石油产品消费者的支持，战时石油管理局的政策被迫做出了修改。[①] 在一定程度上，利益集团影响行政职能取决于政治环境的稳定性，以及利益集团对来自其他来源的要求的敏感

① U.S. Bureau of the Budget: *The United States at War*, p.392; Paul M. O,Leary: “Wartime Rationing and Governmental Organization,” *American Political Science Review*, Vol.39, no.6 (December, 1945), pp.1089–1106, esp.1095–1098.

性，包括对其成员的多重集团身份所提出的要求。

当我们谈到行政部门的宣传作为集团调适的第三种正式方法时，我们使用这一术语（和第八章一样）是中立的：它表明了一种交流的过程，而交流的内容退居其次。作为一种控制集团接近行政决策的工具，行政宣传通过扩大并巩固政策所要求支持的公众来发挥作用。不仅是为了行政政策，而且也为了特定行政活动本身，行政宣传的目的同样还为了影响集团接近立法机关。实际上，行政宣传 464
通过改变利益集团之间的相对力量，保护部分利益集团接近政策过程，限制另一些利益集团。在宣传活动中，行政部门所代表的利益可能是无组织的或潜在的利益集团——那些关于公共官员的“游戏规则”中或人们的广泛期望中反映出来的——或是一些有组织的利益集团，它们的要求在现有的法令或正在审议的法案中得到体现。最后，宣传活动可能是为了使人们接受该机构的活动“常规化”，包括在一些空白领域进行立法授权，或者减少特定争议领域中的危险。①

负责制定极为不清晰的命令，尤其是在非组织性利益集团“煽动性”引导下制定命令的行政机关，几乎在被迫使用宣传手段来控制利益集团影响它的政策。如果在立法阶段利益集团之间的利益协调没有达成，行政官员就必须尽可能努力达成一种均衡。近年来价格管制办公室（Office of Price Administration）就是最主要的一个

① 关于这一主题见 James L. McCamy: *Government Publicity: Its Practice in Federal Administration* (Chicago: University of Chicago Press, 1939)。参阅 Harold W. Stoke: “Executive Leadership and the Growth of Propaganda,” *American Political Science Review*, Vol.35, no. 3 (June, 1941), pp.490–500。

范例，关于该办公室的“最显而易见的事实”是，“该办公室所做的事情几乎没有一件是毫无争议的”。[①] 利益集团对价格控制立法的支持和对该行政机构的政策的支持是微弱不定的。曼斯菲尔德很好地描述了宣传活动的必要性：

> 从一开始，价格管制办公室的主要障碍不是来自底层民众，而是来自华盛顿，以及来自该办公室对人们的即期影响。它所承诺的好处并没有直接兑现……
>
> 在过去的两代人所经历的和平时期制定的重要法令……有着不同的源起。大众的愤怒最终迫使政府采取行动，但只是在几年的活动和争论后，而且是在选举后大众的反应以及不断出现新的要求的情况下才采取行动。尽管重要的立法斗争仍
> 465 然十分尖锐，但它们还是建立了广泛的认同和理解的基础……
>
> 价格管制办公室并不是那样产生的。它的法令和对特定商品的管制规定就是法律，不是为了对大众坚持的意见作出回答，而是因为经济学家——更糟糕的是那些政府经济学家——看到了未来的严重问题而使总统和国会相信，应该根据他们的意见迅速采取行动以摆脱麻烦……作出决定主要是政府的事情和责任，人民只能是默认，而不能表现出要求的强烈。要想把它解释得十分清楚是不实际的，因为它本身就在不断发展，只能含含糊糊地加以解释。[②]

① Mansfield: *A Short History of O P A*, p.8.

② Ibid., pp.298–299. 该书的第 10 章以最有效的方式讨论了价格管制办公室的“公共关系”问题。

价格管制办公室的问题只是在程度上有所例外。它的宣传活动有利于立法活动和行政政策，在许多常规的行政活动中被模仿。

国会不时地对行政宣传颁布法令进行限制。这些限制的第一个例子是，1913 年公共铁路管理办公室在招聘一名“舆论专家”时明确提出的，该机构需要一个能够“与新闻出版界有着广泛交往的人，由他准备该机构的有关新闻出版方面的事务”。[①] 随后的法令禁止雇用未得到特别授权的“舆论专家”。[②]1919 年一项法律规定，除非得到国会授权，否则禁止将拨款资金用于影响国会议员的投票。[③] 类似的限制可以在各种一般的和特别的法令中看到。毋庸多言，这些限制法令的精神并没有得到真正实施——部分是因为实施过程中遇到的技术问题。

人们经常听到关于国会会议和委员会听证会的辩论，以及对行
政宣传和“游说”活动的指责。国会在对不同行政机构的调查中听 466
到了许多指控，一些大规模的调查使其本身成为公众关注的焦点。[④]

国会对行政宣传进行限制，是由于三个或多或少互相相关的因素。首先，这些限制部分反映了针对那些支持“游戏规则”的未被组织起来的集团利益，使宣传活动保持在可容忍的限度内。立法活

① 转引自 Key: *Politics, Parties, and Pressure Groups*, p.714。本书的第二十三章讨论了这一问题的不同方面。

② 38 U. S. Stat. at L. (1913) 212; 5 U.S. Code 54.

③ 41 U. S. Stat. at L. (1919) 68; 18 U.S. Code 1913.

④ 例如，参见 U. S. House of Representatives, Committee on Expenditures in the Executive Departments, Subcommittee on Publicity and Propaganda: *Hearings*, 80th Cong., 1st and 2d Sess.(1947–1948); U. S. House of Representatives, Select Committee on Lobbying Activities: *Hearings*,81st Cong., 2d Sess. (1950), esp. Part Ⅰ, pp.127–163。

动直接指向那些明显超越人们对行政机关行为期望的活动。其次，限制可能部分来自立法机关本身的要求，这些限制经常被认为起因于国会“妒忌”行政机关，或是为了保护宪法授予国会的“立法权力”而提出的。虽然口头上说很重要，但更重要的是，这些对行政机关的限制反映了参众议员在不考虑党派和集团归属时的基本政治立场。正如我们在其他场合可以看到，如果立法者因政党和宪政制度的原因，在大多数情况下不得不成为一名独立的政治企业家，他就不可能得意地看着其他政府部门的活动通过他无法控制的渠道来改变自己与选民的政治关系。如果他的连任主要依靠一个同样控制这种宣传渠道的、纪律严明的全国性政党，情况则会有所不同。然而，在普遍的情况下，立法机关对于影响选举活动中权力平衡的行政活动可能极其敏感。

立法机关对行政宣传进行限制的第三个，也是最重要的因素是存在一种利益集团进攻和防守的手段。一般对法令通过或修改的要求是针对特定的行政单位，而不是整个行政系统。这些要求（通常由有组织的利益集团提出）的目的是限制支持特定行政活动的利益集团，以及最大限度地发挥那些反对这项行政活动的利益集团的作用。在这种情况下，坚持己见的立法者基于其在反对派利益集团中的“成员身份”进行活动。国会对行政宣传和行政机构
467 的“游说活动”进行的调查，类似于普通的“游说活动”调查，因为它们将特定的而非一般的集团或活动作为调查目标。在“游戏规则”的范围内，行政宣传的目的是支持那些重要的立法者和有关集团反对的利益主张和政府职能。另一方面，由“负责任的行政官员”散布“信息”，说它是为了“人民利益”。1950 年在众议院关于特

定游说活动的调查委员会中，一些成员批评联邦保障局官员之于强制医疗保险立法的观点和发言，这并不是偶然的。[1] 反对这一法案的集团指责该官员宣传不当。特别委员会进行的调查只不过推动这一活动进一步深入。任何限制总统直接下属活动的立法是否超出了宪法范围，这本身就值得怀疑，而这种指责是一种反宣传的形式。

缺乏弹性的关系网

由于本章和前文讨论过的各种影响，在政治变迁中生存下来的行政机关在同僚中、在行政系统内部、在与立法机关以及利益集团之间形成了一套关系。这些关系处于一种稳定的均衡状态。这种标准化的互动模式的存在才是行政单位生存的条件，以及从一个有争议的机构变成一个常规机构的前提。正如我们所看到的，通过这些机构，行政官员试图稳定这些关系，包括促进支持它的利益集团的力量和内聚力。[2] 行政机关既定的、稳定的关系，用华盛顿政界的行话来讲就是“老式”机构的典型特征，不管是部级、局级还是其他分支机构。

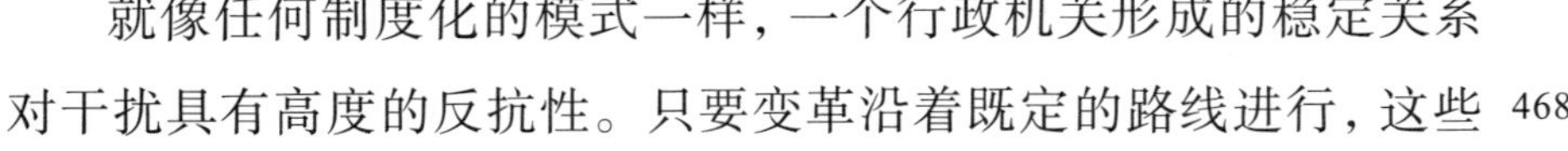

就像任何制度化的模式一样，一个行政机关形成的稳定关系对干扰具有高度的反抗性。只要变革沿着既定的路线进行，这些 468

① The *New York Herald Tribune*, July 29, 1950.

② 关于重要的支持团体之间缺乏内聚力的举例说明，见 John P. Comer: *Legislative Functions of National Administrative Authorities* (New York: Columbia University Press, 1927), chap.8。

行政机关就已做好充分准备。如果行政职能按照现存的途径发展和运行，并且未改变各种影响力量的相对地位，那么行政机关对于新的职能和职能的扩大就比较容易适应。那些干扰性因素改变了对行政机关产生影响的各种力量的构成或相对地位。面对这些变化或可能产生的变化，“老式”机关缺乏足够的弹性。如果利益集团试图通过行政首长或部门首长，或通过其他途径来改变政策，以减弱其他利益集团要求的有效性，那么，几乎所有行政人员，要么直接抵制这些努力，要么尽可能使这些活动失去作用。

现有的行政机构缺乏弹性，导致战时和经济萧条时期创立了新的机构处理紧急情况（这些紧急情况需要新机构的出现，但不一定是临时机构）。建立新的机构可能遭到“老式”机构和不同利益集团的抵制。然而，新机构一旦建立，与旧机构相比，所遇到的抵制就会更少。对政府新职能而言，这些“紧急”处置机构更加有效，除非原有机构中的主导力量可以应对变革。1930年代，美国农业部负责新政农业计划是合适的和必要的，因为该部的官员积极地参加了这些计划的制定。第二次世界大战期间，农业部对大多数政府规定的食品和纤维制品实行控制是有必要的，但并不完全合适。研究行政历史的学者指出：

> 自1933年以来，传统的生产模式在“衡平”的立法活动中得到反映，这一模式旨在提高基本作物的价格……帮助制定这些法案并负责其实施的农业部官员，习惯于在平等的名义下工作。但他们没有及时注意到，这些法律处理的是1933年农业

> 剩余产品和低价问题，但在战时情况下，经济产品稀缺、价格高昂。最后，这一平等结构也受到了农业压力集团和一群国会议员的保护，这群国会议员的民主党领导人，因为资历，在参众两院的许多重要委员会中担任主席。[①] 469

在战争时期，大量的呼声要求放弃“衡平”方式，修改传统生产模式，但如果不打破既定关系，农业部就不可能适应这些变化。战时的“衡平”立法没有受到攻击，但生产模式发生了一定的变化。

在联邦政府中，既定的、缺乏弹性关系的一个最典型例子就是，农业部（尤其是在与农业部授权土地的大学以及私人农业组织之间的合作中体现）、州农业大学、美国赠地学院协会、农业管理局以及来自重要农业州的国会议员（尤其是委员会主席），这些力量之间的关系由于它们的影响和复杂性引人关注。为了不至于过于简单化，我们还是先简要地看一看这一复杂模式的主要特征。

这些关系的起源在第四章中已经提到，无须多说，但我们还是应该指出，正是在农业部官员的积极鼓励下，农业管理局从与农业部所属大学的有关活动中产生。美国赠地学院协会的形成可以追溯到 1862 年农业部对大学的土地资助计划。在农业与教育有关的活动中，农业部与州的大学之间形成了密切关系。大学与农业管理局之间的紧密关系，部分是由于许多州和县农业管理局的经济资助。在许多州，农业大学和县的资助计划的代表，实际上均认同了

① U. S. Bureau of the Budget: *The United States at War*, pp.338–339.

农业管理局。[1] 联邦主义在其中也扮演了重要角色，但是，最高法
470 院一开始没有授予联邦政府直接管理农业的权力，但后来又批准了，于是引发了土地资助活动，形成了大学与农业管理局之间的关系。直到 1930 年代，除了许多管制活动外，农业部的职能仍然主要局限于研究和促进农业活动。

当 1919 年美国农业局联合会作为一个全国性的对农业立法活动感兴趣的组织建立时，它与农业部的关系就成为给后者制造麻烦的来源。这种麻烦因竞争性农业组织的活动，主要是农民协会和农业保护者协会的活动而加剧。因为农业部是一个官方机构，所以这些组织对于农业部在县的机构中推动人们加入农业管理局以及对其成员予以特别关照的做法十分不满。1920 年，鉴于这些批评，美国农业局联合会与农业部在各州的机构负责人之间达成了所谓的《霍华德-特鲁理解备忘录》（Howard-True Memorandum of Understanding）。该备忘录要求县代表机构不承担农业局联合会的工作，而应当平等地帮助所有的农民和农业组织。在谈到州和全国的协会时，该备忘录指出，这些协会不应与农业部和大学结成正式的关系，但它认可它们可以进行“建议和磋商活动”。[2]

农业部、农业管理局、县代表机构、州服务机构之间的关系几

① 参见 Baker: *The County Agent*, *passim*; McCune: *The Farm Bloc*, chap.10 and *passim*; “The Farm Bureau,” *Fortune* (June, 1944), pp.56ff.。参阅 the incident reported in Key: *Southern Politics*, pp.55–57。

② 《霍华德-特鲁理解备忘录》的文本见于 A. C. True: *A History of Agricultural Extension Work in the United States, 1785–1923*, U. S. Department of Agriculture, Misc. Pub. 15 (Washington, D.C.: Government Printing Office, 1928), pp.168–171。

乎没有受到《霍华德–特鲁理解备忘录》的影响，这主要是由于当时“农业管理局最大的影响来源……是县农业代表机构与当地县农业管理局之间的紧密关系”。[①] 竞争性农业组织如农民协会和农业保护者协会，不断地批评县代表机构偏袒农业管理局及其成员，甚至偏袒许多州农业管理局和农业保护者协会的成员，这些批评得到了农业管理局前雇员又是历史学家凯尔的承认。1931 年，阿拉巴马 471
州农业服务机构负责人在一篇评论中指出，“农业服务机构主要的和首要的工作，是采取任何必要措施帮助农民建立和维护一个高等级的商业组织”，此外，“对奥尼尔先生来说（美国农业局联合会主席），这主要意味着支持县和州农业管理局”。[②]

表明农业管理局利用农业服务机构的支持来建立自己组织的文件，可见于后来 1942 年国会调查委员会的记录。[③]1943 年夏，农业管理局和农业服务机构“暗中合作”，试图通过立法形式取消州政府对那些替私人农业组织工作的官员提供的资助，但没有获得成功。[④]1945 年，农业管理局申请获得政府化肥供应，该计划包括指定县的助理代表进行化肥演示活动，但该计划失败了。凯尔评论道：

> 农业保护者协会一直抱怨农业管理局与县农业代表以及

---

① Kile: *The Farm Bureau Movement*, p.194. 参阅 pp.211, 214, and 217–219。

② Kile: *The Farm Bureau Through Three Decades*, pp.178–179.

③ U.S. Joint Committee on Reduction of Nonessential Federal Expenditures: *Hearings*, 77th Cong., 2d Sess.(1942), pp.766–774, 903–905, and *passim*.

④ Kile: *The Farm Bureau Through Three Decades*, pp.298–299.

其他机构之间的密切关系。其对每个县的农业助理代表承担由农业管理局创立的活动并不乐意——尤其当这些新的联邦雇员有权为了演示的目的而分配给农民一定的化肥时，就更加不乐意了。[①]

凯尔自己承认，农业管理局和县代表之间的关系仍然存在“问题”，但他并没有夸大：“由于目前服务机构和农业管理局之间的关
472 系比较融洽，而且农业管理局在几乎所有的州中都是主要的农业利益集团，旨在破坏这一关系的立法可能性不大，不管是在州还是全国层次上。”[②]

由于竞争性组织的不满，一些地方农业管理局和县代表之间的财政关系被迫中断，例如佛蒙特州。然而，这种中断几乎是没有意义的，因为农业管理局保持着对农业学院和农业服务机构的实际控制，这种控制主要通过该机构接触州和全国立法机关来实现。可以说，美国赠地学院协会是农业部控制服务机构和相应的各州实验站的主要机构。[③]然而，后两个集团均主要依赖联邦政府的资助。如果权力下放的控制体系受到攻击，他们将持相同意见。

矛盾的是，对这些关系构成主要干扰的却是来自关于生产控制、价格支持、土地维护等问题的新联邦农业计划。尽管农业管理局在该立法中发挥了重要作用，但是，新计划创造了联邦行政官员

① Kile: *The Farm Bureau Through Three Decades*, pp.318.

② Ibid., pp.394–396.

③ Key: *The Administration of Federal Grants to States*, pp.184–185.

与农民之间新的互动模式。这些所谓的“行动”计划并不只是进行研究和提供信息，还涉及对农民直接进行利益分配和处罚，但州农业服务机构并不能够很容易地接受。接近农业部和总统的利益集团，也不一定接受这些影响农业学院和州服务机构的计划。而且，1936 年后由于最高法院对联邦权力在农业问题上的主张发生变化，新的活动是否得到农业拨款资助，在法律上并不重要了。因此，这些机构中的大部分从一开始就派出自己的雇员到基层工作，避开各州的服务机构，按照农业管理局官员称之为“走直线”的方式进行活动。直接参与了这些计划的保罗·艾普尔比很恰当地揭示了其中涉及的秘密：

> 州农业部和州服务机构试图在行动计划中要求将部长的 473
> 权力委托给他们。他们的努力得到了压力集团的支持，这些压力集团的成员对联邦政府农业部缺乏责任不满意，并相信他们自己能够对州的机构施加更大的影响力。**没有一位农业部长自愿且连续地在其机构内部聘用不愿对其负责的组织和人员**。①

正式组织的这些新活动不只是技术性、学术性的问题，它们要求在与农民直接接触下从事广泛的田野活动。如果这些活动绕开了现存的州服务机构和县代表（农业管理局可以有效地接近后两

① Paul H. Appleby: *Big Democracy* (New York: Alfred A. Knopf, Inc., 1945), p.87.

者)，就会减弱农民对美国农业局联合会的支持。出于类似的原因，大部分农业学院更愿意由农业服务机构来执行新计划，尽管有些学院不希望看到它们的传统教育职能被削弱。来自农业地区的重要国会议员由于他们在农业管理局中的“成员身份”以及该协会的活动，同样对这个问题十分敏感。1934年，这些力量一起发挥作用，在一项使永久拨款接受日常审查的立法活动中体现了出来。这一立法取消了之于农业服务、农业学院的指导活动和职业教育中的拨款，众议院在解释这一取消时指出：“将这三个项目减掉……是因为委员会认识到，如果包括这些项目，对这些拨款感兴趣的宣传机构的力量可能会破坏整个法案。”[①]

国会反对绕开县服务机构与农业管理体制的一个更为基本的原因在于，这种做法对国会选区中的政治关系产生难以预料的影响。在许多州和地区，议员具有自己稳定的选民关系基础，任何削弱这种基础的行为将导致出现竞争性的选举组织。当新的活动——例如农业保障执行机构的活动——旨在提高以前处于不利
474 境遇的农业人口的地位时，其将改变整个农村地区居民的选举关系，或改变他们的政治支持。这些活动将产生许多不可预料的结果，除非它们的活动受到现有的控制监督体制的约束。尽管这种威胁可能只是停留在口头上，但并不如此简单。坚持庇护性控制只是一系列可能性结果产生的影响之一，即产生新关系和新义务的新活动，这就是传统国会对承担有争议职能的分权组织的发展产生敌视的原因。大多数议员反对任何导致一个机构与大量公民接触的分

① 转引自 Key: *The Administration of Federal Grants to States*, p.182。

权计划，除非他们能够控制其政治结果。他们对必须实行分权的机构中重要职位的任命十分警觉。一旦这些活动常规化，例如气象局下的气象站，议员们将会抵制影响到政治结构或社会声望的权力或地位的变化。[①]

从一开始，农业管理局及其盟友就对 1933 年农业调整机构的活动十分敏感。美国农业局联合会的官员坚持认为，服务机构和县代表机构应该负责该计划的实施。[②] 开始时，在大多数地区的确由它们负责实施，但只是因为当时没有其他的替代性安排。然而，随着县和乡镇农业调整机构委员会的发展，在华盛顿的官员看来，它们在地方的联系已经超出了服务机构和农业管理局的影响。他们认为，“农业管理局内部对华莱士先生在县和乡镇的农业调整委员会的生产或分配控制委员会中建立起来的政治机器日益不满（凯尔语）”。[③] 在一些地方，这无疑是真实的，但更普遍的是引起了关系的微妙变化。

对于农业调整机构的威胁，农业管理局主要是担心，在 1938 年 475
法案及相关的法案中，任命县代表作为县农业调整委员会的成员。但农业保障管理机构以及它的租赁收购计划又构成了一种新的威胁。尤其是 1937 年该计划转交农业部负责以后，它涉及凯尔称之

① 关于战争机构遇到的问题的讨论，见 Emmette S. Redford: *Field Administration of Wartime Rationing* (Washington, D.C.: Government Printing Office, 1947), *passim*; Carroll K.Shaw: *Field Organization and Administration of the War Production Board and Predecessor Agencies* (Washington, D.C.: Civilian Production Administration, Special Study no.25, 1947), pp.155–159 and *passim*。

② Kile: *The Farm Bureau Through Three Decades*, p.203.

③ Ibid., p.260.

为“与地方农业的复杂关系和干预”。[1]凯尔简单概括了这种“干预”的性质：

> 美国农业局联合会由于勇敢地跨出第一步，打破了这一原来的官僚机器而得到信任。在大萧条后的岁月里，这部机器使美国农业向社会主义——如果不是集体主义——政府控制的方向转变。在其巅峰，农业保障管理机构在全国范围内有超过1.8万名雇员，大约2000个办公室，经费开支和工资加起来至少有4450万美元。1941年1月1日，737204个农民家庭向农业保障管理机构借款，并在其县负责人指导和控制下使用这些资金。[2]

对农业管理局、农业服务机构以及农业部而言，这种对既定关系构成的威胁是不可容忍的。“在每一个农业县被积极组织起来，并控制或实质上影响七十多万个家庭经济前景的政府组织时，其政治意义就越来越重要。”[3]经过漫长、艰苦的斗争后，通过将农业保障管理机构的职能转交可靠的农业信用管理机构，农业保障管理机构及其在基层力量的威胁在1946年终于被消除了。

1942年和1943年农业领域中既定关系以及改变这些关系的努力，形成了一幕持续五个星期的插曲，它反映了一些人试图改

① Kile: *The Farm Bureau Through Three Decades*, p.266.

② Ibid., p.264.

③ Ibid., p.267.

革农业部的旧方法和旧关系以适应战争的需要，它也暴露了一些能够接近农业部和总统的利益集团的影响，并表明了旧的主导性关系缺乏足够的弹性。由于对农业部在战时缺乏效率十分不满， 476
且希望农业部对产品的需要与战时对农产品的需要之间保持一致，总统于 1942 年 12 月 5 日宣布，将农业部重组为三个部门：食品生产管理机构（Food Production Administration）、食品分配管理机构（Food Distribution Administration）以及农业研究管理机构（Agricultural Research Administration）。食品生产管理机构新指定的负责人赫伯特·W. 帕里西斯，要求提出一个组织计划，将农业部关于生产的活动统一起来并予以巩固。为了实现这一目的，帕里西斯提出的最重要建议是巩固农业信用管理机构、农业保障管理机构、土壤保护管理机构在基层的分支机构，以及农业调整机构在州和县的九个地区办公室。尽管在任何情况下，这一建议都有可能遭到失败，且这一结果因拙笨的观点——如建议由农业保障管理机构的执行官员领导新的基层机构——而加剧了失败的可能。这一行动计划后来遭到农业管理局及其在政府内外的盟友的反对。当时，不仅农业保障管理机构受到攻击，而且整个建议从 1940 年后也受到农业管理局面对面的挑战。农业管理局的主张是，所有农业部在基层的活动应该通过州服务机构和县代表来协调。帕里西斯的计划是要求建立一个直接向华盛顿的官员负责的组织，而且该组织与农业管理局没有关系，而与农民保持连续的接触。如果该计划成功，农业管理局的政治地位及其在国会选民中的影响将大大削弱。面对巨大的反对声音，帕里西斯在任职五个星期后不得不辞职，战争期间也没有其他关于要求改变农业部与农民之

间关系模式的重要建议。[①]

在农业保障管理机构中立化后，土壤保护管理机构成为农业部在基层设立的唯一的无法充分施加影响的农业管理局。凯尔直率地表明了利益集团之于土壤保护管理机构的立场：

> 美国农业局联合会的负责人牢记前些年在与农业保障管理机构和农业信用管理机构进行交往时遇到的麻烦，不同意设立另一个从华盛顿到基层农业区的“直线式”机构体系，这一
> 477 快速发展的机构就是土壤保护管理机构。[②]

与将农业部基层的服务活动限制于服务机构体制内的主张一致，农业管理局在第二次世界大战后对土壤保护管理机构进行了抨击。该机构遇到的阻碍比农业保障管理机构遇到的麻烦还大。土壤保护管理机构成立时间相对较早，可以追溯到1935年，它的活动在当时也得到了农业管理局的支持，很难被称为具有社会主义倾向。唯一遭受的指责是“重复设置”，缺乏“协调”，“浪费”资源。1946年，农业管理局的主席爱德华·奥尼尔（Edward O’Neal）在向众议院拨款小组委员会提出这一意见时认为，土壤保护管理机构继承了其在建立其他“直线式”机构问题上所遇到的敌对态度：

> 没有利用正在运行的、与大多数农民有关的机构和手段，

---

① U. S. Bureau of the Budget: *The United States at War*, pp.342–346.

② Kile: *The Farm Bureau Through Three Decades*, p.335.

土壤保护管理机构建立了独立的行政体系，一直到州和县一级，可与农民直接进行交往。

> 土壤保护管理机构的一个基本弱点是，这些土壤保护地区太依赖土壤保护组织……这种依赖使土壤保护管理机构控制了农业计划。[①]

当然，农业管理局的计划是将所有的土壤保护管理机构的工作分给服务机构和实验站。

农业管理局关于土壤保护管理机构的建议，遭到其他重要农业组织和农业部内部诸多力量的抵制。1949 年胡佛委员会提出了一些妥协意见，但并没有在大多数受影响的地区收到热烈回应。[②] 农业管理局的坚持、农业部内部的分裂以及国会委员会中的争议，揭示了在行政组织问题上政治斗争的残酷性。人们都希望统筹和简 478
化问题，但这取决于谁去统筹、为了什么统筹。

除了农业部的服务组织外，其他建立在对州的资助基础上的政府部门发现，自己陷入了一张抵制变革和干扰的关系网。由于联邦主义的影响，这些政府管理模式比那些直接由联邦政府管理的活动模式更加复杂。这些模式一旦建立，由联邦政府直接管理和资助的

① U.S. House of Representatives, Subcommittee of the Committee on Appropriations: *Hearings on the Department of Agriculture Appropriation Bill for 1947*, 79th Cong., 2d Sess. (1946), pp.1633, 1636.

② U. S. Commission on Organization of the Executive Branch of the Government: *Department of Agriculture*, pp.13–16, and *Task Force Report on Agriculture Activities*, pp.34–41 (Washington, D.C.: Government Printing Office, 1949).

模式均会抵制变革，其态度和立场反映原来稳定模式的立法人员、获得接近政府机会的利益集团和行政人员一起抵制来自外部的干扰。然而，这种冲突的存在以及这些冲突可以得到解决的条件，揭示了影响行政行为各种因素的复杂性。行政官员的自主判断往往不只受一个因素而是诸多因素的影响。

第十五章　利益集团与司法机关

美国司法官员的活动并没有被排除在集团政治过程之外。利 479
益集团与法官之间的关系不同于利益集团与议员或行政官员的关系，但这种差异只是程度上的差异，而不是类别上的差异。由于各种原因，利益集团并不一直与法院或法院的判决产生关系，就像它们与其他政府机关的活动那样，但各种利益对司法机关的影响同样显著。尽管种种神话与传说——尤其是关于最高法院的——与此相反，但是司法活动还是反映了各种利益的竞争，很少有哪个利益集团不关注司法机关的活动。

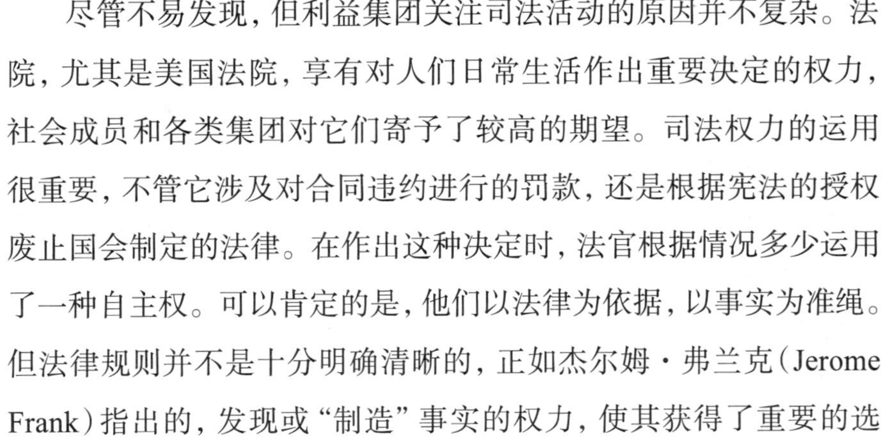

尽管不易发现，但利益集团关注司法活动的原因并不复杂。法院，尤其是美国法院，享有对人们日常生活作出重要决定的权力，社会成员和各类集团对它们寄予了较高的期望。司法权力的运用很重要，不管它涉及对合同违约进行的罚款，还是根据宪法的授权废止国会制定的法律。在作出这种决定时，法官根据情况多少运用了一种自主权。可以肯定的是，他们以法律为依据，以事实为准绳。但法律规则并不是十分明确清晰的，正如杰尔姆·弗兰克（Jerome Frank）指出的，发现或“制造”事实的权力，使其获得了重要的选

择自由。[1]围绕政府机构中自主权的运用，不可避免地出现了组织
480 或未组织起来的利益集团的影子。对利益集团而言，这些法院作出的判决与在议会和行政机构中作出的决定同样重要。

在美国，法院作出的最重要的自主判决是司法解释，尤其是决定全国和州的立法机关的立法是否合乎宪法。司法解释是司法自主权的来源，就像行政自主权一样，其原因是一样的。很少有法律只有一种解释。尽管一些立法由于粗心和起草不力而模棱两可，但还是有两个重要的原因可以解释这种模糊性。首先，当立法机关授权行政机关处理变化中的技术问题时，由于立法者无法预期法律运用的具体情景，因而授权的措辞可能是笼统的。这样，法律的意思就需要行政官员和司法人员根据具体情况作出选择。其次，法律语言的模糊性通常反映了各种利益集团对立法者提出的未得到解决的利益冲突。当立法者需要协调公开的、冲突性的要求时，可以被接受的肯定是语言表述宽泛的、原则性的法律。就像行政官员在具体情况下对法令的特定、灵活的运用，司法人员在具体的事实中同样具有自由解释法令的权力。

美国法院对立法活动是否合乎宪法、联邦和州的政府机关的活动是否合乎宪法以及是否具有可行性的裁决，是其自主权的最广泛来源。当然，司法解释也可以提供司法自主权表述，但它们的最终结果是不能确定的：国会和州的立法机关有权否决法院对某项法律的解释。然而，当其被宣布违宪时，除非法院推翻自己的判决，否

---

① Jerome Frank: *Courts on Trial: Myth and Reality in American Justice* (Princeton, N.J.: Princeton University Press, 1949), pp.23–24.

则唯一的办法就是走上漫长的、进展缓慢的、少有人走的修宪之路。

美国宪法体现了出色的成熟性，它允许宪法的捍卫者具有自主解释权。尽管美国宪法的设计十分精巧，但 18 世纪的政治家们不可能预见到 20 世纪的问题。如果这一文件缺乏足以适应新情况的 481
解释和新时代要求的宽泛、模糊性的语言，可能很久以前就会遭到抛弃。

通过司法审议进行的宪法解释给司法机关，尤其是最高法院，增加了一项类似于 1787 年费城政治家们曾遇到过的任务。当今大多数重要的政治问题迟早都要提交法院仲裁，这对整个国家的稳定和长治久安具有重要意义。想一想 1935 年 1 月和 2 月国家面临的形势。差不多在两年前，政府复兴计划是摆脱大萧条影响的一部分，国会通过了一项决议，宣布所有要求以黄金支付的单据、债券和其他证券的规定违反了政府政策。在一项对巴尔的摩和俄亥俄铁路公司的标的为 38.10 美元的诉讼中，最高法院必须决定政府的这一决议是否合法运用了“铸造货币、管理有价证券以及外币”的权力。更重要的是，这一裁决涉及几十亿美元和整个国民经济的稳定。这一判决如此重要，最高法院不得不两次宣布延缓作出判决。最终，2 月 18 日，大法官休斯宣布，最高法院以 5 票对 4 票的投票结果，支持政府的主张。[①]

维护这种决定不是政策选择，而主要是法律技术程序和宪法规定的结果，是在延续一个非常不准确的神话，无论它在诱使人们接受法院的意见方面多么有用。如果接受罗伯茨法官关于司法过程

① Norman v. Baltimore and Ohio Railroad Company, 294 U. S. 240 (1935).

的评论，可能会误解司法机关的作用。1936 年在他宣布关于《农业调整法》的多数决定违反了宪法时指出：

> 当国会的法律与宪法不一致，并在法院中受到挑战时，法院只有一个责任，即将被援引的宪法条款与受到质疑的法规并论，并决定后者是否与前者相符。①

那些富有经验的律师知道法律有可能违宪时会利用这一点，而最高法院喜好持异议的传统也充分表明了这一点。那些处于少数地位的人同样具有较高深的技术，他们不同于多数人的地方在于其对公

482 共政策的主张。正如费利克斯·弗兰克福特（Felix Frankfurter）许多年前在进入最高法院时宣布的那样："事实很简单，最高法院否决或同意联邦权力的运用……主要是基于实用的判断，而不是任何关于宪法的高深莫测的知识。"② 从一开始，司法机关就是政策斗争和权力斗争的组成部分。由于司法机关的巨大权力以及其权限宽泛，它显然成了利益集团争取的对象，就像其他政府机关一样。

接触司法机关途径的差异

利益集团在司法机关中的角色与利益集团在其他两个政府机

① U. S. v. Butler, 297 U. S.1 (1936).

② Felix Frankfurter: *Law and Politics*, edited by Archibald MacLeish and E. F. Prichard, Jr. (New York: Harcourt, Brace & Company, 1939), p.12. 参阅 Bentley: *The Process of Government*, p.393。

构中的角色的差异，不仅界定了法院在政治过程中的地位，还集中反映了利益集团在整个政治制度中的作用。接触司法机关的途径与接触立法机关和行政机关的途径类似，但其相对重要性不同。因此，简单分析这些变量，有助于我们全面理解政治利益集团的功能。

尽管证据不够充分，但大体上，接触司法机关途径的差异并不是由司法程序决定的。三分之二的州通过投票方式选举产生法官，他们并没有与其他州和联邦通过任命方式产生的法官有多大的区别。可能的原因是，不管产生方式如何，我们的社会存在着保护司法体系的机制：法官的行动免于民事责任；在任期间法官的薪水不会减少；法官不受专断的免职；选举产生的法官在重新选举中受到
保护。根据赫斯特的说法，“基于选举或任命方式的变化，这三种 483
保护赋予所有主要的法官职位以更多的共性而不是差异性”。[①]

因为对法官行为产生较高的期望，所以在英美制度下保护法官十分重要。这些保护揭示了人们对法官的期望，法官不应因其行为而受到民事责任、薪水减少、专断免职的影响。即使在州一级，法官的任期有限，法官的角色也应远离社会，避免接近那些在市场中具有较高竞争地位和权力的世俗力量。当一个人成为法官，他就多少被期望远离社会纷争，如果他被任命为最高法院的法官，其地位之高以至于大多数人认为他“至少带有某种神圣的色彩”。[②]这些期望也表明，一旦法官被指控不公正或滥用权力，他就会受到蔑视。法官们被认为不能有人们普遍的人性弱点，不像那些议员

① Hurst: *The Growth of American Law*, p.138.

② Frank: *Courts on Trial*, p.255.

和行政官员那样。

对法官行为的期望因法院具有的立法功能而得到加强。律师和普通人通常认为法官不制定法律，而仅仅是在具体情况下宣布或应用法律。但必须承认的是，几个世纪来法院判决创造了普通法的整个结构。一般认为，法院仅是应用宪法，但从 19 世纪末以来，大部分“法的正当程序”的实质意义通过法院的判决体现。这仅仅是一个例子。法院往往被认为在忠实地遵循惯例，过去的判决对于了解法律规则是什么，或宪法条款的释义具有重要作用。[①] 围绕“法官立法”的假设反映了人们期望法官不应具有人性的弱点，这一期望的长期存在表明司法机关已满足这些期望。

484 在正式穿上法官袍之前，法官们就已经接受并认同了这个角色。尤其在一个人渴望成为一名法官时，他就可能有意识或无意识地在行为上表现出所谓的“法官气质”。他可能表现了法官这个角色要求的行为。此外，他在法院的大部分经历使这一气质得以形成并加强。授职仪式、法院程序、荣誉性致辞，甚至法院高大的建筑，也在强化对法官行为的要求。即使是那些最无耻的办理交通案件的、与某个彻底腐败的政治组织联系在一起的前任法官，也至少部分地符合人们对他的行为期望。

就像对社会中其他角色的期望一样，对法官角色的期望主要来自各种利益，一些是有组织的，但大部分还是潜在的。明显偏离法官角色的要求，将促使利益集团采取行动使法官的行为符合期望。

---

① Frank: *Courts on Trial*, chap.19; 参阅 Jerome Frank: *Law and the Modern Mind* (New York: Brentano, 1930)。

一位“腐败”的法官在任命书记员和其他管理岗时可能完全根据政治责任的要求进行，并以类似的方式得到回报，判决时他可能“胡乱判决”。法官在做这些事情时可能不会受到惩罚，但他不可能无视民众对他的角色的要求，否则律师协会和其他利益集团会采取有关行动。指责、驱逐、名誉遭受损害以及弹劾或不理想的民意测验足以迫使一位法官最低限度地符合这个角色的要求。

司法机关的任何个人和集团均不可以干涉法官的活动，不可以诋毁法官的角色。1937 年罗斯福总统关于“法院计划”（“court plan”）的争议反映了这一点。反对该计划的人来自各个阶层，包括许多因法院的中立和干涉而受到影响的个人和集团，他们不满最高法院关于新政的许多判决。这一愚蠢的计划实际上引起了更多人的反对，人们对最高法院进行更为直接的批评。

当一个人成为法官，他不仅获得了一个新角色，而且也进入了
一个全新的、由其他占据司法职位的人组成的集团。他开始与那些 485
人进行正式或非正式的互动。就像其他集团一样，这种互动要求法官以一定的服从为代价。即使是较低层级法院的法官，与其他法官的互动也要通过司法的等级体系。如果不能接受司法集团的要求，包括那些界定法官角色的要求，就会被该集团拒之门外。这种排斥可能导致具有上诉管辖权的法院推翻其判决。当然，这种否决在许多情况下发生，但最重要的是有关适当司法行为的规定，通常体现在司法程序的技术要求中，例如适用于证据采信、法官的意见以及陪审团的责任是否合适等。

如果新法官所在的法院有许多法官，如最高法院和大多数上诉法院，他就会发现自己处于一个面对面的集团之中。由于比在不同层级法院之间的交往更为密切，同一法院将直接向其成员法官施加行为标准。虽然仪式和程序不要求法官在决策时必须保持一致，但还是对司法角色强加了许多禁忌。

1810 年杰斐逊在给麦迪逊总统的信中写道：“与马歇尔在同一个法院，要找到一个独立的、又有顽强意志的法官是很困难的。”[①] 此时，杰斐逊正向麦迪逊建议最高法院的法官人选。在这句话里，杰斐逊试图表明约翰・马歇尔对其助理法官会产生巨大的个人影响。在谈及马歇尔的个人权力时，贝弗里奇也指出了最高法院作为一个集团所具有的重要性。[②] 关于最高法院的集团特征很少被研究，[③] 部分原因在于最高法院活动的神秘性。我们有许多关于像马歇尔法官、霍尔姆斯法官这样的个性对其他法官的影响的证据。法官之间的同事关系又助力了这种影响。历史上，很少出现法官之间
486 由于个性导致的公开冲突，这进一步表明，法官集团要求法官的行为符合社会期望，以维护司法机关的尊严。

法官的行为角色所涉及的要求显然类似于那些对立法者和行政官员的影响，我们已经在如“职位的影响”和机关的集团活动章节中讨论过了。在其他两个政府部门，这些因素并不总是占主导地位。有一些案例表明，法官从事了明显的偏私、腐败以及其他违反“游戏规则”的活动。法院和其他政府部门之间的一个主要区别是，

---

① 转引自 Albert J.Beveridge: *The Life of John Marshall* (Boston: Houghton Mifflin Company, 199), Vol. Ⅳ, p.59。

② Ibid., chap.2.

③ C. Herman Pritchett: *The Roosevelt Court:A Study in Judicial Politics and Values, 1937–1947* (New York: The Macmillan Company, 1948) 一书归纳了研究法院群体生活真正且富有建设性的途径。

对接近利益集团的控制更严苛，对法官行为的期望越严苛，对利益集团的限制也就更严格。

我们还可以对接触司法机关的决定因素与影响其他政府部门的因素进行比较。例如，在第十四章谈到过，行政官员在收到议会通过的、代表了相当稳定的利益均衡的法令时，一般倾向于维持这种利益均衡。他们倾向于认同既定的秩序，努力维持这种氛围，使之常规化。这些因素严重影响了利益集团的接触机会。在司法机关中，同样的因素也发挥了作用，虽然这些因素并不局限于某项单一的法令。司法机关的调整对象包括体现在法律中的整个社会关系结构。如果法院主要是一种公法机构，就像最高法院一样，它所管理的对象可能就会延伸至联邦制度中的大部分复杂关系以及政府不同部门间的关系。

比起其他所有政府机构，法院更像“游戏规则”的保护者。法官被要求认同那些“规则”，向那些反映这些规则的利益集团提供接近的机会。从某种意义上讲，法官比议员和行政人员更能代表广泛的利益，例如潜在的利益集团的利益，这些利益在法院的决定中能够得到有效代表。尊重先例以及法律中关于确定性、稳定性和预
见性的司法观念，有助于维护法院所保护的利益关系的正常化。因 487
此，行政官员和法官均倾向于认同委托给它们的利益关系的调整模式。在这两种情况下，利益集团施加的影响是固定的或是受到这种认同的控制。这样，利益关系的调整本身就由于对官员角色期望的加强而成为目标，尤其是关于法官角色的期望。利益集团的行为动机在这两种情况中属于同一种类，只是程度不同而已。

法院所继承的关系调整中所涉及的关系不一定是稳定的，关系

均衡一直处于变动中。法院有限的自主权，特别是在关于宪法问题上的自主权，必须使法律的程序适应政治权力的基本变化。在大规模生产和劳动分工的时代，将简单社会中形成的阴谋规则不加区分地施加到工人组织无法阻止这些协会的产生。除了纯粹的口头表达外，这样的裁决不可能促进稳定，反而会导致用暴力手段解决问题。在任何社会中，司法制度的作用在于达成对人类关系的可行性管理，这就是司法机关最基本的职能。如果关于司法机关的这种职能不能得到广泛接受，司法机关就无法进行活动。

然而，法院的自主裁量权不是无限的。对司法过程的接受部分取决于限定法院角色的规则的连续性和预见性，正如我们观察到的那样。这就意味着，在技术和人类关系快速变革的时代，相应的利益和利益集团在社会中的相对力量也在变化，防御性集团将有可能获得接近法院的有利机会。

近几十年来，没有什么政治现象比在其他政府机构中其影响减弱的利益集团运用规则、付出高昂的成本以及运用司法机关的技术程序来稳固自己的权力更为普遍的了。当《克莱顿法》(Clayton Act)于 1914 年通过时，劳工集团认为该法案取代了劳动争端中的禁止令以及限制工人组织和罢工权的《谢尔曼法》。然而，尽管立法机关做了很大努力，法院的解释仍然是早期法律的基本实质，没有什么改变。[①] 虽然有许多因素有助于解释这些决定
488 和类似的决定，但其中一个必要因素是，法院在放弃既定规则和

---

① 例如，参见 Duplex Printing Co.v. Deering, 254 U.S. 443 (1921), 和美国钢铁铸造厂诉三城贸易委员会案(American Steel Foundries v. Tri-City Trade Council), 257 U.S. 184 (1921)。

既定的影响模式时总是行动迟缓。

因此，法院尴尬的政治地位来自它们所具有的两种互相矛盾的责任：一方面要维护法律的连续性，另一方面要确保在它们面前各种争议之间的平衡，但它们往往无法协调这些冲突的要求。从1786年谢斯叛乱到1937年罗斯福的“法院计划”的这段历史证明，这种协调往往是问题重重的或无济于事的。作为宪法法庭，最高法院可以通过拒绝对一些可能遭到政党或其他政府部门忽视的问题作出裁决，而使自己免于尴尬的境地。这些“政治问题”包括：某种特定政体是否是某个州的合法政府形式，总统使用军队是否符合紧急状态的要求，某个州是否实行由宪法保证的“共和政府形式”，以及其他涉及国会或总统裁量权的问题。[①]

在政治领域中，任何“政治问题”都不能免于司法机关的裁定。司法活动的结果对政党而言，在大多数情况下是有意义的，政党使用各种手段影响司法活动的结果。任何一个法院都会发现，在更大的政治舞台上，其地位必将受到挑战。对受到利益集团有效影响的其他政府活动进行监督的宪法法院，不可能忽视其判决遭到诋毁的可能性。法院难以避免地成为争夺控制权的对象。

美国法院被迫卷入政治过程。然而，与此同时，对法院活动的普遍期望、法院既定制度的调整、司法机关的传统及其集团生活以 489
及前文分析过的各种因素，一起限制了利益集团直接接触司法机关的途径。所有法院裁决活动的形式，在某种意义上又是一种辅助性

① 参见 Luther v. Borden, 7 Howard 1 (1849); Martin v. Mott, 12 Wheaton 19 (1827); Pacific States Telephone and Telegraph Co.v. Oregon, 223 U.S. 118 (1912)。

的限制形式：在审判活动中，如果法官与争议中的当事人一方有关，那么该法官就是不称职的；挑战陪审团的权利；证据规则；被告有权对质原告证人并传唤有利证人；要求裁决必须建立在法院获得的证据基础上，等等。除了很少发生的贿赂和暴力外，利益集团主要通过间接迂回的方式获得接触法院的机会。在其他政府部门也可以看到利益集团使用迂回接触方式，但在司法机关中，这种表现尤其突出。

法官选择与间接接触

最重要的间接接触司法机关的方式是影响法官的人选。这一过程之所以是间接的，是因为要确保某个候选人的任命或当选，并不一定要给利益集团提供获得建议或影响其决定的机会。而利益集团成功支持议会或行政机构的候选人则可以获得明显的好处。这一做法在政府的“政治性”机构中是可以被接受的，很少受到挑战。对司法角色的期望以及司法机关所代表的利益，限制了利益集团对法官直接施加影响，使其很难表现出反常行为。支持司法机构的候选人，主要是依据法官在利益集团中非正式“成员身份”的影响。

不管是乡村的法官还是最高法院的知名法官，法官均有其利益集团。这些集团可能是非正式的。实际上，在就职前，许多法官往往放弃其正式的利益集团成员身份，因为该利益集团也许会卷入他们所审理的诉讼案件。但是，正如我们在其他地方看到的，不一定是具有正式的利益集团身份才有可能发挥作用，也不意味着法官在

作出判决时需要经常或有意识地与利益集团商量，这一过程在大多 490
数情况下很微妙。许多所谓的法律规则，尤其是更为重要的宪法条款，没有确切的含义。即使是更为具体的法令，也允许有一定的自主解释权。对法官来说，和其他人一样，在提供解释这些法律法规条款的参照系时完全取决于他站在哪个利益集团的立场上。大众普遍接受的有关司法裁决的非个性化的、机器化的神话，要求法官将所有个人的喜怒爱憎都抛到一边。正如我们看到的，实际上，这一假设的基础实在有限。法官在司法集团内的成员身份似乎使这一假设显得更为合理。然而，这一影响只是一种修正，并不是根本性的改变。法官并没有因为穿上了法官袍而变成了神，他们作出判决所依据的前提并不都是从法庭中学来的。赫斯特得出了一个结论，法官选拔的方法与法院的“自由主义”或“保守主义”没有关系：“任何一代人的主流思想和情感给司法政策提供了更具有说服力的解释。”[1] 就像华兹华斯所描述的一样，法官就任他们的职位时，“并没有忘记他们的过去”。

即使在口头上没有说出来，负责选择法官的议员和行政官员已经意识到法官候选人所属利益集团的重要性。早在 1810 年，当时“跛脚鸭”政府通过了新的《司法法》，授权进行司法制度改革，使约翰·亚当斯有机会任命联邦党人的法官，以抵抗杰斐逊派的进攻。[2] 当杰斐逊派于 1802 年推翻该法案时，利益集团归属的影响同

① Hurst: *The Growth of American Law*, p. 46.

② 参见 Charles A. Beard: *Economic Origins of Jeffersonian Democracy* (New York: The Macmillan Company, 1915), chap. 3; Max Farrand: “The Judiciary Act of 1801,” *American Historical Review*, Vol.5, no.4 (July, 1900), pp.682–686。

样体现得淋漓尽致。不时地，人们关注法官候选人的“利益集团身份”的现象十分明显。1880 年 9 月，在当选为总统前，詹姆斯 · A. 加菲尔德（James A. Garfield）写信给《纽约论坛报》的编辑怀特洛 · 里德（他也是共和党的重要领导人），向他保证在任命最高法院
491 法官时维护既得的权利。[①]1906 年 9 月，西奥多 · 罗斯福在讨论提名霍勒斯 · H. 勒顿（Horace H. Lurton）为最高法院法官的资格时，在给参议员洛奇的信中，他写道：

> 在黑人问题上，他的立场是对的；在联邦政府权力问题上，他的观点是对的；在海岛商业、公司、劳工问题上，他也是对的。迄今为止，在所有法院所面临的问题上，他表现得甚至比怀特更了解政策，因为在公司问题上，他的见解是对的，但怀特是错的。[②]

1920 年的选举中，耶鲁大学法学院的威廉 · 霍华德 · 塔夫脱教授后被哈丁总统任命为首席法官，他坦率地将最高法院的人事安排作为一个问题提出来。1920 年，他写道：

> 威尔逊先生认同，美国宪法应该具有一种自由主义的结构，削弱对财产权的保护，而这种保护正是宪法应该提供的，以便私有财产免受社会主义者的侵扰……他任命了三名最高

---

① 转引自 Homer Cummings and Carl McFarland: *Federal Justice* (New York: The Macmillan Company, 1937), p.527。

② Ibid., p.528.

> 法院的法官。据说，他对第一位法官（麦克雷诺兹法官）在这些问题上的看法十分失望。另两位法官（布兰代斯法官和克拉克法官）代表了一种新的宪法建构学派，这一学派的主张如果成为主流，将对我们的基本法律产生巨大破坏。四位在任法官均已超过了70岁的退休年龄，下一任总统将任命他们的继任人。在这一选举活动中，没有比维持最高法院关于“未经合法程序，任何人的私有财产不应受到侵犯”这一保证更重要的国内问题了……[①]

而且，作为总统，塔夫脱必须确保他任命的最高法院法官在政策问 492
题上与他持相同观点，不管他们是否与他属于同一政党。[②]

根据美国宪法，参议院有权决定总统对联邦司法机关公职人员的任命。有几个州有着类似的规定，这就使得司法机关中被提名者的利益集团归属成为人们关注的焦点，也激发了利益集团的大量活动。尽管这一过程通常反映不同政党派别的特殊要求，但往往起源于利益集团。参议院批准法官的任命类似于批准行政官员的任命，通过“参议院的裁定”，任命法官的权力实际上从总统转移到了单个参议员手中。在最高法院，习惯上那些能够接近参议院及其司法委员会（司法委员会负责审核法院的提名事项）的利益集团发挥了重要作用。[③]

① 转引自 Frankfurter: *Law and Politics*, p.37。

② Daniel S. McHargue: “President Taft’s Appointments to the Supreme Court,” *Journal of Politics*, Vol.2, no.3 (August, 1950), pp.478–510.

③ 参阅 Cummings and McFarland: *Federal Justice*, pp.531ff.; Hurst: *The Growth of American Law*, p.128。

关于法官的集团归属产生影响的一个典型的例子发生在 1930 年。胡佛总统提名一位巡回法院的法官，来自北卡罗来纳州的约翰·J. 帕克 (John J. Parker) 将填补最高法院的一个空缺，此人曾因决定支持不平等的劳动合同而受到劳工组织的敌视，而且还遭到全国黑人集团的反对。在劳联和美国有色人种协进会领导下，成功地阻止了帕克法官的任职提名，完完全全地展现了利益集团的作用，其规模与立法活动中的冲突不相上下。在同一年，胡佛建议查尔斯·埃文斯·休斯（Charles Evans Hughes）回到最高法院任首席法官，也遭到了许多参议员的反对，他们宣称被提名者长期在公司中任职的经历对他在最高法院中的行为将产生不良影响。当伍德罗·威尔逊于 1916 年提名路易斯·D. 布兰代斯为最高法院法官时，也导致了利益集团之间的一场竞争，这被添油加醋地描述为“充满热血、狂怒和蓄积压力的六个月”。[1]

有时，也会围绕提名者的能力问题讨论关于司法人员的任命。
493 然而，更多的情况是，尤其是当涉及一个最高法院的职位时，人们就会看到那些利益集团的活动，这些利益集团认为法官的利益集团归属对他今后的裁决将产生重要影响。

在那些法官完全通过选举产生的州，间接地保护利益集团接触司法机关的活动更为明显。在法官选举中，利益集团的活动就像在选择任命的法官一样，倾向于防御性的，而不是进攻性的。关于法官中立的“传说”使利益集团不敢完全根据其利益集团的身份而公开支持某位法官候选人。然而，律师集团是一个例外，在一些城市

① Hurst: *The Growth of American Law*, p.371.

积极支持法官候选人并未被批评。律师协会宣称其对法官的专业资格具有权威性的了解，它能够不受指责地影响法官候选人人选。[①]此外，对法官公正无私的期望也允许利益集团反对那些其偏好明显引起质疑的法官候选人。而且，这一期望也有助于解释没有遭到重要利益集团反对的在任法官何以再次当选。在许多州，这一活动十分普遍，被州长任命的法官很可能在下一次选举中重新当选，除非他遭到重要利益集团的反对。[②]除了这些差别外，在法官选举中，利益集团的活动与政府其他职位产生过程中利益集团的活动类似。

很少有人怀疑，选举产生的法官比任命产生且表现良好的法官更容易受到利益集团要求的影响。尤其在州的法院中，担心自己能否再次当选，使法官对利益集团的要求，包括政党的要求，较为敏感。而且，上诉法院法官的裁决往往在随后的司法选举中成为关注的问题。尽管有证据表明，选举产生的法官的缺陷被夸大了，[③]但利益集团与选举产生的法官之间的关系与利益集团与议员和行政官员之间的关系一样直接。

诉讼与间接接触

利益集团对法院判决的影响可以从许多重要活动中发现。法 494

① 参阅 Edward M. Martin: *The Role of the Bar in Electing the Bench in Chicago* (Chicago: University of Chicago Press, 1936)。

② Hurst: *The Growth of American Law*, pp.133–134.

③ Ibid., pp.138–146.

官们倾向的差异以及他们利益集团归属的差异，可以在诉讼当事人选择诉讼法院的行为中体现出来。在能够允许当事人选择法院的地方，选择一家法院最重要的因素是其法官能够悉心听取原告的要求。例如，工会发现，在同样的司法案件中受联邦法律保护的工人集体谈判权，在南部地区法院中被对待的方式，与北部和西部许多同等司法管辖区的大不相同。雇主们发现，不同法院在劳动争议中发出禁止令的情况是不同的。类似的因素也表明，尽管在程序和行动的效率方面有所不同，选择向州法院还是联邦法院提出一项诉讼案件，可能比选择法官的个人倾向更为重要。

州法院或联邦法院所接受的大量案件，基本上只与个人有关。不管利益集团能否对司法过程产生明显的作用，它们往往会直接卷入其中。而尤其是在那些挑战立法行为是否合乎宪法的诉讼案件中，这些利益集团几乎公开进行活动。我们已经看到，全国或州立法机关的立法活动，代表了利益集团之间特定的、稳定的关系调整。对立法机关法案合宪性的挑战表明，立法活动的调整已经不能被各方利益集团充分接受。因此，在立法活动阶段就已经开始的冲突，不仅在行政机关中，还在司法机关中得以延续。

不管利益集团的名字是否与某个特定的诉讼案件有关联，事实上，它们可能与其紧密相关。爱迪生电器协会（The Edison Electric Institute）是一个重要的私营公司行业协会，它极力反对建立田纳西河流域管理局，强烈反对通过 1935 年的《公用事业控股公司法》，并为参议院的调查提供材料。在相关法案通过以后，该协会
495 积极地鼓动法院审查这些法案是否合乎宪法，尽管它没有提起诉

讼。[①]《公用事业控股公司法》通过后，在一家研究所的新闻简报中，可以看到利益集团的战略与法院单个案件之间的紧密联系。该简报的部分内容是：

> 公共事业的管理人员并不确定……法院的活动何时开始或法律的哪一部分将受到攻击。直到律师们有机会决定哪一个公司愿意作为原告时，才作出最后决定。[②]

在围绕这一案件的斗争以及其他斗争中，司法活动采取的战略是立法机关中竞争的延续。

利益集团往往直接卷入诉讼过程，尤其是针对那些涉及宪法问题的案件，有时在这些利益集团作为“法院的朋友”而干预案件的活动中体现得更加明显。这是法院允许个人或集团作为协助法庭解释某个法律问题而出庭，或者这些个人或集团虽然与该案无关，但法庭认为他们能够在法官做出判决之前就该案提出见解。官方律师和代表集团或个人的律师均可以使用这一方法。例如，一份长长的协助法庭解释某个法律问题的人的名单，导致了 1936 年第一部《农业调整法》的废止。[③] 在认为这一法案违宪的人中，包括美国棉花制造商协会、美国农民独立委员会（美国自由联盟的一个附属集团）、海格雷德食品生产公司、美国坚果公司、伯克斯包装公司以

---

① U. S. Temporary National Economic Committee: *Economic Power and Political Pressures*, p.77.

② 转引自 ibid., p.159, 以及 The *New York Times*, September 13, 1935。

③ U. S. v. Butler, 297 U.S. 1 (1936).

及通用面粉厂。对立的一方则包括：争取经济平等联盟、美国农业局联合会、全国甜菜种植者协会、全国农业谷物公司协会、得克萨斯农业协会。[①]

政治过程（包括司法过程）的连续性，可以从法院判决所引起的其他相关政府作出反应的发生频次中进一步看到。当法院宣布政
496 府的特定活动违法时，最明显的反应是试图发动一次修宪运动。由于修宪是一个漫长的、困难的过程，因而并不经常发生。更为普遍的是，法院以一种不受特定利益集团欢迎的方式作出司法解释，即修正法案。当最高法院废止《农业调整法》时，原来支持该法案的“力量”马上通过寻求制定能够达到同一目的、最高法院又不会反对的新法律。类似地，当最高法院解释《谢尔曼法》以禁止基准定价体系时，能够接触国会的水泥协会和相关集团采取相应措施，确保对该法案的“解释性”修正，从而推翻最高法院的判决。[②]

关于解决劳资纠纷的法院判决的历史，可以追溯到1890年代，常会涉及从法院到政府的“政治”机构的诉求。劳资纠纷是这一点的最好论据，即通过法院达成的利益调整并不比通过议会或行政机关达成的利益调整更具稳定性。当法律条文和法官的偏见给雇主们提供了有利的接近机会因而被指责为“强制政府”时，劳工集团则试图通过选举和立法活动寻求利益的重新调整。这些活动的目

① U. S. Temporary National Economic Committee: *Economic Power and Political Pressures*, p.78.

② Earl Latham: “Giantism and Basing-Points:A Political Analysis,” *Yale Law Journal*, Vol.58, no.3 (February, 1949), pp.397–398.

的旨在限制或消除法院在罢工活动中的裁决权。[①]许多类似的情况发生在雇主在工人事故中的责任追究问题上。旧法规难以适应新的现代工厂活动中出现的问题，导致了要么修改现存的法规，要么剥夺法院在工厂事故中关于雇员是否有权获得赔偿的裁决权力。

在早期的美国历史中，由于法官对法律或宪法的解释不当而被弹劾、被迫下台的情况经常发生。从 1805 年塞缪尔·切斯（Samuel
Chase）法官被弹劾又被宣布无罪以后，联邦法院就再没有发生过这 497
类情况。自 1850 年代以后，州法院也很少发生这种情况，主要是因选举产生的法官有任期，使这种弹劾不再必要。[②]由于法官对宪法的不当解释而再次出现弹劾的情况发生在 20 世纪初期民众要求进行全民投票以“罢免”法官和推翻司法判决的运动中。这一代表了农业、劳工和其他集团联盟的运动，在 1912 年总统选举中达到了高潮，推翻司法判决的行动得到了西奥多·罗斯福的积极支持。撤销法院判决的运动，就像当时其他影响司法机关的政治运动一样，起源于被称为“将自由放任主义转变为宪法教条的……司法机关的热情”。[③]这种运动的报复性后果表明，“司法机关的热情”产生了一种不稳定的利益关系调整，导致对司法中立的期望构成了严重威胁。

不到 12 个州采纳了通过公民投票罢免法官和撤消司法判决的制度，而且实际上也很少使用这种方法。这种运动的意义，就像

① Millis and Montgomery: *Organized Labor*, pp.629–651; Felix Frankfurter and Nathan Greene: *The Labor Injunction* (New York: The Macmillan Company, 1930).

② Hurst: *The Growth of American Law*, pp.135–138.

③ Ibid., p.139.

1937年罗斯福的“法院计划”一样，不仅取决于该行动所宣称的达到的目的，还取决于对司法自主权的运用方式所产生的间接影响。1937年“法院计划”所产生的“风暴”，揭示了利益集团受到新政影响的程度。该计划的内容是，当法官在满七十岁后的六个月内还没有退休，总统可以在联邦法院中任命一名新的法官，但这一建议并不是新提出的。同样的建议在1913年威尔逊任命詹姆斯·C.麦克雷诺兹为总检察长时也发生过，后者被罗斯福攻击为“老人”。[①] 总统的计划没有被国会采纳，但在后来围绕该计划争论的几个月中，由于罗伯茨法官做出著名的“及时中断争论”的行动，最高法院提出了一系列观点，有效地否定了早期有争议的决定。[②]

结　　论

498 司法机关不可避免地成为政治过程的一部分。它是主要的权力中心之一，尤其在我们的司法制度下，司法机关有权审查其他政府部门的活动。因此，司法机关也就必然成为利益集团的目标。接触司法机关与接触其他政府部门同样重要，但接触司法机关的重要性多少不同于接触其他政府机关。关于司法中立的期望减弱了法官所具有的限制性集团的“成员资格”的意义。这些期望主要在潜在利益集团中得到反映，但这些期望同样涉及对法官、议员、行政

---

① Cummings and MeFarland: *Federal Justice*, p.531.

② 尤其是 West Coast Hotel Co.v. Parrish, 300 U.S. 379 (1937); National Labor Relations Board v. Jones and Laughlin Steel Corp., 301 U.S.1 (1937) ; Steward Machine Co.v. Davis, 301 U.S. 548 (1937); and Helvering v. Davis, 301 U.S. 619 (1937)。

官员，以及整个社会中利益集团成员的行为的互相交叉的要求。这些要求，加上司法机关内部自身规范的影响，加强了法官独立于利益集团的可能性。就像行政人员一样，法官负责管理涉及利益集团要求的关系结构，因为法官处理的事务在大多数情况下更为广泛、更具程序性，与现实的融合性更强，因而与大多数行政机关的同等因素相比，司法机关能够更有力、更频繁地限制利益集团接触的机会。因此，接触司法机关的最重要方式只能是间接的，而且在许多情况下具有高度的不确定性。

第四部分

结　　论

第十六章　集团政治与代议民主

“集团组织是这个时代的危险之一”，[①]已故的罗伯特·卢斯放 501
弃了他一向谨慎的语气如此指出。许多记者、学者和政治家一再认同这位来自新英格兰地区议员的观点。大多数这类言论共同关注以下几个问题：对迅速发展起来的利益集团的警觉；或直白或隐晦表明政府机构没有其他办法，只能消极地服从特殊利益集团的要求；告诫民主的稳定和维系取决于利益集团在提出自己要求时能够自发地、自觉地加以克制。这样，我们被告知“无法摆脱利益集团的压力……”美国政府的困境是“政府无能为力，无法保护自己免于受到压力……”除非这些利益集团“面对着它们所生活的世界……直到压力施加于自己身上”。这只是时间问题。[②]

我们已经看到，近几十年大量利益集团的涌现并不是美国独有 502

① Luce: *Legislative Assemblies*, p. 421.

② 这三句引文，分别引自 Harvey Fergusson: *People and Power* (New York: William Morrow & Company, 1947), p.101; J. H. Spigelman: “The Protection of Society,” *Harper's Magazine* (July, 1946), p.6; and Stuart Chase: *Democracy Under Pressure: Special Interests vs. the Public Welfare* (New York: The Twentieth Century Fund, 1945), p.8。转引自 Robert C. Angell: *The Integration of American Society* (New York: McGraw-Hill Book Company, 1941); Brady: *Business as a System of Power*; and John Maurice Clark: *Alternative to Serfdom* (New York: Alfred A. Knopf, Inc., 1948)。

的现象。这一增长的原因在于处理环境事务的技术复杂性的提高、专业化程度的加深，以及在一个互相依存的复杂社会中引导个人行为的期望所受到的干扰。大体上，技术的复杂性与社会的复杂性不可分割，我们在世界各地的工业社会中都能看到这种联系。在美国，利益集团的发展不仅得到技术专业化的推动，而且也得到受这些变革影响的社会模式多元化的推动，以及既定政治实践如结社自由的推动。利益的多样性是社会活动专业化的结果，利益集团就是调整这些利益的方式。

我们还看到，美国的政府机构反映了社会中利益集团的数量及其种类。同时，我们看到，这种反映本质上并不只是现代政治的特征。实际上，我们已经论证过了，离开利益集团就无法充分理解构成政治过程的行为，这些利益集团无时无刻不在活动。不管我们是看待一位公民、贸易协会的执行秘书、政党的工作人员、议员、行政官员还是法官，我们不可能描述他们在政府机构中的参与活动，更不用说解释这些活动了，除非从他所认同的利益角度以及他所归属的或面对的集团角度进行解释。这些集团可能是也可能不是利益集团，它们所坚持的利益在特定时刻不一定代表某些有组织的单位。然而，从本质上看，利益集团在政治过程中显得很重要。建立在共同态度基础上并向社会中其他集团施加要求的个人集合，在政府机构中发现了一种实现其目标的重要方式。也就是，大多数利益集团在连续或间歇的基础上变得政治化了。因此，从这个角度讲，利益集团就像政党或由法律或宪法正式建立的部门一样，显然成为政府体制的一部分。

503 政治利益集团的活动隐含着争议和冲突等政治的本质。对于

那些厌恶任何形式的冲突、渴望过去或将来完美和谐的黄金时代的人们而言，这些利益集团活动的结果足以招致人们的指责。人们将除了他们所熟悉的任何集团或活动均视为堕落的标志，他们警觉地审视政治生活中出现的新利益要求。这些敌对构成了政治活动中的一些次要内容，但对政治理解未产生多大作用。然而，许多人并未从争议中退缩，并准备接受这样一种观念：政治不可避免地从人们的特殊经历和价值中产生。对许多观察者而言，前文所描述的利益集团活动是人们关注的一个焦点，他们即使不乐意，也会积极地聆听有关利益集团活动的负面影响的警告。他们看到，利益集团的追求可能产生一定的混乱和决策困难，以至于代议制政府及其价值在某种程度上丧失。带着这种关怀，我们将进一步予以分析。

利益集团与国家的本质

关于特定政治活动本质的预言基于对政治过程的认识。当然，任何预言都是对所期望的事件的有关过程进行理解的结果。当生理学家预测一定量的酒精对一个人的反应能力产生特定作用，当化学家预测对特定的混合物进行加热将产生爆炸，以及当天文学家预测某一天将发生日食并可以在地球的某个地方看到时，每一种预测均建立在对各自领域如生理、化学、天文现象的观念的理解基础上，政治预测也一样。当一位政府活动的观察家谈到，政治利益集团的活动导致在代议制政府中特定行为的消失，他的观点反映了对人际关系动机的理解。其他因素也可能进入他的考虑，但对人际关系动机的理解是基本的。

504 政治预测的一个主要困难是，部分政治过程极其复杂，我们对政治的理解不尽充分。也就是说，我们拥有的观念并不总是能够解释所有的变量，并揭示它们的相对意义。由于这些观念很不充分，基于这些观念的预测也就不可靠了。这些观念的正确性很大程度上有待验证。[1] 许多人包括外行和政治研究者认为，政治过程的复杂性和不规则性是因为政治领域的预测的可靠性总是很低。这里我们不必分析这些看法，一个人对问题的看法相当程度上是一个信念问题。然而，我们不能逃避预测。政府官员和公民尽可能预测与他们有关的政治活动的结果，尽管这种预测很大程度上依赖预感、直觉或风险计算。在许多情况下，我们可以模糊地预测美国政治过程。例如，除了 1860 年外，在每一次总统选举中，人们总能够做出预测，许多人也的确做了预测，不管哪个候选人当选，他的对手或支持者都不会因为投票产生的决定而发动暴力运动。但在政治行为的许多有争议的领域，我们的观念几乎完全缺乏预测的价值。

政治预测的第二个障碍是，我们依据的重要观念几乎是不明确的。这些观念包括许多片面的、互相矛盾的假设，预言者对此也一知半解，许多观念甚至来自美国政治的神话和传说。建立在这些信息匮乏、不完全、不正确条件基础上的预言，必定是高度不可靠的。除非碰巧这些错误的观念与现实相符合，否则，这些观念很难成为可靠预测的基础。即使不是大部分的预测，也有许多关于美国利益集团作用的预测是建立在不可靠、不明确的观念基础上的。这些预

① 参阅 David B.Truman: “Political Behavior and Voting,” in Mosteller *et al.*: *The Pre-election Polls of 1948*, pp.225–250。

测仅是为了提高或减少竞争性利益集团的相对力量，就此而言，这些预测的价值完全是从其效果的角度来评价。然而，如果这些预言要成为系统的、负责的表述的话，就必须经受这样的检验。在大量 505
案例中人们发现，预言是建立在脆弱的概念结构上，建立在关于政治过程不正确的、未获得认可的理论基础上。

本书旨在探讨利益集团及其在政府机构中的角色，为评价利益集团在美国政治过程中的作用提供充分的基础。当然，我们不能断言，这种努力已经向克服政治学研究中预测所面临的困难迈出了几步，也不能断言已经形成了一种关于政治过程的完整的观念。前面的章节提出了一些影响利益集团活动的主要变量，试图得出一种能够通过解释利益集团行为理解关于美国政府活动的动因的观念。简单总结这一观念以及进一步研究其主要特征，将有助于我们理解美国代议制民主中利益集团政治的意义。

不管在何处，人总是处于我们称之为“集团”的交往模式中。除了最偶然和最短暂的活动以外，这些连续的活动就像所有的人际关系一样，涉及权力。这种权力从两个紧密相关的方面得到展现：首先，集团对其成员施加权力；个人的集团归属决定了在解释其经历时的态度、价值和参照标准。一定程度上服从集团的规范是被集团所接受必须付出的代价。这种权力不仅被个人当前的集团关系所运用，也来自过去的归属如家庭，以及个人期望归属的或个人认同其态度的集团。其次，一个集团如果要变成利益集团(社会中的任何一个集团均有可能)，只要它成功地向其他利益集团施加要求，就是在对其他集团使用权力。

许多利益集团日益变得政治化，可能在美国这一比例越来越大。即，要么从一开始，要么在其发展过程中，利益集团向政府机构提出要求，或者通过政府机构提出要求。政府的形式和职能反过来反映了这些利益集团的要求和活动。美国人对成文宪法的观念，揭示了来自这些利益集团要求的影响；界定政府新职能的法规反映
506 了利益集团连续的活动。政府的许多形式和职能从一开始就被接受，或者在其表面上独立于利益集团的公开活动下被接受，司法机关就是这样一种形式，城市街道的建设、交通的管理是这种职能的体现。然而，如果司法机关或其某个部分以一种与社会中相当一部分人的期望相反的方式进行活动，或者其作用受到猛烈抨击，司法机关和司法权力背后的集团基础就可能突显出来。类似地，如果街区建设提高了税率，或交通管理对行人或机动车造成了不必要的麻烦，这些政府职能受到不同利益集团要求的影响可能也会表现出来。社会中广泛持有的利益，尽管可能没有通过利益集团组织形式来表达，也会在政府中体现出来。如果那些潜在利益集团的利益很快且有效地得到表达，具有共同利益和态度的这些人之间的互动也就没有必要了。但被接受的政府形式和职能的利益基础，以及这些利益在公开的利益集团活动中的潜在反映，即使没有明显的活动迹象，也无时不在。

政府机构是以利益为基础的权力的中心，其与利益集团的关系可能是潜在的，也可能是公开的。利益集团的活动包括从常规化的、被广泛接受的到不稳定的、具有高度争议的活动。为了达到它们的目的和要求，利益集团寻求接近这些政府机构中重要的决策环节。这些决策环节在整个政治结构中广为分散，不仅包括正式建立的政府机构，也包括政党、政府组织与其他利益集团之间的互动。

利益集团多大程度上有效利用政府机构，要考虑一系列互相关联的复杂因素。为了简化起见，这些因素被分为多少有些互为交叉的三类：(1)关于一个集团在社会中战略地位的因素；(2)与集团内部特征相关的因素；(3)政府机构独有的因素。第一类因素包括：集团在社会中的地位或声望，该因素影响集团从外部获得尊重的程度；集团及其活动具有的水平，这种水平相对于广泛的、但缺乏组织的利益或“游戏规则”而言；政府官员正式或非正式地归属该集团的程度；以及该集团作为技术知识和政治知识来源的有用程度。
第二类因素包括：集团的组织化程度和理性化程度；集团在特定情 507
况下的内聚力，尤其是当竞争性集团对其成员提出要求时展现的内聚力；领导的能力；集团成员的规模和经济实力。第三类因素包括：政府机构的运行结构，因为这些既定因素涉及相对稳定的有利或不利条件；以及针对特定政府机构或单位的集团活动的影响。

有效接近的结果，就是有组织的或未组织起来的利益集团的要求获得不同程度的表达，即政府的某项决策。注意，这些有效接近政府和引导决策的利益不一定是“自私的”，也不一定是充分整合的，还可能不一定为组织起来的利益集团所代表。政府决策是能够接近政府的利益集团有效表达的结果。这些决策根据利益集团的支持力量以及社会中影响这些力量的干扰因素的大小，表现出不同的稳定性。

美国政府制度的一个典型特征是，它提供了利益集团接触决策的各种渠道。联邦制度建立了分散的、或多或少独立的权力中心，这些渠道使利益集团有机会接触全国性政府。争取在联邦框架内每一个选区的力量、争取更多人的支持，是我们政党制度的特征，这一特征加强了狭隘性，尤其是国会议员的狭隘性。全国性政党以及州的政党通常是建立在地方组织基础上的松散联盟，而不是包容性的、有力的结构。行政官员和议员错开的任期加强了参与选择这些官员的有效选民中间的隔阂。这些不同的、往往是对立的地方模式（选区），是独立接近更大的政党和正式政府的一种渠道。这样，尤其在国家层面，政党首先是一种选举工具，只在有限的程度上，它才是一种决策工具。在国会内部，控制权广泛分布在两院的委员
508 会主席和其他领导人手中。这些接触渠道进一步受到宪法中权力分立和制衡机制的思想，以及在州和地方上民选行政首长的活动实践的支持。在联邦层面，形式上简单的行政部门活动，由于最高法院剥夺总统对许多行政机构的罢免权的决定而复杂化了。然而，这些机构只是在程度上不同于那些宪法规定的行政部门内部的机构。通过立法机关和行政机关影响决策的结果，以及控制行政政策的渠道分散的结果，使得许多名义上的行政机构有时候实际上独立于行政长官。

尽管有些接触方式可能被有序地采用，但并不是在一个稳定的、完整统一的统治集团内发挥作用。根据特定时期的整个政治形势以及互相竞争的利益集团的相对力量，政府或政党中的某个权力中心成为权力金字塔的塔尖。只有高度常规化的政府活动才显示出稳定性，这些活动很容易像受制于行政首长一样，受到立法机关内部各种因素的影响。因此，在有限范围内，倾向于特定决策的利益集团根据具体情况和战略需要，利用某一政府部门对抗另一部门。在某个时期，政府的整个模式表现为一种变化多端、错综复杂的关系，这种关系又随着有组织和无组织的利益集团的权力、地位

的变化而不断变化。

在美国政治过程中，有两个因素十分重要，值得仔细研究。这两个因素包括：交叉成员身份的观念，以及未经组织或潜在的利益集团的功能。

交叉成员身份的思想来自一种将集团视为标准化交往模式的
观念，而不是个人的简单集合。尽管前者看上去相当模糊抽象，但
比后一种观念更接近复杂的现实。集团作为个人集合的观念来自
人们观察得到的事实：在任何社会中，特别是复杂社会中，没有任
何一种单一的集团归属可以解释个人所有的态度或利益，除了偏执
狂或神经强迫症患者外，没有人会完全沉浸在他所参加的集团里。
个人的活动及其利益的多样性，促使他参加许多现实的和潜在的集 509
团。而且，没有两个人的经验是完全一样的这一事实，以及他们的
态度由此并不一样的事实，意味着一个集团的成员将从不同的参照
系中看待集团的要求，这种异质性直到成员的交叉身份发生冲突时
才显示其意义。因而，集团的凝聚力和影响力取决于集团内部各种
冲突着的忠诚是否能够得到整合或协调，而协调的结果又将改变集
团最初的要求。例如，家长-教师协会的领导者必须考虑这一事实，
即他们的建议必须也能够被那些属于地方纳税人协会、地方商会以
及天主教会的成员所接受。

交叉成员身份的观念对由各种利益集团创造的问题产生直接的影响。然而，这种交叉成员身份的事实，往往在讨论集团的政治角色时被忽略或低估。在《联邦党人文集》第十篇论文的精湛分析中，詹姆斯·麦迪逊指出，集团的多样性和人们进行交流时发生的困难是一种保护政府免于多数人的暴政的主要手段。他很少触及

交叉成员身份的概念，只是附带地指出："除了其他困难以外，很明显，一旦存在一种不公正或不光彩的目的意识，沟通总是会受到不信任的掣肘，这种不信任与集团的数量成正比。为了达到沟通的目的，集团之间的互相信任是必须的。"约翰·C.卡尔霍恩（John C. Calhoun）关于"协同多数"的思想在他去世后出版的《政府专论》（*A Disquisition on Government*, 1851）一书中才提出，假设他迫切拥护的集团具有团结、统一的特征。他的当代追随者挖掘了他的学说，尽管是隐含地，也作出了同样的假设。[①] 其他试图解释政治制度连续性的研究者有时假设，是那些并不热心参与政治的、循规蹈矩的公民进行的部分活动对构成利益集团组织的成员形成了一种制衡力量。[②] 尽管这一现象可能发生在危机时期，但它不足以说明这样
510 一个现实，即那些不怎么热心某种政治过程（例如投票活动）的公民，同样显示出对政治活动其他方面的关注不足。作为对有组织的利益集团活动的限制，交叉成员身份比那些很少参与政治活动的人偶而激起的抗议活动影响更大。

利益集团组织从来就不是完整的、统一的，尽管交叉成员身份的影响可以通过有效的办法利用，从而使组织获得最大的整合程度。正是在一个特定利益集团内部来自其他集团的要求威胁到它的整合，迫使它与其他利益集团达成协调。美国医学会内部的专家和教授的要求提供了一个很好的例子，他们支持集团活动、义务医疗保险计划以及预防性医疗。美国退伍军人协会内部公共住房的

---

① 参阅 John Fischer: "Unwritten Rules of American Politics," *Harper's Magazine* (November, 1948), pp.27–36。

② 参阅 Herring: *The Politics of Democracy,* p.32。

支持者、工会主义者以及私人住房建筑商、劳工的反对者共存于一个集团，则提供了另一个例子。农业管理局内部那些必须购买附加种子的农民与那些为市场生产剩余产品的农民之间、大豆种植商与牛奶场场主之间、传统共和党人与忠实的民主党人之间的潜在冲突，给利益集团制造了严重的政治问题。关于这种冲突对利益集团的活动施加限制的例子数不胜数，几乎像交叉成员的例子一样。尽管具有来自交叉成员身份的集团整合问题以及集团内部政治问题，但利益集团多样性的出现本身对政治制度并不构成威胁，一个重要原因是这些交叉影响不仅影响到有组织集团内部的私人成员，还会影响到集团在政府中的“成员”。

但是，集团组织中多种成员身份不足以消除冲突。在全国制造商协会和美国钢铁工人协会之间，以及美国农业局联合会和汽车工人协会之间几乎不存在成员身份的交叉。相对整合的利益集团中的交叉成员身份，不足以成为解释一个正在运行的政治制度稳定性的基础，那种制度的存在是一个事实。关于集团过程的充分理解必须依赖于这一事实。借用约翰·马歇尔的名言：我们必须不要忘记我们正在分析的是一个正在发展中的政体。

在解释美国政治制度时，我们不能漏掉关于政治过程的观念的
第二个重要因素，即非组织利益，或潜在的利益集团。尽管美国有 511
大量的利益集团，但不是所有的利益都是有组织的。回想一下我们对利益集团的定义即持有一种共同态度的集团，就会发现，由于对其他集团提出要求而引起的利益集团成员之间的连续交往，并不是建立在所有这些态度的基础上。其中利益集团的一种最普遍的形式即协会，源于个人在类似的制度化集团中人际关系受到的严重的

或长期的干扰。只要协会能够成功地调整这些受到干扰的关系，它就可以不断地发挥功能，例如工会协调劳资双方的关系。但并不是所有的关系都自然而然或在短时间内因为受到干扰而建立组织。因此，只有一部分利益或态度被利益集团所代表。类似地，许多组织化集团——例如家庭、商业集团、教会——不一定持续地成为利益集团或政治利益集团。

然而，任何共同的利益、共同的态度，都能够形成一种潜在集团。对社会中既定关系和期望的干扰，可能产生旨在限制或消除干扰的新的互动模式。有时，潜在集团在政治过程中产生的影响很弱。V. O. 基指出，在密西西比河流域三角洲地区种植业主“在例如卫生和教育计划中必须为黑人说话”，尽管后者实际上没有被组织起来，并被剥夺了积极参与政治的权力。[①] 正是从这种意义上，本特利谈到了专制政府与其他政府“形式”之间的差异。他指出，在“专制政府中也存在着所有民主政府都具有的代表形式，它可以通过数量和技术上的细化来区分，但不能以任何更深层次的‘定性’方式来区分”。他将专制政府描述为“代表他自己的阶级，在很小程度上才代表被统治阶级”。[②] 阻碍潜在集团发展为组织集团的因素可能是惰性或对立集团的活动，但也可能是因为受到严重干扰，
512 这些尚未成形的、潜在的利益一旦被组织起来，就会使人们认识到这些利益的存在，并且至少产生一定的影响。

与那些代表分裂的少数的潜在集团相比，更重要的是那些在社

① Key: *Southern Politics*, pp.235 and *passim*.

② Bentley :*The Process of Government*, pp.314–315.

会上具有广泛性的利益或期望，这些利益或期望在几乎所有的公民中得到体现，因而被认为是理所当然的。这种“大多数”利益之所以重要，不仅因为它们是利益集团组织的基础，还因为这种潜在集团的“成员”在不同的利益集团组织中广泛存在着身份交叉。[①] 在这种非组织化利益要求与组织化的利益集团要求之间发生冲突时，应必须确保对前者的认可。这不仅因为受到影响的个人对这种无组织的利益有强烈的归属感，更为明显的是因为这些利益被普遍享有，已经成为被人们接受的行为模式的一部分，而对这些行为模式的干扰是极困难、痛苦的，这些非组织化的要求受到高度重视。

这些广泛存在但又未被组织起来的利益，就是我们前文称之的“游戏规则”。其他人将这些态度称为“信仰体系”、一种“普遍的意识形态”，以及“一套关于权威的本质和范围的态度和理解”。[②] 这些利益（态度）中的每一种可以是普遍的，也可以是狭隘的，可以是概略的，也可以是详细的。对大多数人而言，这些利益可能是松散的、模糊的，尽管在领导者层面更为明确。毕竟，对这些利益所代表的“游戏规则”产生的干扰，将导致组织化集团之间的互动和明确遵守这些规则的要求。在美国的制度下，“规则”包括普遍依附于个人尊严的价值，以“公平交易”方式表达出来或以诸如《人权法案》形式正式表达出来。它们包括我们在第五章所称的“民主 513

① 关于这一主题的有建议性的讨论，参见 Robert Bierstedt: “The Sociology of Majorities,” *American Sociological Review*,Vol.13, no.6 (December,1948), pp.700–710。

② Kluckhohn: *Mirror for Man*, pp. 248 and *passim*; Sebastian de Grazia: *The Political Community: A Study of Anomie* (Chicago: University of Chicago Press, 1948), pp.ix, 80, and *passim*; Almond: *The American People and Foreign Policy*, p.158; Charles E. Merriam: *Systematic Politics* (Chicago: University of Chicago Press, 1945), p.213.

模式”，即在领导者的选择以及所有社会集团和机构的政策选择中，让民众广泛参与决定的种种形式，也包括特定的半平均主义的物质福利概念。这里只是列举了一些例子，并未涵盖全部。

广泛存在的、未被组织起来的利益在社会的主要制度中得到反映，包括政治制度。美国政治制度通过利益集团组织的活动，采用了立法、行政、司法的形式。一旦这些形式被接受并在相当程度上常规化，支持这些形式的、有组织的利益集团也就随之停止活动，回到潜在的状态。由于这些利益体现在制度形式和被接受的语言形式如那些法律和宪法理论中，成为众所周知的期望。这些潜在集团的利益不仅仅是关于那些政府机构应该是什么的期望，还是关于这些制度怎么运作的期望。由于这些既定的过程在某种程度上已经不存在争议，它们似乎没有特定的利益集团作为基础。然而，这些广泛的期望由于利益集团组织与潜在的集团存在成员身份的交叉，而得到利益集团组织私下或公开的尊重。[1] 侵犯“游戏规则”将削弱一个集团的内聚力，降低其在社会中的地位，使自己遭受其他集团的指责。其他集团可能是那些更充分地接受这些“规则”的竞争性集团，或是建立在广泛的利益基础之上，并对违反规则的行为作出反应的集团。

被普遍接受的、广泛的、未组织起来的利益或“规则”，是那些大多数个人在其早期的家庭、学校（也可能是私立学校和教会学校）以及类似的被期望在一定程度上与“民主模式”相一致的制度化集

① 参阅 Bentley: *The Process of Government*, p.397; MacIver: *The Web of Government*, p.79。

团中的经历所要求的。这些“规则”可能在后来发生的事件中得到强化。那些渴望得到或已经占据公职的人，尤其可能把这些被期望的行为视为他们期望或现有角色的一部分。政府机关——立法机关、行政机关、司法机关——的集团生活不同程度上加强了这些非组织化利益的要求，而这些非组织化利益，虽然有效程度有所不同，与官僚集团的利益以及“外部”政治利益集团的利益交织在一起。政府官员一旦明显地、长期偏离人们对他们所期望的行为，其他政府官员、利益集团组织，或由于这种偏离行为而形成的新利益集团组织将正式采取限制性的活动。这些政府官员被本特利称为代表 514
了“缺席的”或“沉默的集团利益”。

正是这种建立在被广泛接受的利益基础之上的潜在集团内部的成员身份多样性，在诸如美国这样的政治体系中发挥了平衡器的作用。对一些人而言，这一观察似乎是不言自明的，但对另一些人而言，它却多少有点神秘。但是，两者都错了。首先，在大多数关于利益集团组织的讨论中，多重成员身份的作用常常被忽视，这一事实表明，这种观察并不是老生常谈。其次，这一结论并不神秘。这些人们所广泛具有的利益的有效影响，可以直接从政治活动的语言和其他行为中推导出来。不借助潜在集团中多重成员身份的概念，是无法理解诸如美国这样政体的存在，也不可能形成有关政治过程的正确观念。这些广泛但未组织起来的利益的影响，解释了利益集团的宣传家们试图通过主张这种利益而改变其他态度的活动。[1] 这些利益的重要性进一步由大众通信工具（主要是报纸）在加

① 参阅 Lazarsfeld *et al.*: *The People's Choice*, preface to 2d edition, pp. xxi–xxii。

强“公共道德”标准的活动中得到证明。[①]

广泛存在的、非组织化的利益和潜在集团的角色并不意味着这些利益在任何时间、在任何地点都占据着主导地位，也不意味着对这些利益最轻微的触犯就会立即引起限制性的反应。这些利益也不是很明确，就像关于言论自由的诉讼历史所表明的。从主观上看，这些利益也不完全同等重要。既然这些“规则”就是不同利益集团组织所竞争的利益，它们在特定的情况下多多少少服从于某些心理机制如理性思考。此外，不管是通过语言还是大众传媒，都不足以让具体的偏差众所周知。

515 然而，在一个相对健全的政治制度中，这些未被组织起来的利益在社会重要机构中占据着主导地位，尽管存在着模糊性和限制，却能将有组织的利益集团的活动及其方法限制在一定范围内。这一解释接近于拉斯韦尔将国家视为由一定主观事件所界定的理性体系。[②] 根据他的定义，“国家……是相似的主观事件的时-空歧管……作为国家独特标志的主观事件就是承认一个人属于一个具有最高要求和期望的制度的社会”。[③] 按照这一观点，国家的所有公民并不需要连续经历这一事件，不需要以同样的频次经历这一事件，也不需要所有公民的态度都支持这些“要求和期望”。但国家、政体的存在依赖于人们对这些非组织化利益要求的广泛的、经常的

---

① 参阅 Paul F. Lazarsfeld and Robert K. Merton: “Mass Communication, Popular Taste and Organized Social Act,” in Lyman Bryson (ed.): *The Communication of Ideas* (New York: Harper and Brothers, 1948), pp.102ff.。

② Lasswell: *Psychopathology and Politics*, pp.240–261.

③ Ibid., p.245.

认可和服从，以及依赖于对明显偏离这些利益的行为的指责。拉斯韦尔指出，“所有这些是以‘正义’的名义表达出来的……”①

因此，只有将成员身份交叉的效应、非组织化利益及潜在集团的作用充分予以考虑，才可以确切地讲，政府活动是利益集团活动的产物或结果。正如本特利指出的：

> 竞争的技巧存在着许多局限，这也涉及对集团要求的限制，所有这些只属于经验观察……或者，换言之，当竞争进行得十分残酷时，社会中很快就出现了一个比其他集团更有实力的集团，这一集团倾向于在竞争中不使用极端的、令人厌烦的方法。正是在这些集团活动的限制范围内，更为和缓的竞争才得以进行，“竞争”一词只在受到限制条件下才有意义。②

由此断言利益集团的组织和活动对代议制政府构成了威胁，而没有 516
考察它们与潜在利益集团之间的关系以及它们对众多潜在利益集团所产生的影响，这是无法充分理解政治过程的。这种无视国家制度差异的分析是错误的，就像预测美国、日本和苏联对特定技术的变革反应相同一样。

利益集团与病态政治

不考虑革命和腐败政治的可能性不足以理解政治过程。承认

① Lasswell: *Psychopathology and Politics*, p.246.

② Bentley: *The Process of Government*, p.372.

在一个充满活力的政体中监督和限制广泛的、非组织化的利益，将得出在政治生活中存在一定和谐局面的结论，是多少有些危险的。一种政体的稳定运行表明其功能的有效作用，但不能就此证明目前的均衡在未来也能够保持。关于未来稳定性的预测，如果能够作出预测，必须建立在研究和测量的基础上，在这里即便作出最简单的概括也是不合适的。然而，我们发现一些因素会导致病态政治的形成，人们可以为那些关于政治利益集团组织发展的预测予以辩护。

由于非组织化的利益可能不是大多数人关注的核心，而且由于这些利益须持续受到侵犯才能被激活，因此，不能保证它们能够在遇到更大的干扰或崩溃时发挥作用。在遇到内部危机时，这些潜伏着的非组织化利益将阻碍达成一种可行的妥协，并鼓励采取无序的利益调整方式。[①] 在遇到国际性危机时，这些利益产生的危害可能使外交或军事决策出现较大的失误，从而延误政策调整，导致政府别无选择，只能卷入战争。这些可能性是很典型的。在人们认识到这种冲突损害广大的潜在集团的利益之前，更多的受到限制的、有组织的利益集团之间的冲突，就可能已经超越了安全线。

517 集团冲突和政府特定政策的前后不一致，这本身不是广大的潜在集团力量弱化的标志。某种程度的冲突是集团多样化和个人活动增加导致的不可避免的结果。[②] 而且，集团要求的协调结果不一定使公共政策变得统一。在新政早期的热潮中，采纳一些表面上矛盾的政策更多地是为了确保这种制度的力量，而不是其瓦解的

① Williams: *The Reduction of Intergroup Tensions*, p.75.

② Ibid., p.56.

标志。[①] 美元经济也不能说明这一过程是否健康。财政的均衡可能是政治稳定的先兆，也可能不是。而且，有证据表明，美国政治制度因其内在因素导致财政混乱，“不适合直接采用商业化管理财政的方法”。赫林进一步指出：“政府除了财政还有其他事情要管理。我们目前的政府形式不能简单地从它控制财政的无能来衡量。”[②] 除了财政混乱可能无法实现政策的目标外，财政效率问题也不是政府机构的基础。

许多人认为，广泛的非组织利益能够发挥作用取决于社会传播手段的发展。在前文我们已经看到，影响总统领导这些利益的能力的一个因素是，他能够在大众传媒中获得表达空间的容易程度。研究表明，代表我们所关心的广泛利益的个人不一定将特定的事件看作与那些利益有关。他们如何看待这些事件，不仅将取决于他们认为这些利益重要的程度，而且取决于他们对这些事件了解多少。[③] 因此，大众媒体的质量和特征以及不同的人际交流的方式——流言、信件以及对话——在确保非组织化利益实现时具有基本的意义。不仅是对新闻渠道的检查和扭曲，而且不充分的报道也会阻碍这些潜在利益的实现。例如，有迹象表明，近年来美国黑人境遇提 518
高的一个原因是，大部分黑人可能都知道，当一个人严重违反“游

① 参见 O. H. Taylor: “Economics Versus Politics,” in Douglass Brown *et al.*: *The Economics of the Recovery Program* (New York: McGraw-Hill Book Company, 1934), pp.160–188。

② Pendleton Herring: “The Politics of Fiscal Policy,” *Yale Law Journal*, Vol.7, no.5 (March, 1938), pp.737–738.

③ M. Brewster Smith: “Personal Values as Determinants of a Political Attitude,” *The Journal of Psychology*, Vol.28 (1949), pp. 477–486.

戏规则”时,许多黑人将在此情况基础上采取行动。[①] 一系列保护“游戏规则”的要求不仅制止了特定的违反现象,而且也加强了整个社会中受影响的利益的力量。如果缺乏足够的沟通,限制政府侵犯广泛非组织化利益就只能依靠在潜在集团中的政府官员了。而当这些政府中的“成员”力量过小而无法被指望时,也就不再有其他因素可能对其产生约束了。

宽泛地讲,传播渠道不仅包括媒体,也包括推动利益要求表达的集团组织。不仅言论自由、出版自由,还包括第三种传统的结社自由,这些对于激活非组织化利益集团十分重要。在代议制民主下,这些自由是“游戏规则”的组成部分,同时,也是非组织化利益集团保持持续活力的重要因素。通过使建立在“游戏规则”基础上的期望受挫,由此对利益集团获得组织化形式制造障碍,不仅阻碍了传播,而且也削弱了利益集团与某个政府机构的联系。法院处理有关劳工组织的法律的限制性解释所造成的一个严重后果是,工人,尤其从1890年代到1930年代,对司法机关失去了信任。这一点反映在,工人们普遍认为法官们在工人活动的组织问题上失去了“公正”。[②]

广泛的潜在集团要求的主要目标指向政府机构,既有的政府模式可能弱化这些广泛利益的影响。政府特定的结构可以限制并阻止在“正义”的利益与非暴力变革要求之间的冲突进行疏通的渠道。社会中的这一情况与我们讨论的特定利益集团组织没有明显的不

---

① 参见中Arnold and Caroline Rose: *America Divided: Minority Group Relations in the United States* (New York: Alfred A.Knopf, Inc., 1948), p.192。

② Millis and Montgomery: *Organized Labor*, pp.669–670.

同。就像 20 世纪二三十年代美国劳联的组织结构并未有效地代表 519
普通工人的利益一样，同样，政府内部的传统模式也是如此僵化，破坏了处理和平变革的代表性方法。既定的接触方式，即便受到模棱两可的“游戏规则”的保护和粉饰，也可以阻遏那些对广泛存在的利益的不同解释而提出的各种要求。

关于广泛的非组织化利益的影响范围，以及它们在多大程度上被大多数人认为处于核心地位的研究尚不充分。这种研究不仅需要人口统计学方面的资料，而且还需要从反映个人和集团组织相对力量的分类角度进行研究。[①] 研究方法还没有充分形成，但利用现有的技术还是可以提供较多的信息。然而，尽管缺乏可用的证据，广泛的非组织化利益在美国政府内外的权力中心仍然发挥着强大作用。如果这一假设正确，那么，对代议制政府构成的持续威胁，与其说缺乏对这些利益的基本支持，不如说源自政治制度的其他特征。

我们在前文已经指出，美国政治的突出特征也许就是在影响政府决策活动中存在大量的协调机制。这些影响政府的协调机制及其内部的复杂结构具有重要意义。这种多样化确保了利益集团参与政策的形成，而且是多样化的、稳定的参与。同时，多样化的接触政府及其协调机制意味着制定政策的创议不需要严格界定，在这些控制环节上保持一种特定的谦让——尤其在立法机关、行政机关

① 参见 Almond: *The American People and Foreign Policy*, chap.6; Avery Leiserson: “Opinion Research and the Political Process,” *Public Opinion Quarterly*, Vol.13, no.1 (Spring 1949), pp.31–38; Truman: “Political Behavior and Voting”。

以及政党中——可能导致行动迟缓和不作为。[1] 在出现严重的危机前，例如在战前几个月的外交政策中，或者在一次严重通货膨胀的早期阶段，决策延误或进程停滞将可能威胁政治体系的稳定。美国
520 政府的独特性虽然没有阻止政府摆脱战争和萧条的危机，但这些特性却能够阻止或避免政府经受严峻的考验。

利益集团之间以及利益集团与潜在利益集团之间的交叉成员身份，在多元集团社会如美国社会的政治生活中是一种主要的平衡力量。我们进一步观察到，这些广泛的利益并不总是相互协调、界限明确。集团经历的不同，以及集团各自参照系的不同，导致这些非一致性利益在重要性方面的差异。这些利益的模糊性也推动了各种参照系的理性化。如果一个社会在个人财富方面存在巨大差距，对于那些处于不利境遇的人们而言，平等要求就会超越和平改革的要求，社会财富的有序调节被认为比那些经济地位较高的人们提出的言论自由、结社自由更为重要。而且，社会的每个群体，都可以根据自己的"公平观"和"对个人尊严的理解"来为自己的偏好进行辩护。

这意味着，集团成员身份交叉的稳定效应将较为有限或有可能消失，如果这些效应主要或只在特定的、超越社会广泛且模糊的利益之上的社会阶层或阶级内部发挥作用。一个极端的假设可以说明这一点。假定所有的交往均发生在一个社会阶层内部，该阶层内部的各种集团及其成员很少或几乎不属于其他阶层。成员身份交叉使得差异的协调发生在阶层内部，而不是在不同阶层之间。由于

---

① 参阅 Almond: *The American People and Foreign Policy*, pp.144–145。

个人的集团经历局限于一个单一的社会阶层，因而关于潜在集团利益的定义，例如对言论自由的合理限制，不同的社会层次的人们的理解也不同。而且，如果一个人的经历局限在一个阶级内部，例如，言论自由可能得到一个阶级的高度评价，而却被另一个阶级认为不必要。在这种情况下，在一个潜在的“言论自由”集团中，交叉身份就无法有效缓解那些其成员来自不同阶级的利益集团之间发生的冲突。

这样一种情况通常隐含在关于“人权对产权”的老生常谈的政
治话语中。在政治讨论中出现这种话语不一定标志着集团成员交 521
叉身份的无效，可能标志着相反的情况。但是，成员身份的分层以及限制性“规则”的划分，加上从一个阶层向另一个阶层的流动受到限制，可能在很早前就削弱了一种社会制度例如美国的制度，或者即使没有削弱这种制度，也会出现类似马克思意义上的阶级斗争。广泛的利益无法限制属于不同阶级的敌对利益集团的活动，对这些“规则”的不同解释就成为社会阶层之间产生冲突的根源。

因严格的社会分层所产生的问题，有些类似于人们经常表达出来的、对日益增长的军事机构中文官控制的减弱所暗示的问题。早年被录用的职业军官在军事机构中受训，在相对独立于社会其他阶层的情况下以军事为职业，很容易形成一种独特的军人阶层。这种集团不仅形成了自己的独特利益，也形成了自己对“游戏规则”的理解，这种理解与大多数平民的理解不同。在这一例子中，军人很少成为其他有组织的集团的成员，也不可能成为众多集团的潜在成员。

在美国，阶级分层的原因及其对政治生活的意义很大程度上是一个未被开拓的研究领域。[①] 然而，阶级界限的模糊以及从一个阶级向另一个阶级的流动，几乎从一开始就是美国社会的典型特征。有证据表明，这种流动性过去比现在要容易，偶尔也有人断言，美国社会正日益分化为两个截然不同的阶级。划分社会阶级的标准不足以为这种断言辩护，也缺乏关于这种假设趋势的充分证据。[②]

美国社会中广泛的非组织化利益所隐含的期望，似乎要求大量不分阶级界限或独立于阶级的互动模式的存在。如果这是真的，那
522 么在阶级内部运行的联盟型的利益集团，或者一个阶级比另一个阶级成员人数更多，就可能成为政治不稳定的根源。关于这方面的材料很少，部分是由于“阶级”一词的界定过于宽泛。然而，一些证据表明：(1) 正式协会中的成员在阶级结构中频繁地从低层上升到高层；(2) 这种集团的许多成员，如果不是大部分的话，来自相同的或类似的社会地位。[③] 同时，沃纳和他的同事在纽百瑞堡的调查得出结论认为，其成员在不同阶级之间身份交叉并推动社会流动的大量正式组织，是社会中一种重要的整合力量。[④]

按照阶级标准划分的利益集团的特殊性以及处于不利地位的阶级中集团的衰落，成为政治不稳定的来源，原因至少有两个。首

---

① Edward Shils: *The Present State of American Sociology* (Glencoe, Ill.: The Free Press, 1948), pp.15–25.

② Centers: *The Psychology of Social Classes*, p.74.

③ Warner and Lunt: *The Social Life of a Modern Community*, chap.16; Lazarsfeld *et al.*: *The People's Choice*, pp.145–147. 关于工人阶级较少参加正式组织的原因的提议，参见 Seymour Bellin and Frank Riessman, Jr.: “Education, Culture, and the Anarchc worker,” *Journal of Social Issues*, Vol.5, no.1 (Winter, 1949), pp.24–32。

④ Warner and Lunt: *The Social Life of a Modern Community*, pp.114ff., 301ff.

先，有组织的利益集团提供确保利益要求实现和解决争端的标准化程序。此外，可以假定已经获得承认的利益集团组织在一定程度上与潜在集团的利益相一致。在政治过程中，缺少有组织参与的人将经历他们所期望的关系的急剧变革，这种变革可能导致他们对政府机构提出更高的要求。在缺乏标准化的政治参与方式的情况下，人们可能更容易认同那些未能反映广泛的非组织化利益的社会运动，或者明确否定部分利益的社会运动。大量的失业和严重的通货膨胀导致的就是这样的急剧变革，法西斯主义运动的历史揭示了这种情况可能产生的毁灭性结果。其次，即使广泛的非组织化利益足以阻止上述社会运动的出现，在特定阶级中利益集团组织的专业化也提供了一种接近政府的模式。在这种模式中，只有对广泛的利益作出特定解释的那些集团，才可能通过政府机构进行利益表达。对广泛的潜在利益作出不同解释的且处于弱势地位的阶级所组成的集团，可能加剧冲突的发生，而无法和平解决冲突。代表黑人利益的 523
集团，尤其在南部地区，对“游戏规则”的解释不同于那些被组织起来并处于有利地位的利益集团。[①] 根据其所处的阶级或阶层地位对广泛的非组织化利益进行解释，可能至少同更受限制的有组织的集团之间的冲突一样，成为社会不稳定的根源。

上文的简单分析表明，美国出现病态政治是可能的，尽管未必会马上出现。非组织化利益限制利益集团组织活动的过程，不一定能够避免严重的危机。潜在的集团由于传播方式的缺乏而处于潜

① 参阅 Myrdal: *An American Dilemma*, chap.1 and *passim*; Williams: *The Reduction of Intergroup Tensions*, pp.62–63。

伏状态。由于组织能力方面的局限，利益集团和非组织化利益均可能具有爆炸性的特征，其原因或者是因为既定的接近政府模式的僵硬，或者是因为接近政府决策的渠道分散化而使政府的活动延误或不作为所产生的结果。由于不同阶级对“游戏规则”的不同解释，集团的要求长期遭受挫折，集团之间的冲突也就越演越烈。类似地，从社会地位较低的集团中产生的期望，由于地位较高人群组成的集团组织的集中，以及这些集团接近政府的有利机会，而很少得到充分的代表，或者遭受严重的挫折。

显然，这些因素不是导致美国代议制政府分裂的唯一原因，还有其他因素，但我们的目的不是提出一种关于美国革命过程的完整理论。[①] 我们只是想说明，没有一种政治体系能够避免陷入这种巨大动荡；以及，革命性危机的发展与多元利益集团组织之间存在某种关系。前文讨论的导致社会不稳定的因素，没有一种因素是这些利益集团活动的内在结果。这些因素中关键的是这些利益集团之
524 间的关系以及潜在的利益集团接近政府的既定模式。在某种情况
下这种关系可能变得不健康，或者是因为非组织化利益没有得到有效组织，或者是因为利益要求一再受挫而使相当一部分人拒绝接受“游戏规则”。在一个健康的政治体系中，在利益集团最低限度被认同的要求与非组织化利益的影响之间存在着一种关联。没有这种

① 这一主题最有建设性的分析见 Crane Brinton: *The Anatomy of Revolution* (New York: W. W. Norton & Company., Inc, 1938); Lyford P. Edwards: *The Natural History of Revolution* (Chicago: University of Chicago Press, 1927); George S. Pettee: *The Process of Revolution* (New York: Harper and Brothers, 1938); and Pitrim Sorokin: *The Sociology of Revolution* (Philadelphia: J. B. Lippincott Company, 1925)。

最低限度的认同，后者就不会被接受为“游戏规则”。哈茨从另一个角度指出：“只认同（组织化）利益集团压力的政策标准是不充分的，但完全忽视这些压力也是不充分的，可能直接导致对政治过程的错误理解。”[①] 提高公民自由、促进代议方法以及其他广泛的利益，要求对这些“规则”进行支持，同时还要求不应使那些有组织的利益集团遭受长期的挫折。[②]

从托克维尔到缪尔达尔等外国观察者都发现了在美国未组织起来的“游戏规则”的作用。例如，后者在谈到非组织化利益时，认为它们在美国比在其他西方国家得到了更“明确的表达”和“更广泛的理解和认同”。[③] 和过去一样，目前要想维持一种可行的制度，政治体系的重大任务就是在政治生活中营造一种广泛理解和认同得以存在的条件。只要“游戏规则”能够有效指导人们的行动，只要人们能够最低限度地接受它们从而认同集团的要求，这些条件就不会因为多元利益集团的存在而受到威胁。如果失去这些条件，就意味着埋下了风暴的种子。

改革方案与缓解方法

没有哪种政治制度能够完全抵抗腐坏和瓦解。不管政治结构

① Hartz: *Economic Policy and Democratic Thought*, p.310.

② 这里的立场与非规则的概念有些相似，确切揭示了迪尔凯迪理论的政治意义，参见 deGrazia: *The Political Community*。

③ Myrdal: *An American Dilemma*, p.3. 类似的评论参见 De Tocqueville: *Democracy in America*,Vol. Ⅰ, pp.196–198, 393。

525 如何具有弹性，在社会内部激烈而深刻的变革将破坏既定的政治过程。同时，不同政府适应变革的能力有所不同，不同政府的运行程序反映广泛的、非组织化利益的程度以及政府面对问题提出解决方案的效率也不同。在美国，如同在其他国家一样，不时地出现保证提高政府在这些方面能力的建议。许多改革方案是针对处理利益集团的活动。尽管均以普遍的语言表述，但其中一些计划反映了利益集团试图有效接近政府的努力，另一些计划则是为了加强非组织化的利益，还有许多方案旨在把利益集团作为一种政治毒瘤来消除。最后一类方案我们没有必要多做讨论，对另外两类方案则有必要做一些考察。

在20世纪前二十年出现了许多要求在立法机关中直接代表利益集团的建议，这种建议的支持者是受到英国基尔特社会主义影响的多元主义流派。[①] 简要地说，这些建议宣称以地区为基础的代议制是骗人的，应当废除该制度而将议会席位分配给利益集团。从1930年代以后就很少听到这种建议，但偶而在某位试图通过利益集团选举国会议员以消除"压力"集团之邪恶的评论者的文章中出现过。[②]

这些建议值得一提，不是因为它们可能被采纳（除了在一次集权主义革命之后），而是因为这些建议的提出表明政治过程的本质如何容易被误解。通常，提出这种建议的人认为政治冲突不会涉及基本的分裂，如果立法机关能够"真正发挥代议作用"，分歧很容易

① Kung Chuan Hsiao: *Political Pluralism*.

② 例如，参见 Fergusson: *People and Power*, pp.110–111。

通过和平的方式解决。这些建议的倡议者需要好好思考一下杜利先生深刻的结论:“政治不是掷骰子游戏。”

大多数“功能性”代议制的建议总体上过于简化了社会的集团结构,忽视了不同集团内部成员交叉的现象。实际上,他们通常假设,职业集团是唯一要求在立法机关中得到代表的集团。即使在如 526
此严格的安排下,议会席位的分配也是相对独断的。如果这一困难被克服,由此提出的方案将锁定集团接近政府的模式,将接近政府的机会只限于那些得到议会席位分配的集团。地区代议制的不确定性允许一个议员的态度随着其选民的变化而变化。这种弹性在职业代表制下是不可能的。而且,职业集团将可能组成政党,而由于结成集团是沿着职业的路线进行,因而整个集团调适和达成妥协的过程不是发生在选举过程中,而是在选举之后。任何阻挠妥协的建议,或有利于有组织的利益集团而有损非组织化利益的建议,均极具爆炸性。根据这种建议构造一种制度是十分困难的,很容易引起政治瘫痪。

有组织的利益集团的活动引起了一系列限制它们活动的建议,其中一些已列入州和全国的法律文件。除了一般法律规定政府官员的贿赂为犯罪外,大多数是关于利益集团与立法机关的关系即人们通常所说的关系,而在许多法令中被称为“游说”。关于游说立法的历史很长。1874 年阿拉巴马州宪法规定议员的“不正当听取意见”属于犯罪,1877 年佐治亚州宪法宣布“游说活动”为非法。1890 年马萨诸塞州通过了第一部管理“议会代理人”的法案。到 1950 年,38 个州和阿拉斯加均出台了类似的法案。在联邦层次,这种法令出台较晚,仅在 1876 年第四十四届国会众议院

通过规定，要求“个人或公司”为代表他们的律师或代理人注册，以处理有关法规问题。[①] 在 1907 年国会就通过了法案以控制“游说活动”，类似的提案出现在后来的各届议会会议中。第一个联邦立法是 1935 年《公用事业持股公司法》，该法案要求这些公司及
527 其子公司的代表在与国会、美国证券交易委员会或联邦能源委员会打交道时向美国证券交易委员会登记。类似的一个法案于 1936 年通过，要求造船商和船业主在从事与国会或海事委员会有关的活动时进行登记。1946 年，国会制定了第一部《联邦游说活动管理法》，作为《议会重组法》（Legislative Reorganization Act）的一部分。[②]

就像大多数管制“游说活动”的议案来自议会调查一样，这些法案试图将特定的关于接近立法机关的方式及其运行的期望纳入立法过程。这些建议和法案通常产生于人们对通过秘密途径获得接近政府的有利机会或对政府中特权地位的公开指责。这一情况在 1949 年加利福尼亚州的一项法令中很好地体现出来，该法令与联邦法律十分类似。此前一家全国性杂志刊载了一系列文章，在批评“加利福尼亚州的秘密老板”控制了立法机关后，该法令在一次州议会的特别会议上得到通过。[③] 用州长的话讲，对这一事件的揭

① U.S. House of Representatives, Select Committee on Lobbying Activities: *Hearings*, 81st Cong., 2d Sess. (1950), part Ⅰ, p.52. 贝拉・泽勒在这些听证会上的证词很好地概括了州立法中的游说活动，p.58–97。

② Belle Zeller: “The Federal Regulation of Lobbying Act,” *American Political Science Review*, Vol.42, no.2 (April, 1948), pp.239–237.

③ Lester Velie: “The Secret Boss of California,” *Collier's Magazine*, August 13, 20, 1949, pp.11ff., pp.12ff.

露关系到“我们州的荣誉”。[①]

有关“游说活动”的建议和法案通常规定，与议员交往的个人或集团必须获得某种形式的登记或许可，通常包括要求登记者不仅要表明它关心哪一个法案，而且要写明它的经费使用情况，并对未明确登记的行为规定了处罚措施。这些法规没有规定集团活动是非法的，除了未登记的“游说活动”外，关于参与“游说活动”的个人和集团的界定也很模糊，这表明这些法规主要是为了反对通过秘密的方式来接近政府的决策。

当然，不能说那些旨在管制“游说活动”的法规，在加强“游戏规则”和公职的影响中毫无作用，它们同样具有竞争性的政治价值。但是，宣布游说活动与某项法案有关联，将削弱该法案通过的可能性，利益集团就会发现自己多少受到了要求进行登记的法令的 528
妨碍。类似地，一份集团与立法活动有关的财政来源和支出的正式报告，可能有利于那些代表相反利益的议员。就像立法调查一样，这些举措，不管是法案还是建议，可能只是立法集团为了保护自己免受那些特别顽固的利益集团的要求的一种手段。正如一位国会议员指出，只有当“游说活动误入歧途，体现出非合理压力的邪恶本质时”，或者“颠倒黑白”时，它才会变得很“危险”。[②] 关于登记规定的提案，就像威胁要进行立法调查一样，起到一种政治保护的作用。

我们在前文已经看到，特权式的接近政府机会有着深刻的根

① 转引自 U.S. House of Representatives, Select Committee on Lobbying Activities: *Hearings*, 81st Cong., 2d Sess. (1950), part 1, p.76。

② Ibid., p.11.

源，并不是像那些简单的关于与议员私人关系的报告或众多的宣传活动记录那样。能够获得有效接近机会的集团不可能被这些法令困扰，就像1910年发生在威斯康星州的事件所揭示的那样。那年，禁酒联盟确保了自己免于受到州的“游说”法令规定的约束，它的理由是该集团不关心为自己带来财政好处的立法活动。[1]登记法令的相对作用不那么重要，这可以进一步从那些规定被忽视、从未建立相应的执行机构以及在该法令下很少提出诉讼这些事实中看到。作为针对集团政治的一件武器以及对“游戏规则”的重申，管制“游说活动”的努力有一定的意义。然而，它们的政治意义通常可能远不如引发对它们的调查那么重要，它们在政治过程的外围运作得很好。

在过去的几十年，尤其是新政实施的那些年，人们提出了许多通过改变美国政府结构来遏制利益集团的建议。几乎所有这些建议的共同点旨在减少利益集团对政府决策的影响。尽管这些建议未明确这一共同点，但它们的支持者警觉地注意到各种影响美国政治稳定运行的国际因素和国内因素。他们看到了导致互相矛盾和自我毁灭的政策、不合理的措施、决策延误和政府不作为的可能性，
529 所有这些均会招致军事或外交方面的灾难，削弱支持代议政府机构的广泛的非组织化利益。[2]这些建议有一定道理，此处就不再多言。

① Odegard: *Pressure Politics*, p.105.

② 这些建议中最具代表性的是 William Y. Elliott: *The Need for Constitutional Reform* (New York: Whittlesey House, McGraw-Hill Book Company, Inc., 1935); Henry Hazlitt: *A New Constitution Now* (New York: Whittlesey House, McGraw-Hill Book Company, Inc., 1942); Thomas K. Finletter: *Can Representative Government Do the Job?* (New York: Reynal and Hitchcock, 1945)。

我们在前文指出，协会通过政府机制运作，以及协会稳定社会关系的功能，要求在一定程度上协调各个集团之间的利益。如果不存在稳定的、协调一致的接近政府的途径，政治体系就会遭到破坏，这是完全可能的。毫无疑问，美国的政治过程中存在着特定的阻碍手段，技巧娴熟的政治领导人可能没有足够的活力克服这种倾向。因此，领导活动的分散和政策的不一致并不是一种幻觉。

大量的结构性改革建议仅限于政府正式机构的改革，它们几乎无一例外地集中于权力分立问题，尤其是在国会与总统之间的分权。[①] 一些人支持直接引入内阁制或议会制，就像英国那样，包括大幅削减参议院的权力。[②] 其他人认为保留总统的普选，但规定总统有权解散国会并有权举行大选，要求总统的任期与国会的任期保持一致。[③] 稍微缓和一些的建议要求对政府结构和权力分配进行有限的调整。其中一些建议要求提高总统权力，包括赋予总统有权否决拨款法案中的某个项目，通过政府重组和扩张总统工作人员以使总统更有效地控制行政部门。另一些旨在减少行政机关与立法机关之间冲突的建议，要求在行政部门和国会联合委员会中广泛运用 530
磋商制度，比如在国务院和处理外交政策的两个主要委员会之间非正式发展起来的磋商性机制。其他的建议通过限制国会内部的分散领导以达到类似目的。这类建议的一个主要例子是提出放弃按

① 亨利·L. 斯廷森（Henry L. Stimson）是反对行政机关和立法机关分立的杰出而有经验的倡导者之一。参见 Stimson and Bundy: *On Active Service*, pp.61–62。

② 例如，Hazlitt: *A New Constitution Now*。

③ Elliott: *The Need for Constitutional Reform*; Finletter: *Can Representative Government Do the Job?*

照资历选择国会各委员会主席的做法，这一做法要求牺牲一个统一的立法计划以避免新选出的议会在组织问题上的争议，这一建议的价值是值得怀疑的。另一个建议是要求国会定期接受询问，以减少国会委员会对信息的垄断。在询问活动中，内阁成员将利用国会的整个议院而不是某一委员会作为论坛，为自己的政策进行辩护。

运用知识探索重大改革的设计是富有建设性的。这种对现存制度安排的不满将加速改革的可能性，即使有关的建议没有多少效果。然而，作为具体的政治发展计划，它们又是不切实际的。就像所有的乌托邦一样，它们勾画了一幅最吸引人的前景，但它们没有指出我们到达这一目的地的现实路径。因此，指出到达目的地的一条道路，与对目的地进行一番诱人的描述至少同样重要。

政治领域与此相关的建议有许多，这里不需要仔细分析。然而，需要指出的是，那些提出重大宪法改革的人可能通过他们有说服力的观点指出，现在不是已经过去了的 18 世纪。对此的回答是，从许多意义上说，我们面临的也不是 1787 年时的情况，所处理的也不是一种只有十年短暂历史的制度。美国目前所面临的危机可能与当时《联盟条款》面对的危机同样严重，我们的宪法可能深陷危机。然而，不管如何，宪法在某种意义上获得了神圣的地位，使它经受得住反复的考验。确定无疑的是，和平的宪法改革必须坚持在建国以来的基本制度下进行。一场严重到需要进行大规模改革的危机，从最彻底的意义上来说，就是革命性的。

更为有限的结构性改革建议不必考虑到同等程度的彻底改革
531 的障碍。许多建议没有指出整合接近政府的方式和协调政策问题的实质，因为它们没有建立在美国政治关系的具体事实的基础上。

以建议内阁成员列席两院会议为例，这种列席要求对于由于行政机构之间的竞争以及下属官员与国会委员会之间的“横向”关系而导致分裂的行政部门意味着什么？该部门在分散的领导、集团“成员身份”影响以及立法活动所具有的地方主义背景下如何运作？选举活动历史的一个重要教训是，与现存政治活动不一致或不考虑现有政治事实的机构改革将事与愿违，要么进行修改以适应实际情况，要么仅流于形式而已。必须从现有的政治过程模式出发，强化那些与现有政治活动不存在严重分歧的关系，改革才能有成效。正如前几章讨论的那样，对更有效地协调政策至关重要的关系存在于现有的政治模式中。我们的任务不是发明一种新的模式，而是对正在运行的模式进行相应的调整。行政机关与立法机关之间的分离是局部的，而不是全部。权力的分化也是不彻底的分化。

在初步认识到彻底修改宪法所遇到的障碍，以及变革现存关系以适应发展的必要性后，许多观察者开始将政党视为变革的重要工具。[1] 虽然大量的法规对政党进行约束以控制其活动，政党可能是宪法外政府机关中最具有弹性和最具有适应性的因素了。正是政党千变万化的特点证明了它的潜力，即使在今天，我们对它的了解也相对较少。然而，当亨利·琼斯·福特（Henry Jones Ford）在他的研究美国政治的著作中认为，全国性政党是构造“政府行政机关与立 532

① 其中更为有用的批判性讨论，参见 Herring: *Presidential Leadership*, chap. 4 and *passim*, 以及他的 “Executive-Legislative Responsibilities,” *American Political Science Review*, Vol.38, no.6 (December, 1944), pp.1153–1165; Don K. Price: “The Parliamentary and Presidential Systems,” *Public Administration Review,* Vol.3, no.4 (Autumn, 1943), pp.317–334; and Burns: *Congress on Trial*, chaps.8–10。

法机关之间团结”的“唯一有效的方式”之时，今天的观察与世纪之初的观察一样。[1]

没有一位负责任的观察者会认为，我们称之为国家政党的松散联盟现在具有特别有效的整合功能。在这里，我们不必重复政党的局限性，除了回想一下联邦制、定期进行的选举以及公职任期的交叉就够了，交叉任期是强调政党中的地方因素，使四年一次的总统选举成为政党的即兴表演，并使国会议员的选区类似于封建爵士的领地。这些离心倾向进一步由于限制政党财政的法令，以及使联邦权力屈服于地方要求的行政安排而得到加强。没有一个组织能够选举产生总统和国会中的多数，政党政府在全国层次上几乎不具有操作性。批评者在全国层次上寻求的是一种能够整合接近政府的方式以及影响统治权力的关系。

处理全国政党的变革就像研究政府机构中潜在因素的发展一样，提出某种缺乏依据的结构安排和最终设计是错误的。确保立法-行政协调领导的根本问题是改变困扰议员们的风险的性质，使其与总统面对的风险更一致。许多议员都很清楚，通货膨胀的根源可能在于为改善地方建设而提供的拨款，但他们还是勇敢地将地方防洪工程纳入其中。他们发现，关税提高有利于地方工业，但对国内经济和国际经济的稳定构成了威胁，然而他们还是努力促使税率提高。假设考虑到全国性政党的政策而不那样去做，他们就会冒一定的风险，竞争对手就会许诺他们能够为防洪工程获得拨款或者使

① Henry Jones Ford: *The Rise and Growth of American Politics* (New York: The Macmillan Company, 1898), p.356.

关税提高。另一方面，如果忽视总统的政策，几乎没有任何风险。
他们没有给对手提供任何进攻的口实，不会失去竞选经费捐助，也
不会疏远帮助他们动员选票的工作人员。除非某人向他们保证经
受这种风险或拒绝服从政党会带来更大危险，否则他们的选择是 533
很明确的。值得注意的是，不是很少有议员会拿他们的地方职位冒
险，而是很多议员会这样做。政党纪律的第一步可能是使政党的团
结更有利于在任的议员，而不是获得一种表面上的独立。

很明显，全国性政党在团结和纪律方面的任何发展是在有组织的利益集团或非组织化利益背景下发生的。将有组织的利益集团视为政治寄生物，其权力只是在全国性政党动员议会中的多数派失败后才获得，这样一种观点是错误的、误导性的。政治利益集团的起源并不这样简单。政党和利益集团的特殊性均来自社会的多元化和复杂性，这种特殊性不可能被目前任何可观察到的潮流所消除。在确保黑人平等权的立法活动中，利益集团并没有阻止政党向其南部国会议员施加纪律约束，多元化的事实总会限制协调接触政府的过程以及政党的纪律约束。

任何政党，不管其内部的纪律如何，都不可能对全国性决策在地方的影响无动于衷。也就是说，没有哪一个民选官员能够忽视投票者的反应，尤其是集团投票者。由于不同选区选民的反应不同，要求在立法机关中按照政党一致的原则进行投票是无法想象的，即使用权力逼迫也不可能做到。

因此，如果要形成一些接触政党政府的途径，那么这些途径一定是按照政策路线形成的。地方对这些政策的不同反应主要是在选区内部而不是在选区之间产生，因而，任何与现实政治运行迥异

的形式上的急剧变化都不会立即发生。围绕不同的问题必然存在不同的接触途径，除非那些普遍性问题的影响足以在大多数选区内部造成分裂。此外，这些普遍性问题必须持续地吸引投票者和利益集团成员的关注，政党的纪律才能够对选举产生的官员施加限制，而不考虑这些官员在纯粹地方性事务中的表现。

这些政策路线是什么，可能很不明确。最可能的政策路线产生于我们的城市化和工业化过程。其他可能与国际形势有关，如长期
534 的外交紧张关系、战争威胁。随着独立的地方党组织因国家承担福利责任等而不断被削弱，随着高水平发展、通货膨胀、战争等问题的日益集中，权力可能在很大程度上转移到了全国领导者包括立法和行政领导人手中。连续行使这些权力可能会加强这些权力的连续性和作用范围。

就像在过去一样，在这一发展过程中，全国范围内组织起来的利益集团可能扮演重要角色。大的工会及其联合会的政治活动的增加，表明党派政治活动的倾向，这种倾向也可能出现在其他集团活动中。这些党派活动包括组织和动员原先消极的选民，还包括向一些国会候选人提供资助，尽管在这些候选人的选区中本集团的成员很少。这一活动实际上又创造了一种情况，立法者所关注的对象不只是他们各自选区的利益。他们不会放弃对狭隘的地方性要求的关注，但可以提高跨地区问题的相对重要性。不过这一发展方向是否出现了一股确定的潮流，还很难说。

简单地看一下我们在前几章分析的关于政治体系变革的建议，不得不承认，显著的、即刻的改革的可能性微乎其微。在可预见的未来，领导权的分散以及接近政治过程方式的分散化，仍然可能是

美国政治生活的特征。尽管在这一过程中出现的许多因素并非一成不变，目前的数据也不能保证我们得出这样一个结论，即认为我们制度的复杂性减弱，矛盾减少，或者比过去问题更少。

可以确定的是，发生在美国政治过程的基本关系中的这些变化是渐进的、微小的甚至是难以察觉的。就像普选权、行政预算的发展，以及因不可抗力对个人造成灾难时政府承担的责任一样，这些变化可能是累积性的。这些变化对政府模式的长期影响所产生的适应和调整，将导致一场彻底重构。然而，这些变化一般不太可能被认为是迈向宪制改革的台阶。 535

人们对渐进调适的方法充满信心，这表明人们相信政治体系的运行不会引发国内或国际的灾难，从而使政府受到不信任，迫使制度本身彻底崩溃，虽然这一点很难断定。回顾国家所经历的岁月，有人会得出结论，“上帝一直在保佑着醉鬼、小孩以及美利坚合众国”。然而，在将来，我们不能保证美国制度中特有的部分继续在上帝的心中留下特殊的地位。

在某种程度上，容许渐进调适的稳定是政治制度本身多种因素作用的一种功能，这些重要因素并不是新近产生的。利益集团活动将以惯常的方式继续进行。这种活动在将来是否可能导致灾难的结局，这在将来与过去都一样，基本取决于利益集团成员交叉身份的影响，尤其取决于那些以整个社会普遍利益为基础的潜在利益集团的活力。这些集团身份既是社会稳定的力量，也是和平改革的基础。与过去一样，对于古老的问题——“谁来守卫自己的卫兵?”——的答案是：监护人将来自其所属集团。

部分参考书目

537 关于美国政府过程中利益集团的文献有许多。实际上，很少有不涉及利益集团的公共政策的文献。在布鲁斯·L. 史密斯（Bruce L. Smith）、哈罗德·D. 拉斯韦尔（Harold D. Lasswell）、拉尔夫·D. 凯西（Ralph D. Casey）等著的《宣传、通信以及公共舆论：参考指导》（*Propaganda, Communication, and Public Opinion: A Comprehensive Reference Guide*）一书中发现了大量有价值的研究。下面的书目对于进一步研究本课题的研究者而言可能是有用的。

1. 关于政治利益集团或不同社会集团的一般参考文献：

关于社会心理讨论最为推荐的文献：

Gordon W. Allport: "The Psychology of Participation," *Psychological Review*, Vol. 53, no. 3 (May, 1945), pp. 117-132.

Hadley Cantril: *The Psychology of Social Movements* (New York: John Wiley & Sons, Inc., 1941).

P. F. Lazarsfeld, B. Berelson and H. Gaudet: *The People's Choice: How the Voter Makes Up His Mind in a Presidential Campaign* (New York: Columbia University Press, 1948).

Alexander H. Leighton: *The Governing of Men* (Princeton, N. J.: Princeton University Press, 1945).

Ralph Linton: *The Cultural Background of Personality* (New York: Appleton-Century-Crofts, Inc., 1945).

Theodore M. Newcomb: *Personality and Social Change* (New York: The Dryden Press, 1943); *Social Psychology* (New York: The Dryden Press,

1950).

Muzafer Sherif: *The Psychology of Social Norms* (New York: Harper and Brothers, 1936); "An Experimental Approach to the Study cf Attitudes," *Sociometry*, Vol. 1(1937), pp. 90-98.

Muzafer Sherif and Hadley Cantril: *The Psychology of Ego-Involvements* (New York: John Wiley & Sons, Inc., 1947).

Robin M. Williams, JR.: *The Reduction of Intergroup Tensions: A Survey of Research on Problems of Ethnic, Racial, and Religious Group Relations* (New York: Social Science Research Council, Bulletin No. 57, 1947). 538

在研究政治利益集团的书中，最重要的是阿瑟·F. 本特利的《政府过程》(芝加哥：芝加哥大学出版社，1908)。普林西比出版社于1935年、1949年重印。

另见：

Grace L. Coyle: *Social Process in Organized Groups* (New York: Richard R. Smith, Inc., 1930).

John Dewey: *The Public and Its Problems* (New York: Henry Holt & Company, Inc., 1927).

Robert M. MacIver: *The Web of Government* (New York: The Macmillan Company, 1947).

卡尔·波拉尼的《大转型》(纽约：法拉和雷恩哈特出版公司，1944)围绕经济机构迅速发展为协会进行了有效讨论。

最近，一群人类学家和社会学家提出了一些观测人类关系的方法，对政治行为研究产生直接影响。其中包括：

E. D. Chapple and C. Arensberg: "Measuring Human Relations," *Genetic Psychology Monographs*, Vol. 32 (August, 1940), pp. 3-147.

Eliot D. Chapple and Carlton S. Coon: *Principles of Anthropology* (New York: Henry Holt & Company, Inc., 1942).

F. J. Roethlisberger: *Management and Morale* (Cambridge, Mass.: Harvard University Press, 1941).

W. Lloyd Warner and J. O. Low: *The Social System of the Modern Factory* (New Haven, Conn.: Yale University Press, 1947).

W. Lloyd Warner and Paul S. Lunt: *The Social Life of a Modern Community* (New Haven, Conn.: Yale University Press, 1941); *The Status System of a Modern Community* (New Haven, Conn.: Yale University Press, 1942).

T. N. Whitehead: *Leadership in a Free Society* (Cambridge, Mass.: Harvard University Press, 1936).

William F. Whyte: *Street Corner Society* (Chicago: University of Chicago Press, 1943).

2. 关于政治利益集团的起源与其正式组织的文献：

Gladys Baker: *The County Agent* (Chicago: University of Chicago Press, 1939).

539 Clarence E. Bonnett: *Employers Associations in the United States* (New York: The Macmillan Company, 1922); "Employers Associations," *Encyclopaedia of the Social Sciences*; "The Evolution of Business Groupings," *The Annals*, Vol. 179 (May, 1935), pp. 1–8.

Robert A. Brady: *Business as a System of Power* (New York: Columbia University Press, 1943). 这项研究包含了大量有用的数据，但其结论极具争议。

Robert R. R. Brooks: *When Labor Organizes* (New Haven, Conn.: Yale University Press, 1937).

Harwood L. Childs: *Labor and Capital in National Politics* (Columbus, Ohio: Ohio State University Press, 1930). 这本书较早地研究了美国劳联和美国商会。

Arthur S. Cleveland: "N. A. M.: Spokesman for Industry?" *Harvard Business Review*, Vol. 26, no. 3 (May, 1948), pp. 353–371.

Marcus Duffield: *King Legion* (New York: Cape & Smith, 1931).

Oliver Garceau: *The Political Life of the American Medical Association* (Cambridge, Mass.: Harvard University Press, 1941).

E. Pendleton Herring: *Group Representation Before Congress* (Baltimore: The John Hopkins Press, 1929).

James Willard Hurst: *The Growth of American Law: The Law Makers* (Boston: Little, Brown & Company, 1950).

Louis C. Kesselman: *The Social Politics of FEPC: A Study in Reform Pressure Movements* (Chapel Hill, N. G.: University of North Carolina Press, 1948).

Orville M. Kile: *The Farm Bureau Movement* (New York: The Macmillan Company, 1921).

Lewis L. Lorwin: *The American Federation of Labor* (Washington, D.C.: The Brookings Institution, 1933).

Wesley McCune: *The Farm Bloc* (Garden City, N. Y.: Doubleday, Doran & Company, 1943).

Dayton D. McKean: *Pressures on the Legislature of New Jersey* (New York: Columbia University Press, 1938).

Harry A. Millis and Royal E. Montgomery: *Organized Labor* (New York: McGraw-Hill Book Company, Inc., 1945).

Peter H. Odegard: *Pressure Politics: The Study of the Anti-Saloon League* (New York: Columbia University Press, 1928).

Stuart A. Rice: *Farmers and Workers in American Politics* (New York: Columbia University Press, 1924).

M. Louise Rutherford: *The Influence of the American Bar Association on Public Opinion and Legislation* (Philadelphia: The Foundation Press, Inc., 1937).

Joseph Shister: "Trade Union Government: A Formal Analysis," *Quarterly Journal of Economics*, Vol. 60, no. 1 (November, 1945), pp. 78–112.

Philip Taft: "Labor's Changing Political Line," *Journal of Political Economy*, Vol. 45, no. 5 (October, 1937), pp. 634–650.

U. S. Department of Commerce: *National Associations of the United States* 540
(Washington, D.C.: Government Printing Office, 1949). 本书最完整地记录了最新的美国的集团，阐明了大部分利益集团或政治利益集团的作用。

U. S. House of Representatives, Committee to Investigate Campaign Expenditures: *Hearings*, 78th Cong., 2d Sess. (1944).

U. S. Senate, Committee on Education and Labor: *Senate Report No. 6*, Part 6, 76th Cong., 1st Sess. (1939). 关涉劳工权利的拉法莱委员会（The La-Follette Committee）提供了大量有关全国制造商协会和其他雇主集团的

信息。

U. S. Senate, Committee on Interstate Commerce: *Senate Report No. 26*, Part 2, 77th Cong., 1st Sess. (1941). 由参议员伯顿・K. 威尔主持的委员会提供的报告涉及了不同的铁路组织的源起及其活动。

U. S. Temporary National Economic Committee: *Trade Association Survey*, Monograph No. 18 (Washington: Government Printing Office, 1941).

Warner and Low: *Social System of the Modern Factory*.

W. Lloyd Warner and Leo Srole: *The Social Systems of American Ethnic Groups* (New Haven, Conn.: Yale University Press, 1948).

Belle Zeller: *Pressure Politics in New York* (New York: Prentice-Hall, Inc., 1937).

3. 关于政治利益集团内部政治的文献：

Gabriel A. Almond: *The American People and Foreign Policy* (New York: Harcourt, Brace & Company, 1950).

Zacharia Chaffee, Jr.: "The Internal Affairs of Associations Not for Profit," *Harvard Law Review*, Vol. 43, no. 7 (May, 1930), pp. 993–1029.

Childs: *Labor and Capital in National Politics*.

"Renovation in N. A. M.," *Fortune Magazine* (July, I948), pp. 72 ff.

Garceau: *The Political Life of the A. M. A*.

Eli Ginzberg: *The Labor Leader* (New York: The Macmillan Company, 1948).

Justin Gray: *The Inside Story of the Legion* (New York: Boni & Gaer, 1948).

Herring: *Group Representation Before Congress*.

Kesselman: *The Social Politics of FEPC*.

Orville M. Kile: *The Farm Bureau Movement*; *The Farm Bureau Through Three Decades* (Baltimore: The Waverly Press, 1948).

Martin Kriesberg: "Cross-Pressures and Attitudes: A Study of the Influence of Conflicting Propaganda on Opinions Regarding American-Soviet Relations," *Public Opinion Quarterly*, Vol. 13, no. 1 (Spring, 1949), pp. 5–16.

541 Earl Lathem: "Giantism and Basing-Points: A Political Analysis," *Yale Law Journal*, Vol. 58, no. 3 (February, 1949), pp. 383–399.

Avery Leiserson: "Problems of Representation in the Government of Private

Groups," *Journal of Politics,* Vol. II, no. 3 (August, 1949), pp. 66–77.

Robert Michels: *Political Parties: A Sociological Study of the Oligarchical Tendencies of Modern Democracies*, translated from the Italian by Eden and Cedar Paul (London: Jarrold & Sons,1915). Republished, 1949, by the Free Press, Glencoe, Illinois.

Millis and Montgomery: *Organized Labor.*

C. Wright Mills: *The New Men of Power: America's Labor Leaders* (New York: Harcourt, Brace & Company, 1948).

Arthur M. Ross: *Trade Union Wage Policy* (Berkeley, Calif.: University of California Press, 1948).

Rutherford: *The Influence of the American Bar Association.*

Joseph Shister: "The Locus of Union Control in Collective Bargaining," *Quarterly Journal of Economics*, Vol. 60, no. 4 (August, 1946), pp. 513–548.

Philip Taft: "Democracy in Trade Unions," *American Economic Review*, Vol. 36, no. 2 (May, 1946), pp. 359–369; "Judicial Procedure in Labor Unions," *Quarterly Journal of Economics*, Vol. 59, no. 3 (May, 1948), pp. 370–385; "Opposition to Union Officers in Elections," *Quarterly Journal of Economics*, Vol. 58, no. 2 (February, 1944), pp. 246–264; "Understanding Union Administration," *Harvard Business Review*, Vol. 24, no. 2 (Winter, 1946), pp. 245–257.

Warner and Low: *Social System of the Modern Factory.*

除了前文引用到的社会心理学文献外，关于“领导本质”的文献一般包括：

Cecil A. Gibb: "The Principles and Traits of Leadership," *Journal of Abnormal and Social Psychology*, Vol. 42, no. 3 (July, 1947), pp. 267–284.

William O. Jenkins: "A Review of Leadership Studies with Particular Reference to Military Problems," *Psychological Bulletin*, Vol. 44, no. 1 (January, 1947), pp. 54–79.

Irving Knickerbocker: "Leadership: A Conception and Some Implications," *Journal of Social Issues*, Vol. 4, no. 3 (Summer, 1948), pp. 23–40.

Ralph M. Stogdill: "Personal Factors Associated with Leadership: A Survey of the Literature," *Journal of Social Psychology*, Vol. 25 (1948), pp. 35–71.

4. 有关利益集团参与政府机构活动的文献：

Almond: *The American People and Foreign Policy.*

Paul H. Appleby: *Policy and Administration* (University, Ala.: University of Alabama Press, 1949).

542 Stephen K. Bailey: *Congress Makes a Law: The Story Behind the Employment Act of 1946* (New York: Columbia University Press, 1950).

Baker: *The County Agent.*

James M. Burns: *Congress on Trial* (New York: Harper and Brothers, 1949).

Arthur Capper: *The Agricultural Bloc* (New York: Harcourt, Brace & Company, 1922).

Childs: *Labor and Capital in National Politics.*

Kenneth G. Crawford: *The Pressure Boys: The Inside Story of Lobbying in America* (New York: Julius Messner, Inc., 1939). 尽管这本书是一位记者的记述，但仍包括了大量有用的信息。

Dorothy Detzer: *Appointment on the Hill* (New York: Henry Holt & Company, Inc., 1948), 这是一位多年来在华盛顿各种妇女组织担任积极代表的妇女的回忆录。

Duffield: *King Legion.*

Allan S. Everest: *Morgenthau, the New Deal, and Silver: A Story of Pressure Politics* (New York: Kings Crown Press, 1950).

Merle Fainsod: "Some Reflections on the Nature of the Regulatory Process," in C. J. Friedrich and Edward S. Mason (eds.): *Public Policy* (Cambridge, Mass.: Harvard University Press, 1940), pp. 297–323.

Gray: *The Inside Story of the Legion.*

John M. Gaus and Leon O. Wolcott: *Public Administration and the United States Department of Agriculture* (Chicago: Public Administration Service, 1940).

Ernest Gruening: *The Public Pays: A Study of Power Propaganda* (New York: The Vanguard Press, 1931).

Charles M. Hardin: "The Bureau of Agricultural Economics Under Fire: A

Study in Valuation Conflicts," *Journal of Farm Economics*, Vol. 28, no. 3 (August, 1946), pp. 635–668; "Political Influence and Agricultural Research," *American Political Science Review*, Vol. 41, no. 4 (August, 1947), pp. 668–686.

E. Pendleton Herring: *Group Representation Before Congress; Public Administration and the Public Interest* (New York: McGraw-Hill Book Company, Inc., 1936).

Hurst: *The Growth of American Law.*

V. O. Key, Jr.: *The Administration of Federal Grants to States* (Chicago: Public Administration Service, 1937); *Politics, Parties, and Pressure Groups* (New York: Thomas Y. Crowell Company, 2d edition, 1947); *Southern Politics in State and Nation* (New York: Alfred A. Knopf, Inc., 1949); "The Veterans and the House of Representatives: A Study of a Pressure Group and Electoral Morality," *Journal of Politics*, Vol. 5, no. 1 (February, 1943), pp. 27–40.

Kile: *The Farm Bureau Movement*; *The Farm Bureau Through Three Decades.*

Avery Leiserson: *Administrative Regulation: A Study in Representation of Interests* (Chicago: University of Chicago Press, 1942); "Interest Groups in 543
Administration," in Fritz Morstein Marx (ed.): *Elements of Public Administration* (New York: Prentice-Hall, Inc., 1946).

Edward B. Logan: "Lobbying," supplement to *The Annals*, Vol. 144 (July, 1929).

Norton. E Long: "Power and Administration," *Public Administration Review*, Vol. 9, no. 4 (Autumn, 1949), pp. 257–264.

Robert Luce: *Legislative Assemblies* (Boston: Houghton Mifflin Company, 1924).

McCune: *The Farm Bloc.*

McKean: *Pressures on the Legislature of New Jersey.*

E. M. Martin: *The Role of the Bar in Electing the Bench in Chicago* (Chicago: The University of Chicago Press, 1936).

Millis and Montgomery: *Organized Labor.*

Odegard: *Pressure Politics.*

Roy V. Peel: *The Political Clubs of New York City* (New York: G. P. Putnam's Sons, 1935).

P. S. Reinsch: *American Legislatures and Legislative Methods* (New York: The Century Company, 1907).

Rice: *Farmers and Workers in American Politics*.

Fred W. Riggs: *Pressures on Congress: A Study of the Repeal of Chinese Exclusion* (New York: Kings Crown Press, 1950).

Robert de Roos and Arthur Maass: "The Lobby That Can't Be Licked," *Harper's Magazine*, August, 1949.

Rutherford: *The Influence of the American Bar Association*.

E. E. Schattschneider: *Politics, Pressures and the Tariff* (New York: Prentice-Hall, Inc., 1935).

Philip M. Selznick: *T. V. A. and the Grass Roots* (Berkeley, Calif.: University of California Press, 1949).

Taft: "Labor's Changing Political Line."

U. S. Bureau of the Budget: *The United States at War* (Washington, D.C.: Government Printing Office, 1946).

U. S. Federal Trade Commission: *Report on Resale Price Maintenance* (Washington, D.C.: Government Printing Office, 1945).

U. S. Senate, Committee on Education and Labor: *Senate Report No. 6*, Part 6, 76th Cong., 1st Sess. (1939).

U. S. Senate, Committee on Interstate Commerce: *Senate Report No. 26*, Part 2, 77th Cong., 1st Sess. (1941).

U. S. Temporary National Economic Committee: *Economic Power and Political Pressures*, Monograph No. 26 (Washington, D. C.: Government Printing Office, 1941). 这份报告中的数据十分有用，尽管其观点不一定正确。

U. S. Temporary National Economic Committee: *Trade Association Survey*.

Paul M. Zeis: *American Shipping Policy* (Princeton, N. J.: Princeton University Press, 1938).

Belle Zeller: "The Federal Regulation of Lobbying Act," *American Political Science Review*, Vol. 42, no. 2 (April, 1948), pp. 239–271; *Pressure Politics*

in New York.

对“游说活动”的调查往往形成许多关于政治利益集团活动的重要材料。关于国会中立法听证会最重要的文献：

U. S. House of Representatives, Select Committee on Lobby Investigation: *Hearings*, 63d Cong., 1st Sess., 4 vols. (1913).

U. S. Senate, Committee on Judiciary: *Hearings on Maintenance of a Lobby to Influence Legislation*, 63d Cong., 1st Sess. (1913).

U. S. House of Representatives, Judiciary Committee: *Hearings*, 63d Cong., 2d Sess. (1914).

U. S. Senate, Subcommittee of the Committee on the Judiciary: *Lobby Investigation Hearings*, 71st Cong., 1st, 2d, 3d Sess., 72d Cong., 1st Sess. (1929–1931).

U. S. House of Representatives, Committee on Rules: *Hearings on Investigation of Lobbying on Utility Holding Company Bills*, 74th Cong., lst Sess. (1935).

U. S. Senate, Special Committee to Investigate Lobbying Activities: *Hearings*, 74th Cong., 1st and 2d Sess., 75th Cong., 3d Sess. (1935–1938).

U. S. House of Representatives, Select Committee to Investigate Lobbying Activities: *Hearings*, 81st Cong., 2d Sess. (1950).

索　　引

（索引页码为原书页码，即本书边码）

B

C

D

E

F

G

J

K

L

M

O

P

R

S

T

Y

Z

译 后 记

杜鲁门的《政治过程》一书，早在读本科的时候就已经有所闻，后来从事政治学研究，才知道该书是政治学领域的经典名著。但是，当时苦于国内无法找到该书，因而，一直颇为遗憾。1999年，胡伟教授从美国带回一本英文版的《政治过程》，并建议我将该书译成中文，便欣然应允。由于诸事缠身，故翻译该书的过程断断续续，一直到现在终于完成。

在翻译该书的过程中，一直为作者关于利益集团在美国政治生活中的作用的精到分析折服，可以说，直到今天，关于利益集团的研究，仍然无人能出其右。国内关于利益集团的研究几乎没有，但是，研究的缺乏并不意味着中国不存在利益集团，正相反，利益集团不仅在中国的过去存在，在当代中国的政治生活中仍然活跃。正如杜鲁门所指出的，利益集团的活动是政治生活中一种客观的现象，只要有共同利益的地方，就会有利益集团。而且，事实上，大多数人都会或明或暗地承认利益集团是政治过程中极为重要的部分。尽管没有制度化的规范，利益集团在中国的存在与活动仍是一个不争的事实。因此，将杜鲁门的《政治过程》介绍给中国的读者，有助于人们对利益集团的性质、活动规律、影响方式等进行了解。当然，该书主要还是介绍了美国的利益集团的活动。

在翻译该书时，有一个问题必须提及。原书的书名英文为 *The Government Process*，按照直译，应该是“政府过程”。但是，从内容来看，该书主要是研究利益集团对美国政治的影响，与政府本身如何运行关系不大，因此，从中国读者的理解角度考虑，将书名译为“政治过程”，这样来得更确切一些。

本书在翻译过程中，得到了胡伟教授的大力支持，正是在他的鼓励下本书才得以顺利翻译，并对全书进行了最终校对。胡伟教授的博士生郑晓华校对了初稿，在此也表示感谢。在本书的翻译过程中，得到了本人在攻读博士期间的同学的支持，以及目前与我共事的朋友的支持和帮助，在他们的督促下本书得以完成。

最后，感谢一直默默支持我、鼓励我，为我分担生活琐事的包红贤女士，她的支持是对我的最大鼓励。

对本书的任何批评，都将受到真诚的欢迎。

陈尧

于上海交通大学

2004 年 12 月

图书在版编目(CIP)数据

政治过程:政治利益与公共舆论/(美)D. B. 杜鲁门著;陈尧译. —北京:商务印书馆,2024
(汉译世界学术名著丛书:120年纪念版:珍藏本:增订本)
ISBN 978-7-100-23864-9

Ⅰ. ①政… Ⅱ. ①D… ②陈… Ⅲ. ①政治理论 Ⅳ. ①D0

中国国家版本馆CIP数据核字(2024)第082135号

汉译世界学术名著丛书
(120年纪念版·珍藏本·增订本)
政治过程
政治利益与公共舆论
〔美〕D. B. 杜鲁门 著
陈尧 译

商务印书馆出版
(北京王府井大街36号 邮政编码100710)
商务印书馆发行
北京市十月印刷有限公司印刷
ISBN 978-7-100-23864-9

2024年5月第1版 开本 710×1000 1/16
2024年5月北京第1次印刷 印张 41½
定价:220.00元